Ted A. Henken & Sara Garcia Santamaria

(eds.)

LA REVOLUCIÓN DIGITAL CUBANA

Innovación ciudadana y política estatal

Editorial Hypermedia
www.editorialhypermedia.com
www.hypermediamagazine.com
hypermedia@editorialhypermedia.com

Edición: Ladislao Aguado y Royma Cañas
Diseño de colección y portada: Herman Vega Vogeler
Corrección y maquetación: Editorial Hypermedia

ISBN: 978-1-948517-96-6

Dado el hecho de que muchos capítulos de este volumen se basan en investigaciones etnográficas originales y profundas entrevistas con los *millennials* digitales de Cuba (periodistas, blogueros, *youtubers*, ciberactivistas, programadores, informáticos, profesionales de la tecnología, funcionarios gubernamentales, operadores turísticos, emprendedores, DJ, artistas, músicos, paqueteros y «SNet-izens»), queremos reconocer su cooperación, apertura y confianza en este proyecto, y agradecerles su participación. Si bien la mayoría ha preferido permanecer en el anonimato, este libro hubiera sido imposible sin su aporte y muchas voces y experiencias diversas. Esperamos haber reflejado su elocuencia, talento y pasión con precisión en estas páginas.

También nos gustaría agradecer específicamente a los artistas cubanos Omar Santana y Lázaro Saavedra por permitirnos usar su poderoso arte en estas páginas. Además, el empresario cubano, *twitter maven* y *podcaster* Camilo Condis, la periodista y bloguera Yoani Sánchez, y el escritor Orlando Luis Pardo Lazo nos otorgaron permiso para reimprimir imágenes que ya habían publicado en Internet. Asimismo, reconocemos los valiosos comentarios y los sabios consejos que recibimos en varias etapas de este proyecto de parte de los eruditos Ellery Biddle, Bert Hoffmann y Cristina Venegas.

Por último, queremos dar nuestros agradecimientos al intrépido equipo de la University of Florida Press —que publicó la versión original de este libro en inglés en el verano de 2021— y de la Editorial Hypermedia —que está publicando esta versión actualizada del libro en español—. Para nosotros es sumamente importante estar en diálogo con los lectores, innovadores e internautas cubanos, por lo que tener una versión en español nos complace enormemente. Por eso, queremos reconocer el trabajo de traducción de varios colegas y la labor de edición de Ladislao Aguado, director de la Editorial Hypermedia.

INTRODUCCIÓN

(Ted A. Henken)

In medias res: ¿Quién controlará la revolución digital cubana?

> *Fidel fue el primero en percatarse del valor que tendría Internet para* democratizar realmente la comunicación. *Él decía que parecía creada para los revolucionarios, por la capacidad de difundir mensajes a un costo insignificante y con alcance infinito (énfasis añadido,* Juventud Rebelde, *2019).*

> *[La memoria USB] es mucho más que un dispositivo tecnológico. Este pequeño objeto que cabe en un bolsillo,* esto es la libertad. *Para muchos cubanos esta es la diferencia entre estar informados o desinformados, entre el silencio o la palabra, entre la censura o hacer periodismo (Higuera, 2016, énfasis añadido).*

El modelo socialista de Estado que se instituyó oficialmente en Cuba en 1961, dos años después del triunfo revolucionario, concedió al PCC un monopolio sobre las políticas del Partido y los medios de comunicación. Para su fundación formal, en 1965, todos los medios informativos preexistentes ya habían sido nacionalizados o cerrados. A continuación, el gobierno cubano utilizó su hegemonía mediática para influir en los ciudadanos con su visión de una sociedad «revolucionaria». Esta labor transformó todos los canales mediáticos en difusores de propaganda estatal, comenzando con el *Granma*, el periódico nacional de Cuba, cuyo encabezado lo declara inequívocamente como el «órgano oficial del Comité Central del PCC». Sin embargo, a partir del derrumbe de la Unión Soviética en 1991 y la subsiguiente proliferación global de las nuevas TIC en los treinta años sucesivos, la hegemonía mediática del gobierno cubano se ha debilitado poco a poco y los ciudadanos cubanos —trabajando de manera independiente del Gobierno, aunque no siempre en oposición a él— se han convertido cada vez más en participantes activos de la revolución digital mundial, reconfigurando en el proceso el ámbito de los medios de comunicación cubanos.

Esta segunda revolución tecnológica, comunicacional e informacional —fenómeno que nosotros denominamos «la revolución digital cubana»— se ha desencadenado desde dentro —*in medias res*— de la Revolución y ha conducido a una lucha dinámica e impredecible sobre el significado, el impacto, el alcance y la dirección de ambas. De hecho, las citas anteriores declaran en términos nada ambiguos que la revolución digital global ha democratizado la comunicación y expandido la libertad en Cuba en años recientes. Evidentemente, el presidente cubano Miguel Díaz-Canel y la «pionera» del periodismo digital independiente cubano Yoani Sánchez no estarían de acuerdo en casi nada más respecto al sentido de este cambio o de los usos que debería dársele a estas nuevas tecnologías de comunicación.

¿Quién controlará la revolución digital cubana? ¿Quién se beneficiará con ella? ¿Con qué fines se aplicará? ¿Quién se quedará atrás? ¿La tecnología digital logrará «reconstruir» o tal vez «remezclar» la Revolución cubana según la voluntad del Gobierno con la política de «informatización» de la sociedad? ¿O suceden acaso muchos acontecimientos de diversas índoles en Cuba que contribuyen a algo más parecido a «deshacer» o «derrocar» la Revolución? Este volumen se propone responder a estas y otras interrogantes con el concurso de un grupo diverso de expertos globales[1] cuya erudición, original y audaz, analiza de manera crítica las diversas formas, a veces contradictorias, en que los cubanos emplean estas nuevas tecnologías mediáticas para la transformación de la sociedad cubana desde dentro.[2] A pesar de que los autores del libro se acercan a este fenómeno a partir de una amplia variedad de perspectivas disciplinarias, la principal aserción común es que la tecnología está reconfigurando de forma radical la evolución del proyecto político, económico y cultural que es la Revolución cubana en una miríada de maneras inéditas.

---

[1] Los 16 colaboradores de los 14 capítulos de esta recopilación incluyen a siete cubanos(as) o cubano-americanos(as) que viven entre Brasil, México, Estados Unidos, Canadá y la propia Cuba, dos estadounidenses, dos británicas, una mexicana, una noruega, una española, una rusa y una francesa.

[2] Estamos en deuda con los trabajos novedosos que analizaron la transformación digital en Cuba realizados por Kalathil y Boas (2003), Bert Hoffmann (2004), Cristina Venegas (2010), Emily Parker (2014) y Oller Alonso y Olivera Pérez (2016).

Acceso a Internet en Cuba: políticas del Estado e «inventos» ciudadanos

El Internet cubano se ha caracterizado por la censura gubernamental, la autocensura personal, los altos costos, las bajas velocidades y el acceso limitado. Sin embargo, desde 2013, la Isla ha presenciado transformaciones en el acceso a las redes públicas de pago ofrecidas por el Gobierno verticalmente y en los «inventos» o alternativas siempre creativas que los propios cubanos han desarrollado desde la base para producir, distribuir y acceder al contenido digital de manera independiente. Estos acontecimientos comenzaron con la difusión de una «blogosfera cubana» diversa y muchas veces contenciosa que se inició en 2005, y continuaron con el crecimiento subsecuente de varios proyectos colectivos de «periodismo ciudadano» a partir de 2008 (Henken, 2011b; Henken y Van de Voort, 2015). Estos primeros experimentos de «indymedia» a la cubana llegaron a su punto culminante a partir de 2014 con la aparición de una variedad cada vez más amplia de proyectos de periodismo digital independiente, que en su totalidad se ha movido conscientemente «más allá del blog» para abrazar el desafío de informar al público cubano de una manera más sistemática, coordinada y profesional; y responde a la demanda de un reportaje objetivo y creíble no cubierto por la prensa estatal

*«Propiedad privada», humor gráfico político. © Omar Santana (*El Nuevo Herald, *2018).*

propagandística (Díaz, 2018; Henken, 2017). Esta evolución ha obligado a los periodistas que trabajan en los medios de comunicación oficiales a reexaminar el estilo y el enfoque de sus reportajes, así como su deber, hasta ese entonces férreo, de acatar los mandatos del ojo censurador del Partido.

En tanto muchos capítulos de este libro analizan de manera crítica diferentes aspectos del periodismo digital independiente emergente en Cuba, otros examinan cómo la propia prensa estatal —después de haber sido en un principio tomada por sorpresa por estos adversarios digitales— se ha visto forzada a reaccionar con el establecimiento de una presencia propia cada vez más hábil en la web y en las redes sociales. Ello ha sido parte de un incremento de las acciones estatales encaminadas a una informatización progresiva de la sociedad cubana; iniciativa que también se analiza en varios capítulos de este volumen. De hecho, después de varios años insinuando que Twitter era un instrumento de la CIA, el gobierno cubano lo acogió a finales de 2018, cuando el propio presidente Miguel Díaz-Canel, con 58 años, se sumó a la revolución del microblog en la patriótica fecha del 10 de octubre y luego instó a todos sus ministros a que siguieran el ejemplo y comenzaran a captar directamente a los nuevos «ciberdanos» de Cuba para finales de año (*The Economist*, 2019; Pentón, 2019).[3]

Este giro digital en Cuba se facilitó con la apertura de los primeros cibercafés de acceso público en el país en junio de 2013, la posibilidad de tener correo electrónico en el teléfono celular por primera vez en 2014 y el establecimiento de 35 puntos de acceso a Wi-Fi a lo largo de la isla en el verano de 2015. La expansión continua del plan gubernamental de puntos de acceso a Wi-Fi, que llegó a 200 locaciones en septiembre de 2016, y el lanzamiento de un programa piloto de Etecsa[4] conocido como «Nauta Hogar», que permitió por primera vez acceso a Internet desde la casa a 2 000 clientes de La Habana Vieja a finales de 2016, junto el establecimiento de acceso a Internet 3G con el celular para clientes de pago por primera vez en diciembre de 2018, ha seguido fomentando el crecimiento y el impacto social de la revolución digital en Cuba.[5]

Aparejado al despliegue vertical de un mayor acceso digital por parte del Gobierno, *millenials* cubanos emprendedores y con conocimientos tecno-

---

[3] De hecho, la cita que inicia esta introducción es la reproducción de un tuit presidencial.

[4] Acrónimo de Empresa de Telecomunicaciones de Cuba, S.A., el monopolio de las comunicaciones del gobierno cubano.

[5] Larry Press brinda información y análisis más detallados sobre la conectividad actual del Internet en Cuba en el capítulo 1.

lógicos han lanzado una amplia variedad de empresas digitales incipientes que en su mayoría existen en un limbo legal de tolerancia volátil. Estas incluyen una serie de aplicaciones nacionales —inicialmente *offline*— dirigidas a conectar al cliente cubano con la creciente cosecha de nuevos negocios privados en la isla (ConoceCuba, AlaMesa, Isladentro, etc.) y varios sitios de anuncios al estilo de Craiglist —donde los cubanos pueden comprar y vender de todo, desde el último modelo de teléfono inteligente hasta sus propias casas (Revolico, Cubisima, etc.). Tienen hasta Cubazon, un clon cubano de Amazon que permite a clientes comprar productos producidos por el sector privado cubano y enviarlos a personas dentro de la Isla; así como una aplicación de tipo Uber llamada ¡Sube!; Knales, una aplicación que envía noticias e información a usuarios cubanos mediante SMS; y Kewelta, una red publicitaria para artistas nacionales (Vela, 2019; Sosa, 2017; Press, 2017m; Biggs, 2017). La Isla también ha sido testigo del despliegue de múltiples redes de área local independientes o intranet, popularmente conocidas como la red de la calle o SNet —que el Gobierno intentó alternativamente proscribir o absorber en 2019— (Padgett, 2019) y la versión cubana de *sneaker net*, conocida por todos como «el paquete»: una red clandestina de distribución de datos digitales que cubre toda la isla mediante dispositivos de almacenamiento USB y compite con éxito contra la programación, muchas veces rancia, del número limitado de canales oficiales de televisión. Varios capítulos del libro también investigan las tendencias de este submundo emergente del emprendimiento digital.[6]

Esfera pública en la red

Por supuesto, el creciente acceso a Internet en Cuba tiene implicaciones que van más allá del ámbito de los negocios, el emprendimiento y la economía. El inusitado incremento del acceso a formas alternativas de información desde fuera de la Isla, combinado con la creciente capacidad de los ciudadanos cubanos para comunicarse horizontalmente entre ellos, producir y compartir sus propios reportajes, experiencias y puntos de vista con independencia del Gobierno tiene enormes —aunque todavía indefinidas y a veces contradictorias— implicaciones para la vida política, la sociedad civil y una serie de

[6] Aunque todos los autores de este volumen analizan Cuba como un todo —con la inclusión de su diáspora, vasta y diversa—, gran parte del trabajo de campo etnográfico sobre el que se basan los capítulos se centra en La Habana.

Foto de un televisor Panasonic y una memoria USB de 64 GB conectada a una caja digital con los últimos archivos del «paquete». © Ted Henken, La Habana, 2016.

esferas públicas cubanas. De hecho, la confluencia de desarrollo económico propiciada por la revolución digital (Machado, 2017) y el reto fundamental que representa para las sociedades cerradas y los gobiernos autoritarios se ha dado a conocer como «el dilema del dictador». Larry Press lo definió a mediados de la década de 1990 como «el deseo de tener los beneficios de Internet sin la amenaza de la inestabilidad política». Se imaginaba a los dictadores preguntándose: «¿cómo se le da acceso a la gente a información sobre la salud, la educación y el comercio mientras que se les mantiene alejados de la información política [alternativa y crítica]?» (2011b).

Así, desde diciembre de 2018, cuando finalmente los cubanos tuvieron la conveniencia del acceso a Internet móvil 3G «a cualquier hora y en cualquier lugar» —a un costo todavía fuera del alcance de la mayoría—, la Isla ha presenciado una ráfaga incesante de movilizaciones sociopolíticas propiciadas por la tecnología, facilitadas por el incipiente acceso de los ciudadanos a una amplia gama de plataformas de redes sociales que incluyen Telegram, Twitter, Signal, YouTube, Facebook, Messenger, WhatsApp y Qbolá. Aunque todavía dista mucho de una «primavera cubana», esta serie de denuncias públicas con *hashtags* contra las políticas gubernamentales indican que el incremento del acceso a la web, justificado por el Gobierno como parte de la informatización urgente de la sociedad cubana, es también una caja de Pandora llena de malestares políticos. Ha desencadenado reclamos acumulados de los ciberdanos y revocado dos de los pilares fundamentales del control gubernamental de la información en la Isla: el miedo a las consecuencias de hablar fuera de lugar[7] y el aislamiento de otros que albergan quejas similares (Tufekci, 2017; Parker, 2014).

Con anterioridad al impacto sin precedentes provocado por los Movimientos San Isidro (MSI) y 27 de Noviembre (27N) a finales de 2020 y por el videoclip viral *Patria y Vida* a principios de 2021 y las protestas masivas facilitadas por las redes sociales el 11 de julio de ese mismo año, las ciberdenuncias con mayor inventiva, impacto y dinamismo que aparecieron desde la llegada de Internet móvil 3G a Cuba en diciembre de 2018 fueron: (1) un esfuerzo de ayuda ciudadana organizada a través de los medios sociales para brindar asistencia y asilo a las personas desplazadas por un tornado que arrasó La Habana a principios de 2019; (2) la campaña digital que instaba a los cubanos a votar en contra (#YoVotoNo) o a abstenerse de votar (#YoNoVoto) por la nueva Constitución cubana el 24 de febrero; (3) una marcha para prevenir la crueldad hacia los animales organizada de forma independiente y convocada principalmente a través de las redes sociales; (4) otra marcha independiente por los derechos LGBT que se organizó de modo espontáneo en la primavera de 2019 a través de las redes sociales, después de que el desfile oficial por el «orgullo» fuese cancelado; (5) un reclamo *online* exigiendo que Etecsa bajara los altos precios del Internet (#BajenLosPreciosDelInternet); y (6) una congregación frente al Ministerio de Comunicaciones junto con una expresión de solidaridad digital (#YoSoySNET) hacia los ciberdanos fundadores de la SNet —un enorme mosaico no autorizado de redes locales conocida como *street-net* o la «red de la calle»—, después de que estas comunidades *online* independientes fueran proscritas y desmanteladas en agosto de 2019 (Ávila, 2019; Faiola, 2019; Grogg, 2019; Jiménez, 2019; Zaldívar, 2019).[8]

---

7 No es que el miedo haya sido vencido. De hecho, aún parece dominar las diferentes esferas públicas de Cuba. Sin embargo, cada vez son más comunes las transgresiones que lo desafían.

8 Otros memes, movimientos o denuncias colectivas similares que han aparecido en el ciberespacio cubano durante 2019-2020 incluyen selfis tomadas con la bandera cubana en solidaridad con el artista cubano Luis Manuel Otero Alcántara, quien fue castigado por usar la bandera en una de sus piezas (#LaBanderaEsDeTodos); una parodia cubana del desafío del cubo de hielo denominado #LaColaChallenge por sus creadores Norges Rodríguez y Taylor Torres, que pretendía ridiculizar las largas filas de los cubanos para casi todos los productos o servicios emitidos por el Gobierno (Faiola, 2019); la denuncia mediante un *hashtag* de la

No obstante, esta amplia variedad de protestas desde lo digital fue solo un prólogo de lo que Cuba presenciaría con una nueva intensidad y sucesión entre noviembre de 2020 y noviembre de 2021, constituyendo lo que hasta la fecha es quizás el ejemplo más significativo del impacto social y político del acceso generalizado a los medios digitales —lo que la socióloga Zeynep Tufekci denomina la «esfera pública en la red» (*networked public sphere*) (2017).

El Movimiento San Isidro, que alcanzó repentina notoriedad internacional en noviembre de 2020, es un grupo de artivistas independientes libremente asociados que surgió a finales de 2018 para exigir la derogación del Decreto-Ley 349: una regulación que facilita al Ministerio de Cultura ejercer control sobre la creciente comunidad artística independiente de la Isla. La figura principal del grupo, Luis Manuel Otero Alcántara —cuya casa en el barrio de San Isidro de La Habana Vieja sirve también como sede del grupo—, ha sido detenido más de una veintena de veces entre 2018 y 2020 como consecuencia de sus performances públicos, muchas veces provocativos y siempre sin autorización; en 2021, fue detenido por realizar dentro de su casa el performance *Garrote vil* y encarcelado desde las protestas del 11 de julio.

A principios de noviembre 2020, el rapero y miembro del grupo, Denis Solís, fue condenado en juicio sumario a ocho meses de privación de libertad bajo la acusación de «desacato», después de haber transmitido en las redes sociales su altercado con un oficial de la policía que entró ilegalmente en su casa. Ello provocó que miembros del MSI, juntos a otros amigos solidarios, declararan una huelga de hambre en la casa de Alcántara para exigir la liberación de Solís. La vivienda fue allanada por agentes de la Seguridad y del Ministerio de Salud el 26 de noviembre con el pretexto de controlar «la propagación de la pandemia». A pesar de la decisión del Gobierno de

---

existencia de apagones continuos luego de que el Gobierno afirmara públicamente haberlos eliminado (#ReportoApagonCuba) (Gallego, 2019); y una protesta digital contra Etecsa por la mala calidad de su servicio de Internet móvil 3G y las repetidas señales caídas (#ApagonEtecsa). Además, el acceso a 3G ha brindado un mínimo de seguridad a la nueva generación de periodistas independientes de Cuba cuyas detenciones han sido denunciadas de manera periódica a través de sitios como Twitter y Facebook, conduciendo a su liberación (Faiola, 2019). Asimismo, han habido diversos memes burlones compartidos muchísimo a través de las redes sociales en respuesta a lo que se ha interpretado de modo amplio como pronunciamientos cínicos o turbios del Gobierno durante 2019, incluida la ahora notoria explicación televisada del presidente Miguel Díaz-Canel de que los continuos problemas económicos y la creciente escasez de combustible no equivalía a un nuevo Período Especial, sino que eran solo problemas «conyunturales» (*ADNCuba*, 2019; Pentón, 2019b).

bloquear el acceso a las redes sociales y las aplicaciones de mensajería intermitentemente en aquel entonces (Facebook, Twitter, WhatsApp, Telegram e Instagram) para no expandir la información sobre las protestas (CPJ, 2020), el logro más significativo del MSI fue el desmoronamiento efectivo de la muralla de miedo y aislamiento erigida por el Gobierno, que antes separaba a estos artivistas marginalizados de los artistas ya establecidos.

Tras enterarse, vía Internet, del violento allanamiento del día anterior, el 27 de noviembre más de trescientos artistas e intelectuales, jóvenes en su mayoría, de una amplia variedad de disciplinas, se congregaron frente al Ministerio de Cultura en un acto de solidaridad con el MSI y protagonizaron horas de aplausos avivados por canciones —dando lugar al mote «la revolución de los aplausos»—. Vale subrayar que este grupo se formó por la mañana del 27 con solo 23 manifestantes, pero a medida que se fue regando la voz en las redes sociales y aplicaciones de chat, fueron sumándose otros a lo largo del día y la noche (Rodríguez Martínez, 2021). Los manifestantes exigían una reunión con el ministro de Cultura, Alpidio Alonso, no solo para abordar los reclamos originales del MSI, sino también otros temas fundamentales como la libertad artística y de expresión, el derecho a disentir y exigir el cese del hostigamiento contra la sociedad artística y civil cubana.

Esta congregación masiva forzó temporalmente a funcionarios del Ministerio, como el mismo viceministro de Cultura, Fernando Rojas, a sentarse a la mesa de negociaciones (Grupo 27N, 2020). No obstante, durante las semanas posteriores se incumplieron las promesas de diálogo abierto y salvaguardas de represalias contra los reclamantes. En su lugar, el Gobierno desató una oleada de calumnias en los medios oficiales contra los líderes del Movimiento, tildándolos de «terroristas» y «mercenarios». También hizo que sus temidas fuerzas de seguridad los sometieran a detenciones arbitrarias y a arrestos domiciliarios para evitar una mayor propagación del virus de la disidencia intrépida (*14ymedio*, 2020b). Igual, temiendo la posibilidad de futuras convocatorias de protestas por el uso de medios sociales, Etecsa cortó las comunicaciones a varios periodistas independientes y líderes del movimiento repetidas veces entre el 28 de noviembre y el 31 de diciembre (*Inventario*, 2021a). Quizás lo más escalofriante es que el Gobierno resucitó y desplegó repetidamente los actos de repudio, una de sus demostraciones más notorias y repugnantes de violencia de turbas contra los líderes de la protesta, junto a eslóganes clásicos de los años 80 como «que se vayan» y «yo soy Fidel» (*14ymedio*, 2020c).[9]

---

[9] El proyecto de periodismo de datos, *Inventario*, creó un mapa detalladísimo con todos los cortes de comunicación móvil (78), llamados a convocatorias o protestas (27), actos

*Manifestantes en las afueras del Ministerio de Cultura, La Habana, 27 de noviembre de 2020. © Carlos Alejandro Rodríguez Martínez (*Inventario, *2021a).*

Del 27E a Patria y Vida

Dos meses después, en la mañana del 27 de enero de 2021, un poco más de veinte jóvenes artistas, activistas y periodistas independientes se reunieron de nuevo en las afueras del Ministerio de Cultura para reavivar un diálogo con los oficiales del Ministerio y exigir, pacíficamente, la liberación de varias artistas y periodistas detenidas en horas más tempranas (Leyva, 2021; Grupo 27N, 2021). Su llegada debió haber provocado un efecto *déjà vu* en las autoridades, que querían evitar a toda costa otra concentración como la del 27N, que les dejara bastante mal parados frente al público (Rodríguez Martínez, 2021). El viceministro Rojas salió a la calle y animó a los manifestantes a entrar en el edificio —con el fin de evitar imágenes como las del 27N—, sin garantizar la liberación de los detenidos y con la exigencia de dejar fuera sus teléfonos móviles, a lo cual rehusaron por ser su «única arma» (Leyva, 2021; Gaviña, 2021).

Además, había una falta de comunicación y coordinación entre los oficiales adentro del Ministerio y la Seguridad afuera, dado que ya estaba pactado un encuentro entre el propio Rojas y tres representantes del colectivo: la artista plástica Camila Lobón, la curadora Solveig Font y el dramaturgo Yunior García Aguilera. Pero la reunión no ocurrió pues García no pudo llegar porque el cerco policial alrededor de la institución se lo impidió (*El Toque,* 2021). El día terminó con el arresto masivo de los artistas, activistas y periodistas, y un apagón de datos móviles reportado en todo el país.

Aun así, el acontecimiento más memorable y hasta simbólico del día ocurrió cuando el mismo ministro Alpidio Alonso cruzó la calle junto a otros oficiales y guardaespaldas, y dio un manotazo al teléfono móvil del reportero independiente de *Diario de Cuba,* Mauricio Mendoza, quien estaba filmando, lo cual desató una oleada de violencia contra todos los manifestantes. Como resultado directo de su intento fallido por obstaculizar la filmación del encuentro, las redes se llenaron con fotos y videos de Alonso y su notorio manotazo, convirtiéndose en el performance perfecto para revelar el rechazo del Gobierno a las redes sociales y la transmisión independiente de información al pueblo.

De hecho, en un análisis exhaustivo de datos de actividad en las redes cubanas aquel día, el reportero Carlos Alejandro Rodríguez Martínez (2021)

---

de repudio, represión, citaciones y detenciones policiales (105) y muestras de vigilancia o despliegues de fuerza policial (310) en toda la isla entre el 28 de noviembre y el fin de año (https://www.google.com/maps/d/viewer?mid=1ouJ32Ngi8YqFuAME7J1dIlqS-k0azwY3x&ll=23.097032452631463%2C-82.35169199262481&z=12).

muestra cómo Etecsa apagó el Internet en gran parte del país durante dos horas en la tarde del 27 de enero (CPJ, 2021; *14ymedio*, 2021). Pero el propósito del apagón no parece estar solo relacionado con el manotazo de Alonso, sino también con la censura —sin éxito— de la represión en curso aquella tarde. «Nos quitan la Internet mientras reprimen», tuiteó la reportera de *14ymedio*, Luz Escobar, quien, además, estuvo desde la mañana bajo arresto domiciliario (2021a y 2021b). No obstante, noticieros alrededor del mundo reportaron detalles sobre el manotazo del Ministro y la subsiguiente represión. Eso instó al periodista independiente Abraham Jiménez Enoa a hacer una mordaz observación: «Ya es un clásico: a cada protesta en Cuba, el régimen responde con un apagón de Internet en el país. Con Internet se está haciendo la batalla y el régimen le teme. Internet los desnuda» (2021a).

Con un mayor impacto y viralidad aun que el esfuerzo político-cultural representado por el Movimiento San Isidro, febrero de 2021 vio aparecer en las redes un nuevo videoclip con un título muy identificable por todo cubano: *Patria y Vida*; interpretada desde Cuba por los raperos Maykel Osorbo y Eliécer Márquez «el Funky» —miembros del MSI—, el cantante del grupo Orishas radicado en España Yotuel Romero, el dúo de reguetón de Gente de Zona conformado por Alexander Delgado y Randy Malcom, y el cantautor Descemer Bueno, incluye además a Luis Manuel Otero Alcántara en una pose desafiante y patriótica con la bandera cubana. «Ya se acabó —reza el estribillo—. // No más mentiras, // mi pueblo pide libertad, // no más doctrinas. // Ya no gritemos "Patria o Muerte" sino "Patria y Vida"».

Fotograma del videoclip Patria y Vida, *con Eliécer Márquez («El Funky»), Luis Manuel Otero Alcántara (con la bandera) y Maykel Osorbo (sin camisa).*

Su impacto viral sin precedentes —más de dos millones de vistas durante sus primeras dos semanas en YouTube y una acogida masiva en la Isla a través del paquete— se debe a un conjunto de factores muy peculiares para todos los cubanos. Repetido hasta el cansancio, el lema político «Patria o Muerte» se asocia con el difunto líder comunista Fidel Castro, quien terminaba así todos sus discursos, desafiando a los cubanos a hacer sacrificios infinitos por la patria —y la Revolución—; quienes debían responder al unísono: «¡Venceremos!» (Jiménez, 2021b). No obstante, a través de los años este lema patriótico se volvió divisorio y excluyente, separando a los cubanos en dos bandos contrapuestos: buenos y malos, revolucionarios y contrarrevolucionarios, isleños y exiliados. En cambio, con la nueva combinación de palabras, «Patria y Vida», «superamos el discurso oficial que siempre busca dividir [...] Unidos ganamos» (Fusco, 2021; Gaméz, 2021). De acuerdo a su autor principal, Yotuel Romero, la canción reclama la inclusión y celebra el patriotismo compartido a pesar de diferencias ideológicas. Además, con tanta muerte debido a la pandemia y el hambre y la escasez derivadas de una economía moribunda, nadie en Cuba quiere oír hablar de más muerte y sacrificio. «Con el tema del Covid, el temor a la muerte nos ha tocado muy cerca [...] Entonces la palabra está obsoleta. Al tú decir "Patria y Vida", sumas [...], que puedes tener las dos cosas. La Cuba de la que habla *Patria y Vida* es una Cuba en la que quepamos todos, pensemos como pensemos» (Gámez, 2021).

Por tanto, la llegada de esta canción después de las esperanzas de cambio despertadas por los Movimientos San Isidro y 27N ha sido recibida como un alivio por muchos de los cubanos de la Isla; en especialmente por los habitantes afrodescendientes de barrios humildes como San Isidro. En este sentido, debe subrayarse el hecho de que el video retrata a siete hombres negros o mulatos, de orígenes humildes. Además, resulta poderoso ver una colaboración tan abierta y contundente entre artistas sumamente exitosos del exilio que antes habían evitado tocar temas políticos en su arte —por temor a perder su derecho de entrada y actuación en la Isla— y aquellos otros que el Gobierno ha tratado de descalificar como farsantes o mercenarios sin talento. Quizás por eso, y por la gran popularidad del video en las redes, el Gobierno desató una avalancha de ataques e insultos a sus intérpretes; incluyendo comentarios homofóbicos, racistas y elitistas, al despreciar a estos jóvenes por su origen y llamarlos «delincuentes» e incluso «jineteros» (prostitutos) (*DDC*, 2021).

En el *Washington Post*, el periodista independiente Abraham Jiménez Enoa enfatiza el poder simbólico de la canción en un contexto político donde el Estado-Partido se ha beneficiado al fomentar la división y polarización entre cubanos por años.

Patria y Vida *dinamita la falsa dicotomía patriotera con la que han tenido que convivir los cubanos desde 1959, una elección forzosa e ineludible: el socialismo o la muerte. La canción intenta romper con la lógica del castrismo: o estás conmigo o estás contra mí. Y de ese modo, desde la triste y cruda realidad de la isla hoy, dibuja una salida imaginaria a la Cuba del futuro sin las ataduras totalitarias del presente.*

La canción apunta a una reconciliación nacional, a la construcción de un país donde todos los cubanos puedan, con «un nuevo amanecer» como menciona la canción, formar parte de él sin ser perseguidos por las ideas que profesen.

[...]

Desde lo simbólico, Patria y Vida *le devuelve a los cubanos su isla y precisa que la patria y la nación no son ni de «la Revolución» ni del «Partido Comunista» ni de quien quiera hacerse con ella. Cuba, como cualquier otra tierra, no tiene dueño. Eso es lo que escuchan los gobernantes cubanos en la canción y es, en definitiva, lo que les da terror y los irrita: un llamado a devolver lo que se han robado y construir un futuro diferente con él (2021b).*

Resulta en extremo chocante y absurdo observar un Gobierno que le gusta llamarse «revolucionario» y caer en ataques tan retrógrados. Solo revelan su debilidad creciente; sobre todo la de captar el apoyo o interés de las nuevas generaciones quienes —como nativos digitales— tienen una relación fácil e inmediata con los dispositivos y las redes. Dándose cuenta de la necesidad de luchar contra la viralidad del video entre el pueblo, el actual gobernante Miguel Díaz-Canel usó su cuenta de Twitter para hacer campaña en contra de la canción.

Captura de pantalla del tuit del presidente cubano Miguel Díaz-Canel.

En medio de una pandemia y una crisis económica aguda, muchos se preguntan por qué el Gobierno ha dedicado tantos recursos y atención a atacar una canción. Parecía existir el temor de que el video —combinado con los movimientos cada vez mas valientes, masivos y virales en el ciberespacio y en los espacios públicos de la Isla— pudiera generar protestas antigubernamentales. Incluso, un reportaje del noticiero estatal de televisión señalo este miedo cuando el periodista advirtió al público que «no es la insurgencia ni la confrontación el camino para enfrentar problema alguno» (Gámez, 2021). ¡Y este es el mensaje de un Gobierno que alcanzó el poder a través de una lucha armada!

Del 11J al 15N: la esfera pública digital, poderosa y débil al mismo tiempo

En un hito histórico y sin precedentes durante las seis décadas bajo el castrismo, el 11 de julio de 2021 estallaron protestas antigubernamentales. Mucho más allá de la canción de protesta *Patria y Vida*, las marchas espontáneas a lo largo de la Isla fueron originadas por años de represión política y la falta de libertades fundamentales, combinados con una escasez puntual de alimentos y medicinas más un elevado índice de infecciones y muertes por la Covid-19; todo ello añadido al congelamiento de la industria de turismo internacional durante la pandemia y a las sanciones económicas del embargo estadounidense —endurecidas por la administración de Donald J. Trump—, que agravaron la crisis económica en el país.

En un intento de contrarrestar las protestas y tomar posesión de las calles cubanas de nuevo, el presidente cubano Miguel Díaz-Canel se lanzó a la Televisión Nacional para catalogar a los manifestantes como «mercenarios», «contrarrevolucionarios» y «gusanos», alegando que actuaron a instancias del gobierno de Estados Unidos. Asimismo, declaró que «en Cuba, las calles son de los revolucionarios» y que los manifestantes «tienen que pasar por encima de nuestros cadáveres para conseguir sus propósitos».

Por si este lenguaje incendiario no fuese suficiente, el sucesor puesto a dedo de los hermanos Castro, quien fuera considerado en algún momento como una figura moderna, con visión de futuro por su relativa juventud —61 años, frente a los 90 de Raúl Castro—, hizo saber a los «revolucionarios» cubanos que tenían su respaldo. Incitó de esta forma a la violencia y los alentó a enfrentarse con los manifestantes en las calles: «Estamos dispuestos a todo para detenerlos [...] —dijo, y prosiguió iracundo— Estaremos en las calles combatiendo. [...] Estamos convocando a todos los revolucionarios del país, a todos los comunistas, a que salgan a las calles. La orden de combate está dada. ¡A la calle los revolucionarios!».

Las marchas de aquellos días, las confrontaciones con la policía, los gritos de «Libertad», «Abajo la dictadura» y «Patria y Vida» han sido el foco principal de la cobertura mediática desde entonces. Pero si queremos comprender mejor lo ocurrido y cómo llegó a pasar, debemos mirar —además de las calles y el espacio público— las redes sociales y el ciberespacio. Es en esta intersección donde yacen las raíces y posibles frutos del levantamiento cubano.

Hablar del potencial «democratizador» o «revolucionario» de Internet pasó de moda en la mayoría de las democracias occidentales, debido a la absorción de grandes franjas de la web por las compañías tecnológicas, acompañado de un modelo de negocios que se basa en la minería de datos personales para el enriquecimiento privado, y sirve como plataforma irresponsable para *fake news*, distracción cívica y desconexión, así como para la polarización política. Sin embargo, en contextos autoritarios como Cuba, donde el Gobierno ha monopolizado por décadas los medios de comunicación y convertido el periodismo en propaganda, un acceso a canales de información y comunicación sin filtros, puede realmente inclinar la balanza de poder en formas pequeñas, pero poderosas.

Nos referimos a los gigantes de las redes sociales como Facebook, YouTube, Twitter e Instagram que, si bien están plagados de pseudociencia antivacunas, videos de mascotas y *selfies*, permiten las «directas» que fueron las verdaderas «culpables» detrás de la viralización de las protestas en Cuba del 11 y 12 de julio, sin necesidad de una organización o autoridad coordinadora central. Igual de importantes son las plataformas de mensajería directa como Messenger, WhatsApp, Signal y Telegram.

El uso innovador que han hecho los cubanos de estas plataformas digitales en los más de tres años desde que ganaron acceso por primera vez a los planes de datos móviles en diciembre de 2018 cargó las comunicaciones horizontales, conectándolas ampliamente al descontento ciudadano y a la emergencia de grupos de la sociedad civil como el Movimiento San Isidro, el 27 de noviembre y Archipiélago. Así, se ha ido erosionando como nunca antes el control gubernamental sobre la información en la Isla, facilitando una pérdida temporal del miedo de disentir públicamente y el descubrimiento masivo de que otros ciudadanos albergan críticas similares.

Lo que presenciamos en Cuba es, en efecto, más complejo y dinámico que cualquier mal llamada «Revolución» (o contrarrevolución) de Facebook y Twitter. Pero el elemento que más la distingue, permitiendo que las demandas y frustraciones ciudadanas largamente acumuladas estallaran en las calles a lo largo de ciudades y pueblos cubanos, es la existencia de un catalizador digital ampliamente disponible: el acceso al Internet móvil que permite la comunicación en cualquier lugar/momento y coordinación directa en tiempo real entre cubanos en la Isla. Es decir, aunque el papel del Internet de conectar a Cuba con el mundo, y en especial con la diáspora, es importante, el hecho de permitir una comunicación horizontal entre cubanos dentro del país, como quedó demostrado por la magnitud de las protestas, es fundamental.

Esto explica por qué Etecsa, el monopolio de telecomunicaciones del Gobierno, una vez más desconectó temporalmente el servicio de Internet a las cuatro de la tarde el 11 de julio —como ha hecho en repetidas ocasiones entre 2020 y 2021— para prevenir la propagación del virus del desafiante disenso público entre los 4.2 millones de cubanos (40% de la población) que ahora tienen acceso a las redes a través de teléfonos móviles. Aún así, las protestas de estos días se viralizaron por toda la Isla gracias a los medios sociales.

Periodistas de *Inventario*, un innovador proyecto de periodismo de datos que sigue la pista a la represión del gobierno cubano y a los cortes en el tráfico de Internet, trabajando diligentemente en los días después del 11J con los videos publicados en Facebook y YouTube por los manifestantes desde Cuba, consiguieron producir un mapa interactivo de los alrededor de 100 lugares a lo largo de la Isla donde ocurrieron protestas filmadas.

En julio, inmediatamente después de las protestas, el gobierno cubano publicó el Decreto-Ley 35 y la Resolución 105 del Ministerio de Comunicaciones. Ambas normas facultan a los proveedores de servicios de telefonía e Internet —monopolios estatales en Cuba— a suspender los servicios de usuarios seleccionados y legitimar al gobierno cubano a cortar los servicios de telecomunicaciones para regular el uso del espectro radioeléctrico ante situaciones excepcionales como los desórdenes internos. También establecen un protocolo para detectar y responder a lo que denominan «incidentes de ciberseguridad», como la difusión de noticias falsas o el intercambio de contenidos que «afectan la imagen del Estado cubano o de sus funcionarios».

En la década que ha transcurrido desde la Primavera Árabe, los gobiernos autoritarios desarrollaron un arsenal de respuestas insidiosas para contrarrestar el desarrollo de lo que Zeynep Tufekci acuñara como «esfera pública digital» en su libro *Twitter y Tear Gas: The Power and Fragility of Networked Protest* (2017). Poderosos y frágiles a la vez, dada la ausencia de una estructura o autoridad central, su naturaleza distribuida y su base en vínculos débiles, los movimientos sociales organizados en Internet confrontan regímenes que usan la naturaleza caótica, abierta y «libre» del Internet contra sí mismos.

Además, aunque las redes sociales pueden ser efectivas para desafiar al poder y romper cosas, a menudo son incapaces de construir nuevos regímenes democráticos que requieren de consensos, compromisos, vínculos fuertes, jerarquías y entendimiento profundo. Así, cuando los movimientos sociales organizados en Internet son capaces de desnudar y debilitar exitosamente las estructuras represivas del *statu quo*, también enfrentan una crisis existencial en la medida en que carecen casi siempre de un liderazgo claro, unidad de propósito y una estructura organizativa jerárquica que les permitiría llenar el vacío que deja tras de sí el colapso del *ancien régime*.

Esta es una de las lecciones clave del fracaso de la nueva protesta organizada para el 15 de noviembre de 2021 por Archipiélago y su vocero —ahora exiliado en España— Yunior García Aguilera. Mientras los medios sociales fueron las herramientas perfectas para provocar espontáneamente unas protestas masivas en toda la Isla, se mostraron bastante insuficientes y débiles para organizar una marcha cívica pública y abierta frente a un Estado totalitario con un monopolio de las fuerzas represivas.

Los cubanos pueden celebrar su pérdida colectiva del miedo la mañana del domingo 11 de julio al reconocer el papel *sine qua non* que tuvo el acceso al Internet móvil para facilitar ese alzamiento —y demandar un acceso cada vez más amplio—, pero deben comprender que su lucha por liberar y reconstruir la sociedad cubana sustentada en un Estado de derecho, equidad política y el ejercicio pleno de libertades civiles y derechos políticos necesitará mucho más que eso.

* * *

Estos fenómenos son ejemplos recientes y vívidos de la expansión de la «esfera pública en la red» que tiene lugar en Cuba (Tufekci, 2017) en tanto han sido organizados de manera independiente, convocados principalmente mediante las redes sociales, carecen de líderes, son horizontales y luego se difunden, popularizan y reportan a través de las redes sociales. Asimismo, han erosionado aún más el control tradicional del Gobierno sobre la narrativa cotidiana respecto el modo de vivir en Cuba que llega desde la cobertura de la prensa internacional en la Isla. De hecho, el ciberactivista y defensor de los derechos LGTB, Norges Rodríguez, de 31 años, comentó al *Washington Post* que «cuando [las autoridades del Gobierno] comenzaron a detener a la gente [durante una marcha LGTB no autorizada en marzo de 2019] estaban buscando a un líder. Pero como fue organizada a través de las redes sociales, no había un líder específico» (Faiola, 2019). Faiola estimó que alrededor de 2.2 millones de cubanos tenían acceso en marzo de 2019 a los servicios móviles 3G y caracterizó este cambio como «un gran paso de avance [...] que está dando origen a una nueva clase de ciberdanos, que se organizan a raíz de causas y movimientos sociales de una forma no vista desde que aconteciera la revolución cubana» (íd.). Asimismo, Abraham Jiménez Enoa escribió en un artículo de opinión para el *New York Times*: «El Internet ha reconfigurado la sociedad permitiendo a los ciudadanos expresarse libremente en sus plataformas y sentirse empoderados. Ha surgido una alternativa a la voz oficial impuesta durante años. La disconformidad está sobrepasando el mundo *online* y se está materializando en la vida real» (2019).

Ahora bien, no se debe asumir que un puñado de *hashtags* de Twitter vinculados ligeramente a unas marchas y protestas efímeras por parte de una cantidad relativa de ciudadanos cubanos politizados y «conectados» —por muy inaudito que sea— equivale a un movimiento social capaz de suponer una amenaza existencial a un régimen que permanece afianzado en el poder sin alternativas políticas conocidas o creíbles. Al efecto, Larry Press ha establecido una visión más matizada sobre la manera en que la revolución digital impacta la hegemonía estatal en regímenes cerrados como el cubano: «En la década de 1990 hubiera estado de acuerdo con (Raúl) Castro[10] en que el Internet estaba destinado a traer democracia. Hoy [...] tengo una perspectiva más matizada: el Internet es utilizado tanto por dictadores y terroristas como por demócratas» (2011b). Así fue, en mayo de 2013, cuando aún era primer vicepresidente de Cuba, Miguel Díaz-Canel hizo que se girara más de una cabeza al declarar en un discurso que dio en la ceremonia de clausura de una conferencia educativa:

> *Hoy con el desarrollo de las tecnologías de la información, hoy con el desarrollo de las redes sociales, hoy con el desarrollo de la informática y de la Internet, prohibir algo es casi una quimera imposible, no tiene sentido. Hoy las noticias de todos lados, las que son buenas y las que son malas, las que están manipuladas y las que son verdades, las que están a medias, circulan por las redes, llegan a las personas, la gente las conoce, y lo peor es ¿entonces qué?: el silencio (Henken, 2013).*

A pesar de que en aquellos momentos la mayoría de los análisis foráneos interpretaron esas palabras como una señal de una supuesta apertura de Díaz-Canel al diálogo, la diversidad de opinión y a un ambiente mediático más libre, si llegara a ser presidente de Cuba, resulta que su lógica principal no era de apertura sino de compromiso revolucionario, una suerte de «ba-

[10] En marzo de 1996, Raúl Castro declaró: «Aquella llamada Glasnost, que minó a la USSR y otros países socialistas, consistió en entregar los medios masivos de información, uno por uno, a los enemigos del socialismo» (Press, 2011b; Reina, 1996).

talla de ideas» llevada al ciberespacio. Para él, la Revolución cometería un error si ignorara o se desconectara de la revolución digital —que ese entonces se extendía por el mundo— y estaría cediendo terreno a los enemigos del país. En vez de eso, los patriotas cubanos y los revolucionarios debían entrar a Twitter, meterse en Google, abrir sus propios blogs y sumarse a esa revolución como defensores incondicionales de la soberanía y el socialismo cubano. Esto explica cómo pudo argumentar en un discurso muy posterior, el 8 de febrero de 2019, en la ceremonia de clausura de una conferencia internacional de pedagogía, que el propio Fidel Castro había celebrado el Internet como una herramienta «para democratizar realmente la comunicación [...] creada para los revolucionarios» (*Juventud Rebelde*, 2019).

¿Sería posible que la idea de que la web 2.0 equivalente a democracia 2.0 funcionase igual de fácil en sentido contrario, donde en realidad facilita el autoritarismo 2.0? (Calvo Peña, 2008). En efecto, actualmente existe un debate ferviente entre los que han estudiado el complejo impacto de la expansión de las tecnologías de la información y la comunicación respecto la profundidad, dirección y naturaleza cívica de su impacto político (Best y Wade, 2005; MacKinnon, 2012; Kelly y Etling, 2008; Etling *et al.*, 2009; Hernández, 2010; Tufekci, 2017). Es decir, de la misma manera en que los ciberdanos pueden utilizar la web como una plaza pública democrática y participativa donde «cantarle la verdad al poder» y exigir que las autoridades rindan cuentas, pueden también los gobiernos estructurar y manipular la web a fin de fortalecer su poder, control y vigilancia sobre los ciudadanos. De hecho, la perspectiva de las palabras de Díaz-Canel sobre el hecho de que Fidel Castro se percatara desde los primeros tiempos de que Internet parecía creado para los revolucionarios por su capacidad para democratizar la comunicación, el bajo costo y su alcance infinito, recuerda que «la revolución digital» no tiene color político y que el «revolucionario» de una persona puede ser el represor, el reaccionario o el mercenario de otra.

En otras palabras, los «revolucionarios» del gobierno cubano pueden legítimamente ver Internet como un instrumento poderoso con el que desafiar la narrativa mediática capitalista dominante sobre la Revolución —de ahí que los medios de comunicación estatales cubanos usen todo el tiempo términos como «ciberguerra» y «guerra mediática» para describir la cobertura extranjera de la Revolución—, mientras que los numerosos y variados activistas digitales como Norges Rodríguez y periodistas independientes como Jiménez Enoa pueden también hablar convincentemente sobre la capacidad de la web para empoderar y facilitar la libre expresión y la disconformidad de los ciudadanos en un país con medios de comunicación oficiales monocolor y monopolizados, controlados por el Partido. Por último, los casos contrastantes de China —donde el acceso a Internet es ubicuo y barato, pero controladísimo por el Gobierno tras haberlo reinventado según su propia imagen autoritaria— y Cuba —donde el acceso sigue siendo limitado y en extremo caro, y los sitios críticos, censurados una y otra vez con impunidad— indican que una mayor y mejor conectividad no conlleva de por sí a una «revolución 2.0» (Repnikova y Fang, 2018; Garcia Santamaria, 2019b).

Un aspecto positivo de la lenta adopción de la tecnología digital en Cuba es que algunas de las lecciones sensatas sobre los riesgos e inconvenientes de la creciente dependencia de Internet y del incremento del uso de las redes sociales ya han sido asimiladas por algunos expertos digitales de la Isla; por ejemplo, Camilo Condis, un emprendedor y pionero cubano en la creación de pódcast (*Havana Times*, 2019), constante crítico mordaz de las cuentas de Twitter de muchos ministros del gobierno cubano. Condis ha celebrado Twitter como una plataforma para exigir que los funcionarios gubernamentales rindan cuentas como empleados públicos (Faiola, 2019; Ávila, 2019; Pentón, 2019). Sin embargo, ha visto también su buena dosis de propaganda polarizada, insinuaciones, noticias falsas, perfiles falsos, ataques personales y troleo en el sitio, sin hacerse ninguna ilusión de que sea un remedio milagroso para la sociedad civil. Según él, «[e]sa confluencia de personas entrando en las redes, con los dirigentes al alcance del teclado y poder decirle lo que piensan, ha cambiado la dinámica de la sociedad cubana» (Ávila, 2019). A su vez, el tuit más popular de Condis hasta la fecha es un gráfico sencillo, pero poderoso, que capta los peligros del incremento del uso de las redes sociales en la Isla (Morán, 2019; Zaldívar, 2019).

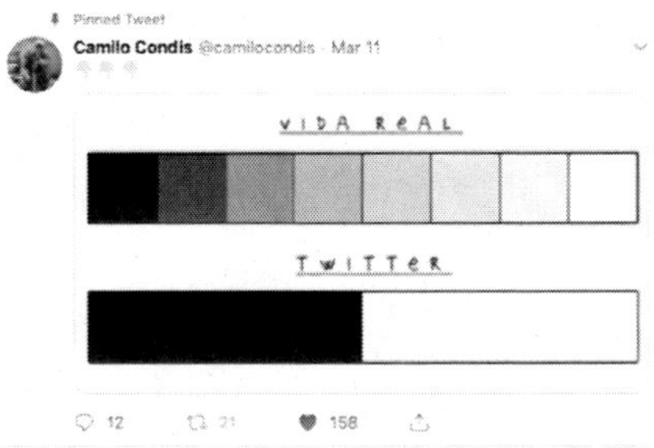

Captura de pantalla del tuit de Camilo Condis, 11 de marzo de 2019.

Un mayor acceso a Internet no mueve a la sociedad en una dirección única, en parte porque los grupos de intereses divergentes dentro de cualquier país ven el potencial de la web de maneras diferentes. ¿Es la web un lugar desde donde pueden descargarse el desarrollo y la democracia,[11] encontrar

[11] En septiembre de 2016 le pregunté a Alan Gross, excontratista de la USAID —quien pasó cinco años en una prisión cubana por llevar tecnología de banda ancha a la Isla con el fin de facilitar el acceso independiente a Internet— si «la democracia podía descargarse»

el último éxito de Hollywood, combatir el imperialismo, resistirse a la toxicidad occidental, plantar el virus de la desestabilización o defender la soberanía nacional? Para muchos gobiernos, especialmente para aquellos como el de Cuba, que luchan contra el subdesarrollo y «la brecha digital» que continúa separando a los países ricos y pobres en términos del costo y la conectividad de Internet, las nuevas TIC tienen el potencial de ser aprovechadas como un auténtico «milagro económico» que permite al país «dar un salto» a la era moderna. Al mismo tiempo, periodistas y activistas blogueros frecuentemente ven la web —en particular las posibilidades que ofrecen muchas aplicaciones de la web 2.0 o participativa y la nueva generación de teléfonos inteligentes— como una suerte de «senado romano» revolucionario donde pueden contribuir a la apertura de un sistema cerrado mediante un movimiento reformista de *netroots* o redes populares, que algunos han llamado «blogostroika».

Cinco debates en torno a la relación entre la tecnología y la política en Cuba

En el caso de Cuba, hay cinco debates principales aún no resueltos sobre cómo la revolución digital global interactúa con la esfera pública que despiertan nuestro interés y conforman las interrogantes que intentamos responder en este libro:

- «la tecnología para la liberación» *vs.* el culto del amateur;
- la «esfera pública en la red» *vs.* «el autoritarismo digital»;
- las plataformas globales de redes sociales abiertas y «gratuitas» *vs.* los medios «antisociales» que siembran la polarización política y la desconexión humana, explotan la privacidad personal, erosionan la confianza pública y socavan la democracia;
- el potencial de Cuba para desarrollar *software* de código abierto *vs.* el control centralizado de la vida económica y política por el Gobierno; y
- la «autonomofobia»: el temor profundamente arraigado del gobierno cubano a la sociedad civil autónoma.

---

por Internet. Su respuesta fue inequívoca: «La democracia no se puede descargar. Solo se pude subir», señalando que, según su punto de vista, los valores y las instituciones democráticas no se pueden repartir mediante la tecnología proveniente del exterior, sino que deben cultivarse localmente.

«La libertad de prensa —bromeó con sarcasmo una vez A. J. Liebling (1960)— solo está garantizada para los que son dueños de alguna». Por tanto, la publicitada promesa implícita en frases como «la tecnología para la liberación» y «la democracia digital» consiste en que el surgimiento y la adopción masiva de las nuevas TIC y la comunicación (computadoras personales, teléfonos inteligentes, etc.) de modo inevitable «liberarían» o democratizarían la producción y distribución de información erosionando de manera irreversible el poder concentrado de los medios de difusión estatales y corporativos tradicionales. A la llegada de las computadoras personales en la China comunista, estas esperanzadoras ideas se resumieron de manera memorable con la frase «el CP [Partido Comunista] no sobrevivirá a la PC [computadora personal]». Una década después, el presidente Bill Clinton hizo el famoso chiste de que la supresión de Internet en China era «como tratar de clavar gelatina en la pared» (Zhong, 2018). Es decir, la debatible suposición ha sido que las tecnologías digitales tienen el potencial de «nivelar el terreno» entre los gobiernos autoritarios —e incluso las corporaciones dominantes o monopolistas— y los ciudadanos marginados —ya sean los electores rusos, los disidentes chinos o los blogueros cubanos—. Un mayor acceso a Internet y a las redes sociales puede ayudar a estos ciudadanos a comenzar a superar sus miedos, su aislamiento y crear un mayor espacio público para ejercer los derechos que se les niegan fuera de Internet (Parker, 2014).[12]

El potencial desestabilizador de las redes sociales en Cuba surge del mismo proceso «nivelador» que se evidencia en otros contextos menos autoritarios. Desdibuja la distinción tradicional entre lo público y lo privado, lo real y lo virtual, lo profesional y lo amateur, la difusión formal de una persona a muchas y la comunicación informal uno a uno, y colapsa también las esferas locales, nacionales e internacionales. Puede también debilitar la autoridad y la hegemonía de las instituciones de telecomunicación dominantes —por ejemplo, el «conmutador maestro» operado por «los medios de comunicación convencionales», que en el caso de Cuba son los medios estatales controlados por el Partido— al

[12] Una ilustración vívida de esta espíritu de «determinismo tecnológico» combinado con la esperanza de que la tecnología de la información estaría a disposición de «los muchos» se manifestó en el ya clásico comercial de Apple en el Super Bowl de 1984. El *spot* de 30 segundos que lanzaba Macintosh mostraba a una atractiva atleta escuchando una *walkman* que lanza un martillo contra el opresivo rostro digital del «Gran Hermano» y terminaba con la frase: «El 24 de enero, Apple Computer presentará Macintosh. Y verás por qué 1984 no será como *1984* (https://www.youtube.com/watch?v=RyhwY07CxkM).

poner tecnologías de difusión baratas en manos de «las personas que antes se conocían como el público» (Wu, 2010; Rosen, 2012). Asimismo, permite una mayor comunicación independiente y horizontal —entre pares—, el intercambio de información y la convocatoria de públicos (Mandiberg, 2012). Además, el *crowdsourcing* o colaboración abierta, la *peer production* o producción entre iguales y la colaboración creativa sin propiedad exclusiva que aprovechan el «excedente cognitivo» del tiempo y la energía son recursos que cuentan con un potencial disruptivo para socavar el poder de los regímenes autoritarios y las élites mediáticas tradicionales por igual (Shirky, 2010).

Ahora bien, las interpretaciones simplistas sobre la manera en que las herramientas digitales se adoptan en diferentes países a menudo pasan convenientemente por alto el hecho de que muchas de estas tecnologías solo facilitan «vínculos débiles» a los llamados *slacktivists* (activistas de sillón), al no ofrecer nada verdaderamente transformador a los activistas marginados en busca de cambios que requieren organizaciones, estrategias y liderazgo duraderos y con «vínculos fuertes» (Gladwell, 2010). Además, estas nuevas tecnologías también pueden ser utilizadas por los grupos de poder existentes para expandir la hegemonía que disfrutaban en la esfera mediática tradicional en la digital emergente (Morozov, 2011). Por ejemplo, los sitios web de política estadounidenses evidencian un patrón distinguido, según el cual, el ganador se lo lleva todo y solo un puñado de sitios bien conocidos y conectados reciben el grueso del tráfico de Internet. En nuestra glorificación del «contenido generado por el usuario» y de las redes sociales hay que establecer una distinción entre la capacidad para hablar —que ciertamente el Internet ha «democratizado» en gran medida— y la de ser escuchados, mucho más esquiva. En cuanto a la idea de que el fenómeno de bloguear amplifica la voz del ciudadano común, existe también una gran diferencia entre los que postean y los que llegan a ser leídos. Por último, aunque muchos hayan celebrado los blogs como un paso hacia una mayor democratización de los medios dominantes, existe un inconveniente potencial en el pluralismo y la «amateurización» de los medios que los blogs y otras formas de redes sociales facilitan, en especial si se sacrifican en el proceso normas de objetividad y precisión profesional conquistadas con esfuerzo (Keen, 2007; Hindman, 2009).

Autoritarismo en las redes

Un estudio reciente de la socióloga Zeynep Tufekci, titulado *Twitter and Tear Gas* (2017), analiza el poder y la fragilidad de lo que los autores denominan «la esfera pública en las redes». De hecho, Tufekci recuerda que los gobiernos autoritarios de todo el mundo han seguido una clara curva de aprendizaje desde los años de la Primavera Árabe de 2011. Es decir, se han graduado de un mundo «1.0» de la vieja escuela de vigilancia, bloqueo de información, infundir el terror y represión física al descubierto; y han pasado a incorporar técnicas más sutiles y eficaces llamadas «propaganda 2.0» y «autoritarismo en las redes», alternativamente (Kalathill y Boas, 2003; MacKinnon, 2012). Estas técnicas incluyen «la demonización de los medios *online*, la movilización de ejércitos de simpatizantes o empleados pagados que enturbian las aguas de las redes con desinformación, superabundancia de información, dudas, confusión, acoso y distracción, dificultando así que las personas comunes naveguen la esfera pública en las redes y puedan discernir entre los hechos y la ficción, la verdad y el engaño» (Tufekci, 2017:xxviii).

Los movimientos sociales antisistema que operan a través de las redes se enfrentan al desafío de persuadir a las personas para que actúen. Ahora bien, según Tufekci, esta tarea es mucho más difícil en un ambiente de «demasiada información» donde lo único que esos gobiernos represivos o actores no estatales que no dan la cara tienen que hacer es solo «crear suficiente confusión para paralizar a la gente en la inacción» (ibíd.:xxix). Es decir, esos gobiernos utilizan la naturaleza caótica, abierta y «gratuita» de Internet contra sí misma. Con un flujo de información no verificada y noticias potencialmente «falsas», los gobiernos autoritarios pueden transitar de las formas tradicionales de censura que buscaban bloquear sitios webs o información en contra del régimen —como lo ha hecho de modo sistemático el gobierno cubano durante el último decenio— a emplear una nueva estrategia que en su lugar se centra «en hacer inservible la información disponible» (íd.).[13]

Web 2.0: si es gratis, el producto eres tú

En la medida que Internet lentamente se reinventó a sí mismo a finales de siglo tras la explosión de la burbuja puntocom, emergieron una serie de nuevas empresas web omnipresentes y, al parecer, omnipotentes entre las que se encuentran Google, YouTube, Facebook y Twitter. A pesar de que las ofertas de cada una guardan algunas diferencias, todas se fundaron con la perspectiva dual de la web 2.0, según la cual «el sazón especial» de la nueva época digital no era el contenido tradicional ni los *softwares* sofisticados sino la recolección de los

[13] Para profundizar en informes comparativos internacionales recientes sobre este fenómeno, véase Bradshaw y Howard (2019) y Shahbaz y Funk (2019).

datos personales del usuario y la atracción universal de «compartir» y «socializar» (Mandiberg, 2012; O'Reilly, 2012; Wu, 2016). Mientras estas compañías atraían cada vez a más usuarios bajo la promesa seductora de eficiencia, conveniencia y conexión universal ininterrumpida —todo por el increíble precio de «gratis»—, sus modelos de negocio se basaban también en la invasión de la privacidad, la potencial difusión de noticias falsas y la recolección y reventa de información personal para lucro privado. También han seguido la tendencia a actuar como monopolios funcionales gracias a la lógica de los «efectos de las redes» en el mundo de las redes sociales, a la incapacidad de someterlos a una supervisión y regulación gubernamental adecuadas como empresas de servicio o de servicios públicos y a una euforia generalizada y prolongada que considera el surgimiento de compañías tan «geniales» como un bien absoluto —incapaces de «ningún mal»— (Vaidhyanathan, 2012, 2018; McNamee, 2019).[14]

Irónicamente, hizo falta que otro gigante de la información y un encarnizado competidor digital de estos magnates de la web fuese quien los desafiara con mayor ahínco y expusiera el riesgo inherente a esta nueva normalidad. En su intervención a mediados de 2015, en una cena de recaudación para una organización poco conocida sin fines de lucro de Washington D.C., la EPIC, el CEO de Apple, Tim Cook, arrojó el guante y les recordó a sus oyentes que «algunas de las compañías más prominentes y exitosas de Silicon Valley han levantado sus negocios llevando a sus clientes a la complacencia sobre sus datos personales. Sin embargo, también se animó a señalar una creciente toma de conciencia al respecto, así como una posible protesta contra los «términos de servicio» por parte de los ciberdanos de las redes del mundo, quienes cada vez se dan más cuenta de que «cuando un servicio en línea es gratis, tú no eres el cliente. Eres el producto» (Wu, 2016:335). A pesar de que la acogida relativamente tardía de Internet masivo y de las plataformas de redes sociales en Cuba ha protegido en gran medida —sin proponérselo— a sus ciudadanos de estos riesgos, ya no es así. De hecho, Marie Laure Geoffray se refiere en el capítulo de su autoría a este incipiente dilema en la Isla, que denomina con agudeza «la digitalización de la crítica y la crítica de la digitalización».

¿Software libre y de código abierto a la cubana?

Como Olga Khrustaleva describe brevemente en su capítulo sobre la evolución de las políticas de las TIC, la UCI, fundada en 2002, se concibió originalmente

[14] Hasta 2018 Google tenia *Don't Be Evil* («no seas mala») como su lema extraoficial (Conger, 2018).

con la intención de preparar a programadores nacionales para desarrollar *softwares* que fuesen tanto «tecnológicamente soberanos» como impolutos o «gratuitos» en lo comercial. Aunque ella argumenta que, en su lugar, la UCI se ha convertido en una incubadora que se dedica más a la cibervigilancia que al *software* libre, la idea de que Cuba liderase una versión nacional de la venerable tradición de desarrollo de *software* libre y de código abierto[15] se basa en parte en su propias tradiciones políticas y económicas comunitarias (el socialismo), su rebeldía contra el capitalismo occidental y el control foráneo (colonialista o imperial) y en habérsele impedido con eficacia la importación de aplicaciones de propiedad estadounidense —y por tanto estar dominadas por ellas— como las de Microsoft.

«El español, el taíno y la soberanía tecnológica». © Lázaro Saavedra, GALERÍA I-MEIL *(2008-2009). Sátira de la enorme dificultad que tienen los cubanos en la Isla para acceder a Internet.*[16]

[15] Casi siempre el *software* libre y de código abierto se licencia gratuitamente, lo cual insta a modificaciones y mejoras.

[16] Según ilustra Milena Recio, «se representa al conquistador español en un estatus de superioridad por tener acceso a Internet, mientras los "indios" cubanos, apocados y en desventaja, valoran entre ellos confirmar su propia historia en los contenidos de la web.

Por otra parte, dada la escasez crónica que se ha asumido como una forma de vida en la Isla durante los últimos treinta años, Cuba también se ha convertido en terreno fértil para personas autodidactas que se destacan por crear alternativas ingeniosas para todo, desde los decrépitos carros americanos de la década de 1950 hasta programas de computación. Por tanto, la idea de que la Isla pudiera convertirse en una incubadora de *softwares* de código abierto desarrollados por redes colaborativas e informales de programadores no es tan descabellada. De hecho, en 2009, la mayoría de las instituciones cubanas pasaron de usar Microsoft Windows al sistema operativo Nova, una distribución de Linux desarrollada en la UCI debido al alto costo de acceder o comprar la aplicación del sistema operativo de Microsoft y a la incapacidad para utilizarlo oficialmente a causa del embargo (Lai, 2009). A pesar de que el popular sistema operativo Windows de Microsoft y las aplicaciones de Office —a menudo pirateadas— se usan ampliamente en Cuba, el propósito de introducir Nova en ese momento fue el de desenganchar a los usuarios cubanos, y en especial a las instituciones estatales, de lo que el Gobierno ha caracterizado como un «*software* inseguro y corporativo producido por el capitalismo» (Israel, 2009).

Al igual que cualquier otro sistema operativo basado en Linux, el Nova cubano se distribuye de manera gratuita y es libre en el sentido de ser un código abierto y, por tanto, poder ser adaptado por aquellos usuarios que tengan la capacidad técnica de escribir y alterar códigos. Es también más atractivo para el gobierno cubano que los programas tradicionales por ser menos vulnerable a programas maliciosos y no tener incorporados los «agujeros negros» que pueden ser explotados por las agencias de seguridad estadounidenses debido a que empresas como Microsoft les han facilitado los códigos de acceso; al menos eso acotó Héctor Rodríguez, decano del Centro de Software Libre de la UCI (Israel, 2009; Lai, 2009). Rodríguez enfatizó, además, que el *software* libre tiene más que ver con la visión cubana del mundo. «El movimiento de *software* libre es más cercano a la ideología del pueblo cubano, sobre todo por la independencia y soberanía», expresó a *Reuters* (Israel, 2009). Irónicamente, Cuba comenzó a transitar hacia el desarrollo de Nova después de que el gurú estqdounidense de la Free Software, Richard Stallman, visitara la Isla y persuadiera a funcionarios del Gobierno a salirse de Windows (Lai, 2009).

Según la narración histórica, Hatuey fue un líder taíno que se rebeló contra los colonizadores y fue quemado en la hoguera. El poderoso controla el canal de comunicación; es el único que puede buscar» (2014:47).

Sin embargo, una cosa es promover la «soberanía tecnológica» y los *softwares* libres de código abierto como estrategia nacional para oponerse a poderosos adversarios geopolíticos como Estados Unidos o a las empresas de *software* dominantes como Microsoft y otra muy diferente es promover la programación de base o las comunidades ciberconectadas de la «sociedad civil» que existen independientemente del Gobierno y se resisten a ser controladas o intimidadas por este. La brusca proscripción en agosto de 2019 de las florecientes comunidades de juego SNet —hasta ese momento toleradas— es una lección amarga que evidencia que los programadores de videojuegos independientes amantes de la libertad, los pioneros cibernéticos y las comunidades digitales tienen al menos que temer al enfoque monolítico y controlador de gobierno cubano, como el propio régimen dice temer a la supuesta ciberguerra estadounidense o el monopolio del sistema operativo de Microsoft (*BBC*, 2019; Padgett, 2019).

Autonomofobia

Por último, ¿cómo se aplica el criterio común de la autonomía de las organizaciones de la sociedad civil en un país que ha producido un verdadero «mar» de organizaciones revolucionarias participativas —las llamadas organizaciones de masas— comprometidas a construir —y ahora «actualizar»— el socialismo? El politólogo cubano Armando Chaguaceda (2015) ha hecho un par de observaciones analíticas útiles en este contexto. Primero, facilitando —e incluso orientando— la creación de estas organizaciones participativas, el gobierno revolucionario ha demostrado a la vez una fuerte sospecha de todos los grupos autónomos —lo que Chaguaceda denomina «autonomofobia»— que conlleva a una persecución sistemática de las organizaciones que no son explícitamente revolucionarias y ni están, de manera directa, controladas o cooptadas en la práctica por el Estado. Segundo, Chaguaceda indica que, mientras este mar de participación puede en verdad tener «un kilómetro de ancho», en la práctica solo tiene «un milímetro de profundidad», dada la incapacidad de dichas organizaciones para plantear exigencias en las instituciones estatales o lograr que sus líderes rindan cuentas.

A la luz de los argumentos anteriores, en este volumen utilizamos la definición de sociedad civil de Haroldo Dilla y Phillip Oxhorn como un elemento base para analizar la nueva realidad digital de Cuba: «El tejido social conformado por una multiplicidad de unidades autoconstituidas, de base

«El consenso impuesto». © Lázaro Saavedra, GALERÍA I-MEIL *(2008-2009). Aquí, el autor invierte la sátira sobre la falta de acceso a Internet en Cuba y dirige su crítica esta vez al control demagógico que ejerce el gobierno cubano.*[17]

territorial, que coexisten pacíficamente y se *resisten* de manera colectiva a la *subordinación* al Estado, al tiempo que *exigen inclusión* en las estructuras políticas nacionales» (2002:11, énfasis del original). Según esta definición, las instituciones de la sociedad civil no necesitan ser absolutamente independientes del Estado ni tener un programa opositor. Sin embargo, tienen que gozar de una *autonomía* significativa respecto del Estado, tener una *base* orgánica sui géneris, apelar a elementos dentro del *territorio nacional,* o derivarse de este, buscar un *impacto* en los asuntos nacionales y aceptar una *coexistencia sin violencia* con otras organizaciones civiles y políticas.

El carácter emergente de Internet y del uso de las redes sociales en Cuba, combinado tal vez con cierta arrogancia e ignorancia por parte del Gobierno sobre su naturaleza desestabilizadora, al menos en los primeros tiempos, ha permitido que algunos de sus ciberdanos comiencen a compartir comentarios

[17] «El sujeto autoritario —escribe Recio— impone un canon valorativo sobre Internet y trata de hacerlo pasar como consenso. Pero el "público" no puede disentir, no tiene el recurso expresivo (el brazo)» (íd.).

críticos espontáneos en lo que aún es un espacio ambiguo e inexplorado (correos electrónicos, entradas de blog, mensajes en Twitter, sitios webs, Facebook o incluso videos propios en YouTube) y les concede un atisbo de seguridad en comparación con las actividades tradicionales «públicas», «alternativas» o «disidentes» en la calle. Es decir, mientras que «la calle» puede que aún pertenezca al difunto Fidel Castro y a la Revolución —«la calle es de Fidel» es una consigna típica dirigida a reclamar todos los espacios públicos como «revolucionarios»—, resulta menos evidente a quién pertenece el ciberespacio cubano, si es que pertenece a alguien. Por otra parte, los precursores cibernéticos y los activistas digitales cubanos no se han contentado con permanecer en «la nube», aislados eternamente unos de otros. Por el contrario, han intentando convertir su visibilidad —durante mucho tiempo considerada como una vulnerabilidad peligrosa en la Isla— en un punto a su favor (Geoffray, 2013:14-16) y aprovechan su presencia digital internacional —mientras «el mundo entero observa»— para usarla como un escudo protector cuando se atreven a ocupar la esfera pública.

Dada la naturaleza «global» de la web, las interpretaciones tradicionales de la sociedad civil necesitan actualizarse cuando se aplican al espacio de Internet que, inherentemente, carece de territorialidad —lo que Geoffray describe como «un espacio cubano emergente contencioso y transnacional» (ibíd.:20-29)—. En efecto, aunque casi todos los innovadores cibernéticos de Cuba tienen una base territorial, a la par habitan un complejo espacio transnacional y dependen mucho de *hostings*, servidores, administradores, *web masters*, traductores e incluso de algún financiamiento proveniente del exterior; eso, sin mencionar la atracción del groso de sus lectores, comentadores y críticos también foráneos, al menos hasta diciembre de 2018, cuando se abrieron los datos móviles. A pesar de que los primeros debates vía Internet —como la llamada «polémica intelectual» de enero de 2007—[18] fueron en gran medida restringidos a artistas y escritores de élite y tuvieron lugar en el ciberespacio —haciéndolos casi invisible al público cubano en general dado el bajísimo índice de acceso a Internet en la Isla en aquellos momentos—, los años siguientes han presenciado el incremento de intentos audaces y confiados por parte de emprendedores duchos en tecnología y ciberactivistas que reclaman un espacio público para sus proyectos, debates y demandas.

[18] La «guerra de los correos» fue una polémica intelectual espontánea que se desencadenó entre los artistas e intelectuales cubanos en enero y febrero de 2007, en respuesta al reconocimiento en la televisión nacional de un número de censores notorios por sus políticas represivas en la década de 1970.

Esquema del Libro

Este volumen contiene cinco temas interrelacionados, cada uno centrado en un aspecto específico de la revolución digital en Cuba: historia, medios de comunicación y tecnología (capítulos 1-2); política (3-6); periodismo (7-10); negocios y economía (11-12); y cultura y sociedad (13-14).

El primer capítulo, bajo la autoría de Larry Press, analiza la evolución de Internet y la política de las telecomunicaciones en Cuba desde principios de la década de 1990 hasta la actualidad, con énfasis en el dilema particular que enfrenta la Isla en una era cada vez más digital en la que se ha quedado muy atrás del resto del mundo a pesar de su política expresa de «informatización» de la sociedad. A este le sigue Edel Lima Sarmiento, quien hace un seguimiento del papel que los medios de comunicación «alternativos» y «oposicionales» han desempeñado en la historia de Cuba desde finales del siglo XIX, cuando los rebeldes cubanos luchaban por independizarse de España y continúa a través de la época republicana, cuando la prensa clandestina fue fundamental en el debilitamiento del poder y la legitimidad de una serie de gobernantes brutales y antidemocráticos. Lima utiliza esas lecciones del pasado como una manera de entender el surgimiento de varios intentos de medios independientes en la Isla durante los años 1995-2020.

A pesar de que todos los capítulos de este volumen tratan, aunque sea indirectamente, sobre la intersección de las nuevas tecnologías mediáticas y la política, los cuatro capítulos relacionados con el segundo tema se centran en las implicaciones políticas de la revolución digital para la Revolución cubana. Olga Khrustaleva examina las tensiones emergentes entre el poder estatal y la sociedad civil en la era digital en el contexto de la distensión histórica de las relaciones entre Cuba y Estados Unidos. Alexei Padilla Herrera y Eloy Viera Cañive analizan cómo la esfera pública digital emergente, representada por varios y diversos medios de comunicación *online* independientes, ha desafiado de modo directo la concepción leninista del PCC sobre la función de los medios de comunicación en la sociedad revolucionaria. Carlos Manuel Rodríguez Arechavaleta se refiere a la tensa relación entre los medios de comunicación y el Estado socialista cubanos (la prensa y el Partido), dada la amenaza intermitente de cambio de régimen por parte de Estados Unidos; en especial del nuevo periodismo independiente *online* nacional, cuyo surgimiento se asocia con la desprofesionalización del modelo de prensa socialista de orientación ideológica, la reciente expansión del acceso a Internet en el país y las estrategias vigentes de control y vigilancia de la información por parte del Estado. Marie Laure Geoffray ofrece una reflexión teórica sobre los diferentes usos competitivos de los medios digitales en Cuba para entender mejor cómo, bajo un gobierno autoritario, los usos *críticos* de la tecnología digital están entrelazados con usos más *rutinarios,* y cómo la «crítica», en vez de ser definida *a priori* y solo entendida de cara a su intencionalidad política o no política, es de hecho perfilada por el contexto complejo y frecuentemente contradictorio donde ocurre.

Los cuatro capítulos siguientes se centran en específico en la lucha actual por los lectores y la legitimidad entre la presa estatal «oficial» y la insurgente prensa digital independiente del país. Ted Henken analiza las principales transformaciones a lo largo de quince años de carrera de la afamada bloguera y periodista independiente Yoani Sánchez. Sara Garcia Santamaria realiza un estudio precursor acerca de la manera en que los jóvenes periodistas cubanos gestionan las presiones y acosos cotidianos dentro de los medios de comunicación estatales; concretamente, se centra en el rol de la fantasía colectiva para escapar a la opresión, que retrasa una ruptura final con el sistema. Anne Natvig se basa en entrevistas a periodistas del sector estatal y explica cómo ellos establecen y defienden su autonomía profesional dentro del marco estricto de lo que el PCC define como información pública adecuada. Por último, Abel Somohano Fernández y Mireya Márquez-Ramírez presentan un análisis casuístico que compara de manera crítica cómo dos proyectos de medios digitales de comunicación independientes, cada vez más prominentes (*El Estornudo* y *Periodismo de Barrio)* contribuyen a abrir —e incluso democratizar— el ámbito de los medios de difusión cubanos, aunque de maneras muy diferentes.

El cuarto tema examina las múltiples maneras en que los cubanos han intentado monetizar su creciente conectividad a Internet. Rebecca Ogden describe las acciones de *marketing* digital *online* para promover los viajes turísticos a Cuba como un destino refrescante —e irónicamente— *offline.* El texto argumenta que tanto el Ministerio de Turismo de Cuba como las agencias extranjeras privadas emplean el video digital para destacar la autenticidad de la Isla «desconectada» y el retorno a los placeres sensuales como la principal ventaja competitiva de Cuba. Jennifer Cearns describe una generación de *millennials* cubanos que se están convirtiendo en emprendedores digitales, con negocios que dependen de su recién acceso a las redes sociales y a Internet en La Habana. Este capítulo también analiza los conocidos fenómenos del «paquete» y SNet, aún no estudiados a profundidad.

Por último, se ponen de relieve las numerosas maneras, a veces inesperadas, en que la cultura, la sociedad, la identidad y la ciudadanía cubanas han cambiado con la creciente disponibilidad de la tecnología digital, incluidas la transformación de la publicación literaria y la producción digital de música y audiovisuales. Específicamente, Walfrido Dorta reseña a un grupo de jóvenes escritores y artistas cubanos que publicaron una serie de revistas literarias digitales independientes a principios de la década de 2000, siendo, sin saberlo, precursores de la explosión de la blogosfera cubana entre 2007 y 2014, y del subsiguiente ámbito de los medios digitales independientes. Paloma Duong analiza los diferentes «*mediascapes* postsocialistas» competitivos producidos en la Isla por los propios cubanos en contraposición con los creados por los medios oficiales estatales o por una mirada foránea exotizante; desempaca una variedad de imágenes producidas por lo que ella denomina «la mujer de moda» postsocialista cubana e interroga no solo las propias imágenes, sino los contextos sociales y mediáticos en los que se producen y consumen.

HISTORIA, MEDIOS Y TECNOLOGÍA

1

PASADO, PRESENTE Y FUTURO DE LA INTERNET CUBANA[1]

(Larry Press)

(Estados Unidos, 1940). Doctorado en sistemas informáticos de información por la Universidad de California, Los Ángeles. Es actualmente profesor emérito en la Universidad Estatal de California, Dominguez Hills. Es autor del blog *The Internet in Cuba*. Entre sus muchas otras publicaciones sobre la tecnología de la información cubana se incluyen: «A Framework for Assessing the Impact of U.S. Restrictions on Telecommunication Exports to Cuba», basado en su testimonio ante la Comisión de Comercio Internacional de Estados Unidos, y «The Effect U.S. Trade Restrictions on IT Exports to Cuba».

Las dos primeras secciones de este capítulo introductorio, que resumen la historia de la Internet cubana y su estado actual, tienen como objetivo establecer una línea de base sobre la cual se construirán los capítulos posteriores del volumen. La tercera sección sobre el futuro de la Internet cubana no intenta predecir ese futuro, sino que describe las tecnologías emergentes y sugiere cambios en las políticas que el gobierno cubano podría hacer para aprovecharlas. Antes del advenimiento de Internet, Cuba era posiblemente la principal nación internacional de redes de computadoras en el Caribe: los miembros de la comunidad de investigación y educación de la Isla utilizaron redes para acceder al correo electrónico, recuperar documentos y mantener discusiones en hilo sobre una variedad de temas técnicos y sociales. Sin embargo, cuando Cuba finalmente se conectó a Internet en 1996 (Press, 2011a), otras diecisiete naciones de América Latina y el Caribe ya estaban en línea (Crepin-Leblond, 1996). El embargo de Estados Unidos, la recesión económica después de la disolución de la Unión Soviética y el temor político a la información gratuita —el llamado «dilema del dictador»— retrasaron la conexión de Cuba.

Cuba adoptó una política de Internet de acceso limitado en 1996 y a día de hoy la conexión es tal vez la peor en América Latina y el Caribe: mínima, lenta y sin libertad, a pesar de que, contradictoriamente, la Isla se encuentra entre los líderes de la región en términos de desarrollo humano. Por una parte, es cierto que la economía se ha estabilizado, se han levantado las restricciones a la importación de equipos de red y se ha demostrado que Internet es una herramienta para el control político y la libertad de expresión. Sin embargo, por otra, la burocracia y los intereses creados se han desarrollado dentro de Etecsa, la proveedora de servicios de Internet de monopolio gubernamental de Cuba.

La tecnología cubana ha languidecido junto con su política. Esto se debe, en parte, a que confiaron en satélites de órbita geoestacionaria lentos y costosos para la conectividad internacional hasta 2013, cuando instalaron un cable submarino a través de Venezuela y comenzaron a abrir telepuntos de acceso público o «salas de navegación». Desde entonces, el Gobierno ha agregado cerca de 700 puntos de acceso público de Wi-Fi, conectividad doméstica digital a más de 70 000 clientes y lanzó acceso móvil 3G en diciembre de 2018, atendiendo a 1.8 millones (35%) de los 5.3 millones de usuarios de teléfonos móviles de Cuba a finales de enero de 2019. A estos datos le siguieron pruebas 4G en la primera mitad de 2019. Esta serie de medidas provisionales iniciadas por el Gobierno están disponibles en ubicaciones limitadas y utilizan tecnología obsoleta para ofrecer un rendimiento inferior a precios altos en comparación con otras naciones y a los ingresos cubanos.

El Gobierno tolera la circulación fuera de línea de una amplia gama de material digital descargado de Internet y transferido de persona a persona a través de unidades USB. Conocido popularmente como «el paquete semanal», este fenómeno es generalizado y monetizado; pero su tolerancia se basa en la estricta autocensura de su compilador, que debe evitar contenido político, religioso y pornográfico (Henken, 2021). Esta innovadora solución digital de base ha atraído la atención de los medios de comunicación en el extranjero (Kessler, 2015; Fenton, 2016; Parish, 2018) y revela algo esencial de la cultura cubana: donde hay una voluntad, hay una manera de hacer bricolaje —alimentada por la escasez y por la escasa resolución de la población.

Si Cuba aspira a un Internet verdaderamente moderno, sus dirigentes deberían considerar las medidas actuales como una pausa provisional y planear un salto a la tecnología y a la política de la próxima generación para 2025. Dicha política debería estar diseñada con el fin de cumplir objetivos económicos y sociales, no para mantener un monopolio sobre las telecomunicaciones sofocado por la burocracia que entorpece el desarrollo de un flujo de ingresos lucrativo. Derivo mis sugerencias de consideraciones de tendencias globales y locales en política y tecnología, y los propios recursos humanos, valores y cultura de la Isla. Cuba se ha quedado atrás en el mundo, pero hoy en día el Gobierno está tomando medidas provisionales, aunque podrían implementar tecnología de próxima generación en un futuro próximo. Dado el temor político, los intereses creados y la burocracia a menudo impenetrable del gobierno cubano, la política de la próxima generación será un problema más difícil. Especularé sobre esas políticas y tecnologías futuras en la sección final del capítulo. Pero primero, revisemos el pasado y el presente.

Antes de Internet, compañías como IBM y DEC usaban protocolos privados para conectar en red sus computadoras y las redes de defensa de computadoras idénticas construidas por el gobierno de EE.UU.; es decir, IBM y DEC, por ejemplo, no podían comunicarse entre sí (Press, 1996c). Más tarde, se desarrollaron estándares abiertos que permitieron la comunicación de computadoras diferentes (X.25 y UUCP). En la década de 1980, los cubanos comenzaron a usar las redes X.25 y UUCP para una comunicación internacional limitada. Utilizaron redes rusas X.25 para acceder a artículos científicos y correo electrónico; pero las UUCP fueron fundamental para la comunicación dentro de la naciente comunidad internacional de redes, usadas por los cubanos para acceder al correo electrónico, transferencias de archivos y Usenet News, una gran colección ecléctica de debates globales sobre tecnología, ciencia, política, cultura y otros muchos temas (Mesher *et al.*, 1992; Press y Snyder, 1992; Press y Armas, 1996). Los grupos de noticias de Usenet eran foros de discusión de usuarios, no sitios dedicados a publicar noticias para el público en general.

Cuatro organizaciones cubanas tenían vínculos internacionales con UUCP y prestaban servicios a organizaciones de clientes (Press, 1996a; 1996b; 1996d):

- CIGB: sirvió subredes en ocho organizaciones con 950 cuentas activas —varios usuarios pueden compartir una sola cuenta.
- CENIAI: atendió 10 subredes con 732 cuentas activas.
- TinoRed: prestó servicios a los 150 —en ese momento— Clubes Juveniles de Computación en todo el país y a 32 ONG con 413 cuentas activas.
- Infomed: sirvió a la comunidad médica con 500 cuentas activas.

Cabe tener en cuenta que, en esos días (finales de la década de 1980 y principios de los años 90), las redes informáticas apenas comenzaban y Cuba, con gran parte de la población altamente educada y menos de 3 000 cuentas, se encontraba entre las principales naciones del Caribe. Sin embargo, UUCP era un protocolo asincrónico: los datos se transferían varias veces al día en lotes, por lo que las aplicaciones interactivas no eran posibles y X.25 era ineficiente en relación con TCP / IP, el protocolo utilizado en Internet; Cuba no tenía un enlace a Internet.[2] En septiembre de 1996,

[2] Para un resumen de las razones no técnicas para el ascenso de TCP / IP, véase Haverty (2019).

cuando el CENIAI estableció la primera conexión, a pesar del embargo estadounidense, el enlace a Internet en Cuba fue a través de la red de la Fundación Nacional de Ciencias de Estados Unidos bajo su «Programa de Redes Internacionales» para redes de investigación y educación en países en desarrollo, proporcionado por Sprint (Press, 1996c).[3]

Si bien Cuba llegó tarde a Internet, sí tenía experiencia con pequeñas redes TCP / IP nacionales y el director del CENIAI, Jesús Martínez, Carlos Armas del CIGB, y otros, habían estado activos en organizaciones regionales e internacionales de Internet. Los *networkers* cubanos compartieron los valores y el entusiasmo de la comunidad internacional de redes creyendo, correctamente, que Internet afectaría en mucho a las personas, las organizaciones y la sociedad (Press, 2011a; 2015e).[4] Hoy, la incipiente comunidad de desarrolladores y emprendedores de Internet de Cuba recuerda ese momento de optimismo (Press, 2015f).

Los funcionarios cubanos también tomaron nota de Internet y establecieron una comisión interministerial para determinar la política cubana al respecto. El pleno del PCC, de marzo de 1996, parece haber sido decisivo en este sentido. La reunión se llevó a cabo menos de dos semanas después de que el presidente Clinton firmara la Ley Helms-Burton, que codifica el embargo cubano en la ley de Estados Unidos por primera vez y tenía como objetivo proporcionar «asistencia, a través de ONG apropiadas, para el apoyo de individuos y organizaciones con el fin de promover el cambio democrático no violento en Cuba» (U. S. Congress, 1996). En la reunión, Carlos Lage, secretario ejecutivo del Consejo de Ministros, habló de las ventajas económicas de Internet. Sin embargo, Raúl Castro, que estaba familiarizado con un conocido estudio de las ONG cubanas llevado a cabo por Gillian Gunn, las temía (1995). Su opinión fue que la glásnost, que socavaba la URSS y otros países socialistas, consistía en entregar los medios de comunicación, uno por uno, a los enemigos del

[3] Es preciso tener en cuenta que la velocidad de ese primer enlace internacional de Internet fue de solo 64 kbps y pronto se saturó. Todavía eran posibles aplicaciones interactivas limitadas como chats de texto y recuperación de documentos de texto; que se recuperaban solicitándolos por mensajes de correo electrónico formateados o accediendo a un servidor Gopher (Press y Armas, 1996). Gopher era un protocolo para la recuperación de documentos de texto con enlaces a documentos relacionados y el CENIAI mantenía un servidor Gopher en Uruguay, con una conexión internacional relativamente rápida.

[4] Según nuestra experiencia como usuarios primerizos de Internet, esperábamos que condujera a avances en ciencia, tecnología, comercio, educación, medicina, democracia, unidad global, etc. Fuimos ingenuos al no anticipar aplicaciones negativas, el impacto en el comercio minorista, el entretenimiento y otras industrias, en política, etcétera.

socialismo (Press, 2011b). El CEA, quizás el grupo de expertos más importante, influyente e innovador en Cuba en este período, también fue cerrado en 1996 debido a los temores del Gobierno sobre el crecimiento de ONG independientes y organizaciones de la sociedad civil (Pérez-Stable, 1998; Giuliano, 1998).

Los intransigentes prevalecieron y, aunque se permitieron las redes TCP / IP internas, el acceso a Internet fue estrictamente limitado (Rohter, 1996; Valdés y Rivera, 1999). Cabe destacar que Fidel Castro permitió la toma de decisiones de línea dura, pero entendió la importancia de Internet y apoyó a Tino Red y a los Clubes de Computación Juvenil (Press, 2014a). Sin embargo, dos años después, TinoRed ya no prestaba servicios a las ONG y Cuba había hecho pocos progresos; mientras que otras naciones en desarrollo, especialmente China (Press *et al.*, 1993), seguían adelante.

A finales de la década de 1990, mis colegas y yo desarrollamos un marco para evaluar el estado de Internet en naciones en desarrollo en seis dimensiones: penetración, dispersión geográfica, absorción sectorial, infraestructura de conectividad, infraestructura organizacional y sofisticación de uso (Press *et al.*, 1998; Wolcott *et al.*, 2001). Utilizando nuestro marco, realizamos un estudio sobre el Internet cubano y en octubre de 1997 clasificamos a Cuba en el nivel más bajo en cinco de las seis dimensiones (Press, 1997; Press *et al.*, 1998).

A principios de la década de 1990, Cuba tenía menos líneas telefónicas como proporción de la población y el PIB que cualquier otra nación caribeña —con excepción de Haití—; en términos de infraestructura y servicios estaba más cerca de las naciones de ingresos bajos que del grupo medio-bajo en el que se encontraba (Press, 1996a). La disolución de la Unión Soviética y el embargo de Estados Unidos exacerbaron la deficiencia que llevó al Gobierno a crear Etecsa, una empresa conjunta entre el MINCOM (51%) y el Grupo Domus de México (49%). En abril de 1995, Domos vendió 25% de sus intereses a STET International Netherlands, una subsidiaria cien por ciento de la Compañía Estatal de Telecomunicaciones de Italia. Domos incumplió su compromiso de capital y perdió su patrimonio, dejando a STET con 29.29% de ETECSA, el gobierno cubano con 49% y una coalición de bancos con el resto. En 2011, Telecom Italia vendió su participación en ETECSA a una compañía llamada Rafin, S.A., que el Banco Central de Cuba describe como una institución financiera no bancaria.[5] La ITU describe a ETECSA como «uno de los últimos monopolios estatales del sector

[5] Un rumor sin fundamento afirma que los hermanos Castro eran dueños de Rafin.

de telecomunicaciones», pero eso parece inconsistente con la atribución de propiedad a Rafin y a los bancos, lo que plantea preguntas sobre las finanzas y la autoridad para tomar decisiones en Etecsa (Press, 2014a) .

Si bien Internet afecta el comercio, la educación, el entretenimiento, el gobierno, etc., en una nación; a su vez está conformado por los valores, las leyes, la política y la economía de la nación misma. En otras palabras, la sociedad da forma a la infraestructura y la infraestructura moldea a su vez la sociedad. Aunque el acceso a Internet era limitado a finales de los años 90, las redes cubanas eran:

- Relativamente no comerciales: las primeras cuatro redes conectadas a nivel internacional se ocuparon de temas como ciencia, educación, biotecnología o medicina.
- Geográficamente dispersas en relación con otras naciones en desarrollo: la conectividad a Internet solo estaba disponible en la capital en 29 de las 44 naciones africanas con conexión a Internet, mientras que Infomed tenía presencia en todas las provincias cubanas y TinoRed estaba presente en casi todos los municipios.
- Enfocadas en un nivel nacional, no internacional (Press, 1998a).

Debido al temor político, la pobreza económica durante el Período Especial —después de la disolución de la Unión Soviética— y el embargo de Estados Unidos, el acceso global a Internet ha sido limitado. Como resultado de estos atrasos, Cuba continúa hoy en día muy por detrás de la mayoría del resto del mundo en cuanto a conectividad.

Presente

Hoy en día, el acceso a Internet en Cuba es posiblemente el peor en América Latina y el Caribe: mínimo, lento y sin libertad. La ITU publica un análisis anual de la sociedad de la información (2018a; 2018b) con un IDI para cada nación. El IDI es un compuesto de tres subíndices: acceso, uso y habilidad.[6] La Tabla 1.1 muestra el rango de Cuba entre 2016-2017 dentro de un índice de 176 naciones (ITU, 2017a; 2017b; 2017c).[7] El rango IDI de Cuba cayó ese año y era el más bajo en América Latina y el Caribe. Los

[6] Para detalles sobre su metodología, véase ITU (2018a).

[7] El último año para el que está disponible la IDI es 2017. La metodología está siendo revisada.

subíndices de acceso y uso de Cuba son solo un poco mejores que los de Haití, que es el último en la región. Estos contrastan con el subíndice de habilidades en el que Cuba ocupa el puesto 62, sexto en la región después de Chile, Argentina, Venezuela, San Cristóbal y Nieves y las Bahamas.

Tabla 1.1: Rango de Cuba en el IDI y subíndices.

	2017	2016
IDI	137	135
Subíndice acceso	166	169
Subíndice uso	151	143
Subíndice habilidades	62	57

Fuente: Elaborada por el autor según datos de la ITU (2017a; 2017b; 2017c; 2018a; 2018b).

Freedom House también considera que Internet en Cuba *no es libre* y evalúa anualmente esta libertad de las naciones con un índice tridimensional: obstáculos al acceso, límites en el contenido y violación de los derechos de los usuarios. Dentro de su estudio de 65 naciones, Cuba ocupó el puesto 61, 59 y 58, respectivamente, en estas dimensiones en 2018. De hecho, solo China, Irán, Etiopía y Siria ocuparon lugares por debajo de Cuba (2018a).[8] El informe «Freedom on the Net» se centra en el IDH de la ONU, que considera 145 indicadores al calcular una medida resumida de los logros en sus tres dimensiones clave de desarrollo humano: una vida larga y saludable, acceso al conocimiento y un nivel de vida decente. En 2014, el IDH cubano ocupó el puesto 44 en el mundo entre 187 naciones y solo fue superado por Chile en América Latina y el Caribe (Press, 2014b). Sin embargo, en 2017 Cuba ocupó el número 73 a nivel mundial y había caído al puesto 12 en América Latina y el Caribe (PNUD, 2018b). Este detalle se puede entender como una Cuba que se mantiene constante mientras el resto del mundo progresa.

El estado de Internet en Cuba es mucho peor de lo que cabría esperar de una nación con un IDH relativamente alto del PNUD. ¿Cómo se podría explicar la discrepancia? Es cierto que los impedimentos históricos de acceso a

[8] Para un análisis detallado de los hallazgos sobre Cuba, se puede ver el informe anual de Freedom House (2018b). Este triste récord contrasta con la clasificación de Cuba en otro informe anual, el Informe de Desarrollo Humano del Programa de las Naciones Unidas para el Desarrollo (PNUD, 2018a).

Internet en 1996 se han aliviado. La economía ha mejorado desde la década de 1990 y la disponibilidad de equipos chinos ha erosionado el impacto del embargo (Press, 2015b). Además, el intento de acercamiento del presidente Obama entre 2014 y 2016 (Press, 2017i) incluyó el envío de delegaciones de alto nivel de funcionarios de telecomunicaciones de Estados Unidos a Cuba (Press, 2015a; 2016e), una histórica visita de Estado a la Isla (Press, 2016d) y la organización de una reunión con empresarios del sector tecnológico durante su visita, pero poco salió de esas iniciativas (Press, 2016c).[9]

Si bien los impedimentos históricos han disminuido en importancia, otros factores han afectado la discrepancia entre el IDI y el HDI. Los sistemas de salud y educación cubanos han aumentado el IDH —y el componente de habilidades de la IDI—, mientras que otros factores han impedido el desarrollo de la Internet cubana:

- falta de libertad;
- burocracia e intereses financieros adquiridos (Press, 2014a; 2016a);
- restricciones al autoempleo de los programadores informáticos (Press, 2017a);
- énfasis en la intranet nacional en lugar de la Internet global (Press, 1998a); y
- renuencia cubana a comprometerse con las empresas informáticas de Estados Unidos. Esto sucedió antes y después de la visita del presidente Obama (Laughlin, 2017; Press, 2016c).[10]

---

9 Si bien Trump revirtió la apertura de Obama, nada en su nueva política afectó directamente a la Internet cubana (Press, 2017j). Sin embargo, su enfoque antagónico endureció la retórica cubana y solidificó el papel de China como fuente de infraestructura de telecomunicaciones de Cuba.

10 La negativa de Trump a las políticas del presidente Obama no afectó directamente a la Internet cubana (Press, 2017a; 2017j) y su Grupo de trabajo de Internet de Cuba generó retórica política, pero nada más (Press, 2018g; 2018i).
Por otra parte, Google ha estado activo en Cuba con visitas regulares de altos ejecutivos y del personal. Según los informes, hicieron importantes propuestas de infraestructura, pero el país solo le permitió donar chromebooks para un punto de acceso Wi-Fi e instalar servidores para acelerar el acceso al contenido de Google (Press, 2016f; Press, 2016g). Google también ha firmado memorandos de entendimiento con una variedad de entidades tecnológicas, de telecomunicaciones, culturales y educativas estatales, pero no está claro hasta qué punto esos acuerdos han avanzado hacia una colaboración real.
Asimismo, mientras el presidente cubano Miguel Díaz-Canel se ha reunido con ejecutivos de Estados Unidos (Press, 2018i), la política cubana hacia ese país no parece haber cambiado bajo su administración (Press, 2017k).

Subyacente a todo esto están las política de propiedad de infraestructuras y las regulaciones obsoletas de Cuba. Basado en datos de alta calidad de 193 países, el «rastreador regulatorio» de tecnología de la información y comunicación de la ITU utiliza 50 indicadores organizados en cuatro pilares: autoridad reguladora, mandato regulatorio, régimen regulatorio y marco de competencia. Utilizando estos criterios, esta definió cuatro generaciones de políticas de TIC (G1-G4) hasta 2018, después de lo cual surgió una quinta generación (G5). Cuba es una de las 28 naciones de primera generación que quedan en el mundo (ITU, 2017a; 2000) (Fig. 1.1):

- G1. Monopolios públicos regulados: enfoque de mando y control.
- G2. Reforma básica: liberalización parcial y privatización en todas las capas.
- G3. Permitir la inversión, la innovación y el acceso: doble enfoque para estimular la competencia en la prestación de servicios y contenidos, y la protección del consumidor.
- G4. Regulación integrada, liderada por objetivos de política económica y social.
- G5. Regulación colaborativa: colaboración entre reguladores dirigida al diseño de políticas digitales que acelera la transformación digital.

Fig. 1.1. Generaciones de las políticas de regulaciones de Internet.

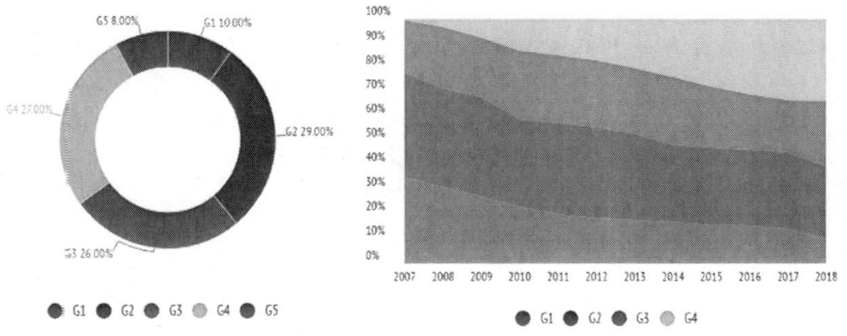

Fuente: ITU (2017a; 2017b; 2017c; 2020:19).

En 2017, el rastreador de la ITU colocó a Cuba en el puesto 172 de 190 países (2017b). Solo Bolivia quedó por debajo de Cuba entre las 31 naciones de América Latina y el Caribe. Cuba había ocupado el puesto 157 en 2007; una vez más, sus indicadores permanecieron estáticos mientras que los de otros países evolucionaron. Esta tendencia a la baja parece dilatarse en el tiempo, ya que en 2018 cayó al puesto 179 de los 193 países incluidos en las clasificaciones de ese año (ITU, 2019a; 2019b; 2020).

Si bien el estado actual de Internet en Cuba es realmente sombrío, ha mejorado con la activación del cable submarino ALBA-1 que conecta a Cuba a Internet a través de Venezuela (Madory, 2013). Antes de 2013, el tráfico internacional se conducía a través de enlaces satelitales geoestacionarios lentos y de baja capacidad. El cable permitió a Cuba comenzar a expandir el acceso a Internet y en 2014 se anunció que la informatización de la sociedad era una prioridad (*Granma*, 2014). Desde 2015 Etecsa ha introducido cuatro ofertas de acceso público:

- Salas de navegación (telepuntos) donde el acceso a Internet está disponible por el pago de una tarifa. Ya para 2020 había 918 computadoras en 259 salas de navegación, 95 de las cuales estaban en Clubes Juveniles (Etecsa, 2019a).[11]
- Puntos de acceso a Wi-Fi donde las personas pueden acceder a Internet usando una computadora portátil, tableta o teléfono inteligente, siempre que hayan comprado previamente una tarjeta Nauta que permite una hora de acceso a la red por 25 CUP (por debajo de los 50 CUP originales) y a causa del llamado ordenamiento monetario de enero de 2021 ya desde de ese mismo año la hora de acceso a nauta costaba 12.50 CUP. Las cifras indican que en 2019 había 956 de estos puntos de acceso (Etecsa, 2019b).
- Acceso digital fijo desde los hogares. El servicio, conocido como Nauta Hogar, solo está disponible en ciertos vecindarios, ya que requiere una actualización del equipo en la oficina central telefónica local y depende de la condición del cableado de una casa. En 2019, los datos indican que había 70 418 hogares conectados, 95% de los cuales se conectaban a 1 mbps, la velocidad de descarga más baja disponible (Guevara, 2019).
- El acceso móvil de tercera generación (3G) está disponible desde diciembre de 2018 y durante el primer mes de operación se abrieron alrededor de 859 000 cuentas (íd; Press, 2018f). El acceso 4G también está disponible en otras áreas limitadas.

[11] La conectividad de la sala de navegación no ha cambiado en los últimos años, lo que sugiere que esto ya no es una prioridad.

- Etecsa también ofrece acceso a Internet a empresas a velocidades que van desde 19,2 kbps a 1 gbps, enlaces punto a punto, registro de dominios, centro de datos y servicio de correo electrónico para empresas. Los precios para el acceso global a Internet son significativamente más altos que para la intranet nacional (Etecsa, 2019c).

El acceso móvil es la más importante de las ofertas públicas en línea. Durante el período limitado de implementación de 3G del 4 al 6 de diciembre de 2018, la actividad de Internet se duplicó, aproximadamente, con respecto a los niveles anteriores y se volvió a duplicar al completarse la implementación inicial. Durante el primer mes después de la finalización del despliegue hubo casi dos millones de transacciones y los ingresos superaron los 13 millones de CUC (Press, 2019c). A pesar de estos avances, las iniciativas de servicio de Internet disponibles a través de Etecsa descritas anteriormente tienen varios elementos en común:

- muy caras en relación con los precios mundiales y los ingresos cubanos;
- acceso limitado a ciertos lugares;
- conectividad lenta, lo que reduce la productividad del usuario y hace que algunas aplicaciones modernas sean imposibles de utilizar;
- tecnologías obsoletas —aparte de los puntos de acceso Wi-Fi y de los dispositivos móviles 4G limitados.

Además del acceso en línea, el contenido de Internet está disponible sin conexión a través del paquete semanal, una distribución digital de entretenimiento, *software*, juegos, noticias, etc., en discos duros portátiles y unidades *flash* (Dye *et al.*, 2018; Press, 2015d).[12] El paquete se actualiza semanalmente, distribuido en toda la Isla por una «organización» descentralizada y *ad hoc* de dos niveles de personas en gran medida autónomas, que puede ser el mayor empleador privado de Cuba. Cuatro casas matrices o «de compilación» —tres en La Habana y una en Santiago de Cuba— compilan colecciones semanales de terabytes que se distribuyen en toda Cuba por muchos «paqueteros» o distribuidores independientes. Si bien es ilegal, el gobierno cubano lo tolera porque su contenido no es político y satisface la demanda pública de contenido de Internet. La regla general no escrita a

[12] Los contenidos semanales de algunas de las casas matrices se publican en línea (http://paquetedecuba.com/). El volumen 50 de la revista académica *Cuban Studies* (2021) ha publicado recientemente un dossier de 4 artículos sobre el paquete.

la que se adhieren todos los compiladores para obtener una tolerancia continua del Gobierno y evitar la represión policial parece ser «ni pornografía ni política» (Henken, 2017; 2021).

Las SNet eran una red construida y operada por una comunidad de *gamers* en La Habana (Pujol *et al.*, 2017; García Martínez, 2017) que ofrecía acceso al paquete y a muchos servicios similares en Internet: redes sociales, foros de discusión, bibliotecas de *software*, acceso a transmisión de video, etc. En 2017, 56 000 usuarios se registraron solo en foros de discusión, pero posteriormente fueron asumidas por el Gobierno (Hernández, 2019; Pérez Díaz, 2019; Press, 2019g, 2019h, 2019i, 2019j).

La historia y la cultura dan forma a la Internet cubana. Por ejemplo, Roberto, un paquetero, conoce a sus clientes, les brinda asistencia técnica, adapta su contenido a sus gustos y cobra de manera diferente según su capacidad de pago. Otra paquetera, Carla, dice: «Básicamente lo vendo a mis clientes y amigos. Ya me conocen, y otros paqueteros no vienen aquí, ya que ya son cubiertos por mí. Hay una base de mercado para todos en La Habana» (Dye *et al.*, 2018). Los creadores de Ninjacuba, un servicio en línea para unir a profesionales técnicos con proyectos, dicen que quieren construir una empresa sostenible, no convertirse en un *startup* «unicornio» (Press, 2017h). Estos ejemplos muestran que Cuba podría traer un alto grado de emprendimiento social a Internet.

Futuro

Como se ha visto, Cuba está estancada en regulaciones de primera generación en términos de propiedad de infraestructuras y toma de decisiones centralizadas en Etecsa y el MINCOM. La transición habitual desde las políticas de primera generación es invitar a las compañías globales a instalar infraestructuras a cambio de una licencia para proporcionar servicios por un tiempo limitado. Por ejemplo, Madory ha sugerido que Cuba siga el ejemplo de Myanmar, que en 2013 era un «campo verde» de Internet con un proveedor de servicios de monopolio gubernamental. Sin embargo, el gobierno solicitó ofertas de los proveedores de servicios de Internet móvil y respondieron más de una docena de compañías. Los dos ganadores se comprometieron a proporcionar conectividad móvil en 90% del país y pagaron $500 millones a cambio de licencias para quince años (2014).

El rango IDI de Myanmar aumentó de 150 —de 176 naciones en 2013— a 135 en 2017 (ITU, 2017); pero, ¿podrían haberlo hecho mejor? Con un enfoque orientado al mercado, las proyecciones de ganancias de la compañía determinan los niveles de inversión; pero Cuba tiene la oportunidad de priorizar objetivos de políticas económicas y sociales que podrían ser mejor atendidos al ver Internet como infraestructura, calles y aceras, en lugar de un producto de mercado. Según el académico africano Steve Song: «El objetivo estratégico de la infraestructura no es obtener un beneficio económico del activo en sí mismo, sino generar un beneficio económico al maximizar el uso del activo» (2018).

¿Cómo podría desarrollarse este enfoque de infraestructura en Cuba? Una posibilidad sería descentralizar la propiedad y las operaciones de infraestructura mediante la creación de redes municipales.[13] Si bien eso sería políticamente difícil, este podría ser un buen momento para hacerlo ya que la nueva constitución de Cuba descentraliza el gobierno ejecutivo al reducir los mandatos provinciales y fortalecer los municipales (Frank, 2019). Las redes municipales se conectarían a una red troncal nacional y, a través de ahí, a enlaces internacionales operados por Etecsa; la cual también apoyaría las redes municipales mediante la consulta y la compra de ancho de banda internacional, equipos de telecomunicaciones, de instalación de infraestructura, etc. Los funcionarios elegidos a nivel local controlarían las redes municipales y los representantes de las redes municipales darían forma a las políticas de Etecsa.[14]

Las cooperativas, donde los clientes posean y administren de conjunto la red, son otra forma de descentralización (Song, 2019). Al estar poco capital y riqueza en manos de los ciudadanos cubanos, las redes municipales podrían ser más fáciles de lograr políticamente; las SNet y las redes comunitarias más pequeñas han proporcionado ejemplos de cooperativas financiadas y operadas por los usuarios. Etecsa podría adoptar una política de colaboración en lugar de simplemente tolerar las redes comunita-

---

[13] La infraestructura de propiedad pública puede ser eficiente. Antel, de propiedad estatal, brinda servicios de telecomunicaciones en todo Uruguay, incluso en las áreas más remotas (Baca *et al.*, 2018); siendo el único proveedor de conectividad por cable (ADSL y FTTP) en el país. Sin embargo, solo Barbados y San Cristóbal y Nieves superan a Uruguay en la IDI (ITU, 2017). Existen muchos ejemplos de redes comunitarias efectivas, tanto municipales grandes como pequeñas exitosas, en América Latina (Baca *et al.*, 2018) y en todo el mundo.
No debe olvidarse que Internet fue diseñado para ser descentralizado e interconectar redes heterogéneas, siendo una colección de redes autónomas interconectadas.

[14] Estas redes municipales no serían homogéneas. Por ejemplo, una gran ciudad como La Habana podría seguir el ejemplo de Estocolmo, que opera una red troncal municipal y proporciona acceso mayorista a proveedores minoristas de servicios de Internet (Press, 2014a).

rias. Las SNet constituían la red comunitaria más grande del mundo que no estaba conectada a Internet.[15] Etecsa podría seguir el ejemplo español (Press, 2017g; 2017k) y colaborar con el paquete brindándoles conectividad y distribuyendo su contenido.[16] Las escuelas cubanas y otras organizaciones también podrían hacer uso del material de curso basado en redes de área local que se actualizarían periódicamente desde Internet con, por ejemplo, material educativo de la Academia Khan y el MIT (Press, 2016j).

Etecsa está desplegando un sistema teléfono móvil 3G que ya ha existido fuera de la Isla durante quince años y algo de tecnología 4G, por el que cobra un precio que la mayoría de los cubanos no pueden pagar.[17] Una vez que desarrolle suficiente capacidad de *backhaul* para respaldarlo, recomendaría una reducción drástica de los precios de 3G; mejor aún, que sea gratis. En otras palabras, que se considerara infraestructura en lugar de un servicio comercializable. Hacerlo generaría aplicaciones nuevas e innovadoras y ampliaría una población de usuarios experimentados y exigentes, listos para las tecnologías del futuro. Los beneficios económicos y sociales de la conectividad gratuita a Internet 3G superarían los costes.

También recomendaría que Cuba se vuelva más abierta a la cooperación con empresas y organizaciones estadounidenses. Por ejemplo, Google trabajó arduamente para establecer relaciones con la Isla, pero sus esfuerzos han sido pocos (Press, 2014d; 2016c; 2016f) y hay rumores de que rechazó una importante oferta de infraestructura inalámbrica de Google. Uno puede imaginar a Google implementando fibra mayorista en La Habana, como lo han hecho en tres capitales africanas (Press, 2016h), o en un espacio de producción de YouTube, como lo han implementado en varias ciudades (Press, 2018e).[18]

Cuba también debería estar planeando adoptar tecnologías del futuro. Para empezar, necesita otro cable submarino. Desconozco la capacidad del actual cable submarino ALBA-1; pero incluso si está lejos de estar saturado, se necesita un segundo cable. El punto de aterrizaje ALBA-1 está en el extremo este de la isla y un segundo punto de aterrizaje cerca de La Habana reduciría la carga en la red troncal doméstica, el tiempo de latencia y pro-

[15] Guifi Net en España es una red comunitaria más grande pero está conectada a Internet.

[16] Sin embargo, gran parte del contenido es pirateado y Etecsa no podría alojarlo.

[17] Las remesas de expatriados cubanos y familiares que viven en el extranjero representan una parte significativa de los ingresos de Etecsa.

[18] Los cubanos son bien instruidos y podrían crear entretenimiento, contenido educativos y contenido artístico para el mundo hispanohablante.

porcionaría respaldo. La conservación de la capacidad terrestre cubriría el costo del cable. Ronald Bechtold, director de información del Pentágono, dijo que el cable de Estados Unidos en Guantánamo «sería para toda la isla con la expectativa de que algún día podrán extenderlo a la parte continental de Cuba», pero esto fue negado más tarde (Press, 2015h). En 1996, el subsecretario de Estado adjunto, Daniel Sepúlveda, dirigió una delegación de Estados Unidos a La Habana para debatir sobre telecomunicaciones e Internet. En ese momento, dijo que había al menos media docena de propuestas de cable submarino entre ambos países, pero ninguna se ha construido (Press, 2016e).

Las tecnologías satelitales están cambiando rápidamente. Hace varios años sugerí que Etecsa utilizara satélites geoestacionarios para proporcionar conectividad en pueblos rurales como medida provisional (Press, 2013b; 2017l). Si bien esa sigue siendo una opción, las futuras constelaciones de satélites de órbita terrestre baja y media (LEO y MEO) pueden desempeñar un papel importante en el futuro de la Internet cubana (Press, 2018a; 2019a). Cuba utiliza hoy los satélites SES O3b MEO para la conectividad internacional (Press, 2017c) y SES desplegará satélites significativamente mejorados a partir de 2021 (Press, 2018b). OneWeb, SpaceX, Telesat y el Proyecto Hongyun de China desplegarán constelaciones de satélites LEO hasta 2025 (Press, 2017c; 2017e; 2017f; 2017m; 2019d). Estos satélites serán capaces de conectar la red móvil de Cuba, redes municipales, organizaciones como escuelas o clínicas y hogares rurales, ahorrándole así a Cuba el gasto de invertir en su red troncal nacional. Para satisfacer a la FCC, SpaceX, OneWeb y Telesat tienen plazos para cubrir Estados Unidos. Esto permitiría que Cuba, al estar cerca del sureste norteño, pueda recibir cobertura temprana. El proyecto Hongyun se centrará primero en la China rural y, dado que La Habana tiene aproximadamente la misma latitud que el sur de China, Hongyun también puede ofrecer servicios en Cuba. Además, China tiene una motivación estratégica para hacerlo (Press, 2019e).

Cuba también debería estar haciendo planes para incorporar las futuras tecnologías inalámbricas terrestre. Gran parte del mundo está utilizando actualmente las tecnologías de comunicación móvil de cuarta generación (4G), pero la transición a la tecnología inalámbrica 5G ha comenzado. Cuando esté madura, el 5G habilitará nuevas aplicaciones y será competitiva para la conectividad fija y móvil. Si bien la 5G requerirá muchas «celdas pequeñas» porque utiliza señales de radio de alta frecuencia que no viajan tan lejos como las señales 3G o 4G y se bloquean más fácil por obstrucciones, como árboles y edificios. Por ejemplo, en la actualidad hay alrededor de 154 000 torres de celdas en Estados Unidos y una asociación de la industria estima que habrá 800 000 celdas pequeñas para 2026 (CTIA, 2018). El embargo estadounidense y el énfasis de Cuba en la educación los ha dejado con una ética innovadora de bricolaje y uno puede imaginarse a empleados no profesionales o municipales en lugar de empleados de Etecsa instalando «celdas pequeñas» en sus vecindarios (Press, 2018h). Los lazos comerciales y estratégicos entre Cuba y China les dan una ventaja importante con respecto a la tecnología inalámbrica 5G. Huawei, que domina el mercado cubano de infraestructura de Internet, es el líder mundial en el desarrollo de 5G y, si el gobierno cubano estuviera dispuesto, La Habana podría tener una cobertura de 5G antes que Miami (Press, 2019f).

Mirando hacia el futuro, también debemos reconocer la posible desventaja de que Cuba logre una Internet ubicua. Vimos que Freedom House considera que la Internet cubana no es libre y que el Gobierno ha utilizado Internet como un arma política internacional (Press, 2013c; 2020) y la está utilizando como una herramienta política interna. Un ejemplo reciente tuvo lugar cuando los *trolls* del Gobierno emprendieron una campaña pro-Etecsa en Twitter para contrarrestar las quejas públicas sobre los altos precios de conexión (*Inventario*, 2019). El ejemplo de Myanmar también ofrece una advertencia histórica. La privatización de la red de telefonía móvil condujo a un rápido aumento en la utilización de Internet, pero también contribuyó al genocidio rohingya, facilitado por Facebook (Mozur, 2018). Rusia[19] ha librado una guerra cibernética contra las empresas y las sociedades durante una década y los europeos tienen experiencia defendiéndose de ella.[20] Por tanto, es posible imaginar lo que el gobierno cubano podría hacer con un acceso al estilo ruso a los datos de Facebook o las noticias falsas que podría crear y circular a través de YouTube (Press, 2019a). Muchos de nuestros problemas actuales con Internet son un subproducto del modelo comercial de publicidad de compañías como Google y Face-

[19] Rusia no está sola. China ha realizado un extenso espionaje industrial e Irán y Corea del Norte también han lanzado ataques cibernéticos (Carlin y Graff, 2018) al igual que Estados Unidos e Israel en el caso de Stuxnet.

[20] Muchos gobiernos han actuado para salvaguardar la privacidad y la seguridad y combatir los ataques a la infraestructura y las mentiras, las noticias falsas y las burbujas de filtro diseñadas para socavar la democracia. Cuba puede aprender de naciones como Estonia (Amaro, 2018), con sus tecnologías de seguridad y privacidad, y de Ucrania para combatir ataques políticos y sociales (Cain, 2019). También debería considerar el reglamento general de protección de datos de la Unión Europea para salvaguardar los datos personales de los ciudadanos y darles el control sobre ellos.

book (Wu, 2016). Sin embargo, hay formas alternativas de financiar Internet: licencias a televisores en Gran Bretaña; suscripciones a Netflix y otros servicios similares por acceder a contenido, o el mismo paquete en Cuba —aunque está fuertemente subsidiado por la piratería y contiene anuncios—. ¿Podría Cuba mostrar una futura Internet financiada sin depender de la publicidad y de los riesgos concomitantes para la privacidad, las burbujas de filtro de los medios y las noticias falsas omnipresentes?

Posdata: La Internet cubana durante y después del 11 de julio de 2021

El 11 de julio miles de cubanos salieron a las calles en protestas antigubernamentales provocadas por la COVID, la crisis económica y un sistema de salud abrumado. En cuatro días se realizaron al menos 118 protestas en toda la Isla. Un mapa interactivo de fuentes colectivas (*crowd-sourced*), producido por el equipo de periodismo de datos *Inventario*, mostró las ubicaciones de las manifestaciones, reportando: 94 el día 11; 14 el 12; 7 el 13; y 3 el 17. Como muestran las imágenes y fotos incrustadas en el mapa, el Gobierno respondió a las protestas con detenciones y violencia en algunos casos (*Inventario*, 2021b).

El Gobierno también comenzó a bloquear Internet en la tarde del día 11. El siguiente gráfico, publicado por Doug Madory (2021), director de Análisis de Internet en Kentik, muestra las interrupciones de ese día entre las 7 p.m. y casi la media noche. El Internet fue bloqueado por completo durante un breve período de tiempo y luego parcialmente. Madory especuló que el Gobierno pudo haber estado tratando de descubrir cómo bloquear ciertas partes del país.

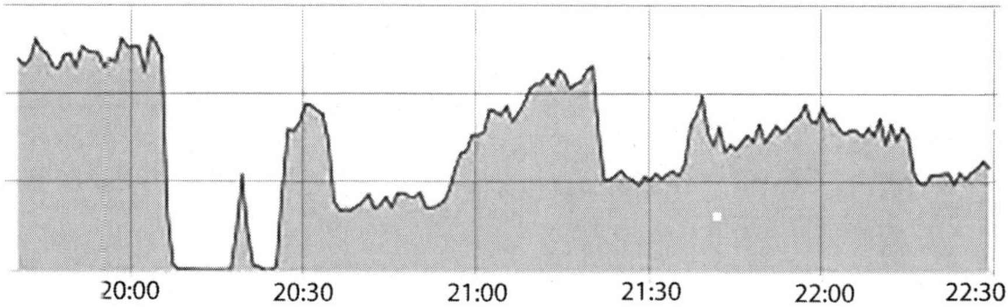

Varias aplicaciones de mensajería también fueron bloqueadas durante el período de protesta. Por ejemplo, Signal fue bloqueado a las 10:41 p.m. el 11 de julio y todavía el 17 de julio, una semana después, lo seguía estando; asimismo,

WhatsApp y Telegram, pero no Facebook Messenger. También hubo un marcado cambio del tráfico móvil al de escritorio en Cuba durante este tiempo. Varios informes indicaron que el acceso móvil se había cortado por completo durante un tiempo y, de hecho, hubo períodos en los que 100% del tráfico procedía de usuarios de escritorio, pero definitivamente hubo algo de tráfico móvil durante las protestas (OONI, 2021; Cloudfare, 2021).

A pesar del bloqueo y suspensión del servicio de Internet en Cuba en ese momento, también se triplicó aproximadamente el tráfico cubano durante el período de protesta. Cuba estaba en las noticias y los cubanos de muchas tendencias diferentes estaban haciendo todo lo posible para comunicar y analizar los eventos a medida que se desarrollaban (Cloudfare, 2021). Cuando estaban bloqueados, muchos cubanos accedían a Internet global utilizando el servicio Psiphon VPN. De hecho, la cantidad de usuarios de Psiphon creció de manera constante durante el período de protesta, alcanzando un pico de casi 1.4 millones de usuarios únicos diarios el 15 de julio. Este es un gran aumento con respecto a los 18 000 usuarios cubanos diarios en las semanas anteriores. Es probable que muchas personas descubrieran las VPN durante este tiempo y aprendieran a usar Psiphon para acceder a Internet. De hecho, el resultado posterior a la protesta más interesante es la tasa de uso de la VPN de Psiphon, cuyo uso alcanzó un *boom* que se mantuvo estable en alrededor de 166 000 usuarios desde Cuba, por día, en las semanas posteriores a las protestas (Psiphon, 2021).

También hubo un fuerte aumento en el porcentaje de tráfico conducido por *bots* durante esos días. El gobierno cubano atribuyó ese aumento al gobierno estadounidense y los llamó «mercenarios» cubanos, a pesar de que el análisis de Cazadores de Fake News no respalda esa afirmación. Para esa investigación, descargaron y analizaron 1 048 576 tuits con el *hashtag* #SOSCuba publicados entre el 10 y el 12 de julio de 2021. Solo 4,84% fueron tuits «puros»; 83,68% retuits; 8,55% respuestas y 2,83% otros (Cazadores, 2021). El estudio concluyó que:

- la contribución de los *bots* y el *spam* fue insignificante en relación con los tuits reales y orgánicos de ciudadanos cubanos en la Isla y simpatizantes (defensores de derechos humanos, periodistas, blogueros y artistas) en otras naciones;
- la gran mayoría de las fotos y videos que se difundieron en Twitter eran auténticos; y
- noventa y tres cuentas «altamente sospechosas» publicaron más de 144 tuits por día y generaron 27 442 tuits; pero eso representó solo 2,66% del total.

El nivel general del tráfico de Internet cubano alcanzó su punto máximo durante las protestas y luego disminuyó, aunque sigue siendo notablemente más alto que antes.

Cloudflare informó que, durante agosto de 2021, 70% del tráfico cubano fue desde teléfonos móviles y 30% desde escritorios fijos, tal como era antes de las protestas (Press, 2021). Además, la mayor parte del tráfico fijo provenía de centros de trabajo donde el acceso es controlado y fácilmente vigilado. Por tanto, la mayor parte del tráfico político es hacia y desde teléfonos móviles, lo que significa que las publicaciones son breves y divisivas: los partidarios del Gobierno están hablando y reforzando las creencias de otros partidarios del Gobierno, y lo mismo ocurre con los manifestantes.

Las protestas cubanas y el cierre de Internet atrajeron una amplia atención, con manifestaciones de solidaridad en todo el mundo, sobre todo en el sur de la Florida. Varios políticos, desde el gobernador republicano de Florida Ron Desantis y el senador republicano Marco Rubio hasta el presidente demócrata Joseph Biden, se pronunciaron a favor del pueblo cubano y pidieron algún tipo de intervención técnica para fortalecer y garantizar el acceso cubano a Internet. Sin embargo, es poco probable que esto suceda y sea técnicamente imposible sin el acuerdo y la participación del gobierno cubano. Haríamos bien en recordar que las protestas apoyadas por Internet en Egipto llevaron a la caída de un gobierno dictatorial; si bien la euforia duró poco ya que los propios manifestantes se polarizaron después de que el régimen de Mubarak fuera derrocado.

Mirando en retrospectiva las protestas habilitadas por Internet en Cuba y la interrupción del servicio que las acompañó, muchos se preguntan si conducirán a un cambio a largo plazo en el Internet cubano o en la situación política de Cuba. En cuanto a lo primero, muchos de los cambios en este campo que tuvieron lugar durante ese tiempo habían desaparecido ya para principios de septiembre de 2021. El tráfico diario total, las proporciones de tráfico móvil a fijo y de publicaciones humanas a automatizadas, y la proporción de sesiones de Signal bloqueadas retornaron a lo que eran antes de las protestas. Sin embargo, todo no es lo mismo.

En los diez días previos a las protestas, ya el número de usuarios de Psiphon en Cuba había aumentado a 17 285 usuarios únicos diarios y, aunque la explosión de 1.4 millones de usuarios diarios del 16 de julio finalmente disminuyó, aún no ha vuelto a los niveles anteriores a la protesta. De hecho, entre el 10 y el 23 de agosto, el promedio fue de 109 429 usuarios únicos por día, más de seis veces el número durante el período previo a las protestas (Press, 2021).

Otra discontinuidad es la existencia y el crecimiento continuo de un archivo de imágenes y videos de las protestas de origen público gracias al trabajo de periodismo de datos realizado por *Inventario*. Hasta el 6 de agosto había 219 protestas documentadas y, para el 3 de septiembre, este número había aumentado a 281 (íd.). Este archivo, disponible en línea para historiadores y politólogos, podría también ser utilizado por el Gobierno para identificar y enjuiciar a los manifestantes.[21]

También se especula sobre si las protestas desencadenaron o aceleraron el Decreto-Ley 35, anunciado el 17 de agosto. La regulación trata el contenido en línea como una amenaza potencial a la seguridad y prohíbe «difundir noticias falsas», «calumnias que impacten en el prestigio del país», «incitar a protestas», «promover la indisciplina social» y «socavar la fama o la autoestima de alguien» (HRW, 2021). El Gobierno incluso ha creado un sitio web para que los ciudadanos denuncien violaciones, en una especie de vigilancia y represión de colaboración abierta al estilo de la orwelliana *1984* (Rodríguez, 2021).

Las protestas prolongadas a nivel nacional que comenzaron el 11 de julio fueron producto del acceso a Internet móvil, que comenzó a implementarse en diciembre de 2018 y desencadenaron los cambios analizados. Pero, ¿es probable que un mayor acceso a Internet causará un cambio político o social a largo plazo en Cuba? Sospecho que no.

Es imposible decir qué porcentaje de cubanos apoya o se opone al Gobierno, pero es probable que ni los tuits ni los videos de Facebook publicados por los opositores ni la repetición de los cansinos eslóganes de *Granma* convenzan a muchos cubanos a cambiar de opinión. El argumento razonado y extenso sobre el Internet fijo puede ser un poco más persuasivo; pero cosas como el dinero, el poder, la organización, la demografía, la negociación y el compromiso, y factores exógenos como el cambio climático, el COVID o las decisiones políticas y económicas tomadas en Cuba, Estados Unidos, Rusia y China determinarán el futuro político y económico de Cuba, no el Internet móvil.

[21] Es interesante notar que el primer archivo histórico de protestas que conozco contiene todo el tráfico de Usenet durante las protestas contra el intento de golpe soviético de 1991, todavía está disponible en línea.

2

ITINERARIOS HISTÓRICOS Y TRAYECTORIAS CÍCLICAS: MEDIOS ALTERNATIVOS, TECNOLOGÍAS DE LA COMUNICACIÓN Y CAMBIO SOCIAL EN CUBA

(Edel Lima Sarmiento)[1]

---

1 El autor agradece a la doctora Mireya Márquez-Ramírez y a los editores y revisores del volumen en inglés por sus útiles sugerencias.

(Cuba, 1981). Candidato a doctor por el Departamento de Comunicación de la Universidad Iberoamericana, Ciudad de México, donde investiga las relaciones medios-gobierno bajo la dictadura de Batista, especialmente sus estrategias de control de prensa; con un financiamiento del Consejo Nacional de Ciencia y Tecnología de México. Sus intereses de investigación se extienden a la historia general de la censura y el control de la prensa en Cuba y España. Licenciado en Periodismo y máster en Ciencias de la Comunicación por la Universidad de La Habana, donde fue profesor adjunto de la carrera de Periodismo; tiene además una maestría en Investigación en Comunicación como agente histórico-social en la Universidad de Valladolid, España. Trabajó como periodista y editor en *Tribuna de La Habana* y *Juventud Rebelde*; ganó dos veces el «26 de Julio», el premio de periodismo más importante en Cuba por sus entrevistas a personalidades del campo cultural.

Es ya un lugar común afirmar que la revolución digital ha abierto ilimitadas posibilidades no solo para ampliar la conectividad y el acceso a la información, sino también para la movilización social y las comunicaciones alternativas. Las nuevas tecnologías digitales han habilitado circuitos de comunicación que ayudan a visibilizar las agendas de voces marginales y a desafiar el *statu quo* político y económico (Castells, 2015). En el caso cubano, los académicos han documentado la aparición de una diversidad de medios alternativos en los últimos años y sus posibilidades y constricciones en un espacio no democrático (Beaulieu, 2013; Díaz, 2018; Garcia Santamaria, 2018c; Henken, 2011b, 2017; Hoffmann, 2011; Padilla, 2017; Ruiz, 2003, 2005). Como ilustran los siguientes capítulos de este volumen, la revolución digital está contribuyendo lentamente a democratizar los espacios políticos y culturales en varios frentes de la Isla, en especial el periodismo.

Sin embargo, como advierte Downing (2001), los medios alternativos tienen una larga y compleja historia que precede a la llamada «revolución digital», iniciada con las distintas expresiones al margen del sistema político y religioso surgidas tras la invención de la imprenta (Cadavid, 2007). Si bien su origen y evolución histórica se han dejado en un segundo plano en la investigación académica (Couldry y Curran, 2003), este capítulo tiene como objetivo comenzar a llenar ese vacío desde un enfoque diacrónico más amplio. Por ello se analizan varios períodos de la historia cubana, en que distintos tipos de tecnologías han estado en el centro de los movimientos sociales y sus estrategias de comunicación alternativas, ya sea para oponerse primero a la dominación española o para enfrentar luego diferentes dictaduras.

Muchos años antes del *boom* digital, las fuerzas políticas rebeldes ya utilizaban los medios alternativos y los avances tecnológicos de su época en algunas de las etapas de mayor tensión política en la Isla a lo largo de su historia: la Guerra de los Diez Años (1868-1878), la Guerra del 95 (1895-1898), la dictadura de Gerardo Machado (1930-1933) y la dictadura de

Fulgencio Batista (1952-1958). Este capítulo reconstruye las experiencias comunicacionales alternativas en esos cuatro momentos convulsos para establecer los rasgos comunes en su desarrollo, así como encontrar sus vínculos con los medios independientes durante lo que, de acuerdo con Ruiz (2005) y Hoffman (2011), puede denominarse el «castrismo postotalitario» (1989-). Marcado por el surgimiento de una limitada sociedad civil que trajo consigo el periodismo independiente (Beaulieu, 2013), este período se trata brevemente aquí, pero se analiza con profundidad y detalle en todos los capítulos posteriores de este libro.

El estudio engloba en el concepto de medios alternativos designaciones específicas como la prensa independentista, separatista o insurrecta de finales del siglo XIX (1868-1878 y 1895-1898), los medios revolucionarios o clandestinos durante el período republicano (1930-1933 y 1952-1958) y, por supuesto, los medios alternativos o independientes surgidos con la ayuda de las tecnologías digitales en los últimos años (1989-). A nivel teórico, se sigue la tipología de medios alternativos desarrollada por Jeppesen:[2] la perspectiva «radical» para caracterizar los cuatro períodos históricos entre 1868 y 1958 seleccionados para este ensayo, y una combinación de las perspectivas «radical» y «ciudadana» para el análisis de los medios digitales actuales. Los medios radicales transmiten las visiones alternativas de movimientos sociales o revolucionarios a las políticas, prioridades o perspectivas hegemónicas, con el objetivo de subvertir el orden establecido y lograr un cambio social a gran escala (Downing, 2001). En contraste, los medios ciudadanos funcionan como espacios dialógicos para reclamos ciudadanos y transformaciones sociales, sin ser necesariamente confrontacionales en lo político (C. Rodríguez, 2001).

Este capítulo se estructura en seis secciones. Las cuatro primeras examinan el papel de los medios alternativos en cada una de las revoluciones cubanas hasta 1958, al reflejar brevemente el contexto de cada etapa, los exponentes mediáticos más importantes, sus objetivos y vínculos con los movimientos revolucionarios, así como sus contenidos, organización interna, uso de la tecnología, vías de distribución y repercusión. El quinto apartado explora los rasgos comunes a todos los períodos analizados con la era actual de los medios alternativos. La sección final ofrece una reflexión sobre la importancia de los hallazgos, que permiten una comprensión más profunda de las formas en que los medios de comunicación independientes

[2] La tipología de Jeppesen (2016) de medios alternativos incluye categorías como «bricolaje» (resistencia cultural), «ciudadano» (participación cívica), «crítico» (cuestionar y confrontar el neoliberalismo) y «radical» (subvertir el orden social).

de hoy se ajustan a los patrones del pasado y abren caminos inexplorados gracias a la explosión de las tecnologías digitales.

Periódicos radicales y la Guerra de los Diez Años (1868-1878)

La primera oleada de medios alternativos radicales en la historia de Cuba ocurrió durante la primera guerra por la independencia contra el dominio colonial español.[3] La insurrección estalló el 10 de octubre de 1868, cuando hacendados del oriente de la Isla se levantaron en armas. La importancia de apropiarse de la prensa para su causa la comprendían los iniciadores del 68, en su mayoría hombres cultos, quienes no dudaron en refrendar derechos civiles como la libertad de imprenta en el artículo 28 de la Constitución de Guáimaro, documento rector donde prevalecieron las ideas de la facción liberal en la contienda. No obstante, debido a los limitados recursos de los insurgentes, su propaganda periodística estaría dirigida principalmente a la Cuba libre, como llamaban a los territorios liberados de la Isla.

Sería ingenuo pretender que las publicaciones independentistas —carentes de grandes tirajes con la regularidad adecuada y sin la posibilidad de llegar a toda la Isla ni penetrar en los centros urbanos, controlados por España— pudieran competir en influencia con la prensa legal establecida, con todas las ventajas, aunque limitada en su discurso por una rígida censura previa que garantizaba a las autoridades españolas el control de las narrativas sobre el conflicto (V. García, 1869). Entre los principales periódicos del país estaban *Diario de la Marina*, *La Prensa* y *La Voz de Cuba*. Sin embargo, no toda la prensa legal era proespañola, como lo demostró el breve período de libertad de imprenta en enero de 1869.

Apenas se dieron las condiciones, con la toma del pueblo de Bayamo por las fuerzas independentistas, comenzó a editarse *El Cubano Libre* como portavoz oficial de la revolución, desde el 17 de octubre de 1868 hasta el 12 de enero de 1869, cuando los pobladores del lugar prefirieron incendiar la ciudad a entregarla a las tropas españolas. En aquellos días, este diario radical se leía en voz alta en la plaza pública y entre la tropa libertadora, para que todos, incluso quienes no sabían leer, pudieran informarse sobre el avance de la insurrección (M. Sánchez, 1998).

---

[3] *El Habanero* (1824-1826) —publicado por el padre Félix Varela en el exilio en Filadelfia y New York— y *La Voz del Pueblo Cubano* (1852) pueden considerarse las primeras publicaciones radicales en la historia de Cuba.

La prensa independentista alcanzó su mayor número de títulos en los primeros años de la guerra, entre 1869 y 1871 (Fornet, 2014). La calidad de impresión de estos periódicos mejoró gracias a los emigrados cubanos en Estados Unidos, quienes adquirieron una moderna imprenta bautizada como «La Libertad», que hicieron llegar a la Isla por medio de una expedición clandestina (Labrada, 2018). Pero no bastaría en el futuro con disponer de una buena rotativa si escaseaban papel, tinta y otros insumos. En definitiva, esa mejor coyuntura para la prensa separatista se debió a que en ese momento se consiguió superar el agotamiento y la falta de recursos que sobrevendrían más adelante debido a las divisiones entre las fuerzas revolucionarias y la notable disminución de la ayuda desde el exterior —apoyo que, como se verá, ha sido un importante factor de incidencia en el desarrollo de los medios alternativos en Cuba, independientemente del período histórico.

En dicho lapso sobresalieron *El Mambí* (1869-1871), *El Cubano Libre* en su segunda época, *El Tínima* (1869-1870) y *La Estrella Solitaria* (1869-1870), impresos casi siempre en los talleres de «La Libertad», en Camagüey. En los años siguientes, hasta el final de la guerra, casi solo se mantendría el órgano de la República en Armas (*El Cubano Libre*) con una frecuencia bastante irregular. Este pasaría a llamarse *Boletín de la Guerra* a finales de 1873, hasta que en 1876 adoptó el nombre de *La República*. Con un discurso alternativo al oficialista impuesto a la prensa legal, todos estos periódicos siguieron en sus contenidos las pautas temáticas y secciones del primer *El Cubano Libre* (Romero, 2012), que consistían en un editorial, el boletín de guerra con los decretos, bandos y demás documentos de las autoridades independentistas, los discursos de sus dirigentes, la crónica de los sucesos actuales, la denuncia de los crímenes del poder colonial y un segmento poético dedicado a ridiculizar al bando contrario (Ponte, 1957:11).

Detrás de estas publicaciones había una élite de literatos, abogados, pedagogos y médicos, muchos de ellos con experiencia en el oficio del periodismo. De la composición de los editores y redactores de estos periódicos llaman la atención su alta preparación cultural, su rol simultáneo como periodistas y combatientes, y la inclusión de la mujer en una época en que le estaba proscrito integrar el *staff* de una redacción tradicional. Este último elemento muestra el carácter transgresor de los medios radicales, los que, según Downing (2001), rompen con las reglas impuestas por las convenciones, aunque raramente con todas.

Para la distribución de la prensa independentista en los territorios liberados, los insurrectos idearon una funcional red de comunicación alterna conocida como correo mambí. Periódicos, correspondencia y otros documentos clandestinos viajaban «de prefectura en prefectura, sin detenerse en ninguna de ellas más que el tiempo necesario para que se releven los conductores» (Rosal, 1874:26). A las ciudades y poblados los impresos eran introducidos por los laborantes,[4] quienes los llevaban escondidos «entre los lomillos o el junco de los aparejos de las caballerías, o entre los haces de forraje, o envueltos entre otros papeles en el centro de algún malhadado saco de carbón» (Ponte, 1957:12). Los lectores de estas publicaciones eran los propios insurrectos, destinatarios específicos que los recibían clandestinamente en los pueblos y las autoridades españolas (Camps, 1890).

A la labor de la prensa insurrecta en la Isla se unió la de las publicaciones del exilio cubano, encargadas de divulgar las ideas separatistas en el extranjero para lograr apoyo a la independencia de Cuba y recaudar fondos con ese fin. Entre 1868 y 1878 existieron periódicos cubanos en Estados Unidos, México y Francia (Casasús, 1953). Por lo general, tuvieron una corta existencia, aunque algunos permanecieron durante casi toda la campaña.

En resumen, los periódicos independentistas entre 1868 y 1878 asumieron características de la comunicación radical descrita por Downing (2001). En medio de difíciles condiciones, acoso sistemático y limitados recursos, adolecieron de vida efímera y frecuencia de impresión irregular. El mayor logro en esta etapa fue mantener un vocero oficial del gobierno cubano durante la contienda y establecer así su canal de información que, aunque precario, era una alternativa contestaria al sistema de prensa controlado por las autoridades coloniales. Más aún, la fracasada Guerra del 68 dejaba una lección sobre el periodismo para la venidera campaña por la independencia: el campo de la información y la propaganda era tan importante como el de batalla para definir una guerra.

Empuje de la prensa por la independencia (1895-1898)

El 24 de febrero de 1895 estalló en Cuba la última guerra por la independencia. A diferencia de la improvisación del levantamiento precedente, esta vez había sido un plan organizado por el PRC, liderado por José Martí, con el apoyo de cubanos dentro y fuera de la Isla. Al comenzar la guerra, la prensa colonial era muy distinta a su predecesora del período entre 1868 y 1878. Esta asumía el mismo espíritu de confrontación entre los dos partidos existentes tras el Pacto del Zanjón (1878): Unión Constitucional y el

[4] Residentes en poblados o ciudades que eran espías de la causa independentista.

Autonomista (antes Liberal). De un lado estaba la prensa integrista, con el *Diario de la Marina* y *La Unión Constitucional* a la cabeza, y del otro las innumerables publicaciones de los autonomistas.

Sin embargo, junto a esas dos facciones partidistas de la prensa legal surgió en los últimos años del período de entreguerras (1878-1895) una abiertamente separatista y alternativa por su propuesta de cambio social. Previo a 1895, en Cuba «llegaron a contarse 14 periódicos que defendían en la prensa la independencia» (Flores, 1895:505). Este ambiente permisivo a otras ideas políticas se había generado desde finales de 1891, cuando el Tribunal Supremo de España revocó una sentencia de la Audiencia de la Habana contra el editor de *La Fraternidad*, el patriota Juan Gualberto Gómez, por su artículo «¿Por qué somos separatistas?», al dictaminar que no era delito mantener ideas independentistas mientras no se incitara a la rebelión (Fornet, 2014).

Con el inicio de la conflagración, las autoridades españolas en la Isla decretaron la censura previa a las publicaciones. En consecuencia, la prensa legal de prédica separatista desapareció y la autonomista quedó amordazada. El movimiento independentista organizó esta vez un sistema de prensa alternativa que se extendió a todas las provincias del país, como la guerra tras la exitosa invasión de Oriente a Occidente. Asimismo, los periódicos radicales de este período duplicaron en formato y extensión a sus antecesores de la guerra pasada y fueron más estables en su frecuencia de publicación (Fornet, 2014).

Sin dudas, estas publicaciones estaban en mejores condiciones para contrarrestar el efecto de la prensa bajo el control español, cuya circulación se fue replegando a las grandes ciudades en la medida en que avanzaba la guerra. «El periodismo florece en Cuba libre y se manifiesta en pequeños periódicos quincenales y mensuales, impresos en papel verde o rosado, que se encuentran por dondequiera en la manigua», escribió el corresponsal estadounidense Grover Flint (1898:242; traducción propia).

A medio año de iniciada la contienda, el primer periódico insurrecto fue *El Cubano Libre*, que reeditaba a su homónimo de 1868, para remarcar la continuidad entre las dos guerras. También en Oriente se crearon el *Boletín de la Guerra* y *La Independencia*. En la provincia de Las Villas surgieron en 1896, *La República* y *La Sanidad* —mensuario promotor de salud—; en 1897, *Las Villas*; y en 1898, *La Nación*. Todas estas publicaciones sobrevivieron hasta el final de la guerra. A diferencia del resto del país, en las provincias occidentales las hojas sueltas desaparecían prácticamente en su primera salida debido a la falta de recursos y la intensidad de las acciones militares (Torriente, 1964).

Estos periódicos estaban obligados a publicar los partes militares y las ordenanzas del Ejército Libertador, según establecían las regulaciones de imprenta dictadas por el gobierno civil de la República en Armas. A los asuntos militares se unían los éxitos de la revolución, la llegada de expediciones marítimas y cartas de cubanos en el exilio, entre otros temas. Por ejemplo, *El Cubano Libre* tenía un editorial o artículo de fondo en la portada y sus páginas restantes se llenaban con los extractos militares, leyes, discursos y ordenanzas exigidos, y en ocasiones con un segmento de noticias provenientes de agencias, una sección poética y otra denominada «Manigüeras», de puro choteo criollo (Ponte, 1957). Fue típico que cada publicación independentista tuviera una imprenta, traída del exterior o arrebatada al enemigo, la cual se ocultaba sin necesidad de vigilancia en los más inhóspitos parajes montañosos. Su personal lo integraba un director, un administrador y varios obreros tipógrafos (Fornet, 2014). Las páginas de esos periódicos se nutrían de las colaboraciones de un «ejército» de periodistas dentro del Ejército, pues más de 50 militares de rango dominaban el oficio («Los periodistas en la Revolución», 1938).

De un extremo a otro del país, por los territorios liberados, circulaban estos periódicos mediante el correo mambí, considerado el mejor servicio público organizado por la revolución independentista (Fornet, 2014). En los campamentos insurrectos, los impresos «pasaban de mano en mano, de alforja en alforja, hasta que se ponían arrugados, borrosos y sucios, pero nunca demasiado viejos como para dejarse de leer y comentarse a la luz de las fogatas» (Flint, 1898:244; traducción propia). Mediante ardides, los colaboradores los introducían en las ciudades ocupadas por los españoles. Al extranjero se enviaban por su propio correo marítimo, una flota clandestina de pequeñas embarcaciones que mantenía una comunicación regular con islas vecinas (Fornet, 2014).

A la prensa separatista en la Isla la respaldaba la del exilio cubano, que no dejó de existir desde el fin de la Guerra Grande en 1878, como lo demuestran *El Yara* (1878-99) en Cayo Hueso y *El Porvenir* (1890-98) en New York. Sin embargo, la preparación de la nueva contienda y su inicio en 1895 estimularon el incremento de estas publicaciones en ciudades extranjeras donde existían colonias importantes de cubanos (Llaverías, 1932). Entre todos esos impresos se destacó *Patria*, creado en 1892 por José Martí, no solo por la calidad de sus escritos, sino por ser considerado el órgano del PRC. En conjunto, estos periódicos configuraron un ideario sobre la necesidad de la guerra y las características de la futura república tras la independencia.

Al finalizar las hostilidades en 1898, la prensa independentista se había convertido en un ejército paralelo para la revolución, pues tanto la editada en Cuba como en el exilio permitió divulgar los hechos de la guerra, generar solidaridad con la causa cubana y ser un elemento cohesivo en torno al ideario emancipador. Más allá de la contienda ideológica, la imprenta y el correo resultaron herramientas fundamentales para la constitución y diseminación de estos medios, así como los recursos propios y los fondos recaudados en el exterior fueron cruciales para su supervivencia. Sin embargo, como la mayoría de los editores de estas publicaciones eran militares, políticos o intelectuales de las élites ilustradas, en ninguna de las dos guerras de independencia puede hablarse de una prensa alternativa popular ni desde abajo, sino de una prensa con ideas radicales en su desafío político al orden colonial. Títulos como *El Cubano Libre* y *El Porvenir* continuaron publicándose en la Isla durante la ocupación estadounidense (1899-1902) y tras el establecimiento de la República, pero perdieron el carácter subversivo y transformador como resultado de la inserción privilegiada de sus editores en la clase dominante de la nueva sociedad.

En desafío a la dictadura de Machado (1930-1933)

Ya en el período republicano (1902-1958), otro momento en que se manifiesta una presencia importante de medios alternativos radicales en Cuba es la revolución antimachadista. A finales de 1930, un amplio movimiento político y social se oponía al presidente Gerardo Machado por la difícil situación económica del país, su reelección anticonstitucional y mano dura para gobernar. Entre los sectores opositores estaban segmentos clave de la prensa. Las principales publicaciones reflejarían la drástica situación de la Isla y conminarían al mandatario a renunciar. Sin embargo, a esa prensa indócil Machado la acalló mediante la imposición de una ilegal censura previa (Lima, 2014). Ante la censura y la desinformación, las fuerzas políticas opuestas al régimen crearon medios de comunicación alternativa para combatirlo y dar a conocer sus propuestas desde la clandestinidad.

Ahora bien, no todo medio opositor clandestino puede considerarse alternativo radical. Para serlo, si nos suscribimos a la definición de Downing (2001), el movimiento social y su vehículo informativo no pueden limitarse a pretender la sustitución de un gobierno por otro, sino que deben aspirar a mover la estructura socioeconómica y política de la sociedad, sea cual sea la magnitud de la transformación. De ahí que, según sus objetivos y programas, los medios radicales durante el machadato sean los portavoces del ABC, el DEU y el Partido Comunista de Cuba.

El ABC fue una organización de estructura celular con orientación de derecha, fundada a finales de 1931 por intelectuales, profesionales y estudiantes de clase media con el objetivo de derrocar a Machado mediante la acción terrorista. Distribuido clandestinamente en noviembre de 1932, su manifiesto-programa defendía la plena independencia política y económica de Cuba y planteaba la necesidad de remodelar sus instituciones para que contribuyeran a la nacionalización de la economía (Y. Pérez, 2013). La propaganda era un pilar en su estrategia de combate. Para ello tuvo los medios más poderosos de la revolución antimachadista, que a inicios de 1933 intensificaron su labor ante el debilitamiento del régimen y la creciente presión internacional sobre él. Su órgano *Denuncia* estabilizó su aparición a una frecuencia quincenal o mensual y alcanzó una estimable tirada de 30 000 ejemplares o más («Cómo se hacía Denuncia», 1934:13). En sus páginas aparecía toda la información que el Gobierno mantenía oculta.

Aunque los textos no se firmaban para evitar represalias, periodistas de prestigio como Jorge Mañach y Francisco Ichaso fueron colaboradores habituales. El periódico se distribuía por conducto de las células del ABC a todo el país y hasta «las autoridades y el propio Machado lo recibían en sobres oficiales de las diversas Secretarías de Despacho, pues tenía el ABC un gran número de cedulados en las distintas dependencias del Estado» (íd.). Impresionados por el interés con que se esperaba este «periodiquito» entre los cubanos, testigos de la época aseguraron que llegó a leerse más que cualquier diario legal censurado (Lima, 2014). *Denuncia* incluso invitaba a sus lectores a sintonizar la nueva estación de radio del ABC. Inaugurada a inicios de 1933, operó clandestinamente y no dejó de fustigar a la tiranía hasta sus últimos días, pese a la persecución policial para capturar a sus operadores.

Además de utilizar dentro de Cuba medios como el impreso tradicional y el novedoso programa radiofónico, el ABC desplegó una labor propagandística contra el dictador en el extranjero. En ese caso, cabe destacar el esfuerzo de varios jóvenes cubanos miembros de la organización en París, quienes utilizaron la firma de reconocidos periodistas franceses para una campaña contra Machado. No obstante, la acción más significativa de este grupo fue la publicación del libro *El terror en Cuba* que, editado en español, inglés y francés, recogía los crímenes del machadato. El texto provocó un aluvión de comentarios en publicaciones europeas (A. Carpentier, 1933). Así, lograban posicionar su agenda en la esfera pública a través de fuentes y soportes establecidos para llamar la atención internacional y legitimar la necesidad del cambio político en Cuba. Desde entonces, los circuitos de intercambio y conexión entre los grupos diaspóricos cubanos eran vibrantes y dinámicos, como lo habían sido antes en las guerras de independencia y lo serían después hasta nuestros días.

Integrado por estudiantes de la Universidad de La Habana, el DEU también se pronunciaba por derribar a Machado y transformar el país (L. Soto, 1977). Como tuvo varias facciones, dispuso de distintas publicaciones alternativas. Su órgano oficial, *Alma Mater*, fundado en 1922, pasó a la clandestinidad en octubre de 1930 (Contrera, 1989). La persecución policial a la revista, el exilio de su director y diferencias entre los dirigentes del DEU probablemente motivaron que su lugar lo ocupara *Directorio*; publicación de menor formato que se adaptaba mejor a las condiciones de la clandestinidad. Dos números de *Directorio* revisados para este estudio muestran un gran parecido a *Denuncia* tanto en formato como en contenidos. Una escisión en el DEU dio lugar al Ala Izquierda Estudiantil, cuyo programa era más radical y antimperialista. Su vocero, *Línea*, denunciaba los excesos de la dictadura y divulgaba las bases de la izquierda estudiantil (González, 1974). Tuvo muy pocos números debido a que sus jóvenes editores fueron rápidamente encarcelados por actividades revolucionarias.

El Partido Comunista de Cuba, que desconocía la legalidad desde su fundación en 1925, pudo lanzar unas pocas ediciones de *El Trabajador* entre 1931 y 1933. La prensa radical de la época estaba lejos de ser homogénea, pues en ocasiones estos periódicos polemizaron entre sí. Por su encono, quizá el enfrentamiento más importante lo sostuvieron *El Trabajador* y *Denuncia* (L. Soto, 1977). Esas diferencias reflejan la variedad de actores políticos que, con distintas posiciones ideológicas, operaron los medios radicales durante el período.

Pese a sus limitaciones, estos medios desempeñaron una labor de divulgación y aliento en sus organizaciones y en amplios sectores populares, lo que fue un elemento cardinal en la movilización social para el desplome de la dictadura. La existencia de medios con orientación a la derecha como los del ABC, progresistas como los del DEU y de izquierda como los del Partido Comunista y el Ala Izquierda Estudiantil es un guiño a la teoría de Downing (2001) de que la comunicación radical está dada por sus objetivos subversivos más que por una orientación política particular. En esta etapa, las nuevas tecnologías, como una estación de radio, se incorporaron cual armas de lucha para llegar a un público más amplio, aunque la imprenta siguió siendo importante. Otras formas alternativas como panfletos, rumores, música y teatro también demostraron ser instrumentos útiles de protesta, al combinar una diversa gama de soportes y manifestaciones culturales para el activismo político. Tras la caída de Machado, la mayoría de los periódicos radicales continuó editándose y contribuyó a la presión social para la democratización del país, proceso que cristalizaría con la aprobación de la Constitución de 1940.

Radio Rebelde y la Revolución cubana (1952-1958)

Años más tarde, en el enfrentamiento a la dictadura de Fulgencio Batista, los medios alternativos radicales alcanzarían un desarrollo sin precedentes en Cuba gracias al uso inteligente de la tecnología. El 10 de marzo de 1952, el general Batista dio un golpe de Estado e interrumpió la estabilidad democrática existente en el país desde 1940. Ante una sociedad civil activa, Batista maniobró para legitimarse por medio del soborno y la represión, con la complicidad de la Casa Blanca. De esa política no se libraron los medios de comunicación, que tenían en la Isla un desarrollo y expansión notables. De hecho, para 1959 existían unas 15 publicaciones nacionales, más de una decena de diarios provinciales, 6 emisoras nacionales y 146 locales, 5 canales de televisión en La Habana y 1 local en Camagüey (García Luis, 2013b). La mayoría de esos medios siguió obediente las reglas del juego impuestas por el dictador, pues se beneficiaban con subvenciones o los dividendos de la propaganda oficial. Aun así, abundaron los asaltos, cierres de medios, secuestros de ediciones, agresiones físicas a periodistas y la censura previa (Calvo, 2014).

Dentro del amplio frente cívico y armado contra Batista tendría protagonismo el M-26-7, liderado por el joven abogado Fidel Castro. Su programa se plasmaba en «La historia me absolverá», autoalegato de defensa de Castro en el juicio por los asaltos a dos fortalezas militares del oriente cubano, el 26 de julio de 1953 —de ahí el nombre de su movimiento político posterior—. El documento sintetizaba la situación agobiante del país y las medidas que se aplicarían al derrocarse la dictadura. El uso de los medios por el Movimiento tendría dos etapas, antes y después del inicio de la lucha insurreccional, en diciembre de 1956. En sus comienzos, los jóvenes que integrarían el M-26-7 tuvieron en 1952 efímeros periódicos clandestinos. Tras la salida del presidio en mayo de 1955, Castro utilizó como vocero para sus denuncias el diario oposicionista *La Calle*, clausurado enseguida por el Gobierno (Villaescusa, 2015).

Con la llegada del yate *Granma* el 2 de diciembre de 1956 a las costas cubanas y la subsiguiente insurrección en la Sierra Maestra, el M-26-7 montó una efectiva campaña para posicionar el conflicto en la agenda mediática nacional e internacional, así como para brindar al público una visión de la lucha que lo posicionara a favor de los guerrilleros (Calvo, 2014). Desde su temprana juventud, Castro había aprendido a dar golpes de efecto en la política mediante la prensa. Como buen propagandista, su estrategia se basó en la creación de símbolos revolucionarios como la barba, el fusil, el brazalete y el uniforme verde olivo; la reivindicación del mito independentista y la figura de Martí; el estricto control de las palabras en las entrevistas con los reporteros que subieron a las montañas; y acciones para atraer la atención internacional, como el encuentro clandestino en la Sierra Maestra con el periodista de *The New York Times* Herbert L. Matthews o el secuestro en La Habana del piloto argentino de Fórmula 1 Juan Manuel Fangio (Beaulieu, 2013; Calvo, 2014; DePalma, 2006). Para ponerla en práctica, los rebeldes utilizaron la prensa extranjera, la prensa nacional legal y sus propios medios clandestinos —siendo estos últimos los que interesan en esta sección.

Poco después del desembarco del *Granma*, se publicó *Revolución*, vocero del M-26-7. Con frecuencia quincenal, su objetivo era divulgar en las ciudades información sobre la guerra y denunciar los desmanes del régimen batistiano. El periódico logró una distribución nacional con una tirada máxima de 20 000 ejemplares (Beaulieu, 2013). Debido a que algunas de sus rotativas cayeron en manos de la policía, los revolucionarios diseñaron un método en el que quienes trabajaban en la casa impresora no conocían a los de la casa distribuidora y el enlace entre ellos se daba mediante una llamada telefónica donde se establecían en clave las coordenadas para el contacto a ciegas (Vázquez *et al.*, 2008). Para una mayor divulgación, en 1957 se crearon *Vanguardia Obrera* y *Sierra Maestra*, del que existieron variantes en las seis provincias del país, en Miami y en New York (J. Soto, 1965). Asimismo, se fundaron periódicos en los frentes guerrilleros. Una vez más, *El Cubano Libre* renació a mediados de 1957 en la Sierra Maestra por orden del comandante Ernesto «Che» Guevara.

Aun así, el medio más trascendental del M-26-7 fue *Radio Rebelde*. La emisora salió al aire por primera vez el 24 de febrero de 1958 en la Sierra Maestra. Transmitía noticias sobre las operaciones guerrilleras, avances de la lucha en las ciudades y la reorganización del Movimiento en el extranjero, así como los discursos de los líderes rebeldes y programas patrióticos. Adquirido en La Habana, el transmisor tenía una potencia limitada de unos 120-130 watts (Amores, 2010). Al instalarse una segunda antena, la señal llegó mucho más lejos con transmisiones por las tardes y noches regularmente, aunque al final de la guerra estuvo en el aire casi las 24 horas del día (Vázquez *et al.*, 2008).

En sus emisiones trabajó un colectivo de profesionales bajo la dirección de periodistas experimentados de la época (Villaescusa, 2015).

A finales de 1958, Radio Rebelde ganó aún más visibilidad al escucharse en toda Cuba y gran parte de América Latina (Amores, 2010). Esto fue posible gracias a la Cadena de la Libertad, una red de plantas radiales que se fue tejiendo dentro y fuera del país. Mientras se abrían nuevos frentes militares, estos disponían de su planta difusora, que llegaron a ser 32, una para cada columna guerrillera. Por esta vía se replicaba la programación de Radio Rebelde y, a su vez, se establecía comunicación para ofrecer partes militares y recibir orientaciones desde la Sierra Maestra. A estas se iban sumando las estaciones de los territorios liberados. Además, miembros del M-26-7 en Venezuela coordinaron para que emisoras de ese país grabaran la señal rebelde y la reprodujeran (íd.). Por su amplio alcance, Radio Rebelde se convirtió en el medio más importante en la lucha contra la dictadura de Batista, pues rompió el cerco informativo impuesto por la censura gubernamental y estableció un canal de información alternativo con una audiencia creciente en toda la Isla, que la escuchaba a hurtadillas, y con un seducido oyente latinoamericano.

Muy vinculadas al M-26-7, otras organizaciones con medios radicales eran la FEU y el PSP. En 1952 reapareció clandestino el órgano de la FEU, *Alma Mater*, para expresar esporádicamente la oposición estudiantil a Batista. También el Directorio Revolucionario, cuerpo armado de la FEU, lanzó a partir de 1957 *Al Combate* y el boletín *13 de Marzo*. Y el PSP dispuso de dos publicaciones *Mella* y *Carta Semanal*, beneficiadas por una red de agentes que les permitía el acopio de noticias y una circulación nacional (Vázquez *et al.*, 2008). La primera, órgano de la Juventud Socialista, pasó a la clandestinidad en enero de 1953. La segunda reemplazó a *Hoy*, el periódico tradicional de los comunistas, que fue clausurado por Batista tras el asalto al Moncada.

El efecto de los medios alternativos radicales en manos de estos grupos revolucionarios minó la credibilidad de la información oficial de la dictadura y permitió a los rebeldes marcar la agenda en Cuba y el extranjero con su propia versión del conflicto. La amplia circulación de la prensa clandestina por toda la Isla la hizo muy cercana a los cubanos. Al final de la guerra, Radio Rebelde gozaba de más prestigio que cualquiera de los medios dominantes bajo censura y era la fuente de información más seguida por la propia prensa clandestina y los medios internacionales (Villaescusa, 2015). El encadenamiento de plantas radiales dentro y fuera de Cuba para amplificar la señal de Radio Rebelde la convirtió en un medio transnacional al servicio de un movimiento de liberación nacional, una experiencia probablemente sin precedentes en esa época.

En este período, los medios radicales fueron superiores en exponentes, distribución y repercusión comparados con los de la lucha contra Machado, y su labor debe considerarse uno de los factores clave en la victoria del movimiento insurgente. Sin embargo, hay que tener cuidado de no romantizar su resistencia o legado pues, con la llegada de los rebeldes al poder, medios como Radio Rebelde integraron un sistema de prensa dócil, propagandístico y monopolista perdurable hasta hoy, en correspondencia con el régimen totalitario al estilo soviético instaurado en Cuba tras el triunfo de la Revolución (W. Fernández, 2016).

Ciento cincuenta años de medios alternativos

Hay cinco puntos de encuentro en el desarrollo de los medios radicales durante los cuatro períodos descritos con los medios alternativos surgidos en Cuba en los últimos treinta años. Primeramente, todos estos medios han surgido al margen de la ley, con dificultades materiales y en desafío a un poder político absoluto caracterizado por la represión y la privación de derechos y libertades, ya sea en regímenes autoritarios como el colonialismo español o las dictaduras de Machado y Batista, o en regímenes postotalitarios como el castrismo, según Ruiz (2005) y Hoffman (2011), desde 1989 en adelante. A diferencia del pasado, medios disidentes (radicales) y ciudadanos coexisten en la actualidad (Henken, 2017). Los segundos se diferencian de los primeros en una posición menos confrontacional hacia el Gobierno y en un discurso crítico más contenido. Aun así, ni unos ni otros escapan de la ojeriza del régimen, porque en Cuba cualquier medio de prensa fuera de la autoridad del Estado es un desafío político (Hoffmann, 2011). No obstante, la balanza se inclina a favor de un periodista y un periodismo con un rol más opocional debido a la represión creciente, el reforzamiento del cerco legal, el exilio forzado de periodistas y los asesinatos de reputación, entre otros resortes con los que el gobierno cubano ha incrementado su persecución a los agentes periodísticos independientes tras la crisis desencadenada por la COVID-19 y las manifestaciones del 11 de julio (Article 19, 2022; Freedom House, 2021).

En segundo lugar, otro rasgo común es la incorporación y uso de los soportes tecnológicos novedosos en cada época, sin menoscabo de los anteriores, para producir y distribuir información alternativa mediante todos los canales posibles. De esa manera, los independentistas utilizaron la imprenta, los revolucionarios contra Machado y Batista emplearon la radiodifusión sin renunciar al invento de Gutenberg, y los periodistas independientes contemporáneos han recurrido a Internet y sus múltiples plataformas digitales, redes sociales y, más recientemente, a pódcast para hacer oír su voz.

Sin embargo, si los agentes periodísticos contestatarios al castrismo no han recurrido con mayor frecuencia a tecnologías más antiguas y establecidas como la imprenta, la radio y la televisión, es solo porque estas herramientas están estrictamente controladas por el Gobierno y cualquier intento de utilizarlas se enfrenta a la inmediata represión (Beaulieu, 2013; Ruiz, 2005). Pese a esto, algunos proyectos han logrado sobrevivir; entre ellos las revistas como *Vitral* —ya desaparecida—, *Palabra Nueva* y *Espacio Laical* —todas de la Iglesia católica, actor con cierta independencia y tolerancia del Gobierno—, y los videos críticos subidos a YouTube por la plataforma opositora Estado de SATS (D. J. Fernández, 2003; Padilla, 2017).

Tercero, la creatividad en la configuración de redes de distribución de la información ha marcado la comunicación alternativa en Cuba desde el enfrentamiento al colonialismo español hasta la actualidad. Los independentistas crearon el llamado correo mambí, un eficaz sistema postal basado en el relevo de mensajeros para la circulación de información actualizada por los territorios liberados y en una flotilla de botes que permitía el intercambio informativo con países cercanos. Los revolucionarios contra Machado y Batista organizaron grupos encargados de repartir prensa y propaganda clandestinas, que distribuían mediante inventivas con sus propios recursos o por vías institucionales gracias a sus agentes infiltrados en esas instancias. En el presente, debido al acceso limitado de los cubanos a Internet y al bloqueo de ciertos sitios web por el Gobierno, la información alternativa suele distribuirse clandestinamente por boletines de correo electrónico, redes de intercambio *offline* y por el llamado paquete de la semana (Díaz, 2018). Aunque estos canales no tardaron en ser interferidos y controlados por las autoridades (Henken, 2021), tales obstáculos generan siempre nuevas iniciativas, como las aplicaciones para la descarga *offline* de contenidos (Freedom House, 2018b; 2021).

Cuarto, hay una tendencia a que los promotores de estos medios alternativos en las distintas etapas sean conocedores de los formatos, estilos y narrativas del periodismo de su época. Los periódicos independentistas cubanos contaron con una élite intelectual enemiga a ultranza de la dominación española. Los medios revolucionarios contra Machado y Batista tuvieron a directores y colaboradores con formación periodística en muchos casos. Las primeras asociaciones periodísticas opositoras creadas en 1989 estaban integradas por periodistas excluidos de los medios oficiales e intelectuales decepcionados con el régimen castrista (Beaulieu, 2013). Luego no han faltado iniciativas para capacitar en la profesión periodística a activistas políticos sin capital cultural o de otras formaciones (íd.; Ruiz, 2003). Hoy en día, muchos de quienes trabajan en los medios digitales no estatales son jóvenes graduados de Periodismo o carreras afines en universidades cubanas.

Quinto, todos los períodos coinciden en la capacidad de los exiliados cubanos para crear sus propios medios alternativos en el exterior y brindar ayuda material y económica a los movimientos revolucionarios, opositores o ciudadanos y sus formas de expresión en la Isla. Tanto en las guerras por la independencia como en las dictaduras de Machado y Batista, cubanos en el exilio dispusieron de sus medios de comunicación para denunciar a las autoridades de turno y recabar apoyo moral y económico para su causa. También la diáspora cubana de hoy ha fundado sitios digitales de noticias e información de oposición como *CubaNet* (1994), *CubaEncuentro* (2000), *Diario de Cuba* (2009), *CiberCuba* (2014) y *ADNCuba* (2019), todos financiados y administrados desde el extranjero. No deben olvidarse otros más veteranos y controvertidos como Radio Martí (1985) o Televisión Martí (1990), vinculados estrechamente al proyecto de Washington de socavar el régimen comunista de Cuba (Ruiz, 2005).

En fin, los cincos rasgos cohesivos de los medios alternativos cubanos en cinco épocas distintas se resumen en ilegalidad y represión, uso de nuevas tecnologías, creatividad en la distribución de la información, experiencia profesional y dependencia de la diáspora (Cuadro 2.1). Ello no niega que existan diferencias importantes. Entre otros aspectos, además de su contexto específico, estas comunicaciones alternativas pueden diferir en su nivel de radicalización, esferas de influencia y recursos disponibles, nicho de público y alcance, y capacidad para perdurar e institucionalizarse.

Cuadro 2.1. Períodos de emergencia de los medios alternativos en la historia cubana (1868-)

PERÍODO	ERA	TIPO/EJEMPLO DE LOS MEDIOS MÁS IMPORTANTES
1968-1978	Guerra de los Diez Años	Prensa independiente (*El Cubano Libre*)
1895-1898	Guerra de 1895	Prensa independiente (*El Cubano Libre* y *Patria*)
1930-1933	Machadato	Medios revolucionarios (*Denuncia*)
1952-1958	Dictadura de Batista	Medios revolucionarios (Radio Rebelde)
1989-	Castrismo postotalitario	Medios digitales (*14ymedio* y *Diario de Cuba*)

Fuente: Elaborado por el autor.

Sin embargo, más allá de esas diferencias, dichas cinco cualidades han caracterizado el desarrollo de los medios alternativos cubanos durante los últimos ciento cincuenta años. Estos rasgos han sido configurados y moldeados de manera decisiva por contextos históricos comunes de autoritarismo o dictadura, movimientos sociales o revolucionarios con metas transformadoras y el uso consciente de las tecnologías para tales fines. Estos factores han dado lugar a dimensiones comparables en la evolución de los medios alternativos, especialmente en los primeros cuatro períodos, cuando un cambio explícito de régimen político motivó los objetivos de los medios radicales (Downing, 2001). Queda por ver hasta qué punto los medios alternativos contemporáneos, tanto radicales como ciudadanos, podrían conseguir un cambio de régimen en la Cuba de hoy sin acompañar una acción política radical.

Es lógico inferir que cuando existen puntos de conexión entre los movimientos sociales a lo largo de la historia de un país, los haya también entre sus medios de expresión. En consecuencia, esa idea de continuidad sugiere entender la historia de los medios alternativos en la Isla como un proceso integral desde el siglo XIX al XXI, y no como uno que simplemente comenzó —o terminó— en 1989 con el advenimiento de los medios alternativos modernos.

Consideraciones finales

Los cinco rasgos comunes a las diferentes épocas (ilegalidad y represión, uso de nuevas tecnologías, medios innovadores de distribución, experiencia profesional y la intervención de comunidades diaspóricas) son dimensiones cruciales surgidas de este estudio, que pueden ser profundizadas y exploradas teóricamente en futuras investigaciones sobre medios alternativos con perspectiva histórica o comparada, tanto en Cuba como en otras sociedades poscoloniales. Luego de establecer estos paralelismos entre los medios alternativos en varios períodos convulsos de la historia cubana, es posible repensar el supuesto de que la era de la información y el advenimiento de las tecnologías digitales de la comunicación son los impulsores clave que habilitan y sustentan espacios de alternatividad. Además, la academia ha prestado atención como objeto de estudio a la apropiación de tecnologías para el cambio social y ha marginado los procesos sociopolíticos desencadenantes de la necesidad de cambio al considerarlos mero trasfondo histórico (Gibbs y Hamilton, 2001). De ahí la importancia de evitar la trampa de circunscribir las comunicaciones alternativas solo a la emergencia de nuevas tecnologías digitales, redes sociales o teléfonos inteligentes, porque se corre el riesgo de pasar por alto un pasado extenso y pedagógico que puede aportar pistas sobre la complejidad de esta experiencia en el presente. Incluso si fue facilitada por las tecnologías de su época, la comunicación alternativa en Cuba ha sido un fenómeno histórico y sociopolítico continuo, más que un fenómeno ahistórico excepcional, propiciado por la expansión actual de la digitalización.

De hecho, la comunicación alternativa en Cuba ha estado históricamente ligada a los ideales políticos de sus iniciadores, a las aspiraciones de cambio reflejadas en sus contenidos, a sus condiciones clandestinas, a sus públicos objetivo y a sus peculiares procesos de producción, distribución y gestión. Los períodos analizados aquí exhiben movilizaciones sociales, activismo político y diversas formas de expresión y protesta, todos con diversos grados de éxito, que ayudaron a conformar el Estado moderno cubano, ya sea para lograr la independencia del dominio colonial español a finales del siglo XIX, o para desafiar luego a los gobiernos dictatoriales de Machado, Batista y el castrismo. Por ello, el estudio de los medios alternativos en la Isla debe asociarse, en gran medida, a una tradición de medios revolucionarios, radicales y transgresores en permanente lucha por la libertad de la nación y por la democratización de la sociedad.

En efecto, la contribución de los medios alternativos a los procesos de democratización y cambio social en Cuba en el pasado, en la actualidad y, de manera crucial, en los años venideros, ha dependido y dependerá de su capacidad para construir información independiente y crear mecanismos horizontales de comunicación (Ruiz, 2005). No en balde dicha información alternativa ha sido un factor medular en visibilizar lo oculto o lo nebuloso, expandir ideas progresistas y revolucionarias, generar los apoyos materiales y morales necesarios a las causas reivindicativas, y estimular la iniciativa cívica y la movilización social. *El Cubano Libre*, *Patria* de Martí, *Denuncia* y Radio Rebelde tuvieron éxito en tales empeños y se convirtieron en una especie de eje articulador de los movimientos revolucionarios de su tiempo. Históricamente, las revoluciones radicales requerían comunicación alternativa tanto como triunfos en el campo de batalla. Pero a diferencia del pasado, hoy las transformaciones graduales que tienen lugar en la Isla están posicionando a la revolución digital y su vibrante mediaesfera digital en el camino correcto para liderar la transformación social necesaria en el país sin necesidad de rifles, bombas o artillería, sino a través de información crítica, participación ciudadana activa y movilización social. Aunque el futuro es incierto, los hechos del 11 de julio parecen abonar esta tesis, al demostrar la existencia en Cuba de una ciudadanía digital capaz de movilizarse en todo el país y de amenazar con sus protestas la estabilidad del régimen cubano.

POLÍTICA

3

ENTRE LA ESPADA Y LA PARED: RELACIONES ESTADOS UNIDOS-CUBA, DESARROLLO DE LAS TIC E INNOVACIÓN CIUDADANA

(Olga Khrustaleva)

(Rusia, 1987). Periodista e investigadora autónoma. Estudió Lenguas Extranjeras en la Universidad Estatal de Ryazan y Relaciones Internacionales en la Universidad Estatal de San Petersburgo, de donde se graduó en 2012. Becaria Fulbright en la Universidad de Missouri, continuó sus estudios en la American University en Washington, D. C. Ha trabajado como periodista, productora y videógrafa en Estados Unidos, América Latina y Rusia. Sus trabajos han aparecido en Al Jazeera, la BBC, Great Big Story y otros medios. Sus intereses profesionales incluyen los derechos humanos digitales, la libertad de expresión, la censura y el papel de la tecnología en los procesos políticos. Integrante del programa Google Policy Fellowship (2016), investigó además para la ONG chilena Derechos Digitales sobre la censura de Internet en América Latina.

En diciembre de 2014, cuando los presidentes Barack Obama y Raúl Castro anunciaron sus intenciones de restablecer las relaciones diplomáticas entre Estados Unidos y Cuba, la única manera para un ciudadano promedio de conectarse a Internet en Cuba era mediante la compra de una costosa tarjeta de acceso llamada Nauta, con la cual se debía acceder desde algún hotel o parque que contase con punto de acceso Wi-Fi. En los cinco años siguientes Cuba comenzó a ofrecer planes de Internet para el hogar, lanzó Internet móvil 3G e incluso inició pruebas del servicio celular 4G en un marco en que el uso de teléfonos celulares se propagaba por toda la isla.[1] Sin embargo, el ansiado restablecimiento de las relaciones diplomáticas ha tenido muy poco que ver con estos eventos.

Desde ese anuncio trascendental —denominado «normalización» por los medios de comunicación—, seguido en 2015 de la reapertura de las embajadas en Washington y La Habana, ha habido grandes expectativas de «cambio» en ambos países. Sin embargo, el gobierno de cada país interpretó este «cambio» de manera diferente. Para Estados Unidos, el objetivo era que el gobierno cubano mejorara su historial de derechos humanos, instituyera cambios en un sistema político autoritario y brindara mayores oportunidades económicas para que las empresas estadounidenses pudieran ingresar en la Isla. Por otro lado, desde La Habana entendieron esta «normalización», principalmente, como el tan esperado y exigido comienzo del fin del embargo de Estados Unidos.

Durante 2015 y 2016 se lograron pequeños, pero importantes —e históricamente simbólicos—, avances hacia la normalización: la eliminación de Cuba de la lista de «patrocinadores del terrorismo» del Departamento de

[1] En 2008, Raúl Castro legalizó la posesión privada de los teléfonos celulares. Durante la década siguiente, el número de usuarios de teléfonos celulares pasó de 330 000 a más de 4.5 millones en 2017; o sea, de aproximadamente 3% a casi 40% de la población cubana (ONEI, 2009; 2018).

Estado estadounidense, la reanudación de los vuelos comerciales directos entre los dos países, el levantamiento de restricciones de viaje para los estadounidenses, una visita de Estado por parte del presidente Obama a Cuba en marzo de 2016[2] y el fin de la llamada política migratoria «pies secos, pies mojados» —eliminada antes que Obama dejara el cargo presidencial en enero de 2017—. Aun así, las dos partes no lograban llegar a un acuerdo sobre otras cuestiones pendientes clave: el fin del embargo, el futuro de la base militar estadounidense en la Bahía de Guantánamo, el destino de los prisioneros políticos en la Isla, por no hablar de cambios internos en el sistema político unipartidista cubano. Desde entonces, una nueva administración en Washington llegó al poder con el objetivo de cancelar el «acuerdo completamente unilateral» que Obama pactó con Cuba, según el presidente Donald Trump (2017).

El restablecimiento de las relaciones diplomáticas parecía una excelente oportunidad para que ambas partes progresaran en un área donde existía interés mutuo: las tecnologías y las telecomunicaciones. Compañías estadounidenses como Google, Twitter, AT&T, Airbnb y Netflix estaban ansiosas por ingresar en un nuevo mercado. El gobierno de Estados Unidos buscaba facilitar un mayor acceso del pueblo cubano al «libre flujo de información». Por su parte, el gobierno cubano podría avanzar más en la mejora de su infraestructura de telecomunicaciones anticuada, acelerar el desarrollo de las tecnologías de Internet y avanzar en su objetivo de «informatizar» la sociedad cubana.

Sin embargo, con las tensiones políticas históricas, la desconfianza y el embargo aún vigentes, la cooperación bilateral en el área de las tecnologías fue mucho más difícil de implementar en la práctica de lo que al principio parecía en teoría. A pesar del entusiasmo inicial sobre los posibles cambios, las relaciones bilaterales nunca avanzaron más allá del restablecimiento formal de las relaciones diplomáticas, sin llegar a una normalización genuina. Por tanto, los pequeños cambios que Cuba ha logrado en términos de mayor acceso y uso de las TIC por parte de los cubanos entre 2014 y 2019 se deben mucho más a los desarrollos internos en la Isla, ya sea de abajo hacia arriba (sociedad civil) o de arriba hacia abajo (política gubernamental), y no a las consecuencias de la —breve— normalización de las relaciones con Estados Unidos.[3]

---

[2] Pocos podrían predecir que un presidente de Estados Unidos podría hacer tal visita con el embargo todavía vigente y los Castro aún en el poder.

[3] Una excepción importante a esto es el progreso que Google ha logrado al establecer una serie de memorandos de entendimiento con el monopolio cubano de telecomunicacio-

Como era de esperar, la presidencia de Donald Trump revirtió parte del progreso logrado por la administración de Obama en cuanto a la normalización de las relaciones, notoriamente antagónicas entre Estados Unidos y Cuba. Los misteriosos incidentes sónicos reportados por los diplomáticos de la embajada de Estados Unidos en La Habana a finales de 2016, así como la creación del Grupo de Trabajo de Internet de Cuba bajo dirección de la Casa Blanca a principios de 2018 —con intenciones de expandir el acceso a Internet y la libertad de expresión en Cuba— han alejado aún más a los dos países. Y, si bien la creación de este Grupo de Trabajo fue más un gesto político dirigido a los votantes de Florida que un esfuerzo real para empoderar al pueblo de la Isla, el gobierno cubano lo ha utilizado para argumentar que, una vez más, el David nacional fue atacado por el poderoso y hostil Goliat estadounidense.

Este capítulo busca estudiar los efectos de la normalización de las relaciones diplomáticas entre Cuba y Estados Unidos en el desarrollo de las TIC en Cuba, abordar las formas en que la expansión del Internet cubano ha reflejado las dinámicas del poder en la Isla, así como movimientos geopolíticos más generales. Esta investigación está basada en una dicotomía común en los estudios del desarrollo de las TIC en países autoritarios: las tecnologías de la «liberación» frente a las tecnologías de «represión» (Diamond, 2010; Morozov, 2011), las «fuerzas de la luz» frente a las «fuerzas de la oscuridad» (Deibert y Rohozinski, 2010), empoderando a «activistas» o «autócratas» (Rød y Weidmann, 2015), o la «esfera pública en red» frente al «autoritarismo digital» (Tufekci, 2017; MacKinnon, 2012). Sin embargo, al tratar a Internet como un «portador de propósitos específicos», los investigadores a menudo minimizan la importancia de «intereses e ideas rivales de diferentes actores sociales» (Michaelsen, 2018). Por tanto, para comprender la interconexión entre Internet y los procesos políticos en la Isla es necesario mirar más allá de las dicotomías simplistas y centrarse en la forma en que el desarrollo de las TIC refleja las dinámicas de poder subyacentes tanto a nivel global como local.

Partiendo de las teorías de la esfera pública y el poder, este capítulo aborda las formas en que el desarrollo de Internet en Cuba ha reflejado las dinámicas de poder en Cuba, así como cuestiones geopolíticas convencionales. En específico, las definiciones de Manuel Castells acerca de la esfera pública y el poder son suficientemente amplias como para constituir un

---

nes Etecsa. Esto hubiera sido imposible sin la apertura diplomática iniciada por los expresidentes Obama y Castro.

sistema teórico general e integral, y suficientemente específicas como para permitir su aplicación directa al caso cubano. Castells (2016) define el poder como «la capacidad relacional que permite a un actor social influir de forma asimétrica en las decisiones de otros actores sociales de modo que favorezcan la voluntad, los intereses y los valores del actor». Estas tres dimensiones del poder (voluntad, intereses y valores) facilitan un conjunto útil de conceptos para explorar las formas en que los grupos dominantes pueden ejercer el poder en diferentes niveles (visible, oculto o invisible) para prevenir que otros colectivos e individuos lo ejecuten (Gaventa, 1980; Lukes, 2005). De manera similar, la teoría del poder de las redes de Castells otorga un marco único para estudiar cómo se ejerce el poder y el contrapoder en una «sociedad red» mediante la programación y el cambio de redes (Castells, 2009; 2011).

Según Castells, la esfera pública es «el espacio de comunicación de ideas y proyectos que surgen de la sociedad y están dirigidos a los tomadores de decisiones en las instituciones de la sociedad» (2008:78). Los académicos coinciden en que una esfera pública sólida en la que las ideas y preocupaciones se forman y se comparten libremente es clave para el cambio social (Calhoun, 2010; Castells, 2008; Habermas, 1989). Si aplicamos a Cuba esta definición clásica de la esfera pública, en la que los ciudadanos participan libremente en el proceso político, sería casi inexistente (Castells, 2008; Habermas, 1989). Sin embargo, Cuba exhibe lo que Geoffray llama «contestación» —no exactamente lo mismo que disidencia—, un fenómeno sociopolítico que ocurre en varios espacios públicos separados, al que se refiere como «espacios de debate y discusión múltiples y fragmentados» (2015: 228). Las TIC y los medios de comunicación independientes facilitan la aparición de espacios de debate y contestación en los que blogueros, periodistas independientes, disidentes políticos y aquellos también leales al régimen, *startups* de comunicación, expertos en Twitter, *podcasters*, usuarios de YouTube, programadores, distribuidores de contenido digital —a través del paquete—, *SNeters* y todo tipo de artistas y músicos han establecido un punto de encuentro digital sin precedentes.

Existen muy pocas fuentes confiables y completas de información sobre las TIC en Cuba. Los datos que provienen del gobierno cubano a menudo son parciales, obsoletos o no tienen una explicación clara de cómo se recopilaron (por ejemplo, datos de usuarios de Internet cubanos). Del mismo modo, los recursos internacionales que hacen un seguimiento confiable de las TIC en Cuba son escasos. Además, para realizar cualquier estudio en la Isla, un investigador necesita una visa académica especial patrocinada por una institución cubana, requisito en extremo difícil cuando se trata de temas políticamente cargados o controvertidos, como la política de las TIC, porque todas las instituciones educativas son administradas por el gobierno o vinculadas al régimen.[4] Para realizar mi investigación, elegí entrevistas semiestructuradas como método principal porque consideré solo el consentimiento de los entrevistados y no de sus instituciones; así como que el conocimiento y la experiencia de las personas cuyo trabajo está relacionado con el desarrollo de las TIC me daría suficiente información para evaluar si su evolución se ha visto afectado por las cambiantes relaciones entre los gobiernos de Estados Unidos y Cuba.

Durante mis dos viajes de investigación a Cuba en noviembre de 2016 y abril de 2017, he entrevistado a un total de 28 expertos en tecnología, programadores informáticos, periodistas, blogueros, emprendedores tecnológicos, personas familiarizadas con las políticas cubanas de Internet y empresas estadounidenses, y profesionales con experiencia en el sector de las telecomunicaciones en Cuba. Además, me reuní personalmente y vía Skype con varios cubanos residentes en Estados Unidos. Los 28 entrevistados hablaron acerca de sus experiencias como usuarios de Internet e innovadores digitales y compartieron su análisis sobre el desarrollo tecnológico cubano, la seguridad de la información, la censura, la vigilancia, las políticas gubernamentales de Internet y la «computarización» de la sociedad, el impacto del embargo de Estados Unidos y el potencial efecto de los cambios en las relaciones entre Cuba y Estados Unidos en el desarrollo de las TIC. Además de las entrevistas, he utilizado el análisis documental como método de investigación auxiliar. Por ejemplo, examinar las políticas y leyes de comunicación de Cuba me facilitó comprender cómo el Gobierno ha manejado el desarrollo tecnológico y respondido a las demandas populares de conectividad. Para evaluar la rigurosidad del control de la información y la comunicación, estudié los cables de WikiLeaks, los datos de medición de redes y los registros de arrestos a periodistas, blogueros y activistas.

Este capítulo está dividido en tres secciones. La primera aborda la evolución de las relaciones entre Cuba y Estados Unidos, y su impacto en la expansión de las TIC en Cuba. La segunda sección se centra en los *hack* cubanos, los múltiples inventos tecnológicos digitales y analógicos que los cubanos han ideado como alternativa dentro de un entorno de telecomunicaciones políticamente restrictivo y precario. La sección final analiza algunos

---

[4] Personalmente, después de enviar incontables solicitudes a diferentes instituciones sin obtener respuesta alguna, decidí ir a Cuba sola y sin afiliación.

espacios públicos digitales emergentes en los que se puede participar, debatir y observar un tipo de comunicación horizontal —entre la ciudadanía— así como también vertical —representantes del Gobierno y la ciudadanía cada vez más audaces y presentes en el creciente ciberespacio cubano.

Normalización de la desconfianza: Relaciones Estados Unidos-Cuba y desarrollo de las TIC

Las relaciones hostiles con Estados Unidos —bajo la sombra del embargo y un intermitente discurso de cambio de régimen— han tenido una gran influencia en las políticas internas y externas cubanas durante años, lo que a su vez ha tenido un impacto en la política y en el desarrollo tecnológico de la Isla. De hecho, hasta la década de 2010, el gobierno cubano consideraba que Internet era más una amenaza que una oportunidad. Esta consideración había sido influida por varios motivos. Primero, porque se desarrolló en un inicio en Estados Unidos con fines de defensa militar. En segundo lugar, Internet se veía subversivo debido a su potencial para liberar y diversificar el flujo de información, socavando el monopolio mediático del gobierno y —potencialmente— llevando a la población a cuestionar la autoridad estatal. Tercero, la preocupación por la seguridad nacional se avivó por el hecho de que los funcionarios estadounidenses habían alentado con regularidad la expansión de las TIC en Cuba como un «caballo de Troya».

Sin embargo, a partir de 2009, el presidente Obama relajó las sanciones contra Cuba, lo que permitió a las compañías de telecomunicaciones estadounidenses establecer conexiones de fibra óptica y satelital con la Isla. Luego, durante sus últimos dos años en el cargo, Obama renunció públicamente a la política de cambio de régimen y permitió una mayor cooperación de telecomunicaciones entre los dos países. Aun así, el gobierno cubano nunca estuvo muy interesado en dejar que Estados Unidos desempeñasen un papel significativo en el desarrollo de las TIC en el país. En cambio, mirando a sus poderosos aliados geopolíticos China y Rusia, países que habían combinado con éxito la expansión de Internet con un control político continuo (Parker, 2014), el gobierno cubano adoptó una estrategia defensiva que priorizó la «soberanía digital» sobre la alta calidad o la rápida expansión del acceso a Internet.

Por supuesto, la desconfianza de Cuba hacia Estados Unidos no está exenta de motivos. Durante años, los esfuerzos por desplegar tecnologías digitales en la Isla fueron parte del programa de «promoción de la democracia» de USAID, lo que alimentó la hostilidad entre los dos países. De hecho, en 2014, *Associated Press* descubrió documentos que revelaban que USAID financiaba y operaba ZunZuneo, una versión cubana de Twitter que la agencia supuestamente planeó usar para difundir mensajes anticastristas y provocar disturbios políticos. El proyecto se lanzó en 2009 y recopilaba datos personales sobre sus usuarios, que no sabían que la red social estaba financiada por el gobierno estadounidense (Arce, 2014; Roig-Franzia, 2014). A pesar de su considerable popularidad inicial, ZunZuneo corría el peligro de quedarse sin fondos, ya que debía subsidiar los costos de conexión de un número de usuarios cada vez mayor. En la práctica, no tuvo ningún impacto subversivo en Cuba y su importancia como herramienta de subversión potencial fue exagerada por el gobierno cubano con fines de propaganda (Mexidor, Menéndez y Allard, 2011). Podría decirse que Estados Unidos también sobrestimó el impacto potencial de estas «tecnologías de liberación».[5]

De hecho, los esfuerzos de Estados Unidos para promover el desarrollo de las TIC y la democratización en Cuba han sido bastante contradictorios y enrevesados. Por un lado, ha tratado de promover el libre flujo de información para combatir lo que a menudo ha denominado «el bloqueo interno de información por parte del gobierno cubano». Por otro, Google, Microsoft y otras aplicaciones populares de mensajería no estuvieron disponibles en Cuba durante mucho tiempo a causa de las cláusulas del embargo. Como bromeara el periodista de *Global Post*, Nick Miroff: «No teman, cubanos privados de Internet. El gobierno de EE. UU. tiene un nuevo plan para romper el firewall de la censura comunista y dejar que fluyan los datos libres. Primero, sin embargo, necesita bloquear su acceso al grandioso software» (2012). De hecho, en un correo electrónico confidencial a la CIA y a otras agencias del gobierno de Estados Unidos, el exjefe de Misión de la Sección de Intereses

[5] Este esfuerzo dista de las transmisiones de Radio y TV Martí, financiadas por Estados Unidos, que comenzaron a principios de los 80, relegando las intenciones de acercamiento que tuvieron lugar durante el mandato del presidente Carter. En los últimos años, «The Martís» se expandieron y modernizaron en la era digital como «Martí Noticias», una empresa de medios con sede en Miami operada por cubano-americanos que ha puesto sus transmisiones tradicionales de radio y televisión en línea, agregó una amplia cobertura de noticias escritas y comenzó esfuerzos innovadores en el despliegue digital de su contenido en la Isla. Como era de esperar, todo esto ha sido criticado con vehemencia como una violación subversiva de la soberanía cubana por parte del gobierno estadounidense. También ha sido bastante controvertida en Estados Unidos por diferentes razones relacionadas con acusaciones de corrupción y prejuicios propagandísticos.

de Estados Unidos en La Habana, Jonathan Farrar, criticó las restricciones como contraproducentes.

> *Las acciones de estas empresas estadounidenses para detener dichos servicios solo ayudan a los esfuerzos de los censores de GOC (Gobierno de Cuba) para controlar la información disponible para el pueblo cubano, y contrarrestan directamente nuestros propios esfuerzos de expansión del libre flujo de información hacia, desde y dentro de Cuba. Entendemos que las empresas de EE.UU. actuaron por temor a que la prestación de tales servicios pudiera ir en contra de los controles del Gobierno de los Estados Unidos en las exportaciones a países considerados patrocinadores del terrorismo (WikiLeaks, 2009).*

Estas inconsistencias han sido utilizadas por Cuba para justificar las restricciones de Internet y culpar de su retraso tecnológico al embargo. Como resultado, las políticas anteriores de los gobiernos de Washington y La Habana han transformado Internet en Cuba en un «difícil e inaccesible espacio donde es casi imposible navegar sin ser apresados por la Escila de captura estatal o atrapados por los Caribdis de apoyo extranjero» (Henken y Van de Voort, 2015). Aun así, después del restablecimiento oficial de las relaciones diplomáticas y el aflojamiento de las sanciones estadounidenses, muchas empresas privadas norteñas y ONG comenzaron a buscar oportunidades de inversión y desarrollo empresarial en Cuba en diferentes áreas, incluidas las nuevas tecnologías (M. J. Álvarez, 2016; Tucker, 2015). Lo que atrajo a los posibles inversores fue un mercado tecnológico cubano subdesarrollado pero prometedor —a veces denominado *greenfield*—, así como mano de obra barata y calificada.

En un informe de 2015 sobre «La preparación de Cuba para la transformación de las TIC», la compañía de investigación y consultoría Nearshore Americas concluyó que los programadores cubanos estaban bien educados y solían trabajar por menos de $500 dólares al mes. Según Nearshore, «en un entorno liberalizado, Cuba podría convertirse rápidamente en una fuente importante de externalización e investigación de IT [TIC]» (Tucker, 2015). Sin embargo, dos años después, su director, Kirk Laughlin, llegó a la conclusión pesimista, muy a su pesar, de que Cuba era «una causa perdida y fácilmente la mayor decepción en la corta historia de Nearshore IT» (2017). Según Laughlin, la razón principal de esto fue el temor del Gobierno a la subversión, la mentalidad cerrada y poca visión de asociación con empresas de TIC de Estados Unidos para atraer capital del extranjero.

Sin embargo, una importante empresa estadounidense de TIC ha logrado disipar el temor del Gobierno a una asociación de este tipo, estableciendo gradualmente un punto de apoyo tecnológico en Cuba durante 2014-2019. Esa compañía es Google. De hecho, las primeras incursiones de Google en Cuba comenzaron antes del restablecimiento oficial de las relaciones diplomáticas con una visita privada por parte del CEO de Google, Eric Schmidt, y su equipo de tecnología y políticas en el verano de 2014. El corto viaje incluyó visitas a la casa de Yoani Sánchez, famosa bloguera disidente y fundadora en mayo de ese mismo año del periódico digital independiente *14ymedio* y a la UCI.[6]

Aproximadamente al mismo tiempo que la embajada de Estados Unidos abrió en La Habana (verano de 2015), Google puso a disposición Chrome, Play y Analytics en Cuba. Un año después, en la primavera de 2016, justo en el momento de la histórica visita de Estado del presidente Barack Obama a La Habana, el gigante tecnológico inició una colaboración con Alexis «Kcho» Leiva Machado, un exitoso pintor y escultor afrocubano leal al gobierno de Castro. En ese momento, Kcho ya había instalado el primer punto de acceso público a Internet —gratuito— en Cuba en su estudio de arte en el barrio de Romerillo, en el extremo occidental de La Habana.[7] Google colaboró con él otorgando e instalando sus *chromebooks* y *cardboards* de realidad virtual para uso público (Domínguez, 2016). Los medios de comunicación occidentales exageraron la importancia del acuerdo entre Google y Kcho, ya que el punto de acceso había estado allí antes de que apareciera Google, y la sala de estudio con *chromebooks* y mejor conectividad solo estaba disponible para el público en horario restringido. Finalmente, el estudio cerró por completo en 2017 (J. E. Rodríguez, 2017).

Para ese momento, sin embargo, Google ya había llegado a un acuerdo para instalar sus servidores en algunos centros de datos de Etecsa en La Habana como parte de su programa *Google Global Cache* (Wamsley, 2017). Aunque el caché de Google no mejora la velocidad general de Internet en

---

6 Tras su visita a Cuba, Schmidt escribió un artículo en Google + donde dijo que «Internet en Cuba está atrapado en la década de 1990» y se expresó en contra del embargo (Oppmann, 2014). La figura clave en los acuerdos de Google con Cuba fue Brett Perlmutter, jefe de Estrategia y Operaciones en Cuba de Google. Durante varios años ha trabajado en silencio tratando de generar confianza con los funcionarios del gobierno cubano y de aumentar la influencia y presencia de Google en la Isla.

7 La contraseña para conectarse al punto de acceso Wi-Fi gratuito de Kcho se llamaba «aquinadieserinde», indicando su apoyo a la Revolución. Después del acuerdo con Google en 2016, cambió a «abajoelbloqueo».

Un cubano usando uno de las únicas conexiones gratis de Wi-Fi en la Isla en 2016 en las afueras del estudio de arte de Alexis «Kcho» Leiva Machado, en el vecindario de Romerillo. © Olga Khrustaleva.

Cuba, sí hace que el acceso a servicios propios de Google, como YouTube, sea significativamente más rápido para los usuarios de la Isla. Sin embargo, su presencia en Cuba no debe considerarse como una «invasión» de Silicon Valley, como la han denominado algunos artículos sensacionalistas (Novak, 2016). No obstante, para el gigante tecnológico con un historial mixto de hacer negocios en y con regímenes autoritarios como China, la entrada de Google en Cuba y el desarrollo de una relación laboral de confianza con varias agencias gubernamentales e instituciones académicas, culturales y tecnológicas cubanas ha sido un importante paso estratégico con claros beneficios para la corporación estadounidense, sobre todo en contraste con la postura belicosa de la administración de Trump. Si Cuba permite una mayor participación extranjera en su industria tecnológica en el futuro, Google tendrá una ventaja porque ya ha entablado negociaciones extensas con las autoridades cubanas y ha establecido una pequeña pero creciente presencia en el país como un socio confiable para el Gobierno y un proveedor de servicios de Internet para el pueblo cubano oficialmente bienvenido. La mayoría de las otras compañías tendrían que comenzar desde cero.[8]

[8] En marzo de 2019, Etecsa firmó un memorando de entendimiento con Google que fija las condiciones para la negociación del *peering* que permitiría conectar a Cuba con uno de

En su informe final publicado en junio de 2019, el Grupo de Trabajo de Internet del presidente Trump destacó cuatro obstáculos ya conocidos para la libertad de Internet en Cuba: acceso limitado, precios altos, control gubernamental y vigilancia. Sus recomendaciones consistieron en ampliar la alfabetización digital y educación sobre seguridad digital, y apoyar el crecimiento orgánico de las redes, entre otros. Irónicamente, también destacó las inconsistencias de la política de telecomunicaciones de Estados Unidos hacia Cuba, argumentando que muchas compañías privadas «a menudo se sienten disuadidas de ingresar al mercado [cubano] debido a la incertidumbre causada por los frecuentes cambios en las regulaciones de EE.UU. con respecto a Cuba». De hecho, haciéndose eco del exjefe de la Sección de Intereses, Jonathan Farrar, continuaba:

> *Otras compañías han optado por no ofrecer productos y servicios clave, citando razones que van desde la ambigüedad regulatoria hasta la reticencia de los bancos a procesar pagos que se originan en Cuba debido al embargo de Estados Unidos. Como resultado, la mayoría de los cubanos no puede descargar aplicaciones populares en sus dispositivos móviles o beneficiarse de iniciativas de tecnología cívica, como Project Shield (iniciativa de Google para proteger a la comunidad de derechos humanos contra ataques cibernéticos) porque estas no se ofrecen en Cuba.*

El Grupo de Trabajo también recomendó que el gobierno estadounidense tenga una mejor comunicación con el sector privado sobre las regulaciones para «facilitar las exportaciones y los servicios», incluido el acceso de los cubanos a las «aplicaciones pagas y la tecnología basada en la nube».

Estas inconsistencias en la política de telecomunicaciones de Estados Unidos, junto con sus torpes esfuerzos de promoción de la democracia en Cuba, han contribuido a la decisión del gobierno cubano de priorizar una estrategia de «soberanía digital» sobre una cuyo objetivo sea difundir el acceso rápidamente con la ayuda de socios comerciales estadounidenses. Incluso

---

los puntos de presencia de Google en Florida, México o Colombia a través de un cable de fibra óptica. Anteriormente, durante la visita del presidente cubano Díaz-Canel a New York en septiembre de 2018 para asistir a la Asamblea General de la ONU, se reunió en la sede de Google en Manhattan con representantes de varias compañías tecnológicas con sede en Estados Unidos, como Connectify, Airbnb, Twitter, Microsoft y el mismo Google para tratar su posible colaboración en la «informatización» de la sociedad cubana. A su regreso a La Habana, Díaz-Canel anunció que cuatro instituciones cubanas importantes como UCI, la Oficina del Historiador de La Habana, el Ministerio de Cultura y la red médica de Cuba Infomed, habían firmado memorandos de entendimiento con Google (Press, 2018k).

después del restablecimiento de las relaciones diplomáticas, la continua desconfianza y la hostilidad bilateral hicieron imposible para los dos gobiernos desarrollar una cooperación genuina. La Habana adoptó una estrategia restrictiva para el desarrollo de Internet no solo para asegurar su poder interno y frenar a los opositores dentro del país, sino también como respuesta a los esfuerzos de promoción de la democracia por parte de Washington que enfatizaron el uso de las tecnologías para el «cambio», una perspectiva que el gobierno cubano interpretó como subversiva. Google podría mejorar la calidad del Internet cubano, pero es poco probable que la compañía cambie —o cuestione— la visión del Gobierno sobre la libertad, el control y la vigilancia de Internet.

Innovación restringida: los inventos cubanos se multiplican

Casi al mismo tiempo que Cuba se conectó por primera vez a Internet en 1996, N. era estudiante de una pequeña escuela rural en el oriente de Cuba. En una entrevista, hizo la siguiente puntualización sobre cómo se enamoró por primera vez de las tecnologías:

> *Durante aquellos tiempos, las computadoras y la tecnología en general no era algo que era conocido aquí. Pero muchos de nosotros sabíamos que en otros lugares en el mundo había computadoras. Yo en mi casa, pinté un teclado en una hoja de papel para estudiarme adónde va cada letra y cada número para si algún día tenía la oportunidad de tocar una computadora, no tendría miedo de usarla. Y así fue como empecé.*[9]

N. tuvo que mudarse a la ciudad, donde estudió informática en la universidad. Si bien dijo que no era fácil para la gente del campo trabajar en las grandes ciudades, era únicamente allí donde se encontraban los centros informáticos y de desarrollo tecnológico. Esta realidad es común en Cuba. Todos los entrevistados coincidieron en haber accedido a Internet por primera vez cuando ingresaron a la universidad o comenzaron a trabajar en un empleo estatal.[10] Si bien la conectividad a Internet es limitada en La Habana y otras capitales de provincia, en las zonas rurales era casi inexistente.

---

9 Entrevista a un profesional tecnológico cubano, abril de 2017.

10 Incluso después del lanzamiento de la 3G en diciembre de 2018 y con los planes de «Nauta Hogar» disponibles, la mayoría de los cubanos todavía se conectan a través de sus escuelas y lugares de trabajo por el alto costo del acceso a Internet móvil y ADSL.

En diciembre de 2018, Etecsa comenzó a ofrecer conexiones pagadas del tan esperado servicio de Internet móvil 3G, potencialmente disponible para 66% de la población (Figueredo, Domínguez y Carmona, 2018). Sin embargo, los costos —aproximadamente 8 dólares por 600 MB de datos y 34 dólares por 4 GB— hacían que el servicio estuviera fuera del alcance para muchos, ya que un salario mensual promedio era de 30 dólares. Aun así, el lanzamiento de 3G es el paso más importante que Etecsa ha tomado hasta la fecha para expandir el acceso a Internet. En el primer mes (del 6 de diciembre de 2018 al 7 de enero de 2019), vendió casi 14 millones de dólares en paquetes de Internet (Arego, 2019). Sin embargo, la compañía informó que estaba operando a 160% de su capacidad técnica tras el lanzamiento de la 3G (IPS, 2019). De hecho, los altos precios y la baja calidad llevaron a una serie de protestas masivas en línea en las que los «internautas» cubanos reportaron vía Twitter repetidas caídas en la señal con el *hashtag* #ApagónEtecsa y demandaron una disminución en los precios con #BajenLosPreciosDeInternet (*14ymedio*, 2019b; *El Toque*, 2019).

A pesar de los precios draconianos, Internet móvil ha brindado a los programadores cubanos nuevas oportunidades para el desarrollo de aplicaciones locales, permitiéndoles romper con las normas «únicamente cubanas»: aplicaciones *offline* ligeras cuya localización era mediante señal de celular y debían ser actualizadas manualmente en las tiendas de reparación de teléfonos. Una de las aplicaciones innovadoras se llama Sube, similar a Uber, que conecta a los taxistas con posibles clientes. La aplicación permite a las partes negociar el precio, pero el pago se debe realizar en efectivo ya que las transacciones en línea aún no están disponibles en Cuba. Los desarrolladores de la aplicación dijeron que originalmente diseñaron y probaron Sube usando el correo electrónico, pero con el lanzamiento de la 3G han podido dar un salto cualitativo en el diseño que facilita muchísimo su trabajo (Ernesto, 2019).

En junio de 2018 se creó una aplicación de mensajería llamada toDus. Dos semanas después de su lanzamiento, había alcanzado las 200 000 descargas y rápidamente se convirtió en una de las aplicaciones más populares en Cuba (O. Gonźalez, 2019). A diferencia de WhatsApp, IMO, Facebook Messenger u otras aplicaciones de mensajería internacional, toDus se ejecuta en la «intranet» nacional, lo que hace que los costos sean mucho más bajos y mejore la calidad del servicio dentro de Cuba. Sin embargo, dado que fue desarrollada en la UCI, en colaboración con Etecsa, su adopción generalizada plantea importantes problemas de privacidad de datos. De hecho, no hay ninguna mención sobre la encriptación de datos en los términos y condiciones de toDus. Simplemente hay una ambigua promesa de no «compartir datos de usuarios con terceros a menos que la ley lo permita».

ToDus y otras aplicaciones cubanas están disponibles a través del sitio de distribución nacional de aplicaciones de Android Apklis. Su aparición en los últimos años revela el intento del gobierno cubano de satisfacer al público en su demanda de unas tecnologías digitales convenientes, modernas y asequibles. Al mismo tiempo, estas aplicaciones son un indicio más de la promoción estatal de la «soberanía digital». Este término ha sido ampliamente utilizado por el régimen cubano para describir sus esfuerzos de expansión de las TIC. La separación de la intranet cubana —sobre la cual el Gobierno tiene un control casi total— de la Internet global —sobre la cual tiene un control muy limitado— conlleva costos adicionales y presenta varias dificultades técnicas debido al diseño de las aplicaciones y el uso de dos monedas diferentes: los servicios de intranet se pueden pagar en pesos nacionales cubanos, mientras que el acceso a Internet se pagaban en CUC hasta enero de 2021, cuando el gobierno cubano inicio la unificación de las dos monedas. Sin embargo, esta parece ser una estrategia gubernamental inspirada en China para superar el «dilema del dictador», que permite aprovechar importantes beneficios económicos de la revolución digital, minimizando sus riesgos gracias al control de la información (Press, 2011b).

De lejos, el invento tecnológico más importante, propiamente cubano, es el paquete semanal, que ofrece casi 1 TB de las últimas películas, programas de televisión, *software*, juegos, libros, revistas y otros contenidos digitales que circulan semana por semana a través de una red tolerada, aunque «no legal» —los cubanos usan la palabra «alegal»— de compiladores y distribuidores. Se considera el paquete como una «red de zapatillas», lo que significa que su circulación es *offline* y no está regulada. Con la velocidad de Internet existente en Cuba, sería imposible para un cubano cualquiera descargar incluso 1 GB de datos en una semana, mucho menos 1 TB. Por tanto, es probable que partes del paquete sean enviadas a la Isla por mensajería, mientras que otras partes sean descargadas por personas en instituciones estatales con acceso privilegiado a Internet de alta velocidad. Con el tiempo, la compilación y distribución del paquete se ha consolidado en cuatro principales «casas matrices» o centros de compilación.[11]

Más interesante aún es el hecho de que la mayoría de las versiones del paquete generalmente llegan a los usuarios con anuncios publicitarios in-

[11] Véase el extenso dossier sobre el paquete editado por Jennifer Cearns y publicado por *Cuban Studies* (2021).

corporados, de origen cubano, que difieren de una provincia a otra. Los distribuidores regionales tal vez obtienen el terabyte de contenido los domingos, agregan comerciales locales y entregan el paquete a sus clientes los lunes. También tiene versiones estáticas en caché de anuncios clasificados del popular sitio web Revolico, donde se venden *smartphones*, *routers* de Wi-Fi e incluso el acceso a Internet móvil y correo electrónico —bienes y servicios que no están disponibles en tiendas estatales, son monopolizados por Etecsa o están prohibidos por completo para la importación.

A menudo, quienes compran el paquete a distribuidores locales luego lo revenden por fragmentos, por lo que la red de compiladores, distribuidores y consumidores nacionales, regionales y locales es muy extensa y difícil de medir con precisión. Se ha convertido en un negocio tan rentable en algunas regiones que se distribuye no semanalmente, sino a diario, y llega a las partes más remotas de Cuba, donde el acceso a Internet aún no está disponible. «Hace varios años, fuimos a subir el Pico Turquino y todos los aldeanos tenían el paquete. Hasta llega a esa jungla remota», me dijo un consumidor en una entrevista.

Lo que hace que el paquete sea «alegal» y no estrictamente ilegal es el hecho de que es apolítico, no contiene ningún contenido religioso y evita la pornografía. Adiestrados en el arte de la autocensura para garantizar la supervivencia de su modelo de negocio, la mayoría de los compiladores y distribuidores están decididos a mantenerlo de esta manera (Henken, 2021). Un paquetero que entrevisté en noviembre de 2016 reveló:

> *Hace unos tres meses, una persona fue detenida. Alguien denunció que [el paquete] tenía pornografía y noticias que hablaban en contra del gobierno cubano. Pero en general, [los distribuidores] son muy cautelosos. No hay pornografía y casi tampoco política. Igualmente, después de la muerte de Fidel, el paquete vino con una carpeta de homenaje a él.*

La aplicación rigurosa de la regla de «no política» en el paquete ha llevado a la creación de una compilación digital clandestina competitiva conocida como «el paketito», una colección de contenido digital que normalmente sería censurada por los compiladores del paquete. Sin embargo, para obtener acceso, uno debe tener contacto directo y personal con un miembro de esta red de distribución cerrada (L. Escobar, 2017), lo que hace que su alcance e impacto sean bastante limitados. Otra alternativa al paquete, pero no un competidor, es Mi Mochila, una selección de contenido audiovisual similar al paquete tradicional, pero creado y distribuido por la red cubana de más de 600 Joven Club de Computación, dirigidos por la UJC. El costo semanal de Mi Mochila, 10 pesos cubanos, es diez veces menor al del paquete. Sin embargo, el contenido está mucho más limitado en cuestiones políticas, por lo que predominan los materiales didácticos aprobados por el gobierno (*CiberCuba*, 2018; Henken, 2021).

Similar al paquete, las redes locales caseras —llamadas «redes de la calle» o SNet—, que cubren toda La Habana, se han convertido en la última década en una forma popular de acceder a contenido digital en Cuba. Estas redes locales cableadas o hasta inalámbricas se iniciaron sobre todo para jugar videojuegos en modo multijugador. Pronto, estas redes que operan *offline*, es decir, fuera de las redes de Internet e intranet nacionales, comenzaron a utilizarse para todo tipo de comunicación e intercambio de información independiente. Sin embargo, son tan ricas en contenido y geográficamente extensas que pueden pasar inadvertidas al suponerse que son conexiones de Internet (García Martínez, 2017; Harris, 2015). De hecho, la red más grande de 56 000 usuarios comenzó en 2011 cuando los locales conectaron las LAN en los barrios para juegos multiusuario e intercambio de archivos (Pujol *et al.*, 2017). Las reglas autoimpuestas de las SNet sobre el contenido permitido son estrictas. Los usuarios pueden ser expulsados por «violar el orden interno y la seguridad del país», así como por dañar la infraestructura de las redes u ofrecer Internet, TV u otros servicios que son del monopolio legal de Etecsa. Las reglas también enfatizan no son un espacio para el debate político o el proselitismo religioso (SNET, 2016).

En mayo de 2019, el gobierno cubano anunció nuevas regulaciones que permiten que las casas y pequeños negocios privados cercanos a un punto de acceso puedan establecer sus propias redes Wi-Fi («Resolución 98...», 2019; «Resolución 99...», 2019). Sin embargo, fueron prohibidas las instalaciones de cables que crucen las calles y los transmisores de radio de más de 100 megavatios,[12] lo que ilegalizó, de modo indirecto, las SNet ya existentes (Press, 2019g).

Casi de inmediato, el hashtag #TodosSomosSNET tomó a Twitter por sorpresa. Tanto disidentes como simpatizantes del gobierno acudieron al sitio de *microblogging* para defender a la comunidad de las «redes de la calle». La discusión en Twitter se puso tan tensa que los administradores de SNet emitieron un comunicado pidiendo paciencia hasta que se comunicase

[12] Un transmisor de potencia de 100 megavatios es lo suficientemente fuerte como para establecer una pequeña red privada en un hogar o casa de huéspedes. Sin embargo, no proporciona suficiente energía para mantener operativa una extensa red de calles.

información oficial. Los administradores, que luego entablaron conversaciones directas con representantes del MINCOM, también expresaron la esperanza de que las SNet se legalizaran, incluso aunque tuvieran que «ajustar o corregir ciertas cosas» (SNET, 2019b).

Sin embargo, en agosto de 2019, el MINCOM anunció que las regulaciones no se cambiarían y que las SNet no serían la excepción. Además, propuso que los Joven Club de Computación se hicieran cargo de los nodos de las SNet e introdujeran una tarifa de acceso —hasta ese momento gratuitas—. A partir de entonces, la red ofrecería principalmente el contenido preaprobado y típico de estos clubes comunistas dirigidos, mientras que los juegos, libros y otros materiales por los que las SNet se habían hecho conocidas desaparecerían. E esencia, esta fue una decisión tomada desde el Gobierno. Sin embargo, los administradores de las SNet rechazaron cualquier posible cooperación con la siguiente declaración:

> *SNet desaparece y es eliminada de manera permanente y sin excepciones. Los Joven Club de Computación no realizarán ningún acuerdo, unión, anexión o cooperación con SNet o cualquier nodo [...] Es una burla y una gran falta de respeto; todo el trabajo por más de 15 años ha sido desechado y omitido (2019a).*

La eliminación factible de las SNet demuestra que el desarrollo de las TIC y la expansión de Internet dirigidas por el Estado de Cuba no harán compromisos ni excepciones para los inventos que circulan de abajo hacia arriba en la Isla. Aun así, el paquete y las SNet están sólidamente integrados en la vida cubana por haber sido durante años el único vehículo funcional y asequible que permitía el intercambio digital horizontal y abría una ventana al mundo exterior para muchos cubanos. Su eliminación demuestra la intolerancia del Gobierno a cualquier forma de organización comunitaria alternativa, incluso aquellas apolíticas, y plantea preguntas sobre el destino del paquete. Por un lado, se necesitaría solo un artículo de *Granma* para cambiar el estado del paquete de alegal a ilegal, ya que distribuye contenido sin autorización. Por otro, es mucho más extenso y está mucho más integrado en la vida de los cubanos que las SNet, ya que su distribución no requiere de ningún equipo tecnológico complejo. Además, a diferencia de estas, el paquete no es en sí una herramienta de comunicación centralmente organizada, sino más bien una red difusa y un producto masivo. Su eliminación puede resultar tanto imposible como impolítica.

Disputa virtual: gobierno cubano *vs.* sociedad civil en el ciberespacio

La expansión de Internet en Cuba ha facilitado tal vez la comunicación horizontal entre diferentes grupos de ciudadanos y ha puesto al gobierno a la defensiva. Por un lado, monopoliza casi en su totalidad la expansión de las TIC. Por otro, existen múltiples procesos, ámbitos y usos de estas en los que tiene poca influencia. ¿Por qué entonces el gobierno se arriesgó a expandir significativamente el acceso a Internet en los últimos años (2013-) comprometiendo su dominio en el campo de las telecomunicaciones de la Isla? Este riesgo se basa en el cálculo del Gobierno de que responder a la creciente demanda de los ciudadanos de una mayor conectividad también le permitirá afirmar el control sobre la revolución digital, a la que se le dio la espalda a mediados de la década de 1990.

Jóvenes hablando de política, la normalización de las relaciones entre Cuba y Estados Unidos, y la expansión del acceso a Internet en las afueras del estudio de arte de Alexis «Kcho» Leiva Machado. © Olga Khrustaleva.

Mientras el acceso a Internet se expande en Cuba, parte del contenido sigue siendo censurado y los usuarios críticos son rutinariamente vigilados y a menudo detenidos. La probabilidad de represalias por tales críticas sigue siendo alta porque el Gobierno observa de cerca las conversaciones en línea y monitorea las actividades *offline* de los usuarios seleccionados. Por ejemplo, bloquea la entrega de los mensajes de texto que contienen las palabras «democracia», «disidente», «huelga de hambre» y «derechos humanos», así como los nombres de los disidentes más prominentes y de los medios de comunicación independientes (Sánchez y Escobar, 2016). Del mismo modo, en el período previo al referéndum constitucional del 26 de febrero de 2019, Etecsa impidió la recepción de cualquier mensaje de texto —aunque los cobraba— que abogara por la abstención (#YoNoVoto) o el voto negativo (#YoVotoNo), mientras que promovió la circulación de mensajes de apoyo (*14ymedio*, 2019d). De hecho, el día de la votación en sí, el importante medio de comunicación digital independiente *Tremenda Nota* se vio bloqueado por primera vez y fue agregado a la creciente lista de *bêtes noires* digitales del Gobierno, donde ya se encontraban *14ymedio*, *CiberCuba*, *Diario de Cuba* y *CubaNet* (CPJ, 2019; OONI, 2019). Esto no es novedad, ya que Etecsa sigue siendo el actor más poderoso y desconcertante capaz de influir en el desarrollo de Internet en Cuba.

La UCI es otro actor clave en el campo de las tecnologías. Si bien todas las universidades cubanas son estatales, esta se destaca por estar muy vinculada al Gobierno en su iniciativa de «computarización» de la sociedad. Fundada en 2002, tenía la intención de preparar programadores que pudieran desarrollar un *software* propio cubano, «tecnológicamente soberano» y comercialmente no contaminado (Lai, 2009). Sin embargo, debido a sus estrechos vínculos con el aparato de inteligencia gubernamental, hay afirmaciones que sostienen que se ha transformado en una incubadora de un ejército virtual de vigilancia. Etiquetada como Operación Verdad, estas tropas de choque digital luchan contra noticias negativas sobre Cuba publicadas en línea troleando sitios críticos y elogiando al gobierno cubano a través de cuentas falsas y *bots* en redes sociales (Jiménez, 2017).

En este sentido, uno de mis entrevistados, el activista político y líder de Somos+, Eliécer Ávila,[13] compartió su experiencia como estudiante en la UCI a principios de la década de 2000.

[13] Ávila se hizo famoso en Cuba en 2008 cuando un video de su confrontación pública con el presidente de la Asamblea Nacional, Ricardo Alarcón, se hizo viral. Respondiendo a la pregunta de Ávila sobre las restricciones a los cubanos para viajar, Alarcón sostuvo que, si todos pudieran abordar un avión, el cielo se congestionaría (Y. Sánchez, 2017). Este episodio marcó su vida, ya que ha estado bajo constante escrutinio desde entonces. Unos

Los alumnos en la universidad teníamos la oportunidad de tener más acceso al Internet. Cada mes nos daban 100 megas más si estábamos [hablando online*] a favor de la política [del Gobierno]. Desde entonces estuve leyendo mucho sobre diferentes blogueros y fue allí que me cambió la forma de pensar en este tema. A partir de ahí, me expulsaron del proyecto de jóvenes comunistas y también me querían expulsar de la escuela, pero los mismos estudiantes advocaron por mí. [Cuando me gradué] el gobierno cubano me mandó a cumplir órdenes en Oriente, en la provincia de Las Tunas, donde estuve cuidando cerdos, haciendo chorizo y trabajando en la agricultura. Todo menos tener acceso a Internet (abril de 2017).*

La experiencia de Ávila de ser desterrado para trabajar en una granja después de graduarse con un título en informática solo reforzó su decisión de perseguir el activismo después de completar sus dos años de servicio social obligatorio. El incentivo adicional de 100 MB al que se refiere no es exclusivo de los estudiantes de la UCI. Los periodistas que trabajan para los medios oficiales también cuentan con acceso privilegiado a la web para difundir mensajes positivos sobre la Revolución. Esta práctica me fue revelada, en abril de 2017, en una entrevista con un bloguero independiente que había trabajado previamente en los medios estatales.

Comencé el blog en 2010. En ese momento, todavía trabajaba en un periódico oficial. Había una directiva del Partido de que todos los periodistas que trabajaban para los periódicos oficiales tenían que comenzar un blog o crear una cuenta de Facebook o Twitter, y luchar digitalmente a favor de «las verdades» del gobierno cubano a través de sus perfiles. [...] Primero, escribí de una manera más humorística e indirecta. Luego comencé a hablar de manera más punzante sobre la realidad en Cuba y mis compañeros de trabajo me criticaron por lo que estaba escribiendo.

El gobierno cubano mantiene un estricto control virtual utilizando lo que Deibert y Rohozinski (2010) denominan controles de tercera generación: vigilancia, extracción de datos y contrainformación, difamación e intimidación de los opositores. Sin embargo, a medida que Internet se vuelve

días antes de entrevistarlo, la Seguridad del Estado allanó su casa y confiscó computadoras, teléfonos celulares y muchas de sus otras pertenencias, acusado de «recepción» de un artículo robado, un cargo que, según él, fue completamente fabricado. Ávila y su organización Somos+ son conocidos dentro y fuera de Cuba por su activismo. Ávila ha hablado públicamente sobre su experiencia en la UCI y su trabajo.

más accesible para los ciudadanos cubanos, varios espacios de «internautas» y «arenas públicas» digitales se han vuelto más visibles.

El nuevo presidente de Cuba, Miguel Díaz-Canel, quien reemplazó a Raúl Castro en 2018, adoptó un enfoque diferente a sus predecesores con respecto a las TIC. Más abierto y moderno, Díaz-Canel no consideró las redes sociales como una tecnología subversiva ni tampoco a las empresas tecnológicas de Estados Unidos como enemigas. En cambio, unos meses después de su asunción como presidente, lanzó su propia cuenta de Twitter y alentó a sus ministros a hacer lo mismo. Casi todo su gabinete está ahora en Twitter y, aunque las redes sociales han sido utilizadas en gran medida por los funcionarios cubanos como un canal más para impulsar la agenda del régimen, su presencia en línea ha llevado a instancias de intercambios abiertos y críticos con los ciudadanos. No acostumbrados a las críticas directas, algunos ministros han bloqueado usuarios que los han ofendido. Otros, en cambio, se han tomado el tiempo de responder, generalmente defendiendo la línea del Partido. Incluso *Inventario* comenzó una lista pública de funcionarios cubanos que habían bloqueado a usuarios críticos (Ibarra, 2019).

Internet cubano, entre la espada y la pared

La expansión del acceso a Internet y la creciente actividad *online* de los cubanos han facilitado la aparición de espacios públicos digitales en los que ciudadanos y funcionarios del Gobierno pueden debatir asuntos importantes. Sin embargo, es precipitado suponer que las TIC transformen los distintos foros de discusión de Cuba en un espacio público compartido donde los ciudadanos puedan exigir que los funcionarios gubernamentales rindan cuentas ante el público. La división entre los activistas de la sociedad civil cubana y la mutua sospecha entre ellos demuestra el continuo «poder visible» del Gobierno (Gaventa, 1980; Lukes, 2005). Aquellos pocos que tienen poder aseguran que, si bien ellos y su leal círculo íntimo pueden disfrutar de ciertos privilegios (acceso a Internet y bienes tecnológicos, entre otros), los ciudadanos de a pie están privados de tales posibilidades; es decir, excluidos de la red del poder. Sin embargo, esta red de poder no siempre es impenetrable; una vez que alguien entra en ella, tiene que seguir ciertas normas tácitas para no perder sus propios privilegios.

Ser expulsado de la universidad o despedido de un trabajo es una consecuencia frecuente para aquellos que expresan opiniones políticas alternativas y esas consecuencias también sirven como advertencia para el resto. Tres cubanos entrevistados para esta investigación vivieron personalmente este tipo de «excomunión tecnológica y profesional» y cerca de la mitad de todos mis entrevistados admitieron autocensurarse de manera consciente por temor a perder los privilegios obtenidos por pertenecer a estas redes de poder. Tradicionalmente, cuanto más disidente y abiertamente crítico del gobierno es un grupo, menos acceso al poder y oportunidades para ser escuchado tiene. Dado que el Gobierno está en la cima de esta jerarquía de poder que controla la mayoría de las áreas de la vida, desde la agricultura hasta el turismo, desde la medicina hasta las telecomunicaciones, es demasiado difícil para aquellos activistas de los espacios contenciosos y disidentes cambiar estas dinámicas en Cuba. Sin embargo, ¿la llegada de las TIC, la difusión del acceso a Internet y el uso de las redes sociales, en resumen, la «revolución digital», han cambiado fundamentalmente esta dinámica de poder?

Expertos de la psicología política sostienen que la conformidad es una característica común de los regímenes autoritarios donde los líderes fomentan la obediencia y suprimen la autonomía individual mediante el establecimiento de normas y valores compartidos (Duckitt, 1989; Dunn, 2014). Antes de Internet, la obediencia se lograba principalmente a través de una mezcla de represión (poder visible), aislamiento de disidentes (poder invisible) y propaganda magistral (poder oculto). En países como China o Cuba, donde «la conformidad conductual y actitudinal con las normas y reglas de conducta internas» (Duckitt, 1989:70) se ha enseñado y aplicado durante décadas, es menos probable que los ciudadanos actúen en busca de autonomía no solo por miedo a la repercusión, sino también por temor de romper con un modelo conformista que les es familiar, aun teniendo acceso a las TIC.

La quietud o «acuerdo silencioso», presumiblemente, se origina en una conformidad según la cual los ciudadanos no cuestionan a la autoridad no ya por miedo a la represión, sino porque de veras aceptan las normas y valores establecidos de la sociedad en la que viven (Gaventa, 1980; Lukes, 2005). La conformidad disminuye las posibilidades de éxito de cualquier movimiento de protesta popular, ya que genera indiferencia y desinterés en los asuntos políticos y sociales.[14] En Cuba, tras años de discursos del

[14] Piense en las ovejas de la novela *Rebelión en la granja*, de Orwell, que balan «cuatro patas sí; dos pies no» al unísono cada vez que otro animal se atreve a cuestionar el *status quo* o autoridad de Napoleón.

Gobierno alabando la Revolución y el comunismo, criticando a Estados Unidos y condenando a los disidentes como mercenarios, tales actitudes se han convertido en una norma incuestionable para muchos ciudadanos, en especial porque carecen de fuentes alternativas de información. Más fuentes diversas de información y un mejor acceso a las TIC podrían cambiar esta dinámica.

Sin embargo, considero que es poco probable que el desarrollo de las TIC en Cuba cambie la dinámica de poder actual de manera drástica y rápida. Los cubanos han estado desconectados del mundo durante décadas y, hasta la fecha, la función principal de las TIC ha sido conectar a la población con familiares y amigos en el extranjero, no involucrarlos en política. Cuando Internet esté disponible para la mayoría de la población, seguramente el entretenimiento será el segundo uso más importante que se le dé después de la comunicación privada, como lo demuestra el contenido y la ubicuidad del paquete. Además, la misma conformidad que caracteriza hoy los espacios *offline* en Cuba podría extenderse con facilidad a los sitios digitales emergentes. Esto ya sucedió cuando los productores del paquete incluyeron voluntariamente una carpeta de contenido que rindió homenaje a Fidel Castro tras la muerte del líder y la decisión de la revista digital independiente *Vistar* de publicar una edición especial lamentando su fallecimiento.[15] De hecho, aunque la revolución digital tomó por sorpresa al gobierno cubano, ahora ha comenzado a implementar una estrategia integral de uso de Internet y redes sociales relacionadas para la vigilancia y promoción de su agenda *online*.

Las empresas estatales son las que dirigen el desarrollo de las nuevas tecnologías y defienden su poder sobre las TIC a través del control de la infraestructura y acceso, y censurando las críticas *online*. La sociedad civil cubana, si bien se beneficia del desarrollo lento pero constante de las TIC y de la expansión del acceso a Internet, todavía tiene menor alcance popular que el Gobierno. Además, continúa luchando una batalla cuesta arriba contra las normas de conformidad popular siendo las reglas del juego impuestas por el Estado. Esto explica por qué en el caso de Cuba es aún más apropiado hablar sobre espacios, redes o arenas digitales comunes (Geoffray, 2015) en lugar de una esfera pública digital o una sociedad civil propiamente dicha. Por último, con la presidencia de

---

[15] Titulada «Fidel», esta edición especial apareció en diciembre de 2016 y es la única hasta la fecha que el Gobierno permitió a sus editores imprimir y distribuir físicamente (https://vistarmagazine.com/vistar-magazine-n-33/).

Donald Trump, al Estado cubano le resultaría más fácil mantener la conformidad sin tener que recurrir a la coerción, mientras que la influencia de los activistas de la sociedad civil cubana se encontrará más limitada con independencia de su creciente presencia digital. Los editores de este ejemplar nos recuerdan en la introducción que «hay una gran diferencia entre quién publica y quién será leído», refiriéndose al trabajo de Matthew Hindman sobre democracia digital (2009). Del mismo modo, en el ecosistema digital emergente de Cuba, hay una gran diferencia entre quién habla y a qué voz se escucha.

4

RUIDO EN EL SISTEMA: INCOMPATIBILIDAD DEL MONOPOLIO MEDIÁTICO ESTATAL CUBANO CON MEDIOS DIGITALES INDEPENDIENTES Y DEMOCRATIZACIÓN DE LA COMUNICACIÓN

(Alexei Padilla Herrera & Eloy Viera Cañive)

(Cuba, 1985). Candidato a doctor en Comunicación Social en la Universidad Federal de Minas Gerais (Brasil), donde ya obtuvo una maestría en en esa misma rama. Licenciado en Comunicación Social por la Universidad de La Habana (2009) y diplomado en Periodismo Digital por el Instituto Internacional de Periodismo José Martí (La Habana). En Cuba trabajó como profesor y periodista. También fue miembro del *think tank* cubano Cuba Posible. Su foco de investigación son los medios y el espacio público en Cuba.

(Cuba, 1987). Licenciado en Derecho por la Universidad de Cienfuegos (2011). Fundador de la Fundación Colectivo+Voces, dedicada a apoyar iniciativas de comunicación independiente en Cuba. Ha trabajado durante siete años como abogado de la Organización Nacional de Bufetes Colectivos (ONBC), la única organización independiente de Cuba que ofrece servicios legales a los ciudadanos. Se ha dedicado al estudio del sistema regulatorio cubano. También coordina *El Toque Jurídico*, un espacio virtual enfocado en la educación jurídica de los ciudadanos cubanos.

Antes de completarse el primer lustro del triunfo de la Revolución de 1959, liderada por el comandante rebelde Fidel Castro, y de la posterior proclamación del carácter socialista del nuevo régimen político en Cuba, el Estado cubano monopolizó la propiedad y el control de la televisión, la radio, todos los periódicos y revistas de circulación nacional y local, y del control, por medio de militantes del Partido Comunista (único) presentes en todas las instituciones culturales y académicas, y de las ediciones de libros y revistas especializadas. Por si fuera poco, desde el Registro Nacional de Publicaciones Seriadas, se controlaron «las publicaciones seriadas autorizadas a editarse, imprimirse y circular en Cuba».[1] A pesar de las grandes diferencias ideológicas y de los particulares criterios de exclusión utilizados por los medios privados en los países capitalistas, la concentración mediática, o sea, el control monopólico u oligopólico de los medios de comunicación en la socialista Habana, o en las neoliberales São Paulo o Ciudad de México, ha implicado invariablemente la marginación de actores no comprometidos con el Gobierno ni con intereses empresariales, de sectores sociales minoritarios.

A diferencia de lo visto en países como Argentina, Brasil o Uruguay, la naturaleza del régimen vigente en la mayor isla de las Antillas no permite la existencia legal de movimientos o grupos, que —independientes del Estado, pero no necesariamente en oposición a él— luchan por democratizar el ecosistema mediático de Cuba, incluido el ciberespacio. Conscientes de que los medios estatales cubanos no abrazan la diversidad y el pluralismo presentes en la actual sociedad civil, los ciudadanos y/o grupos con diversos objetivos políticos, ideologías, identidades y posiciones, aprovechan la expansión del acceso a Internet para crear espacios y canales de comunicación e información que desafían el monopolio del PCC sobre la información y la producción comunicativa.

[1] https://www.ecured.cu/Registro_Nacional_de_Publicaciones_Seriadas.

En este capítulo disertaremos sobre las leyes que regulan la libertad de expresión y de prensa en Cuba, y limitan los derechos de los ciudadanos a la información y a la comunicación. Más concretamente, se revisan las nociones de libertad, según 1) la concepción marxista-leninista, en especial las funciones que Vladimir I. Lenin le atribuyó a la prensa en un Estado socialista; y 2) los principios que orientan la democratización de la comunicación en América Latina. En las siguientes líneas se defiende que la insatisfacción de los ciudadanos con el monopolio de los medios estatales, los procesos de consulta convocados por el expresidente Raúl Castro (2008-2018) para el debate de los documentos que serían aprobados en el VII Congreso del PCC, y la expansión gradual del acceso a Internet han llevado a la aparición de un ecosistema de medios digitales no estatales cada vez más vigoroso. Estos medios digitales independientes se han consolidado como alternativa viable para facilitar la información y promover el debate. Por último, se analiza la nueva Constitución cubana, promulgada en abril de 2019, argumentando que la «Política de Comunicación Social del Estado y gobierno cubanos», y la «Política de Informatización» perpetúan el monopolio estatal sobre los medios y ambas niegan el reconocimiento legal en Cuba a medios digitales no estatales.

Esfera pública en regímenes socialistas

Históricamente, los regímenes socialistas han limitado el ejercicio de los derechos políticos y civiles —como la libertad de expresión, reunión y asociación— que, en teoría, permitirían la constitución de esferas públicas independientes del Estado. En Cuba, durante más de seis décadas, el sistema político cerrado, el modelo económico hiperestatalizado, la ideología marxista-leninista y los efectos del prolongado conflicto con Estados Unidos y los exiliados anticastristas son factores que han definido la configuración, los objetivos y el funcionamiento de las diferentes esferas que conforman la esfera pública de la Isla, incluidos los medios de comunicación. Más allá de sus singularidades, el régimen cubano conserva aspectos también presentes en los desaparecidos países del bloque socialista europeo y de la Unión Soviética: un sistema de partido único, una ideología estatal, el no reconocimiento de la legitimidad del pluralismo político, el control del Partido sobre las instituciones estatales y las organizaciones sociales, y la represión del disenso y de cualquier tentativa de avanzar hacia una sociedad civil independiente del Estado, así como el monopolio estatal de los medios de comunicación.

En las últimas tres décadas, el régimen cubano ha mutado hacia un «postotalitarismo temprano» (Linz y Stepan, 1996), caracterizado por la erosión de las estructuras del régimen y de la fe de la gente en los postulados ideológicos que constituyen su base. Sin embargo, muchos aspectos del totalitarismo clásico persisten, incluido el control estatal de la mayoría de las actividades económicas, las referencias al constitucionalismo soviético, la concepción militarizada de la política y las relaciones verticalistas entre el Estado y la sociedad civil, así como la violencia física, institucional y simbólica contra los disidentes (Chaguaceda y Padilla, 2016). A pesar de las restricciones a los derechos políticos y civiles, la esfera pública cubana ha comenzado a florecer, integrada por una diversidad de foros de discusión independientes y semindependientes, así como de medios digitales.

En Cuba, esta suerte de esfera pública no oficial que opera al margen de las instituciones estatales —y a menudo en contra de la ley— se caracteriza por utilizar canales de comunicación independientes por los que circula un discurso crítico, a veces opositor, en relación a la línea ideológica del PCC y las políticas gubernamentales. En esta mirada, destacan la revista *Espacio Laical*, su foro En Diálogo, el Laboratorio de Ideas Cuba Posible, la Red Observatorio Crítico y el proyecto Estado de Sats. A los anteriores, se suman medios periodísticos digitales como *El Toque*, *Periodismo de Barrio*, *14ymedio*, *Tremenda Nota* y *El Estornudo*, así como *Diario de Cuba*, *Café Fuerte*, *CubaNet* y *CiberCuba*, estos últimos sitios digitales administrados desde la diáspora cubana.

Marxismo-leninismo, libertad individual y democratización de la comunicación

En su crítica al marxismo soviético, Herbert Marcuse (1975) argumentó que, en la URSS, la socialización de la esfera privada buscó reemplazar la libertad del individuo como persona privada por el deber del individuo como miembro de la sociedad. Luego, la sociedad representada por el Estado soviético definió el valor de la libertad y sus límites, y la transformó en un instrumento para el logro de resultados políticos. Según el académico húngaro Laszló Révész (1977), para la teoría marxista-leninista, la plena libertad solo se concretaría cuando el comunismo fuera el sistema hegemónico en el mundo. Hasta entonces, la libertad intelectual de los individuos debía permanecer estrictamente subordinada a los intereses de la sociedad socialista. Esto significa que, en la etapa de la construcción socialista, la libertad intelectual solo se otorgaría a la sociedad en su conjunto, representada por el Partido, debido a la falta de armonía entre los intereses individuales y sociales. Yovchuk también reconoce que la «limitación transitoria de la libertad» es una necesidad debido a las influencias de la ideología burguesa y las constantes amenazas del imperialismo (íd.). En Cuba, esta justificación de la limitación de las libertades individuales a menudo se asocia al llamado síndrome o efecto de «plaza sitiada» o «estado de sitio» que ha provocado el prolongado enfrentamiento político con los Estados Unidos.

El modelo político de partido único juega un papel fundamental en la concepción marxista-leninista de la libertad. El Partido Comunista es considerado el representante del «elemento más consciente y progresista del pueblo» y, por tanto, se supone que la aplicación completa de sus directrices logra la emancipación de todos los individuos. Al expresar la voluntad del pueblo, la interpretación de todos los actos jurídicos y de todas las decisiones trascendentales le corresponden, en primer lugar, al Partido (íd.). Esto implica una homogeneización ideológica de los ciudadanos, desde el «yo» individual al comunista «nosotros». De lo anterior, podemos concluir que los principios marxista-leninistas, en un régimen socialista, solo reconocen la libertad como subordinada a la consolidación y al avance del nuevo régimen. A quienes tienen la intención de luchar —o a menudo simplemente cuestionan— contra el régimen o sus fundamentos, se les limita o deniega el ejercicio de la libertad de expresión, prensa, reunión y asociación.[2] Como Fidel Castro declaró en su conocido discurso «Palabras a los intelectuales», pronunciado en junio de 1961, «dentro de la Revolución, todo; contra la Revolución, ningún derecho» (Castro, 1961c).

Lenin teorizó un modelo de prensa centralizado orientado por los siguientes fundamentos: la prensa tiene como objetivo servir a la clase dominante (el Partido); el Estado debe controlar la financiación de los periódicos; los periódicos son parte de organizaciones políticas y sus periodistas deben ejercer como activistas políticos. Como resultado de estos postulados, la subordinación de la prensa a la burocracia del Partido crea un sistema de medios que refleja solo las ideas de la élite del Partido —no de

[2] La reflexión previa cuestiona la tesis que afirma que la causa de la restricción de ciertos derechos civiles y políticos fundamentales es el llamado estado de sitio, que resulta de la confrontación constante con Estados Unidos. Los autores citados muestran que las limitaciones a la libertad de expresión, reunión, asociación y prensa no son una singularidad del caso cubano, sino una característica de todos los regímenes de estilo soviético, y que los factores externos son importantes pero secundarios. Es decir, la restricción de las libertades era una condición necesaria para la reproducción y el mantenimiento normales del régimen, no solo una respuesta a una amenaza externa.

las masas, socialistas o no— (McNair, 1991). A diferencia del carácter instrumental y estratégico que el marxismo-leninismo atribuye a los medios, Alfonso Gumucio argumenta que la comunicación juega un papel esencial en la articulación de todos los derechos humanos y, como proceso relacional, también incluye el intercambio de información, «el intercambio de conocimientos, y reconocimiento de diferencias». Este académico boliviano señala que «el derecho a la comunicación articula y abarca todos los demás derechos relativos, como el acceso a la información, la libertad de opinión, la libertad de expresión, la libertad de difusión» (2012:1).

Por su parte, Saffon argumenta que el derecho a la comunicación abarca los derechos a la libertad de prensa, expresión y acceso a la información. Al mismo tiempo, se distingue de ellos porque responde a las necesidades de la era digital. Entre las necesidades específicas que las sociedades deben garantizar de manera equitativa están el acceso a la información y a la participación ciudadana en los procesos de producción de información y conocimiento, como un «medio para la materialización de valores democráticos esenciales» (2007:18). El reconocimiento de la comunicación como un derecho autónomo implica la asunción de valores fundamentales como la «pluralidad de fuentes de información y cosmovisiones; la formación de una opinión pública informada y el respeto a la privacidad y a la dignidad de las personas», así como «la participación en espacios de diálogo, en la construcción del consenso y en la toma de decisiones» (ibíd.:20-24).

En ese sentido, el ejercicio del derecho a la comunicación no debe depender exclusivamente de las posibilidades económicas de las personas para acceder y/o producir información, ni de sus afiliaciones políticas o convicciones ideológicas. Los Estados deben invertir recursos para garantizar el acceso de todos los ciudadanos a las TIC, más allá de su solvencia económica y de sus creencias políticas. Las contribuciones académicas y de la sociedad civil sobre el derecho a comunicarse, así como los principios que deberían guiar cualquier iniciativa para la democratización de la comunicación, demuestran la incompatibilidad de las nociones marxista-leninistas sobre la libertad, los derechos y el papel de los medios en un régimen político que cumpla, mínimamente, con los ideales democráticos liberales.

Control constitucional de la prensa: importación soviética

Los postulados leninistas sobre el papel de la prensa en un régimen socialista constituyeron la base teórica del modelo de prensa adoptado en Cuba después del triunfo de la Revolución. Aunque Fidel Castro, al principio, apoyó los derechos que protegían a los periodistas, rechazó su persecución por razones ideológicas y advirtió que, cuando se cerrara el primer periódico, nadie más podía sentirse seguro (W. Fernández, 2016), la radicalización de la Revolución cubana alteró significativamente la ecología mediática del país. Para afectar la hegemonía de la prensa privada, en los primeros meses de 1959, los periódicos *Revolución* —dirigido por el M-26-7—, *Hoy* —dirigido por el PSP— y *Verde Olivo* —revista del Ejército Rebelde—, se convirtieron en los principales pilares mediáticos del nuevo gobierno revolucionario (J. García, 2013). Luego, entre 1959 y 1960, el gobierno nacionalizó todas las compañías de medios y se aseguró el control de todos los medios electrónicos e impresos existentes (Padilla y Santos, 2018). Los medios se convirtieron en un elemento estratégico para la defensa del régimen y, en consecuencia, la presencia de voces disidentes fue limitada (Valdés, 2009).

En 1965, los medios de comunicación —gestionados en cierta medida de forma autónoma por los directivos de las diversas organizaciones políticas revolucionarias— se reorganizaron y unificaron en torno al PCC. En sintonía con ese proceso, de la fusión de los periódicos *Revolución* y *Hoy* surgió *Granma*, que hasta hoy funge como órgano oficial del Comité Central del PCC. Dos semanas después fue fundado *Juventud Rebelde*, el periódico oficial de la UJC. El Departamento de Orientación Revolucionaria del PCC —hoy Departamento Ideológico— comenzó a dirigir las acciones de propaganda y la agenda de los medios de comunicación (J. García, 2013), ahora considerados estatales por el tipo de propiedad y partidistas por su función.

Frente al aislamiento político[3] y los problemas económicos apremiantes a finales de la década de 1960, exacerbados por el embargo de Estados Unidos, Cuba comenzó una mayor alineación con la Unión Soviética. En 1972, la Isla se unió al CAME, una decisión que fortaleció las relaciones políticas y económicas entre Moscú y La Habana. Durante el llamado proceso de institucionalización que siguió a la adopción de una Constitución comunista al estilo soviético en 1976, el gobierno revolucionario implementó un sistema de organización social, política y económica que se hizo eco del soviético (Rojas, 2015), adoptando el marxismo-leninismo como ideología oficial (Acanda, 2002).

La Constitución de 1976 —seguida más recientemente por la nueva promulgada en 2019— legalizó las decisiones tomadas en el I Congreso

[3] En enero de 1962, una resolución de la OEA suspendió la participación del gobierno cubano en el Sistema Interamericano. Canadá y México fueron los únicos dos países del hemisferio que no rompieron relaciones diplomáticas con el gobierno de la Isla en ese momento.

del PCC. Por ejemplo, el artículo 3 declaraba la subordinación del Estado y de la sociedad al Partido.[4] Influida por el instrumentalismo del marxismo-leninismo, la Constitución reconoció en su artículo 53 las libertades de «palabra y prensa», pero las subordinó a «los fines de la sociedad socialista» (*Constitución...*, 2010:64). Ese mismo artículo estableció que los medios de comunicación de masas solo podían ser propiedad estatal o social y utilizados «al servicio exclusivo de los trabajadores y del interés de la sociedad». La propiedad estatal de los medios, de un lado, y la prohibición de la existencia de medios privados, aseguraría las condiciones materiales para el ejercicio de las mencionadas libertades (íd.).

Además de la Constitución, otras normas legales regulan los derechos de los ciudadanos a la comunicación. Por ejemplo, el Código Penal, adoptado en 1987, tipifica como delito cualquier acto que impida el ejercicio de la libertad de expresión y de prensa definidas constitucionalmente (art. 291). El artículo 103 castiga con hasta cuatro años de prisión la distribución de «propaganda enemiga», entendida como la difusión de noticias falsas o «predicciones maliciosas» que puedan causar alarma, descontento o desorden público. Esta norma legal también considera el «desprecio», la amenaza, calumnia, insulto o cualquier otro acto que «ultraja u ofende» a cualquier autoridad pública u oficial en el ejercicio de sus funciones. Si dicho acto despectivo afecta a los jefes de los poderes ejecutivo y legislativo, a los miembros de los Consejos de Estado y de Ministros, o a los diputados de la Asamblea Nacional, el castigo puede alcanzar hasta tres años de prisión (art. 144). Por último, el artículo 204 condena a cualquiera que difame o desprecie públicamente a las instituciones de la República, a las organizaciones políticas, de masas o sociales del país, o a los héroes y mártires de la nación. Por supuesto, la vaguedad de estos artículos es tal que están abiertos a una aplicación arbitraria y, por tanto, actúan como una espada de Damocles sobre la prensa, limitando la libertad de expresión.

Los límites a la libertad de prensa fueron reforzados en 1999 con la Ley 88 para la «Protección de la Independencia Nacional y la Economía Cubana» —conocida popularmente como la Ley Mordaza—. La legislación penaliza los comportamientos que buscan alcanzar los «objetivos de la Ley Helms-Burton» —amplió el alcance y los efectos del bloqueo/embargo de

[4] En Cuba, como en los antiguos países socialistas europeos, la sociedad civil está subordinada a los objetivos del Partido. A este respecto, Révész señala que la dudosa invocación de los intereses del «pueblo trabajador» en las constituciones socialistas permite una interpretación prácticamente ilimitada de los intereses de la vanguardia del pueblo, es decir, del Partido (1974).

Estados Unidos contra Cuba—. Una de las acciones penalizadas por la norma, en especial dirigida al control de la libre expresión y de la prensa, es «la colaboración de cualquier ciudadano con publicaciones o medios extranjeros». Aunque sigue vigente, la Ley 88 solo se aplicó en 2003, cuando los tribunales cubanos condenaron a 75 opositores pacíficos, incluidos varios periodistas independientes, a largas penas de prisión. No obstante, continúa sirviendo como elemento disuasivo para la expansión de las actividades de varios medios digitales no estatales (Henken, 2017).

Internet y la dinamización del espacio público en Cuba

En Cuba, uno de los antecedentes principales de los medios digitales no estatales fueron las diversas agencias de prensa y organizaciones de periodismo independientes creadas a partir de 1989. Estos años también vieron la aparición de varias publicaciones impresas patrocinadas o protegidas por la Iglesia católica. A pesar de su carácter ostensiblemente eclesiástico, también constituyeron espacios alternativos de información, análisis y discusión sobre los problemas económicos, políticos y sociales que afectaron al país (Crahan, 2013). Según Sarah Beaulieu (2013), el nacimiento del periodismo independiente cubano se forjó con la fundación de la APC en 1989. Esta organización agrupó a periodistas disidentes que habían sido expulsados de los medios oficiales pero que aún deseaban practicar su profesión En 1992, la APC se convirtió en la APIC. A lo largo de la década de 1990 se crearon otras agencias y grupos de periodistas independientes. Sin embargo, a partir de 2009, con la ampliación del acceso a Internet de los cubanos residentes en la Isla, comenzó una nueva etapa para los medios no estatales y para el periodismo independiente.

Cuba se conectó a Internet en 1996 a través de un satélite estadounidense. La falta de inversiones en infraestructura y el temor de que Estados Unidos pudieran usar la red mundial para empoderar a las organizaciones opositoras al régimen socialista llevaron al gobierno cubano a priorizar la conexión de los medios oficiales, de las universidades, de centros de investigación, empresas, instituciones estatales e internacionales, hoteles y embajadas, mientras que la población en general quedó en buena medida desconectada (Recio, 2014). En junio de 2009, la Resolución 99/2009 del entonces Ministerio de la Informática y las Comunicaciones autorizó a la empresa Correos de Cuba a ofrecer servicio de Internet a todos los ciudadanos que pudieran pagarlo, en instalaciones autorizadas para ese fin. En 2015, el gobierno cubano lanzó la «Estrategia Nacional para el desarrollo de la infraestructura de conectividad de Banda Ancha en Cuba». El documento declaró la necesidad de aprovechar las TIC como herramientas para el desarrollo del conocimiento, la economía y la actividad política e ideológica, en el sentido de acciones educativas, informativas y propagandísticas dirigidas a la legitimación del proyecto político del PCC. La estrategia reconoció que, en ese momento, Cuba carecía de banda ancha y que solo 3.4% de los hogares y 25% de la población tenía acceso a Internet (MINCOM, 2015).[5] Sin embargo, en 2016-2019 la conectividad a Internet ha aumentado sistemáticamente.[6]

A pesar de las restricciones legales y de la fragmentación de la esfera pública en Cuba, el entorno digital se está consolidando como un espacio para disputas y embates en el que tienen lugar importantes debates y se expresan conflictos y consensos entre varios sectores de la sociedad civil. Blogs, sitios web y redes sociales como Twitter y Facebook son indicadores de la pluralidad de puntos de vista y demandas presentes en la sociedad cubana contemporánea. Los debates entre los partidarios del Gobierno, los opositores y los críticos están dando forma a una esfera pública a menudo beligerante, pero cada vez más pluralista (Henken, 2011a; Henken y Van de Voort, 2015). La difusión del acceso a Internet ha multiplicado los canales formales e informales de distribución de noticias, las redes sociales han proliferado y ha surgido una vigorosa blogosfera —aproximadamente entre 2005 y 2014—, distribuida entre numerosos sectores (Garcés, 2013b).

La blogosfera cubana se caracterizó por la visibilidad de temas poco abordados en los medios oficiales, la problematización de la realidad nacional, así como la construcción de espacios de diálogo, denuncia y presión sobre temas de interés público (Díaz, 2015). En 2010, para competir y combatir la visibilidad de actores críticos y opositores políticos, periodistas, cuadros políticos y funcionarios públicos fueron orientados a crear sus propios blogs y a abrir perfiles personales en redes sociales como Facebook y Twitter con el objetivo de «defender la Revolución» (Rafuls, 2015). En 2013, se creó Reflejos, la primera plataforma estatal para alojar blogs cubanos. Sin embargo, los términos de uso de esta plataforma impusieron una censura previa al considerar «con-

5 «Estrategia Nacional para el desarrollo de la infraestructura de conectividad de Banda Ancha en Cuba», en https://oncubanews.com/wmag/wp-content/uploads/2015/06/Estrategia-Nacional-de-la-Banda-Ancha-en-Cuba.pdf.

6 En el capítulo 1, Larry Press muestra un desglose estadístico del crecimiento del acceso a Internet durante estos años.

trarrevolucionario» cualquier contenido que, en su opinión —a menudo arbitraria—, denigre «el trabajo de la Revolución», sus líderes, el Gobierno, el Estado, la labor de las organizaciones políticas oficiales, las fuerzas de seguridad y hasta los medios de comunicación oficiales (*Reflejos*, 2013).

A partir de 2014, el entorno digital entró en una nueva fase en la que algunos periódicos y revistas digitales, gestionados desde dentro de la Isla —pero al margen de las instituciones estatales— surgieron y comenzaron a competir con éxito contra los medios estatales (Marreiro, 2014). Son proyectos mejor estructurados, más deliberados y profesionales que sus predecesores (los blogs personales), contando con más recursos financieros y humanos, pero aún no han alcanzado la notoriedad y el alcance de los medios tradicionales, pues se trata de plataformas exclusivamente digitales en un país con un gran número de personas desconectadas de Internet y donde es ilegal imprimir y distribuir publicaciones independientes (Rafuls, 2015). A pesar de estas severas restricciones, después de 2014 surgió una diversidad de medios de comunicación digitales independientes, que incluye los sitios *OnCuba*, *Cuba Posible*, *Periodismo de Barrio*, *El Toque*, *El Estornudo* y *14ymedio*. La mayoría de ellos se ha nutrido de la colaboración con académicos y activistas (críticos y/u opositores) que residen en Cuba y en el extranjero, pero muchos también se han beneficiado —o incluso han dependido— de la colaboración abierta de periodistas con títulos expedidos por universidades cubanas.

En los regímenes autoritarios, las interacciones comunicativas en el entorno virtual pueden desafiar la censura que intenta controlar o reprimir la opinión pública (Habermas, 2008). Sin embargo, el entusiasmo inicial que previó que Internet contribuiría a la democratización de los regímenes autoritarios en el mundo parece haber disminuido. Si bien los regímenes no democráticos y muchos híbridos reconocen la importancia del acceso a Internet para el desarrollo económico, mantienen limitaciones para la comunicación en línea. Estos regímenes, como muestran las políticas de computación y comunicación de Cuba, también tienen la capacidad de reprimir los discursos críticos y opositores en el ciberespacio. Inclusive, pueden desarrollar técnicas de vigilancia mucho más efectivas dada la creciente ubicuidad de las redes sociales y del rastro que dejan los datos relacionados con la vida cotidiana de los ciudadanos.

Además del uso de herramientas tecnológicas para la censura y la vigilancia, la práctica de la autocensura es un elemento clave para mantener la «disciplina discursiva» de los ciudadanos en el entorno virtual.[7] La

---

[7] En este contexto, es bastante irónico que el paquete semanal a menudo se celebre como una especie de mercado negro digital renegado por socavar con éxito el monopolio del

ambigüedad de las leyes en relación con el discurso público juega un papel importante en la inducción de la autocensura, al cultivar un sentido de paranoia colectiva que hace que los ciudadanos limiten el alcance de su expresión individual. Los organismos de seguridad estatal, los medios estatales y los blogs oficiales no solo supervisan el desarrollo de los medios independientes, sino que también cuestionan su legalidad y legitimidad. Por ejemplo, desde 2016, la prensa estatal aumentó publicación de artículos acusando a medios de comunicación independientes específicos de ser mercenarios al servicio de la estrategia de cambio de régimen de Estados Unidos en Cuba (Sánchez Serra, 2016).

La periodista Elaine Díaz, graduada en la Facultad de Comunicación de la Universidad de La Habana, exprofesora de medios digitales en ese plantel y actual directora fundadora del medio independiente *Periodismo de Barrio*, ha dicho que «la mayoría de los comunicadores que trabajan o colaboran con medios no estatales ya sufrió amenazas o fue asediado en las redes sociales [por *trolls*] usando perfiles falsos « (Díaz, 2018). En 2016, periodistas jóvenes y empleados del Estado en el semanario *Vanguardia* —periódico provincial controlado por el Partido— informaron haber sido objeto de una «caza de brujas» por haber colaborado con medios independientes (*Diario de Cuba*, 2016). Esta represión también ha impactado a los académicos que han colaborado con medios no estatales. Por ejemplo, en 2016, el jurista Julio A. Fernández Estrada, colaborador de la revista *OnCuba*, fue despedido de la Universidad de La Habana después de publicar un artículo crítico sobre la visita del presidente Barack Obama a Cuba (Pentón, 2016). Debido a sus publicaciones en medios no estatales, los profesores José Rául Gallego y René Fidel González también perdieron sus trabajos en las universidades de Camagüey y de Oriente, respectivamente (Padilla y Santos, 2018). Como no existe una norma legal específica que regule el ejercicio del periodismo en Cuba, las autoridades cubanas han aplicado el Código Penal para criminalizar el trabajo de los periodistas independientes. Sol García y Henry Constantín (*La Hora de Cuba*) e Ileana García (*CiberCuba*) han sido amenazados con un proceso penal por cometer el delito de «usurpación de la capacidad jurídica» (Freedom House, 2018b), que prohíbe la realización de actividades propias de una profesión para cuyo ejercicio no se tiene debida capacitación (*Código Penal*, 1987).

---

gobierno cubano sobre los medios de comunicación, mientras que sus compiladores y distribuidores simultáneamente practican la autocensura sistemática de los materiales para evitar la circulación de contenido político (contrario o crítico del régimen) y pornográfico (Henken, 2021).

La eliminación de contenido en plataformas administradas por entidades estatales es otro método utilizado para silenciar las voces críticas. Por ejemplo, en febrero de 2016, el grupo de monitoreo en la plataforma oficial de blogs, Reflejos, anunció el cierre de *Proyecto Arcoiris* —un colectivo autónomo que luchaba por los derechos de la comunidad LGTBI—. El motivo de la prohibición fue una publicación que indicaba que ninguno de los responsables de las políticas represivas contra los homosexuales llevadas a cabo durante la década de 1960, incluido el propio presidente Raúl Castro, nunca se había disculpado (*Observatorio Crítico*, 2016). Otro método utilizado por las autoridades es el bloqueo de sitios web específicos para que no se pueda acceder a estos desde Cuba. Un informe publicado por el Open Network Interference Observatory confirmó que en 2017 al menos 41 sitios estaban bloqueados en Cuba (Xynou, Filastò y Basso, 2017). La mayoría eran sitios web de noticias y opiniones críticas como *14ymedio*, *MartíNoticias*, *Diario de Cuba*, *CubaEncuentro* y *Café Fuerte* (*Martí Noticias*, 2018). Asimismo, entre diciembre de 2017 y agosto de 2019, ETECSA bloqueó el acceso a la plataforma multimedia de *CiberCuba* y a las revistas digitales *El Estornudo*, *Tremenda Nota* y *ADNCuba*.

El tanque pensante independiente *Cuba Posible* también sufrió frecuentes acciones represivas. En 2018, los directores afirmaron que el sitio web del proyecto se vio afectado por varios ataques cibernéticos. Además, las campañas de difamación ejecutadas desde blogs oficiosos y la vigilancia y las presiones directas contra sus directores, Roberto Veiga y Lenier González, parecían tener la intención de interrumpir la actualización de contenidos en su sitio web. Finalmente, el 20 de mayo de 2019, Veiga y González anunciaron con pesar la disolución de *Cuba Posible* debido a las acciones de un «conjunto de actores» que utilizaron «todos los mecanismos y métodos de instituciones poderosas para desmantelar nuestro trabajo» (*Cuba Posible*, 2019).

La determinación del PCC para controlar los discursos críticos en el ciberespacio fue confirmado por un video filtrado en el verano de 2017,[8] donde el entonces primer vicepresidente, Miguel Díaz-Canel —ahora presidente de Cuba— comentó que estaban analizando diariamente una «avalancha de propuestas y proyectos con contenido subversivo». Mencionó la existencia de revistas, sitios web y plataformas digitales vinculados a «estereotipos de guerra cultural» que ocultaban sus verdaderas intenciones de enfrentar al gobierno «detrás de una postura crítica de libertad de ex-

[8] El video fue divulgado por Estado de Sats (https://goo.gl/C7rKcm).

presión». Con respecto a la revista *OnCuba*, propiedad del empresario cubano-americano Hugo Cancio y con credenciales de prensa extranjera en Cuba, Díaz-Canel dijo que la cerrarían porque era «muy agresiva con la Revolución». Consciente de la controversia que generaría su cierre, el sucesor de Raúl Castro expresó abiertamente: «Pueden decir que censuramos, aquí todo el mundo censura». Dicha declaración no solo muestra la naturaleza autoritaria del régimen vigente Cuba, sino que también revela el papel del gobierno en el monitoreo de los medios alternativos emergentes y la planificación de acciones represivas contra los medios digitales independientes que se consideran «enemigos del Estado» (Estado de Sats, 2007).

Además de la creciente diversificación y profesionalización del ecosistema de comunicación digital independiente cubano, los hechos presentados ilustran que, para el régimen cubano, los medios no estatales se niegan a subordinarse a las políticas informativas y comunicativas del PCC y, por tanto, deben ser controlados, difamados y/o reprimidos. Su mera existencia se considera incompatible con el sistema actual de gobierno y control monopólico de los medios de comunicación. En la sección final de este capítulo se defiende que la «Política de Comunicación Social» de Cuba, la nueva Constitución y el Decreto-Ley 370 «sobre la informatización de la sociedad cubana», perpetúan un modelo que reconoce el derecho de los ciudadanos a la comunicación solo cuando el ejercicio de ese derecho está restringido a los parámetros de los objetivos ideológicos y políticos establecidos por el PCC; es decir, la subordinación política triunfa sobre la independencia editorial y los estándares periodísticos profesionales.

Despliegue de las políticas estatales de comunicación social en Cuba

Los «Lineamientos de la política económica y social del Partido y la Revolución» (en adelante, Lineamientos), aprobados en 2016 durante el VII Congreso del PCC, constituyen la hoja de ruta oficial de las futuras reformas económicas iniciadas por el expresidente Raúl Castro. Los lineamientos también son mecanismos supralegales que sirven de base para la redacción de nuevas normas legales en una amplia gama de la vida institucional cubana. Dichas normas son preparadas por la Comisión Permanente para la Implementación y Desarrollo de las Lineamientos y, en la mayoría de los casos, no se publican ni se debaten públicamente, lo que impide la participación ciudadana en la concepción de las normas específicas que afectan sus intereses.

Por ejemplo, la «Política integral para la Informatización de la Sociedad» y la «Política de Comunicación Social» resultaron del proceso controlado por la Comisión Permanente. La primera política define las TIC como un sector estratégico para el crecimiento económico, reconoce que tendrán un impacto en el desarrollo de la sociedad y define como principios fundamentales: 1) la necesidad de entenderlas como armas para la defensa de la Revolución que garantizan la seguridad en el ciberespacio contra amenazas, riesgos y ataques de cualquier naturaleza; 2) la mejora del capital humano; y 3) la promoción del acceso de los ciudadanos a las TIC (Puig, 2017). Por su parte, la llamada «Política de Comunicación Social», aprobada por el Buró Político del PCC y descrita por el presidente Díaz-Canel en su discurso de clausura en el X Congreso de la de la UPEC (2018), considera el acceso a la información, comunicación y conocimiento como bienes públicos y derechos de los ciudadanos; otorga mayor autoridad a los gerentes de medios; defiende los valores y símbolos de la nación y se guía por el respeto a la diversidad (Rodríguez, 2018). Según el Presidente, el documento también entiende la comunicación como un «recurso estratégico del Estado y el Gobierno», define la naturaleza exclusivamente pública de la industria de la radiodifusión y la comunicación, y reconoce que los medios de comunicación fundamentales solo pueden ser propiedad del Estado o de organizaciones sociales afines a este —una estipulación incluida explícitamente en la Constitución cubana de 2019.

Aunque el texto de esta Política de Comunicación Social no estuvo disponible al público hasta el 17 de julio de 2019, el 2 de diciembre de 2018 *Periodismo de Barrio* publicó un editorial titulado: «¿Qué dice la nueva política de comunicación cubana?».[9] Junto al editorial, salió el archivo del supuesto borrador de la Política de Comunicación que, según los editores, fue enviado anónimamente por correo electrónico a 105 destinatarios. Considerando el documento hecho público, así como las diversas declaraciones del presidente Díaz-Canel tanto en el video filtrado de agosto de 2017 como en su discurso en el Congreso de la UPEC en 2018, surgen otros matices. El documento invisibiliza la creciente complejidad del ecosistema de medios cubanos porque restringe el surgimiento y la consolidación de medios digitales alternativos en Cuba y la existencia de «medios digitales privados alojados fuera del país que desarrollan una agenda de contenidos con intencionalidad hipercrítica y desmovilizadora» (*Periodismo de Barrio*, 2018). También

---

9 https://www.periodismodebarrio.org//2018/12/que-dice-la-nueva-politica-de-comunicacion-cubana/

afirma que la única relación entre estos medios y el país se basa en la «participación de jóvenes profesionales en su gestión». Por último, entiende la existencia de este medio digital alternativo como una mera función de que sus periodistas reciban pagos extranjeros —lo que implica que son meros «mercenarios» que trabajan por el «dólar yanqui».

Haciendo uso del control de las instituciones estatales cubanas, el PCC califica como «privada» una amplia variedad de medios de comunicación emergentes, muchos de los cuales optan por modelos de gestión más cercanos al cooperativismo, las entidades de interés público o las organizaciones sin fines de lucro. La gran mayoría también opera desde Cuba y depende de múltiples tipos de cooperación internacional —no de fondos del gobierno de Estados Unidos— para financiar sus actividades. La ignorancia deliberada del PCC sobre la naturaleza doméstica de estos medios alternativos cumple un doble objetivo: el uso de las ordenanzas actuales (la Ley 88 y el Código Penal) para penalizar a los periodistas que trabajan con estos medios digitales independientes cuando se considere necesario y para justificar legalmente utilizar la etiqueta de «mercenarios» para todos los nuevos medios de comunicación alternativos que apoyan su trabajo con financiación extranjera, sea cual sea la fuente.

Los postulados y principios de ambas políticas (Informatización y Comunicación Social) han sido la base de las normas legales recientemente aprobadas y otras que aún están en proceso de elabaración y/o aprobación. La primera de estas normas ha sido la nueva Constitución, que entró en vigencia el 10 de abril de 2019. Aunque ha introducido nuevos aspectos positivos relacionados con la comunicación, como el derecho de hábeas data —permite el acceso de los ciudadanos a la información que el Estado tiene de ellos—, no prohíbe la censura previa ni establece límites a la interferencia estatal en el campo de la comunicación. La Constitución tampoco promueve la participación ciudadana en el diseño y ejecución de políticas públicas de comunicación social o en la gestión de medios. De hecho, los redactores de la nueva Carta Magna no explicitaron el reconocimiento del derecho de los ciudadanos cubanos, en condiciones de igualdad material y sin discriminación por motivos políticos o ideológicos, a la información y el conocimiento que permitan la libertad de expresión de los ciudadanos sin abandonarlos a merced de las leyes del mercado.

Los derechos de comunicación solo se abordan en las dimensiones impuestas por las políticas partidistas defendidas por la comisión que redactó el citado texto legal. En ese sentido, la comunicación se entiende simplemente como un intercambio de información entre personas, por lo que su inviolabilidad se declara en el artículo 50, incluido el de la correspondencia privada. La Constitución también reconoce los derechos a la libertad de pensamiento, conciencia y expresión, pero la limitación de las formas de maximizar y extender esos derechos indica que la protección ofrecida por la Constitución se limita al ámbito privado. Por ejemplo, el derecho a la libertad de prensa se define esencialmente dentro del mismo marco establecido por la Constitución de 1976. La libertad de prensa está así condicionada al «cumplimiento de la ley y los propósitos de la sociedad socialista» («Constitución...», 2019:art. 55), una estipulación que permite que en la legislación presente y futura, y sus intérpretes posteriores, establezcan límites al ejercicio de este derecho.

Curiosamente, al definir que solo los medios de producción simbólica «fundamentales» tienen que ser «propiedad estatal o social», los redactores de la Constitución reconocen de manera implícita la posible existencia de medios que operan bajo otras relaciones de propiedad o formas de gestión (privada, cooperativa, sin fines de lucro, etc.). Sin embargo, este aparente abandono del monopolio estatal absoluto sobre los medios de comunicación no es más que una quimera, ya que la propia Constitución establece como una prerrogativa del Estado el establecimiento de los «principios de organización y funcionamiento de todos los medios». Si estos principios se convirtieran en una norma legal, seguirían las pautas establecidas por la Política de Comunicación Social que establece de modo inequívoco que «la radio, televisión, medios impresos y otros medios de comunicación, así como las plataformas tecnológicas utilizadas por ellos, son estatales o de propiedad social y no pueden ser objeto, en ningún caso, de propiedad privada» (*Constitución...*, 2010:art. 53). Por tanto, la posible legalización de los medios no estatales, alternativos o independientes en Cuba no dependerá de leyes —o incluso de la Constitución—, sino de la política de medios del PCC que, al declarar que los medios alternativos son «privados», veta de por sí cualquier posibilidad de reconocimiento legal.

Así, el 4 de julio de 2019, la *Gaceta Oficial de la República de Cuba* publicó el Decreto-Ley 370, «[s]obre la informatización de la sociedad en Cuba», una norma mucho más preocupada por garantizar la seguridad nacional, defender la «soberanía tecnológica» del Estado y controlar las comunicaciones entre los ciudadanos que en proteger el derecho de las personas a la comunicación. El 370 tampoco garantiza la creación de espacios tecnológicos y sociales abiertos para el libre intercambio de información, debate y diálogo. Por el contrario, este decreto-ley reproduce los objetivos ya establecidos en la Política de Informatización y reconoce que la norma busca «consolidar el uso y desarrollo de las TIC como un instrumento para la defensa de la Revolución y fortalecer la defensa política y la ciberseguridad contra amenazas, ataques y riesgos de todo tipo» (art. 5). En particular, penaliza el alojamiento de cualquier «sitio» por ciudadanos cubanos en un servidor ubicado en un país extranjero. Esta medida ha provocado una protesta inmediata y amplia en el sector de los medios alternativos (Díaz, 2019), y ha culminado con una aclaración confusa y de cuestionable legalidad —hecha a través de un tuit— del Ministerio de Comunicaciones, que le aseguró al público que la nueva norma no se refería a blogs o medios de comunicación, sino solo a sitios que tienen la intención de proporcionar servicios en Cuba.[10]

Asimismo, criminaliza la difusión «a través de redes públicas de transmisión de datos, información contraria al interés social, la moral, las buenas costumbres y la integridad de las personas» («Constitución...», 2019). Este estatuto, a diferencia del relacionado con el alojamiento en servidores de sitios web extranjeros, se ha utilizado recientemente para penalizar a comunicadores independientes y a opositores políticos. Por ejemplo, los periodistas independientes Iliana Hernández, Boris González Arenas y Camila Acosta han sido detenidos bajo esta medida, sufriendo la confiscación de sus computadoras y teléfonos móviles, y han sido multados con 3 000 CUP (*14ymedio*, 2020a; Matienzo, 2020; *ADNCuba*, 2020).

Aprobado por el Consejo de Estado el 13 de abril de 2021 y vigente desde el 17 de agosto de ese año, el primer objetivo del Decreto-Ley 35/2021 es «contribuir a que el uso de los servicios de telecomunicaciones sean un instrumento para la defensa de la Revolución», «satisfacer las necesidades generales del Estado, el Gobierno y las relacionadas con la seguridad nacional, el orden y la defensa civil». La norma también pretende impulsar el uso de las TIC y de las telecomunicaciones para que coadyuven en el «desarrollo político, económico y social del país»; promete la ampliación de la banda ancha, facilitar el acceso a las TIC de las personas con necesidades especiales y proteger los intereses y derechos constitucionales de los ciudadanos, con énfasis en la igualdad, la privacidad y el secreto de las comunicaciones (Cuba, 2021: art. 1).

Su artículo 15 prohíbe que personas naturales y jurídicas utilicen los servicios de telecomunicaciones para realizar acciones o transmitir información

[10] https://twitter.com/MINCOMCuba/status/1147232941099147265?s=19. Sin embargo, la Constitución otorga autoridad para interpretar las leyes primero a la Asamblea Nacional y al Consejo de Estado, y segundo al Tribunal Supremo Popular, no a un ministerio. Además, la Constitución establece una jerarquía normativa por la cual un decreto-ley solo puede modificarse por una norma de orden igual o superior.

que atenten contra la dignidad humana, divulgar contenidos sexuales, practicar acoso, difundir discursos de odio e incurrir en prácticas que afecten a la intimidad de las personas y familias, o denigren la imagen y la voz de las personas. Proteger la identidad, la integridad y el honor de las personas y la preservación de «la seguridad colectiva, el bienestar general, la moral pública y el respeto al orden público» son otros de los propósitos del Decreto-Ley 35. Con todo, la prioridad otorgada a la defensa del régimen político vigente y el uso del término «instrumento de» denotan el carácter utilitario con que fue concebido.

Es posible asegurar que una de sus misiones es perfeccionar el control del disenso, la libertad de expresión y el flujo de información en el espacio público virtual. De hecho, determina que los usuarios deben impedir la difusión de noticias falsas y ordena que las empresas de telecomunicaciones interrumpan, suspendan o cancelen el servicio telefónico y el acceso a Internet de los clientes que no cumplen con sus deberes (Cuba, 2021). Privado de la posibilidad legal de que empresas estadounidenses —como Meta (Fecebook) o Twitter— que administran plataformas de redes sociales sean obligadas a acatar lo que dictaminen las leyes locales, el gobierno cubano optó por la punición de los proveedores de servicios de Internet del país y administradores de redes privadas de datos que permitan o no eviten la publicación en el ambiente virtual de contenidos contrarios a la definición partidista de interés social, moral y buenas costumbres. Aunque el Decreto-Ley 370/2018 ya contenía una prohibición similar, este de ahora dota a los proveedores de servicios de telecomunicaciones y administradores de redes privadas de una capacidad coercitiva que no implica necesariamente la remoción de los contenidos, ya que no tienen acceso a los servidores de las grandes plataformas digitales, pero sí a conminar a los usuarios a que remuevan de manera «voluntaria» o se abstengan a divulgar determinados contenidos, so pena de no poder disfrutar del servicio. En otras palabras, es una conminación a la autocensura de los ciudadanos en el ambiente virtual.

Dentro del paquete legal publicado en agosto de 2021, la Resolución 105/2021 tipifica varias faltas que se enmarcan en el término «incidentes de ciberseguridad», que incluyen la difusión de noticias falsas, mensajes ofensivos y difamaciones que afecten el prestigio del país. El término también comprende la difusión de contenidos que «atenten contra los preceptos constitucionales, sociales y económicos del Estado, inciten a movilizaciones y otros actos que alteren el orden público», hagan apología de la violencia y muestren imágenes de accidentes de cualquier naturaleza que afecten la privacidad y la dignidad de las personas involucradas. La resolución también deja claro que los contenidos publicados en sitios web y compartidos en las redes sociales digitales son vigilados por el gobierno cubano, representado por la Oficina de Seguridad de las Redes Informáticas y los órganos de inspección del Ministerio de las Comunicaciones. Según establece el reglamento, esta entidad será remplazada por un organismo especializado en ciberseguridad que integrarán expertos de los Ministerios de Comunicaciones, del Interior y de las Fuerzas Armadas (Ministerio de Comunicaciones, 2021).

El Decreto-Ley 35 y la Resolución 105/2021 utilizan términos ambiguos como «seguridad colectiva», «bienestar general», «moral pública», «respeto al orden público», «noticias falsas» y «prestigio del país» (Cuba, 2021). En octubre de 2021 un grupo de Relatores especiales adscritos a la Oficina de la Alta Comisionada para los Derechos Humanos de la Organización de Naciones Unidas emitió un comunicado relacionado con la promulgación de ambas normativas. En su mensaje, expresaron su preocupación por el uso de esos términos vagos para garantizar la posibilidad de interrumpir los servicios de telecomunicaciones. Reconocieron, además, que el establecimiento de tales términos como un deber para los usuarios, sin aclarar el alcance de estas categorías, genera una situación donde le resulta imposible al titular de derechos adecuar su actuar para cumplir con las disposiciones de la legislación. La ambigüedad con que el Decreto-Ley 35 y la Resolución 105 tipifican las contravenciones no solo va en contra del derecho internacional, sino que podría servir para vulnerar los derechos de los ciudadanos que decidan expresar abiertamente sus críticas contra las autoridades de la Isla (Human Rights Watch, 2021).

Las causales que autorizarían la interrupción del servicio telefónico y del acceso a Internet «no constituyen motivo legítimo para restringir la expresión», tal como se define en la Declaración Universal de los Derechos Humanos y el Pacto Internacional de Derechos Civiles y Políticos; ni para determinar el seguimiento constante de las acciones de los usuarios en las redes sociales digitales. Por otra parte, la discrecionalidad con la que las autoridades pueden determinar la interrupción del servicio de telecomunicaciones y monitorear el accionar de los usuarios compromete la labor de los periodistas y activistas de la sociedad civil que documentan hechos y violaciones a los derechos humanos en Cuba, así como el derecho para organizar y convocar reuniones y protestas (Lawlor *et al.*, 2021).

Antes de la publicación del Decreto-Ley 35, las autoridades cubanas ya habían aplicado, a través de normas administrativas, nuevas restricciones al ejercicio del derecho a la comunicación. El 10 de febrero de 2021, el Ministerio del Trabajo y Seguridad Social determinó que ningún ciudadano podría ejercer de forma autónoma actividades económicas relacionadas con «la producción y distribución de información y productos culturales»; el «suministro de los medios para transmitir o distribuir estos productos» y «otras actividades de servicios de información». La lista de actividades prohibidas incluía: a) la edición y maquetación de libros, diarios, revistas y otras publicaciones en cualquier formato o soporte; b) producción audiovisual y cinematográfica, grabación de sonido y edición de música; c) la exhibición de películas, emisiones de radio y televisión; y d) el funcionamiento de las agencias de noticias. En el apartado dedicado a las actividades artísticas, de entretenimiento y ocio, el documento reforzaba la prohibición del trabajo periodístico por cuenta propia (Ministerio del Trabajo, 2021).[11]

La prohibición oficial del periodismo por cuenta propia y otras actividades en el campo de la comunicación social amplía las posibilidades para la ejecución de sanciones administrativas y apertura de procesos penales contra periodistas y colaboradores de medios independientes. En ese sentido, vale recordar que de acuerdo al artículo 272 del Código Penal vigente, quienes se dediquen, con fines de lucro, a prestar cualquier servicio que esté prohibido por norma legal o complementaria o hacerlo sin la correspondiente licencia al efecto podrá cumplir pena de hasta nueve meses de privación de libertad, pagar multa o sufrir ambas penas. Si se probase que el infractor contrató a una o más personas para la ejecución del delito, la pena máxima es de dos años de privación de libertad (Cuba, 1987).

Hasta noviembre de 2021, la profesión de periodista no había sido regulada en Cuba. Sin embargo, dependiendo de la voluntad y de las tácticas escogidas por las autoridades cubanas para reprimir el periodismo independiente, los ciudadanos que trabajen o colaboren con medios de comunicación alternativos sin un diploma o certificado correspondiente o compatible con la profesión periodística pueden ser procesados por el delito de «usurpación de capacidad jurídica». Según el artículo 167 de la ley penal cubana, incurriría en este delito quien «acredite un título profesional o académico que no posee». En ese caso, la sanción podría ser de hasta tres meses de privación de libertad (íd.).

Por primera vez desde el triunfo de la Revolución de 1959, el gobierno cubano prohíbe explícita y legalmente el ejercicio independiente del perio-

[11] El ICAIC aclaró que la producción audiovisual y cinematográfica independiente ya estaba regulada por el Decreto-Ley 373/2019 y sus normas complementarias, que identifican como artistas a los creadores audiovisuales y cinematográficos debidamente empadronados en el Registro de Creadores (2021).

dismo y otras actividades del campo de la comunicación social y la cultura. Si bien esta medida significaría un nuevo paso en contra de la democratización de la comunicación, es congruente con la Constitución de 2019, que en su artículo 55 establece el carácter estatal y social de los medios fundamentales de comunicación y estipula sin ambages que ninguno de ellos puede ser objeto de una tipología de propiedad diferente a la estatal y social (Cuba, 2019).

Detrás de conceptos tan vagos e indefinidos subyace una intención contraria a los principios básicos del derecho moderno. En lugar de que la ley actúe para limitar los poderes absolutos del Estado, estos mecanismos legales se convierten en instrumentos para que este se defienda de los escasos poderes de los ciudadanos. Además, todo ello está sucediendo en un entorno virtual donde Partido y Estado no han podido controlar con la efectividad de otrora la circulación de discursos y las interacciones comunicativas entre los ciudadanos. La gran superposición entre las políticas diseñadas por el PCC y la legislación formulada por las instituciones demuestra claramente la influencia de esta organización en el desarrollo de las funciones estatales. Más que influencia, la fusión existente en Cuba entre el Estado, el Gobierno y el Partido es evidente. En estas condiciones, es imposible garantizar el ejercicio democrático y diverso del derecho a la comunicación y a la expresión de la ciudadanía.

Consideraciones finales

Los cambios socioeconómicos y políticos que han tenido lugar en Cuba entre 2008 y 2019, la expansión gradual del acceso a Internet y las consultas populares promovidas por el expresidente Raúl Castro han contribuido a la configuración de un espacio público más diverso y plural. En este contexto, los debates se han multiplicado y una amplia variedad de medios de comunicación digitales alternativos ha podido surgir y consolidarse. Sin embargo, la mera existencia de vehículos de comunicación no estatales contradice directamente los postulados leninistas y las políticas que guían el funcionamiento del monopolio de los medios estatales, ideológicamente subordinado al PCC. Esta contradicción se refleja en el comportamiento del Estado al implementar varios mecanismos de control, como el bloqueo selectivo de sitios web, la vigilancia de contenido y la represión contra periodistas y otros colaboradores de medios alternativos.

Si bien la Política de Comunicación Social aprobada por el PCC y la nueva Constitución brindan un gran reconocimiento de derechos importantes, al mismo tiempo ignoran los principios fundamentales requeridos para un proceso democratizador de la comunicación. Así, reconoce solo dos formas de propiedad: la estatal y la socialista. Esto ignora la creciente complejidad del ecosistema mediático cubano y niega el reconocimiento legal de los diversos medios digitales alternativos cuyas formas de administración y principios operativos exceden los límites estrechos impuestos por estas formas de propiedad. Sin garantías legales ni derechos defendibles, la existencia de medios alternativos que operen desde Cuba dependerá de la tolerancia, la discrecionalidad y la buena voluntad del Gobierno y, por supuesto, de los esfuerzos siempre ingeniosos de los comunicadores independientes. Sin embargo, los espacios de debate y los medios alternativos constituyen formas de «ciudadanía comunicativa» y establecen el derecho a comunicar ejerciéndola sin permisos. Más allá del enfoque temático, la orientación política o la línea editorial de cada uno, todos son ejemplos de la participación de la sociedad civil en la lucha por la democratización de la comunicación en Cuba. Pero esta lucha tiene lugar en las condiciones económicas y políticas más precarias, siempre expuesta a la vigilancia y al acoso de las autoridades políticas, los órganos de Seguridad del Estado y de sus acólitos, ya sea en los medios oficiales o en la propia sociedad.

5

EL MODELO DE PRENSA EN CUBA: ENTRE LA HEGEMONÍA IDEOLÓGICA Y LA REINVENCIÓN DEL PERIODISMO CÍVICO

(Carlos Manuel Rodríguez Arechavaleta)

(Cuba, 1968). Doctor en Investigación en Ciencias Sociales (FLACSO-México, 2003), máster en Ciencias Sociales (FLACSO-México, 1998) y licenciado en Sociología (Universidad de La Habana, 1991). Actualmente es profesor investigador del Departamento de Comunicaciones de la Universidad Iberoamericana, Ciudad de México. Ha trabajado como investigador invitado en las Universidades de Georgetown y California (San Diego); así como en la Autónoma de Madrid, la Universidade de Porto y la Universidad de Granada. Sus publicaciones recientes incluyen «La democracia republicana en Cuba, 1940-1952: Actores, reglas y estrategias electorales» y «Del constitucionalismo republicano al autoritario en el siglo XX cubano». Su principal foco de investigación es la historia institucional de la República de Cuba y la transición política en la Isla; democratización, activismo cívico y movimientos sociales; y comunicación política y esfera pública en tiempos de transición.

En las últimas décadas, la conexión entre modelos periodísticos y dinámicas políticas (persistencia o cambio de régimen) ha captado la atención de los académicos de diferentes disciplinas. Sin embargo, es difícil definir una precisa relación causal entre las reformas de medios y los procesos de democratización, o incluso señalar los modelos específicos de periodismo que fomentan el cambio social o político (Repnikova, 2017a; Zielonka, 2015; Gross y Jakubowicz, 2013; Hallin y Mancini, 2012; Voltmer, 2006; Esser y Pfetsch, 2004; Price, Rozumilowicz y Verhulst, 2002; Curran y Jin-Park, 2000). En los países en desarrollo con regímenes autoritarios, híbridos o transicionales, el periodismo puede intensificar el descontento popular e impulsar la conciencia de alternativas potenciales a largo plazo, ejerciendo una significativa presión sobre las autoridades (Randall, 1993). A pesar de ello, el colapso del sistema de prensa soviético en Rusia dio lugar a una prensa local con un fuerte carácter sensacionalista y comercial, frecuentemente influida por las alianzas entre élites estatales y empresariales emergentes (Vartanova, 2012). En contraste, el periodismo de investigación en China se ha convertido en un motor importante de la estabilidad y adaptabilidad del régimen comunista, y no para su transformación o reemplazo (Repnikova, 2017a). En síntesis, los efectos políticos del sistema de prensa en los procesos de democratización son variables y están muy condicionados por factores institucionales, socioestructurales y de micronivel (Lugo-Ocando y Garcia Santamaria, 2015; Roudakova, 2012; Kitzberger, 2009).

En este contexto, el capítulo aborda la dinámica del cambio del periodismo en la Cuba actual, un proceso muy relacionado con la reciente «actualización» del régimen socialista. Vale la pena señalar el estado actual de la relación entre los medios cubanos y el Estado socialista (la prensa y el Partido), dada la constante amenaza de cambio de régimen del gobierno estadounidense bajo la administración Trump y los valores particulares de la ideología socialista. Estoy particularmente interesado en abordar el nuevo periodismo independiente digital en Cuba, cuyo surgimiento está vinculado a la desprofesionalización del modelo de prensa socialista orientado ideológicamente (los medios oficiales del Estado-Partido), la reciente expansión del acceso a Internet en la Isla y las estrategias de vigilancia y control de la información del Estado.

Debido a las limitadas reformas económicas promulgadas a partir del 2008 por Raúl Castro, el Estado continúa controlando fuertemente las libertades de mercado e insiste en prohibir los medios de comunicación privados, no estatales; una política que obstaculiza de modo drástico el desarrollo del periodismo independiente digital. Sin embargo, esto está sucediendo en un contexto de gran incertidumbre con respecto al futuro, alta polarización ideológica y la confrontación entre el Estado y el emergente modelo de periodismo independiente. De hecho, los fundamentos de estas nuevas prácticas periodísticas digitales, su cultura emergente y sus dinámicos roles muestran que el modelo de prensa ideológico estatal está siendo *revalorizado*. El periodismo cívico se reconoce cada vez más como un antídoto necesario para el modelo propagandístico del Estado-Partido y, a su vez, impulsa el desarrollo de una «esfera contenciosa transnacional» que profundiza y dinamiza las deliberaciones sobre el futuro de Cuba.

Periodismo en regímenes autoritarios, híbridos y transicionales

La conexión entre el periodismo y la dinámica de cambio-persistencia de diferentes regímenes políticos ha sido un tema de intenso enfoque académico. El énfasis normativo de los modelos de prensa en las democracias liberales occidentales ha sido desafiado por un creciente interés en la relación dinámica entre la prensa, el Estado y las audiencias en los países en desarrollo con regímenes autoritarios, híbridos o en transición (Repnikova, 2017a; Zielonka, 2015; Gross y Jakubowicz, 2013; Hallin y Mancini, 2012; Voltmer, 2006; Esser y Pfetsch, 2004; Price, Rozumilowicz y Verhulst, 2002; Curran y Jin-Park, 2000). A diferencia del enfoque de la «transitología», que supone un cambio político simple y unidireccional desde la perspectiva binaria del autoritarismo a la democracia liberal, los autores citados insisten en que es esencial entender los medios de comunicación en tales regímenes dentro de sus respectivos contextos históricos, nacionales y geográficos. Hacer esto requiere enfocarse en la variedad de los procesos de cambio hacia un futuro incierto más que en una presunta visión teleológica de la historia que tiene un punto final predeterminado o deseado (Meng y Rantanen, 2015; Roudakova, 2012).[1]

La investigación comparada entre países como Rusia y China revela la interdependencia del Estado y el mercado, mostrando que su supuesto antagonismo en Occidente es exagerado. El Estado siempre ha requerido un mercado de medios fuerte, pero que también sea políticamente «funcional». El mercado creció dentro de los parámetros establecidos por el Estado; mientras que los mecanismos de control estatales evolucionaron a medida que aumentó la comercialización de los medios (Repnikova, 2017a; Roudakova, 2012; Vartanova, 2012; Tong y Sparks, 2009). En la Rusia posterior a 1992, por ejemplo, las reformas de la liberalización económica y las elecciones provocaron un cambio institucional cuyos resultados fueron inciertos y se caracterizaron por la penetración de emergentes actores económicos y políticos en la competencia por el capital político. Los empresarios comerciales se asociaron con actores políticos para cumplir objetivos mutuos y convertirse en la élite gobernante que luego controlaba los medios. Por otro lado, la transición de la economía socialista a la de mercado no permitió un rápido crecimiento económico ni aumentó el nivel de vida de la sociedad, mientras que el activismo político que caracterizó la década de 1980 se convirtió en una apatía social que priorizó el éxito individual y el hedonismo sobre las soluciones colectivas durante los años 90 (Vartanova, 2012).

Además, la privatización de los medios en 1992 no creó un modelo de comunicación política más democrático. Más bien, el patrocinio político y la manipulación de la prensa y su sensacionalismo característico solo aumentaron. Como reconoce McNair, «el resultado fue la creación de un sistema híbrido (híper) capitalista» (ibíd.:126), con el Estado burocrático como el principal agente económico y el mercado emergente en un llamado «complejo industrial de medios», que influyó decisivamente en las políticas mediáticas posteriores. En este contexto, es posible comprender el papel limitado de los medios de comunicación en la creación de partidos políticos independientes en Rusia, ya que el Estado desempeñó un papel fundamental en el juego político (ibíd.). En lugar de paralelismo político (Hallin y Mancini, 2007), se observa el fenómeno de lo que podría llamarse «clientelismo político-mediático» (Kitzberger, 2009; Roudakova, 2008). Por otro lado, el periodismo se transformó de una búsqueda creativa o de investigación a una profesión centrada principalmente en la publicidad y las relaciones públicas.

[1] Según los autores, la relativa estabilidad de las sociedades occidentales da la ilusión de que representan el punto de destino de la historia, un lugar hacia el cual se dirigen necesariamente los países no occidentales (Meng y Rantanen, 2015:4).

Vartanova reconoce la coexistencia paradójica de la independencia de los medios, dada la creciente descentralización y autonomía de las oficinas de prensa de las agencias estatales y los partidos políticos, y la escasa libertad de expresión resultante de la creciente centralización política (2012). Esto se combinó con una reestructuración de la esfera pública bajo la nueva «idea nacional» y el uso pernicioso del periodismo como instrumento para campañas políticas y la autocensura en las oficinas de prensa.

El caso chino en particular podría servir como punto de referencia para ayudarnos a evaluar las nuevas dinámicas del periodismo cubano. Zhao propone el comunismo, el nacionalismo y el desarrollismo como los fundamentos culturales e ideológicos del PCCh, enfatizando cómo la restauración del principio confuciano de la responsabilidad del Estado le ha permitido inculcar valores compartidos a través de la educación moral y su uso como vehículo de control social (2012:152). Durante el primer período revolucionario maoísta (1940-1975), la prensa china formó parte de un sistema general que promovió la movilización ideológica y la propaganda gestionada por el Estado-Partido. Sin embargo, desde 1978, el PCCh llegó a un acuerdo ideológico sobre los objetivos de reforma y apertura. En las industrias editorial y cultural, el Estado redujo drásticamente su papel al subsidiar en lugar de dirigir de manera directa sus operaciones y le ofreció el derecho a la propiedad privada. Sin embargo, la ideología del Estado-Partido sirvió para construir diferentes versiones del marxismo y el socialismo con el fin de crear un «socialismo con características chinas», con los medios como guía moral para el pueblo y un mecanismo para el desarrollo económico y el cambio social.

El Estado monopoliza la producción y distribución de noticias e información, así como la propiedad de los grandes medios impresos y de transmisión. Sin embargo, la propiedad completa o parcial de las áreas periféricas de las industrias de medios y culturales, incluidos la producción de filmes, entretenimiento para televisión y publicidad, así como la distribución audiovisual, fue parte de una compleja política estatal (ibíd.) que garantizaba al Estado retener el control del sistema de medios y su orientación ideológica sin monopolizar la producción y distribución. Instituciones dentro del Estado-Partido se hicieron cargo de la comercialización, establecieron la dinámica del mercado dentro de las estructuras existentes y crearon diferentes mecanismos de control (licencias de medios y certificaciones periodísticas), instituyeron un código de ética profesional para periodistas e impusieron un programa obligatorio «ideológico» de entrenamiento (ibíd.).

Sin embargo, la creciente comercialización de la economía otorgó a los medios una mayor autonomía administrativa y financiera, y les permitió centrarse en nuevos objetivos para captar el interés del consumidor. Al mismo tiempo, la gestión estructural de los medios de comunicación por parte de agencias gubernamentales especializadas permitió una relación más predecible y estable entre el Estado y los medios, al tiempo que atrajo un interés significativo del capital privado. Por tanto, la regulación de los medios adquirió un creciente carácter tecnocrático regido por una lógica de mercado que desafió indirectamente la ideología del Partido (Winfield y Peng, 2005; Chan y Qui, 2002). Las nuevas prácticas periodísticas comienzan a cambiar la autopercepción de los periodistas del rol de legitimación ideológica del Partido a algún tipo de servicio público como grupo profesional diferenciado con una función social distinta (Zhao, 2012; Tong y Sparks, 2009). Repnikova ha señalado la contingente complejidad de las sistemáticas negociaciones y los roles colaborativos del periodismo de investigación chino, así como la persistente adaptabilidad y resiliencia del régimen comunista (2017a).

Modelo de prensa socialista cubano

En los regímenes autoritarios, la persistencia del régimen depende de su capacidad de innovación sobre los diversos mecanismos de legitimación ideológica. En palabras de Schedler, «todos sus actos de poder son simultáneamente *representaciones escénicas de poder*. Son *actos de dominación*, y al mismo tiempo, *actos de comunicación*» (2016:72). Por ello, el control y la manipulación de la esfera pública a través de mecanismos de dominación ideológica serán una constante dirigida a amplificar las perspectivas del régimen y a marginalizar las voces críticas, al limitar la capacidad de los ciudadanos para imaginar y articular narrativas sobre un futuro político alternativo (Dukalski, 2017). Se trata de la legitimidad del Estado y la hegemonía de sus narrativas ideológicas, reconstruidas y retadas constantemente desde los medios de comunicación (Roudakova, 2012).

Analizar el modelo de prensa oficial en Cuba implica reconocer su orientación a la legitimación ideológica del Estado. Sus lineamientos configurativos, heredados del clásico estilo leninista,[2] son las Tesis y Resoluciones del I Congreso del PCC: «importantes instrumentos de la lucha ideológica

[2] La literatura sobre la concepción leninista de la prensa coincide en señalar que el papel de un periódico para Lenin «[...] no se limita exclusivamente a la difusión de ideas, a la educación política y al reclutamiento de aliados políticos. Un periódico no es solo un propagandista y un agitador colectivo; es también un organizador colectivo» (McNair, 1991; Altschull, 1984; Coca, 1988).

y política, [...] órganos del Partido y del Estado [...] en la tarea de educar, informar, orientar, organizar y movilizar»[3] (PCC, 1976). Si bien la UPEC se crea en 1963,[4] la institucionalización del modelo oficial de prensa al estilo soviético llegó en el I Congreso del PCC en 1975. En coherencia con la ideología socialista asumida por el PCC y el Estado cubano, este modelo de prensa asume las prioridades del proyecto político: una sociedad unida, un Partido único y fuerte, y una prensa que no diera ningún espacio a las estrategias de Estados Unidos y de la contrarrevolución interna (García Luis, 2014:86).

Es importante reconocer la centralidad del conflicto histórico Estados Unidos-Cuba en el discurso ideológico del Estado cubano, cuyos elementos centrales han sido la identificación del orden estatal socialista con la patria y la nación, la necesidad de unidad (unanimidad) frente a la situación de guerra, amenaza o agresión, y el socialismo como única opción política (Bobes, 2007). Entre 1976 y 1992, la legitimación simbólica del régimen se basó en dos relatos fundamentales: el nacionalismo revolucionario y el marxismo-leninismo. Sin embargo, la caída del socialismo real provocó el abandono del marxismo-leninismo como ideología de Estado y la recuperación del nacionalismo revolucionario como doctrina del régimen (Rojas, 2006a).

Investigaciones con periodistas cubanos de medios estatales han demostrado que la constante amenaza externa de Estados Unidos y el efecto desestabilizador de la glásnost soviética a finales de los años 80 derivaron en una psicología de *plaza sitiada* en constante peligro, lo que ha generado un impacto negativo sobre la autorregulación de los periodistas (García Luis, 2013a). El temor constante a que «cualquier cosa que digamos se malinterprete en función de esta agresión» se convierte en una actitud defensiva de discreción y secretismo de los periodistas cubanos. Además, la problemática relación del periodista con las fuentes de información, generalmente funcionarios de la administración estatal y partidista, subvierte su práctica profesional a simple vocero del Gobierno y del Partido. Esto, a su vez, transforma cualquier información que puedan reportar en propaganda ideológica dada su dependencia de los comunicados de prensa oficiales escritos por funcionarios del Partido, no por periodistas (Franco, 2016). Parecería que el papel de la prensa cubana es crear una armoniosa, funcional

[3] En palabras de McNair: «la efectividad del Partido y la efectividad de los medios serán inseparables» (1991:11-16).

[4] Ernesto Vera, dirigente por veinte años de la UPEC, asume que el surgimiento de la agrupación gremial se gestó «en el compromiso absoluto con la política e ideología de la revolución, con sus integrantes en combate permanente como soldados del partido y Fidel» (Arencibia, 2017:57).

y exitosa realidad frente al caos, la injusticia y la violencia del mundo exterior. Con inmejorable precisión un periodista lo sintetiza: «hemos suplido frecuentemente el juicio razonado por la propaganda» (Garcés, 2013).

Investigaciones de las variables más relevantes que afectan el desempeño de los periodistas revelan que una precariedad creciente, la erosión de las condiciones de trabajo y la desprofesionalización se encuentran entre las mayores amenazas (Garcia Santamaria, 2018a; Franco, 2016; Elizalde, 2013). Según un estudio de 2013 realizado por la UPEC, 1 143 miembros se unieron entre 2008 y 2012, pero solo 395 (34%) de ellos eran graduados de periodismo (Elizalde, 2013:69). Además, se estimó que 50% de los cuadros de prensa tenía alguna formación periodística, superior a 40% en la radio (Garcés, 2013a). A este déficit formativo podría atribuirse la incompetencia de los «cuadros» directivos de la prensa, la espontaneidad y el voluntarismo de sus métodos de dirección (Franco, 2016).

Pero la excesiva regulación externa ha sido el principal punto de discusión para los periodistas cubanos. En efecto, el modelo de prensa socialista cubano, institucionalizado a partir de la experiencia soviética, fue diseñado como un instrumento de legitimación ideológica del Estado. Así, la profesión periodística, sus prácticas, cultura y roles sociales son impuestas por orientaciones y directrices emanadas del Departamento Ideológico del Comité Central del PCC, un órgano político que suplanta el ejercicio editorial periodístico.[5] La confiabilidad política y el compromiso con la «ideología socialista» condicionan el ejercicio del periodismo y conducen a la progresiva desprofesionalización (Garcia Santamaria, 2018b). Vale la pena señalar que la propia dirección del Estado cubano ha reconocido estas limitaciones al destacar públicamente la difusión de «materiales aburridos, improvisados y superficiales»[6] y la tensa relación entre los funcionarios ideológicos del PCC y la dirección de los medios.[7]

---

5 García Luis es muy preciso al reconocerlo: «La comunicación pública en Cuba es directamente funcional a la ideología hegemónica y al sistema político» (2013a:87).

6 Al presentar el Informe Central al VI Congreso del PCC, el expresidente Raúl Castro, expresó: «En este frente [el de la prensa cubana] se requiere también dejar atrás, definitivamente, el hábito del triunfalismo, la estridencia y el formalismo al abordar la actualidad nacional y generar materiales escritos y programas de televisión y radio, que por su contenido y estilo capturen la atención y estimulen el debate en la opinión pública, lo que supone elevar la profesionalidad y los conocimientos de nuestros periodistas; [...] en la mayoría de las veces ellos no cuentan con el acceso oportuno a la información ni el contacto frecuente con los cuadros y especialistas responsabilizados de las temáticas en cuestión. La suma de estos factores explica la difusión, en no pocas ocasiones, de materiales aburridos, improvisados y superficiales» (*Cubadebate*, 2011).

7 En la clausura del IX Congreso de la UPEC (2013), el entonces primer vicepresidente cubano, Miguel Díaz-Canel Bermúdez, reconoció que «hemos entrado en un círculo

Por otro lado, más allá de las restricciones impuestas por la regulación externa, los periodistas en los medios estatales cubanos también están profundamente preocupados sobre los efectos de la autorregulación (Franco, 2016; Elizalde, 2013; García Luis, 2013a). Dos posturas parecen ser fundamentales: el Estado parece estar regido por el principio de que el director del medio «como regla, debe publicar, y como excepción, consultar», por ello, son los que deciden «qué se publica o no». Sin embargo, investigaciones empíricas muestran que los periodistas están conscientes de los efectos «anestésicos» sobre el pensamiento y la capacidad de análisis de la verticalidad y la desconfianza provocada por la excesiva regulación externa y una autorregulación más eficiente basada en «normas éticas, principios filosóficos, opciones políticas y cultura profesional» (García Luis, 2013a). Encontrar la *«cuadratura del círculo»* a esta situación ha sido imposible, pues a pesar de las continuas referencias discursivas del liderazgo estatal a la necesidad del cambio, el periodismo cubano sigue estando limitado por las condiciones estructurales excesivamente burocráticas del modelo soviético de prensa partidista y las restrictivas condiciones de autonomía (Garcia Santamaria, 2018b) creativa de la agencia periodística en los medios estatales.

Las limitaciones del modelo de periodismo estatal descritas anteriormente reflejan ciertas inconsistencias en los mecanismos de legitimación ideológica del Estado cubano. Estas inconsistencias podrían de hecho poner en riesgo la hegemonía de las narrativas oficiales y la rearticulación del consenso ideológico alrededor del proyecto socialista (Elizalde, 2013). El control de esta esfera pública estatizada, concebida como un escenario donde se visibilizan los ideales de simetría, orden y corrección de la ideología de consenso promovida desde el Estado, le permite a este, al mismo tiempo, intentar silenciar todo ápice de cuestionamiento y deliberación ciudadana. No obstante, en las nuevas condiciones se está configurando un espacio de interacción y de interdependencia en la Isla entre los periodistas oficiales y los nuevos medios independientes digitales, un desarrollo novedoso que impulsa la creación de una esfera pública digital cubana (Geoffray y Chaguaceda, 2014).

---

vicioso», pues «el Partido espera determinadas realizaciones de la prensa, y cuando hay algún incidente o algún hecho que altera eso, el Partido se mete más gerenciando que orientando, empieza a suplir el papel de la dirección de los medios, estas se sienten atadas, algunos se pueden hasta acomodar y ahí se empieza a romper la sinergia [...] y, al final, se nos van alterando todas las cosas, y entonces vuelvo a lo mismo que decía: [...] nos desinformamos y nos incomunicamos» (Díaz-Canel, 2013a).

Para que ocurra la transición política de regímenes tanto autoritarios como totalitarios es necesario que actores de la sociedad civil —desde abajo— dotados de autonomía, recursos asociativos y capacidad de movilización elaboren y justifiquen *proyectos colectivos alternativos creíbles*. Por otro lado, los actores políticos al interior de la élite autoritaria —desde arriba— deben construir un espacio de negociación sobre las condiciones mínimas mutuamente ventajosas (Przeworski, 1994). Ambos escenarios implican un componente dialógico y comunicacional (Downing, 1996), una condición que no encontramos en la Cuba de hoy.

Tarrow enfatiza el rol del entorno *simbólico-cultural* para un movimiento social y define el *marco interactivo* como el dispositivo que acentúa la gravedad e injusticia de una situación social o redefine como injusto o inmoral lo que previamente era considerado desafortunado, pero tolerable (1997:215).[8] Una actividad clave de un movimiento social será inscribir agravios en marcos globales que identifiquen una injusticia, atribuir su responsabilidad a otros y proponer soluciones (ibíd.). Por otro lado, Melucci enfatiza la necesaria construcción y negociación de la *identidad colectiva* como precondición de cualquier cálculo costo-beneficio y la percepción de la injusticia como tal (1999).[9] Por su parte, K. Glenn valora *cómo* los movimientos sociales presentaron demandas sobre injusticia, identidad y agencia en sus intentos por movilizar redes de apoyo, por lo que un sentido de injusticia debe ser combinado con una identidad, la cual definirá el *nosotros vs. ellos* y un sentido de *agencia o conciencia* de cambios *posibles*, y de acción individual *efectiva* (2001). Tal encuadre de significados de la demanda tendrá un importante efecto persuasivo, asociativo y de movilización, alineándola con las identidades de redes preexistentes.

Los elementos anteriores me permiten valorar el potencial democratizador de la *esfera pública*, entendido como el espacio donde un conjunto de temas polémicos para un público interesado en prácticas deliberativas gana

---

8 El concepto original de marco interactivo fue desarrollado por Snow y Benford: «esquema interpretativo que simplifica y condensa el "mundo de ahí afuera" puntuando y codificando selectivamente objetos, situaciones, acontecimientos, experiencias y secuencias de acciones dentro del entorno presente o pasado de cada uno» (Tarrow, 1997:214).

9 Para Melucci, la propensión de un individuo a implicarse en la acción colectiva está ligada a la capacidad diferencial para definir una identidad. Entonces, el grado de exposición a ciertos recursos (cognoscitivos y relacionales) influye en su posibilidad, o no, de participar en el proceso interactivo de construcción de una identidad colectiva (1999:66-67).

visibilidad y se publicita. *Publicitar* en este sentido significa dar a ciertos temas y ciertas *prácticas de interacción comunicativa* un significado público, de ahí la importancia de la diferenciación y autonomía de las diversas corrientes que conforman una democracia. En los regímenes autoritarios, definidos por su «incertidumbre estructural» (Schedler, 2016), tiene un alto costo para el Estado (re)producir su legitimidad, de ahí los constantes esfuerzos por sofisticar los mecanismos de control sobre toda la dinámica informativa y controlar una esfera pública estatizada (Dukalski, 2017). En este contexto, la información no será un bien público, sino un activo ideológico estratégico orientado a garantizar la hegemonía de las narrativas justificativas del Estado y a minimizar la visibilidad de dinámicas comunicativas que produzcan agendas alternativas autónomas y marcos interactivos que generen agendas más *cotidianas* que amenacen el monopolio informativo del Estado.

Ciertamente, el Estado cubano pudo controlar la esfera pública y minimizar cualquier amenaza a su hegemonía ideológica durante décadas. Sin embargo, como acertadamente demuestra Geoffray (2013), la liberalización de Internet a partir de 2008 y el desarrollo de ciertas actividades virtuales permitieron la convergencia de ciertas *arenas*[10] *de debate* que solían estar segmentadas entre sí. La autora reconoce tres *microarenas* de debate dentro de Cuba a mediados de 2000: la disidente, los intelectuales protegidos por el Estado y los artistas e intelectuales independientes.[11] La primera, reducida a un «microespacio» fragmentado y acotado, se caracterizó por su invisibilidad local e ilegitimidad. La segunda, por intercambios limitados entre pares críticos de algunos aspectos del régimen, sin retar sus fundamentos, dirigida a muy selectos públicos.[12] La tercera, a pesar de ser la más contenciosa y vinculada a la vida diaria de vecindarios marginales, dependía de recursos oficiales para apoyar sus actividades. Este factor llevó al grupo a negociar con las autoridades y moderar sus demandas iniciales. Una cuarta arena es

---

[10] Geoffray define la noción de «arenas» como los múltiples y fragmentados espacios de debate y discusión que comparten ciertas características: una disputa sobre bienes públicos, su visibilización o publicitación, y una dimensión performativa que permite la escenificación de la disputa frente a un público (2013:4).

[11] Incluyen una microarena explícitamente «disidente», los debates semipúblicos al interior de las instituciones estatales y otra de colectivos contenciosos de artistas autodidactas e intelectuales marginados.

[12] Las imprecisas y fluctuantes fronteras de la crítica «permitida» presionaban a los protagonistas a restringir la información política dirigida a extranjeros y medios extranjeros, limitar el acceso a sus encuentros, y parcialmente, colaborar con el Estado (ibíd.:5).

la diáspora cubana, formada por un ensamble de yuxtapuestos y fragmentados espacios compartidos por miembros del medio cultural en Cuba y otros activos cultural y políticamente de la diáspora cubana en el extranjero.[13]

Estas arenas, micro o parciales, se caracterizaron por su reducido tamaño —públicos limitados), su heteronomía vis a vis al Estado cubano y su pobre conectividad e interactividad, lo que debilitó la cohesión y la comunicación interpersonal. A pesar de constituir escenarios de disputa sobre bienes públicos, fueron constreñidas en términos de contenido, medios desiguales y poca visibilidad y performatividad, por lo que las percepciones de las personas dependían de la contingencia de los contactos interpersonales con intermediarios, y no de la información suministrada por medios públicos (íd.). Al no superar la dimensión micro y mantener su heterogeneidad, las diversas arenas del debate no generaron percepción de amenaza para el Estado cubano y pudieron ser limitadas y controladas por este. Sin embargo, a partir de 2018, el creciente acceso a Internet en Cuba ha permitido la convergencia de las diversas arenas y la creación de lo que Geoffray llama un *espacio contencioso transnacional*, independiente de la esfera política y cultural oficial, que intensifica las interacciones y permite el reconocimiento de los protagonistas como legítimos oponentes —jugadores de un mismo juego— con un fin común: contribuir al cambio social y político en Cuba desde abajo.[14]

Este nuevo espacio contencioso transnacional es donde ciertos temas excluidos de las agendas formales de la esfera política y los medios oficiales son visualizados y se convierten en parcialmente públicos (Garcia Santamaria, 2018c). Su carácter polémico activa su potencial de debate para ciertos sectores de la sociedad cubana y su diáspora sobre el futuro. Este *espacio contencioso transnacional*, en los márgenes del campo político y del control burocrático, constituye una amenaza creciente a la hegemonía ideológica del Estado cubano (Hoffmann, 2011). Un jugador clave en este emergente y dinámico proceso ha sido la prensa independiente digital; la cual, a pesar de significativas restricciones tecnológicas, con un alto costo de acceso y en

---

[13] Geoffray refiere el espacio de convergencia y debate desarrollado por la *Revista Encuentro de la Cultura Cubana* como «el único espacio donde los cubanos podían obtener información escrita por cubanos para los cubanos, tanto en la isla como en la diáspora» (íd.).

[14] La autora reconoce que la dimensión transnacional de las nuevas tecnologías constituye una amenaza para los gobiernos autoritarios, sobre todo en países pequeños donde el Estado, a pesar de sus controles internos, no tiene la habilidad para contrarrestar la influencia del *mainstream* de medios internacionales para reducir la asimetría informativa y organizacional entre actores internos y externos (íd.).

un contexto de elevada polarización política, ha desarrollado una aproximación alternativa a la realidad cubana en la última década.

Sin embargo, la dinámica emergente de este nuevo espacio contencioso transnacional ha sido acompañada por desarrollos geopolíticos recientes que han exacerbado el ya alto nivel de polarización ideológica de Cuba. A pesar del gran optimismo creado por la restauración de las relaciones diplomáticas entre Estados Unidos y Cuba en diciembre de 2014 y el interés que mostró el expresidente Obama en el desarrollo tecnológico de la Isla, la retórica agresiva de la administración Trump ha profundizado la percepción de amenaza y la estrategia del gobierno cubano de activar su histórico recelo hacia cualquier actor interno independiente que pueda construir una narrativa alternativa para contrarrestar la ideología hegemónica del Estado. Por ejemplo, en la ceremonia de clausura del IX Congreso de la UPEC, celebrado el 14 de julio de 2013 —cuando Obama todavía era presidente, pero antes del movimiento histórico hacia la normalización—, el entonces primer vicepresidente de los Consejos de Estado y Ministros, Miguel Díaz-Canel, dijo al respecto:

> *Además, nuestra prensa tiene como virtud que es una prensa incómoda para el imperialismo [...]. Por eso es una prensa que también es odiada por nuestros enemigos, por la contrarrevolución interna y por la contrarrevolución externa [...], como* anteproyecto *[...] de subversión político-ideológica orientada hacia nuestro país por parte del gobierno de EE.UU. el tema mediático y el tema de la prensa están presentes, y por eso alientan que* gente contrarrevolucionaria *tengan proyectos de prensa, como ellos le llaman,* proyectos de prensa independientes *(2013a; destaque del autor).*

Como se puede ver, estas palabras consideran que la emergente prensa digital independiente cubana es el primer paso en una «subversión político-ideológica» planificada, financiada por el gobierno de Estados Unidos. Como fuentes de información alternativa, más allá del control institucional del Estado, estos medios que «ingenuamente creen en el falso discurso libertario de los apologistas del mercado» (ACN, 2018) son «mercenarios de la pluma y la palabra» liderados por el «centro de operaciones de la guerra psicológica de los servicios especiales de EE.UU.» cuya misión es «crear ansiedad, infundir desilusión, duda, miedo y confusión» (Capote, 2016). Estas citas alarmistas están extraídas de un artículo publicado por *Granma* que acusa a Estados Unidos de manipular estratégicamente las redes sociales y de «crear líderes de pensamiento espurios con perfiles falsos», y se refiere a los periodistas independientes como «cibermercenarios, maestros de chismes, rumores y mentiras», cuyo objetivo es «desacreditar al Estado revolucionario y socavar los pilares que sostienen [...] la Revolución» (íd.). No debe olvidarse que el Estado socialista se define a sí mismo como el representante exclusivo de la nación cubana y que la unidad ante cualquier amenaza es una condición necesaria para su existencia. Construir un periodismo diferente en Cuba significa reconsiderar el proyecto ideológico del PCC, que tendría un impacto negativo en esta unidad, convirtiendo a dicho periodismo en el enemigo interno del Estado.

La mayoría de las *startups* de medios independientes en Cuba enfrentan este desafío de difamación como traidoras. Por ejemplo, Henken intenta capturar la diversidad de estos medios de comunicación «independientes» mediante la creación de las siguientes cuatro categorías: disidentes digitales, *millenials* digitales, revolucionarios digitales críticos y la diáspora digital (2017). De hecho, considera que *14ymedio* es el más pionero y representativo de los medios digitales disidentes. Sus fundadores (Yoani Sánchez y su esposo Reinaldo Escobar) evocan para Henken los valores clásicos del periodismo liberal, como la objetividad y la certeza, la transparencia y la responsabilidad como los fines principales de su trabajo. Mientras los etiqueta como «disidentes digitales», Henken reconoce que prefieren pensar en sí mismos como periodistas ciudadanos en un contexto donde los periodistas oficiales son meros propagandistas. Aun así, evitan hacer lo que consideran un «periodismo de extremos» (íd.). *14ymedio* ha establecido acuerdos de intercambio de contenido con medios de comunicación internacionales como *Yahoo! News*, *EFE* y *The Miami Herald / El Nuevo Herald*, y ha recibido capacitación técnica de una serie de universidades estadounidenses y el apoyo de fundaciones privadas. Por esta y otras razones, Etecsa, el monopolio de las telecomunicaciones de Cuba, ha bloqueado el acceso al medio en la Isla.

Por otro lado, en los *millennials* digitales Henken incluye una variada gama de revistas de entretenimiento y cultura que disfrutan de amplia circulación digital subterránea y tolerancia estatal dado que son, en gran parte, apolíticos en contenido (*Play-Off*, *Garbos* y *Vistar*).[15] La entrevista de Henken con el fundador de la revista deportiva digital independiente

[15] Las tres estrategias digitales paralelas son a través del sitio web —difícil de alcanzar para la mayoría de los cubanos antes de la llegada de 3G en diciembre de 2018—, pagando porque la revista se incluya en el paquete semanal —un compendio semana subterráneo de material digital—, correo electrónico mensual y resúmenes para suscriptores (Henken, 2017).

Play-Off, Pedro Enrique Rodríguez, refleja su decepción con respecto a la «incapacidad de criticar» y la «escasa influencia» de los medios estatales en el público nacional (íd.). También es pesimista sobre la incertidumbre en la que él y otros pioneros independientes de los medios llevan a cabo su trabajo profesional, nublando el futuro de estas nuevas empresas de medios independientes. Reconoce, además, las condiciones de trabajo precarias —usa el sótano de sus abuelos como una oficina editorial—, la falta de un marco legal para los medios no estatales, la gran dificultad para obtener fondos dada la prohibición de ingresos publicitarios a través de empresas estatales y privadas, y el alto costo del acceso público a Internet como obstáculos principales para el crecimiento.

Otras nuevas empresas de medios digitales como *CiberCuba* —ahora bloqueada por servidores del gobierno—, *Cachivache Media* —ya desaparecido—, *El Toque* y *El Estornudo* —también bloqueado— abordan una variedad de temas de la sociedad cubana con diferentes estilos y objetivos. El periodista José Jasán Nieves Cárdenas, fundador de *El Toque*, ha reconocido públicamente que entre los objetivos de su proyecto se encuentra fortalecer la sociedad civil cubana, aumentar la diversidad y calidad de la información disponible para los cubanos, brindar apoyo legal y financiero para medios digitales independientes y elevar el perfil público de temas importantes, incluidos los derechos humanos, el desarrollo sostenible, la igualdad de género, la inclusión social y la transparencia gubernamental. El estilo innovador de gestión editorial de *El Toque* es interesante, ya que se concibe como una cooperativa horizontal donde las agendas se construyen «a partir del consenso entre personas que no piensan igual», así como el interés en desarrollar herramientas comerciales que permitan financiar sus proyectos. Dado que fue apoyado financieramente por los Países Bajos durante su creación, los medios estatales lo ven como parte de la «neocontrarrevolución» al servicio de una potencia extranjera destinada a «destruir el sistema socialista cubano» (Nieves, 2018). Henken también entrevistó a uno de los fundadores de la revista en línea independiente *El Estornudo* quien, como Nieves, intenta evitar cualquier asociación con la propaganda política, ya sea de la variedad oficial u opositora (2017). Sin embargo, esto ha resultado ser casi imposible, ya que el sitio finalmente fue bloqueado en febrero de 2018, después de estar disponible para los isleños durante sus primeros dos años de existencia.

Los medios de comunicación independientes incluidos en la categoría revolucionaria digital crítica de Henken (*Periodismo de Barrio*, *Havana Times*, *La Joven Cuba*, *Observatorio Crítico*, etc.) se reconocen como defensores revolucionarios de la democracia socialista y al mismo tiempo rechazan el control de la prensa por parte del PCC. En otras palabras, creen que la independencia de los medios es una condición previa necesaria para su credibilidad. *Periodismo de Barrio* —que aborda el cambio climático y los desastres naturales, y sus impactos locales en las comunidades cubanas— ha cuestionado cómo las autoridades gubernamentales han respondido a estos eventos. Al igual que otros medios digitales, ha sufrido hostigamiento, censura y detenciones por parte de las fuerzas estatales. Por último, la diáspora digital de Henken incluye sitios con noticias e información sobre Cuba, pero cuyos servidores y directores se encuentran en el extranjero —casi siempre en España y Miami—. La mayoría de estos sitios han recibido periódicamente fondos de la NED —concesionario del gobierno de Estados Unidos—, así como fondos públicos de varios gobiernos europeos. Estos incluyen medios de comunicación como *Diario de Cuba* (España) y *CubaNet* (Miami), que abordan temas culturales y políticos, como los derechos humanos, conscientes de la necesidad de información sin censura para alentar el cambio político y comenzar la reconstrucción de la sociedad civil en la Isla. Dos excepciones que Henken señala a esta regla son *OnCuba* y *Progreso Semanal*, que son medios progresivos de noticias y opinión reconocidos por el gobierno cubano en La Habana como agencias de prensa extranjeras. Su financiamiento proviene de aquellos en el sector privado estadounidense interesados en invertir en proyectos de medios en la Isla (íd.).

Como puede verse, el periodismo digital independiente cubano es un fenómeno diferente al títere estadounidense imaginado por el Estado cubano. Es internamente heterogéneo y presenta una variedad de objetivos y estilos que van desde la crítica revolucionaria hasta la oposición abierta al Estado cubano. A pesar de las múltiples restricciones, algunas de estas nuevas empresas de medios han experimentado con formatos digitales innovadores y explorado nuevas formas de autogestión editorial y financiera vinculadas al emergente sector nacional de empresarios privados. Algunos de ellos encuentran en el paquete y otras redes digitales informales el vehículo para distribuir su contenido fuera de línea. En general, todos ellos están alienados del modelo de periodismo estatal, en especial por la falta de autonomía y el papel de legitimación ideológica desempeñado para el PCC y el Estado cubano, que se manifiestan en un estilo apologético y triunfalista desconectado de las necesidades de información de la sociedad civil cubana. La financiación que algunos de ellos reciben de gobiernos extranjeros, sobre todo del gobierno estadounidense, ha aumentado la retórica oficial que busca describirlos a todos como el «enemigo interno» que supuestamente trabaja al servicio de un actor externo, transformando a todos en un blanco de amenazas públicas y hostigamiento, censura y múltiples formas de represión por parte de las autoridades estatales.

De la desprofesionalización a la renovación periodística

Desde nuestro punto de vista, la importancia de los medios digitales independientes emergentes de Cuba radica en su renovación potencial de la profesión periodística en la Isla. Su cultura y prácticas, y la forma en que sus periodistas perciben su rol público en nuevas circunstancias, se centran en producir información de calidad para un público interesado en participar en el proceso de toma de decisiones, desligándose así de los instrumentos de legitimación ideológica partidista que deslegitiman a la prensa oficial. Como se ha visto, los valores liberales como la autonomía, el equilibrio y el compromiso de abordar temas polémicos que fomentan el debate público y la responsabilidad del Gobierno son ejemplos de la cultura y las prácticas periodísticas de algunos de estos medios. A pesar de su limitado alcance nacional, estas nuevas empresas digitales independientes han alterado la rígida dinámica de la agenda informativa de la Isla, colocando en el centro de debate temas centrales como la inclusión social, la marginalidad y la pobreza, los derechos de las minorías, el medio ambiente, la corrupción política y las voces de aquellos que desafían el proyecto ideológico hegemónico gubernamental. Todo esto ha creado un mecanismo de presión contra la estricta agenda de los medios oficiales e, incluso, contra el mismo discurso del liderazgo político.

En el contexto de este nuevo y dinámico espacio contencioso transnacional digital, el Estado cubano solo ha reafirmado la naturaleza restrictiva de sus normas legales. Por ejemplo, el artículo 55 de la Constitución de 2019 subordina la libertad de prensa a «los propósitos de la sociedad», declarando que los medios de comunicación social, «en cualquiera de sus formas, son propiedad social de todas las personas» y «no pueden ser sujetos a otro tipo de propiedad». La política de Comunicación Social del Estado y el Gobierno de Cuba, publicada por el sitio oficial de noticias e información *Cubadebate*, establece como su objetivo principal «garantizar el consenso y la unidad nacional en torno a la Patria, la Revolución Socialista y el Partido», justificando este llamado con referencia a la política cultural oficial de Cuba declarada por el propio Fidel Castro en 1961: «Dentro de la Revolución, todo; contra la Revolución, nada». En la actualidad, tal y como ha sido durante todo el proceso revolucionario, la Revolución sigue siendo el único representante legítimo de los intereses de la «nación entera»; por tanto, «nadie puede alegar justificadamente un derecho en su contra» (cfr. *Cubadebate*, 2019). Esta subordinación histórica de las normas legales a los intereses de la Revolución deja entrever una visión limitada e instrumental del derecho a la libertad de expresión de los periodistas cubanos y a los medios de comunicación, permitiéndole al Estado controlar la información pública con impunidad (IESLEC, 2018).

A pesar de su incipiente desarrollo, el periodismo digital independiente enfrenta una variedad de barreras. El acceso limitado, selectivo, monitoreado y altamente regulado a Internet para los ciudadanos cubanos es su principal obstáculo. El ideal del acceso público universal se ve disminuido por cuatro factores clave: 1) la ambigüedad y la restricción de las disposiciones legales; 2) la cobertura limitada y los altos costos de acceso; 3) el bloqueo y la censura de sitios de medios críticos; y 4) las estrategias de vigilancia digital (id.). Por ejemplo, todos los decretos y resoluciones ministeriales que controlan el uso de la tecnología en Cuba se basan en la premisa de que el acceso a las redes informáticas mundiales se regulará de acuerdo con los «intereses nacionales», de modo que la información disponible «coincida con nuestros principios éticos y no impactar los intereses y la seguridad del país» («Decreto 209», 1996). Otras disposiciones legales establecen un conjunto de obligaciones para los ISP, como garantizar que el *software* no esté equipado con tecnología de cifrado y prohibir el uso de aplicaciones que afecten «la integridad o la seguridad del Estado» («Resolución 179», 2008). Dichas obligaciones de monitoreo se basan en criterios extremadamente ambiguos que solo pueden dar lugar a una censura estricta (IESLEC, 2018).

Conclusiones

El creciente interés en la relación tripartita entre la prensa, el Estado y las audiencias en regímenes autoritarios, híbridos o de transición sugiere una tensión dinámica en la rearticulación de la legitimidad del Estado en condiciones altamente inciertas y en un contexto de polarización política (Lugo-Ocando y Garcia Santamaria, 2015). Las prácticas periodísticas en América Latina están normalmente subordinadas a otras lógicas sociales monopolísticas como el mercado y el clientelismo político (Kitzberger, 2009). Sin embargo, países tan diferentes entre sí como China y Rusia han desafiado con éxito la visión occidental del antagonismo en teoría natural entre el Estado y el potencial liberalizador del mercado. Por ejemplo, China ha convertido con éxito el periodismo de investigación en un jugador pragmático en su proyecto partidista de gobernanza (Repnikova, 2017a).

En Cuba, donde las nuevas regulaciones subordinan la libertad de prensa a los «propósitos de la sociedad» y solo reconocen la «propiedad socialista de todo el pueblo» sobre los medios de comunicación, la hegemonía del modelo oficial de prensa partidista, basado en el modelo soviético, parece haber dado paso a las numerosas y diversas empresas emergentes digitales de la Isla gracias, en parte, a las nuevas condiciones sociales y tecnológicas. La evidencia revela un progresivo empobrecimiento y desprofesionalización de este modelo, cuya práctica periodística está condicionada por la confiabilidad política y el compromiso ideológico, dada la estricta regulación de los medios oficiales por parte del Departamento Ideológico del PCC.

Los factores estructurales heredados del modelo soviético, como su excesiva burocracia y la limitada autonomía creativa de la agencia periodística, disuaden la eficiencia informativa de los medios oficiales y fomentan el desarrollo de un modelo de prensa digital independiente que promueva la creación de un espacio contencioso transnacional, independiente de la esfera política y la cultura oficial. Dado que no está bajo el control ideológico del Partido, este nuevo espacio o esfera pública digital fomenta el debate sobre temas controvertidos de interés público, como la administración gubernamental ineficiente, la corrupción política, la marginación y la pobreza, la prostitución, las preocupaciones ambientales y la igualdad de género, desafiando así la hegemonía ideológica del Estado con temas que los medios oficiales han ocultado sistemáticamente.

Es importante reconocer que el periodismo digital independiente está intrínsecamente diferenciado en sus rutinas y cultura(s) periodística(s), así como en la percepción de su función social. Sin embargo, la profunda alienación causada por el papel a largo plazo de la prensa oficial como un aparato de legitimación ideológica partidista para el régimen en el poder ha llevado a una amplia aceptación de valores liberales como la autonomía, la imparcialidad, la credibilidad, la transparencia y el enfoque en temas polémicos que permitan y enriquezcan el debate público de todos los sectores de la industria digital independiente cubana. Sin embargo, en un caso similar al de China, los periodistas independientes digitales de Cuba enfrentan una serie de barreras especiales como la ambigüedad y la restricción de las normas legales existentes, la cobertura limitada y el alto costo del acceso a Internet, el bloqueo y la censura de los sitios críticos, y la gran cantidad de vigilancia y estrategias de acoso empleadas por los *trolls* del Gobierno que acechan en la web.

Debido a que Cuba carece de un entorno de liberalización económica que pueda fortalecer el mercado y permitir una mayor autonomía y diferenciación de su sistema de medios, los periodistas independientes pioneros de la Isla ejercen su profesión en un limbo legal, con poco o ningún acceso a financiamiento, y son constantemente estigmatizados y difamados como «mercenarios de la pluma y la palabra» por el liderazgo político y los medios oficiales. Dado el regreso que representó la postura geopolítica amenazadora de Estados Unidos bajo la administración Trump, las características principales del modelo emergente de prensa digital independiente de Cuba serán la improvisación creativa, la polarización ideológica extrema y la confrontación radical con el Estado. En los últimos años este nivel de confrontación ideológica se ha tornado dramático a partir de eventos disruptivos como el Movimiento San Isidro y las masivas manifestaciones del 11 de julio de 2021. Intensas campañas de difamación de medios oficiales, largas condenas a prisión o el exilio han sido las opciones para muchos periodistas independientes. Aun así, estas nuevas prácticas periodísticas descritas aquí parecen haber tenido un impacto irreversible en la dinámica de la opinión pública en la Isla hoy y en la deliberación ciudadana sobre el futuro incierto de Cuba.

6

CRÍTICA DIGITAL PROFESIONAL Y POPULAR EN CUBA

(Marie Laure Geoffray)

(Francia, 1978). Doctora en Ciencias Políticas por el Sciences Po (París, Francia). Desde 2012 es profesora asociada de Ciencias Políticas de la Universidad de la Sorbona Nueva. Ha publicado numerosos artículos sobre política contenciosa en Cuba, incluyendo el libro *Contester à Cuba* y los artículos «Transnational dynamics of contention in contemporary Cuba» y «Channeling protest in illiberal regimes: The case of Cuba since the fall of the Berlin Wall». También ha publicado textos metodológicos sobre el estudio de regímenes autoritarios como «Mettre la peur à distance. Retour sur une expérience ethnographique en contexte autoritaire».

En la Cuba actual, a finales de la segunda década del siglo XXI, muchos periodistas independientes están empezando a cuestionar el orden social y político existente, afirmando aun así que ni «pretenden hacer política» ni «están metidos en política» e incluso que ni siquiera forman parte de una sociedad civil supuestamente emergente, independiente del Gobierno. Quieren que se les considere periodistas profesionales, y punto, sin adjetivos calificativos. Del mismo modo, los paqueteros que distribuyen contenidos digitales de Internet en memorias USB y DVDs tienden a caracterizar su actividad simplemente como un negocio profesional, una forma como cualquier otra de mantener a sus familias (Vela y Torres, 2015). Pocos son los que declaran tener pretensiones de talante político o siquiera la mera intención de contribuir a un cambio de régimen político en la Isla. ¿Cómo podríamos analizar esta situación a nivel empírico y teórico? Esto es importante si pensamos en que la mayor parte de la literatura sobre Internet y política en los regímenes autoritarios se centra en realidad en la forma en que el aumento de la independencia editorial y económica, y la expansión del acceso popular a la tecnología digital, empodera a la gente y transforma la manera en que se ejerce el poder político en el siglo XXI.

De hecho, los análisis académicos suelen hacer hincapié en la dinámica decididamente *política* de la liberalización del acceso a la tecnología digital en contextos autoritarios —por encima de su dinámica económica, cultural o sociológica—. Algunos estudios han destacado cómo los usos de la tecnología digital más beligerantes han dado visibilidad a una pluralidad de posiciones políticas y han puesto en tela de juicio el monopolio estatal de la información y la comunicación (Hoffmann, 2012), lo que a su vez ha repercutido en la capacidad de los activistas para organizarse mejor, defender las libertades civiles y, de este modo, profundizar en discursos y prácticas democráticas (Simon *et al.*, 2002; Shirky, 2008). Otros, sin embargo, han subrayado la capacidad de los gobiernos autoritarios de servirse de la tecnología digital para alcanzar diferentes objetivos en cuanto a desarrollo económico (Kalathil y Boas, 2003), controlando al mismo tiempo otro tipo de uso más amplio, de distinto cariz, en el territorio nacional; en particular mediante instrumentos de filtrado de contenidos, censura de determinadas páginas, vigilancia permanente de foros y chats en línea, y la elaboración de mecanismos complejos que permitan aplicar una represión más selectiva (Deibert, 2003; Morozov, 2011). Todos tienden a focalizar su atención, sin embargo, en la relación implícita entre Internet y el poder político.

El enfoque selectivo en las implicaciones políticas del acceso a Internet constituye la diferencia más representativa entre los trabajos sobre el impacto de la tecnología digital en contextos autoritarios *versus* democráticos. De hecho, los investigadores que se centran en contextos democráticos tienden a examinar con más detención cómo la tecnología digital llega a impregnar los diferentes aspectos de la vida en toda su amplitud. Analizan también más sistemáticamente el auge de las comunidades en línea, ya estén vinculadas por lógicas expresivas o por políticas identitarias (Mazzarella, 2005; Seargeant y Tagg, 2014), así como los usos cotidianos y no beligerantes de Internet (Wellmann y Haythornthwaite, 2002; Messin, 2007; Martin y Dagiral, 2016). En cambio, los académicos que se centran en los regímenes autoritarios mantienen con mayor frecuencia una perspectiva, de algún modo, «excepcionalista», que enfatiza, de manera casi exclusiva, la política. Solo un reducido número de estudios parecen hacer el esfuerzo de comprender las formas en que la tecnología digital se ha consagrado en las prácticas cotidianas de las personas y ha transformado las identidades en contextos autoritarios *sin* desafiar directamente el poder del Estado (Parodi y Sautedé, 1995; Arsène, 2011; Lecomte, 2013; Bax, 2014). Sin embargo, al igual que en la India, Brasil, Francia y Estados Unidos, la mayoría de los ciudadanos en China, Vietnam, Cuba, Arabia Saudí y Rusia utilizan las tecnologías digitales, sobre todo, para mantenerse en contacto con sus amigos y familiares, hacer compras, mantenerse informados y procurarse entretenimiento.

Sin embargo, en tales contextos, mantener el contacto con la familia y los amigos en el extranjero puede incluir el comunicarse con aquellos que alguna vez fueron considerados «traidores», «gusanos» o «escoria» por «haber abandonado la Revolución».[1] Del mismo modo, «comprar» pue-

[1] En el contexto cubano, estos son algunos de los insultos más difamatorios. Están destinados a despreciar a aquellos que dejaron la Isla después de 1959 y que, por tanto, son considerados contrarrevolucionarios, situándolos no solo fuera de la Revolución sino directamente en contra de ella.

de significar participar en una actividad prohibida en el mercado negro, «mantenerse informados» puede incluir la lectura de noticias de fuentes consideradas contrarrevolucionarias, y la búsqueda de «entretenimiento» supuestamente inofensivo quizás pueda incluir bastantes productos y procesos ilegales, lo que hace que esas actividades sean, como mínimo, protopolíticas, aunque no tengan una intencionalidad política *per se*. Si bien es necesario tener en cuenta los discursos de los actores periodísticos sobre sus acciones y cómo las definen, no podemos analizar esas acciones sin tener en cuenta el orden social y político más amplio en el que interactúan. Dadas estas complejidades, el objetivo de este capítulo es ofrecer una reflexión teórica sobre el estudio del uso de los medios digitales emergentes en Cuba para comprender mejor cómo, en un régimen autoritario, los usos *críticos* de la tecnología digital se entrelazan con usos más *cotidianos* y cómo la «crítica», en lugar de definirse *a priori* y entenderse solo en relación con su intencionalidad, está de hecho conformada por el complejo y a menudo contradictorio contexto en el que tiene lugar.

El caso cubano es relevante en este debate, en particular, porque ilustra el carácter no necesariamente politizado de la liberalización gradual del acceso a la tecnología digital, aunque sí que haya provocado lo que llamo «una extensión de la crítica»; es decir, el crecimiento de los actos y discursos que transgreden el orden autoritario establecido. En efecto, cuando el acceso a Internet en Cuba estaba muy restringido antes de 2015 —año en que comenzó a difundirse más—, solo unos pocos activistas, con firme determinación, habían corrido el riesgo de expresar sus opiniones más críticas en línea —sobre todo en blogs—, enfrentándose a las consecuencias derivadas de dichas acciones (censura, hostigamiento, amenazas, difamación y, a veces, incluso juicios injustos seguidos de encarcelamiento y/o exilio). Esa es quizá la razón principal por la que se hicieron tan visibles y conocidos fuera de Cuba. De entre todos ellos podemos nombrar a Yoani Sánchez, Reinaldo Escobar, Miriam Celaya, Claudia Cadelo, Orlando Luis Pardo Lazo, Regina Coyula y Luis Felipe Rojas (cfr. Geoffray, 2015; Vicari, 2015; Henken, 2011b, 2017). No obstante, como el acceso a Internet se ha ido ampliando poco a poco entre 2015 y 2019, los usos de la tecnología digital se han diversificado y el abordaje de cuestiones sociales y políticas de mayor controversia no ha sido una prioridad para la mayoría de los usuarios de la Isla. Al mismo tiempo, en el contexto cubano, la estrecha vigilancia del uso de Internet hace que este y los medios de acceso a él —muchos de ellos informales o ilegales— sean casi siempre intrínsecamente críticos —si no lo son de modo intencionado.

Al mismo tiempo, aunque estas nuevas voces críticas se presentan a menudo fuera de Cuba como carentes de poder y recursos en relación con el aparato estatal cubano, suelen depender asimismo de la tecnología estadounidense, en especial del verdadero poder hegemónico de las GAFAM,[2] y a veces reciben patrocinio financiero tanto de particulares como de instituciones; principalmente de Estados Unidos, pero también de Europa y América Latina. Cabría señalar, no obstante, que algunos proyectos y periodistas evitan bastante cualquier financiación del gobierno estadounidense. Aun así, la alegoría del David digital contra el Goliat gubernamental requiere de ciertos matices y un proceso de contextualización adecuado. Es decir, se necesita desentrañar con cuidado la paradoja de un David que está haciendo uso de los vehículos y recursos del poder hegemónico global para lograr objetivos antiautoritarios en el contexto político y mediático particular de la Cuba actual. A partir de la perspectiva teórica del sociólogo francés Dominique Boullier (2018) sobre el modo en que se formula la crítica en la era digital en contextos democráticos, propongo una reflexión sobre las contradicciones y paradojas que sustentan las dinámicas digitales emergentes más conflictivas en la Cuba autoritaria.

El capítulo comienza con la presentación de un marco teórico que amplía la obra de Boullier sobre la crítica en el ámbito de las tecnologías digitales en contextos democráticos para incluir también los contextos autoritarios. A continuación, se trata de demostrar cómo, a pesar de la falta de intensificación política de los usos de Internet, el acceso a la tecnología digital ha permitido el surgimiento de prácticas críticas colectivas, que se califican como tal aunque no lo sean necesariamente de modo intencionado. La tercera sección del capítulo se centra en el desarrollo de una esfera en Cuba de lo que denomino «crítica profesionalizada», poblada de protagonistas que desafían la esfera mediática oficial, al tiempo que reivindican un enfoque «profesional» y no partidista.

Digitalización de la crítica y crítica de la digitalización

Cuando emprendí el estudio de los usos contenciosos de Internet en el contexto cubano, consideré que pocas teorías sociológicas podían ayudar-

[2] Engloba las siglas de Google, Apple, Facebook, Amazon y Microsoft, y también incluye Twitter, Yahoo, Instagram, Snapchat, Airbnb, etc. Básicamente, es la abreviatura de las poderosísimas empresas estadounidenses que dominan el mercado digital. En inglés, es más común referirse a GAFAM como el «oligopolio de Internet», los «Cinco Grandes» o simplemente «Los Cinco». Cfr. Scott Galloway (2017), *The Four*, que se centra en el llamado «ADN oculto» de Amazon, Apple, Facebook y Google.

me a comprender plenamente uno de los fundamentos más específicos y contradictorios de la dinámica emergente que observaba: el hecho de que las nuevas voces más conflictivas, *a priori* desprovistas de poder y de recursos en comparación con el aparato estatal cubano, utilicen de hecho tecnología estadounidense y a menudo reciban ayuda del extranjero. En efecto, la sociología de los medios de comunicación en contextos autoritarios suele hacer hincapié en el inmenso poder que adquieren los medios de comunicación estatales para formar la opinión pública y, al mismo tiempo, tiende a centrarse específicamente en los discursos contrarios y las posiciones contrahegemónicas. Es necesario perfeccionar esta perspectiva. Por eso he optado por examinar la obra del sociólogo francés Dominique Boullier (2016), cuyo enfoque teórico es más interactivo y se interesa por las capacidades y aptitudes de los actores sociales para así formular y expresar su crítica en situaciones de disputa o controversia.

En lugar de concentrar la atención en la continua construcción de una jerarquía de normas, juicios y regímenes de acción —encontradas en la escuela de pensamiento de Bourdieu y en la de Frankfurt—, Boullier subraya la forma en que los actores sociales clasifican, categorizan y juzgan acciones, normas y comportamientos; en cómo se esfuerzan en exponer y analizar la existencia de diferentes formas de crítica, con el fin de dar visibilidad a todo el espectro de posibilidades críticas. Su objetivo no es criticar el modo en que funcionan las normas sociales y señalar la brecha entre el modo en que las cosas son y deberían ser, según una perspectiva normativa igualitaria.[3] Se trata, más bien, de hacer visible y accesible la diversidad de la crítica social.

Además, dado que Boullier aborda la crítica de la tecnología digital y a su vez la digitalización de la crítica, su trabajo es relevante para entender la transformación de los usos de las tecnologías digitales en Cuba de una manera más amplia que un enfoque meramente limitado a la controversia política. De hecho, en la isla el acceso a la tecnología digital ha cambiado la forma en que la gente puede expresar la crítica. También ha cambiado la relación de la gente con la crítica, en sí misma. Y el estudio de la crítica es esencial para comprender las recientes transformaciones sociales y políticas en Cuba, ya que la aparición de crítica pública y visible nos acerca a una sociedad que se vuelve más compleja y menos determinada por la política, a pesar de una aparente falta de cambio político.

---

[3] Para los debates sobre estas dos escuelas de pensamiento y su transformación en los últimos veinte años, cfr. Luc Boltanski y Laurent Thévenot (1999:359-377); Thomas Benatouïl (1999:379-396); Simon Susen (2016:195-246); Magnus Paulsen Hansen (2016:127-145).

Boullier (2018) identifica cuatro tipos de crítica de la tecnología digital. Los dos primeros son formas tradicionales de crítica, que ahora abarcan el fenómeno digital. Los dos últimos están orientados a la crítica específica de la tecnología digital. En esta teorización de la relación entre tecnología y crítica, la crítica está «equipada» con «máquinas», es decir, cada crítica crea instrumentos para ser escuchada o leída.

El primer tipo de crítica podríamos denominarla *critique engagée*, que se puede traducir como «crítica activista». Se esfuerza por denunciar el mundo tal como es y su objetivo es defender una visión específica del mundo tal y como debería ser. Desde esa perspectiva, la tecnología digital es criticada de la misma manera que otros fenómenos sociales; es decir, debido a su reproducción de lógicas de dominación. Este tipo de crítica está dotada de una máquina específica, es decir, de instrumentos, herramientas, *gadgets* o tecnologías específicas creadas por activistas. Por ejemplo, el desarrollo de *software copyleft* puede entenderse como una respuesta concreta a la mercantilización global de las herramientas digitales como productos patentados para ser comprados y vendidos en el mercado con fines de lucro y controlados por su «propietario», normalmente una de las empresas gigantes de la tecnología como Apple o Microsoft.

El segundo tipo de crítica se esfuerza por hacer visible o legible toda la pluralidad de perspectivas posibles sobre la realidad, con el fin de ampliar las perspectivas de los actores sociales y que así puedan considerar una variedad de opciones, en lugar de adherirse a una visión única o a una elección forzada entre dos opciones similares (Google *vs.* Apple, PC *vs.* Mac, o AT&T *vs.* Verizon). Las «máquinas» que corresponden a esta categoría son los «nuevos formatos colectivos», es decir, las iniciativas de cooperación como Wikipedia, los intercambios entre pares o las plataformas de colaboración, que tienen por objeto descentralizar la dinámica de intercambio de información/contenidos y crear consenso mediante la construcción conjunta de conocimientos.

El tercer tipo de crítica se califica como «activista», como en el primer tipo, aunque su enfoque vendría a ser más restringido, ya que se centra en la propia tecnología digital como una nueva forma de dominación. Es especialmente crítica en la forma en que el mercado financiero global se ha apropiado, con escasísima regulación, de la tecnología digital, convirtiendo un mundo tecnológico abierto y «libre», que había surgido como un mundo pluralista —compuesto por actores militares (Levine, 2018), académicos, así como la comunidad *geek*/tecnológica y varios movimientos alternativos (Cardon y Granjon, 2010)—, en el reino de los oligopolios globales. También subraya el hecho de que la aparición de una nueva clase de científicos de la informática y los datos, con pocos controles y equilibrios, podría constituir una amenaza mundial para la privacidad y la democracia. Los instrumentos de este tercer tipo de crítica son los esfuerzos que tratan de proponer alternativas al poder de las plataformas oligopólicas del GAFAM. En el ámbito académico, el movimiento a favor de la publicación de acceso abierto —contra las plataformas *gatekeeper*— puede considerarse como un instrumento de esta crítica.

Al igual que la segunda, el cuarto tipo de crítica que aborda Boullier es de un carácter más reflexivo y cuestiona la forma en que se produce el conocimiento en esta nueva era digital, así como la forma en que el *big data* podría llegar a ser reapropiado (cfr. Boullier, 2015). Así pues, no solo se refiere a la pluralidad y a la diversidad o al poder del mercado sobre la tecnología, sino también a nuestra (in)capacidad colectiva de controlar la forma en que la tecnología se ha apropiado de nuestras vidas. Por ejemplo, la vida social es ahora sinónimo de redes sociales; los teléfonos móviles se han convertido en una especie de extremidad adicional; la existencia del *big data* permite comprobar las correlaciones entre todo tipo de variables, dando así la ilusión de que el periodismo o las ciencias sociales ya no son relevantes. Es necesario criticar este modo emergente de producción de conocimientos, pero sigue estando a la zaga de los rápidos avances tecnológicos. Así pues, este modo de crítica explora cómo crear instrumentos que permitan la recopilación participativa de datos y, por tanto, la reflexión colectiva sobre los rastros digitales que dejamos por doquier en línea para que otros los recopilen y los comercialicen.

Como puede verse, las teorías elaboradas en un contexto democrático son difíciles de aplicar en el contexto cubano, ya que lo que se considera como crítica en Cuba es relativamente diferente de lo que se consideraría como tal en otros lugares. De hecho, las múltiples dificultades experimentadas por el pueblo cubano en su acceso a Internet debido, en parte, a la cautela excesiva del Gobierno, ha llevado a la población a considerar la tecnología digital como una tecnología excepcional y totalmente positiva. Aunque algunos la han utilizado para expresar críticas, se considera en general un bien incondicional y rara vez se ha criticado por sus posibles amenazas a la privacidad o a la seguridad de los ciudadanos. Muy pocas iniciativas cubanas, como la de BlackHat —un colectivo de jóvenes *techies* de La Habana que surgió a principios del decenio de 2000— tienen por objeto debatir la extensión y las consecuencias de la penetración de Internet en Cuba a fin de alertar a la población sobre sus virtudes y sus aspectos más oscuros.[4] A continuación examinaré en qué medida las propias tecnologías digitales se han convertido o no en objeto de escrutinio respecto a otros tipos de críticas más generalizadas en la sociedad cubana.

Extensión popular de la crítica social

En contextos autoritarios, la mayoría de los expertos consideran como críticas las voces que desafían a las élites dominantes y al aparato estatal represivo, cualquiera que sea el contenido de dichas voces y cualesquiera que sean los medios y herramientas que utilicen para transmitirla. De hecho, bajo un régimen represivo, los analistas se han centrado tradicionalmente en la mera existencia y expresión de la disidencia, más que en el contenido o los medios utilizados para expresarla como tal. Así, cuando las políticas de liberalización de Raúl Castro —que poco a poco fueron ampliando el acceso a Internet— propiciaron el surgimiento de una «blogosfera» cubana, el acceso a la tecnología digital se celebró como vehículo para una mayor libertad política y el crecimiento de una sociedad civil independiente (Y. Sánchez, 2011).

De hecho, la mejora del acceso a Internet permitió expresarse a muchas de estas voces críticas digitales, conectarse con personas de ideas afines en la Isla y suscitar toda suerte de iniciativas de apoyo y solidaridad proveniente de otros países (Hoffmann, 2012; Henken, 2011b, 2014b; Geoffray 2015). En ese sentido, el periodismo ciudadano y el movimiento de blogueros de Cuba puede entenderse como una red de crítica activista —primera categoría de Boullier—, ya que su objetivo —durante la fase emergente del movimiento— era dar a conocer los problemas de la vida cotidiana (escasez, falta de agua corriente, falta de transporte, etc.) y denunciar de forma progresiva el orden socialista cubano dentro y fuera de Cuba, señalando las violaciones sistemáticas de los derechos humanos cometidas por el Gobierno. En efecto, estas voces desde dentro se dedicaban a describir la brecha existente entre su realidad social y la imagen ofrecida por las autoridades; y a su vez reflejaban los deseos y aspiraciones del pueblo, por una parte, y de las normas y valores deseables según la comunidad internacional, por otra.

Sin embargo, es necesario subrayar el hecho de que, en el contexto político represivo cubano, esa crítica no suponía un cuestionamiento de la nueva dominación digital ejercida por los entonces emergentes gigantes de

---

4 https://www.facebook.com/blackhat4all/.

Internet. Los activistas acogieron con satisfacción el compromiso de Google con Cuba y a menudo pidieron ayuda para que otras empresas estadounidenses, como Twitter, Facebook y PayPal, se involucraran para sortear los obstáculos construidos por las autoridades cubanas para impedir que la gente accediera a Internet sin su estricto control («Presidente ejecutivo...», 2014).

Una dinámica no menos paradójica —respecto a las teorías elaboradas en contextos democráticos— puede observarse en otros actores sociales. En Cuba, desde principios del siglo XXI, el mayor acceso a la tecnología digital ha permitido la diversificación de los usos de Internet. La gente comenzó a utilizar la red también con fines comerciales —por ejemplo, a través de la popular plataforma de anuncios clasificados Revolico—, para el ocio y el entretenimiento, así como para mantener los lazos familiares con los parientes cubanos que viven en el extranjero. Al mismo tiempo, dado que la vigilancia del uso de Internet sigue siendo bastante rigurosa en la Isla, la falta de una difusión de las actividades políticas no debería impedir el observar la extensión real de la «crítica».

El acceso a Internet sigue siendo bastante caro en Cuba y casi no hay puntos de acceso gratuitos, lo que obliga a muchos cubanos a comprar tiempo de conexión en el mercado negro y, por tanto, a realizar una actividad ilegal, lo cual puede convertirlos en víctimas de represión contundente.[5] También les lleva a depender de la «Internet *offline*» de Cuba, el famoso paquete semanal. Aunque las autoridades toleran en gran medida la circulación del paquete, sigue siendo técnicamente ilegal, ya que su producción y venta no corresponde a ninguna de las categorías de licencias de trabajo por cuenta propia autorizadas.[6] La participación en esas actividades se califica así como una transgresión del orden social dominante.

Además, la producción y la circulación del paquete puede entenderse como un modo de agencia popular, comunitaria, para construir «nuevos formatos colectivos», definidos por Boullier (2018) como instrumentos del segundo tipo de crítica, permitiendo el despliegue de una pluralidad de posibilidades. En efecto, este tipo de prácticas generan formas de organización horizontal en un país en el que el Partido Comunista ha prohibido durante mucho tiempo cualquier tipo de organización de base, aunque solo sea para reparar la bomba de agua o arreglar el sistema de alcantarillado. El

[5] Una excepción es el *hotspot* gratuito del artista visual Kcho.

[6] El gobierno cubano carece de recursos, pero algunos siguen dedicados a la censura y la represión cuando es necesario. Por ejemplo, hay un esfuerzo estatal en curso para bloquear o filtrar los programas de televisión anticastristas emitidos originalmente en Miami (Matos, 2016).

paquete es el resultado de una colaboración entre miles de personas, que lo compilan, lo circulan y lo promueven, viviendo de esta cadena de colaboración mediática en el mercado negro (Anderson, 2015). Trabajar para el *paquete* permite así el desarrollo de formas más plurales de experimentar la vida en la isla, ya que crea dinámicas de organización social desde abajo y ofertas de trabajo en el sector privado, subvirtiendo así tanto el ideal de empleo estatal universal como el control vertical del orden social en Cuba. Esta reivindicación de la agencia colectiva, aunque no se considere ni se presente a menudo como tal, puede concebirse como una especie de crítica social indirecta.

En consecuencia, dadas las limitaciones que aún pesan sobre el acceso y la utilización de la tecnología digital en Cuba, el uso y el acceso ilegal por parte de los ciudadanos cubanos —aun cuando no impliquen ningún objetivo político o toma de conciencia— puede entenderse como una forma de aprovechar las oportunidades para dar cabida a alternativas más sociales y empresariales, en una dinámica claramente «desde abajo». En lugar de esperar a que el Estado cubano expanda el cuentapropismo a la industria cultural y a los medios de comunicación, algunos cubanos están reclamando su derecho y capacidad de participar en esa industria, sin pedir permiso previo. En ese sentido, el famoso dictado de Marshall McLuhan, «el medio es el mensaje», es bastante relevante para el uso de la tecnología digital en la Cuba de hoy. Las prácticas empleadas por los ciudadanos cubanos comunes —en contraposición a las «voces críticas digitales», por ejemplo— son aquí más importantes para mi argumentación, en la medida en que estas prácticas constituyen transgresiones al orden social y económico impuesto a la población por parte de las autoridades cubanas. Esas prácticas transgresoras pueden calificarse, de este modo, como crítica social.

Al mismo tiempo, la producción y distribución del paquete no puede considerarse una alternativa independiente al poder detentado por las plataformas GAFAM, ya que en realidad utiliza esas mismas plataformas para proporcionar más información y opciones de entretenimiento a sus clientes. Es pertinente subrayar el hecho de que el paquete contribuye a diversificar el acceso del público a las noticias, al ocio y al entretenimiento, mientras que el acceso solía estar restringido a los medios de comunicación oficiales controlados por el departamento ideológico del PCC. Al mismo tiempo, la creación del paquete ha supuesto la mercantilización de un servicio antes gratuito, ya que el sistema público de televisión y radio cubano era y sigue siendo accesible para toda la población sin costo alguno. Aunque es bastante económico según los estándares occidentales, ya que cuesta entre 1 y 3 dólares, dependiendo de la frescura del producto, muchos cubanos no pueden permitirse suscribirse a él, sobre todo si son funcionarios que no reciben remesas del extranjero y no han logrado asegurarse una posición en el sector privado. Lo mismo puede decirse del servicio de *streaming* de Netflix, que costaba 7,99 dólares mensuales cuando se introdujo en Cuba en 2015 (Glenza, 2015), por lo que estaba fuera del alcance de la mayoría de los cubanos. Esto sin mencionar que es casi imposible hacer pagos con tarjeta de crédito o retransmitir contenidos desde Estados Unidos en Cuba.

Los «nuevos formatos mediáticos colaborativos» creados por técnicos cubanos *amateurs*, periodistas independientes y empresarios como una forma de burlar las restricciones del Gobierno sobre Internet crean una paradoja: hacen circular más información y más opciones de entretenimiento que las ofrecidas por el sector estatal cubano, pero al mismo tiempo transforman un bien público antes «gratuito»[7] en una mercancía privada, que solo unos pocos pueden permitirse. Se trata de una tendencia inversa: mientras que el socialismo trató de sustraer ciertos bienes y servicios del mercado —ofreciéndolos como derechos humanos y ciudadanos al «pueblo»—, esas lógicas tienden a recomponer como mercancías tales bienes y servicios. Además, mientras que la mayoría de los movimientos sociales y ciudadanos del mundo occidental tratan de que el acceso a los contenidos en línea sea cada vez más universal, ese modelo progresista y «social» de acceso a Internet como bien público está ausente, irónicamente, en la llamada Cuba «socialista».

Se puede concluir que, en el contexto cubano, contrario a lo que parece insinuar Boullier con su teorización de la crítica, los instrumentos de esta no son necesariamente congruentes con el tipo de crítica que se expresa. Las plataformas del GAFAM sí permiten cuestionar el orden social cubano desde dentro, ya que representan una alternativa a los canales oficiales de información y comunicación. Aquí debemos observar de modo paradójico que las herramientas del capitalismo digital pueden utilizarse como vehículos de crítica e incluso de relativa emancipación en el contexto cubano, que sigue vigilando estrictamente el acceso y el uso de la tecnología digital. Esto es cierto incluso cuando el Estado cubano sigue defendiendo ciertos principios de los «medios de comunicación socialistas» como la prestación de servicios audiovisuales públicos gratuitos y libres de contenido comercial —y

7 Debo aclarar que hay dos definiciones de «libre» en el espacio digital: libre como «sin costo» *vs.* libre de «abierto, sin propietario». Me refiero a lo que solía ser «gratis»; es decir, un bien público, disponible sin costo alguno.

publicidad— con el subsidio masivo y el monopolio legal sobre los canales oficiales de televisión y radio y la industria cinematográfica. Por supuesto, los activistas occidentales también utilizan las plataformas GAFAM para expresar sus preocupaciones, organizarse y disentir, pero la mayoría de los movimientos sociales han desarrollado simultáneamente una crítica social y política de estas plataformas, destacando el peligro que representa su poder cada vez más monopolístico sobre la información y la comunicación interpersonal, tanto para la privacidad personal y las libertades civiles como para el propio proceso democrático en general (Vaidhyanathan, 2012; 2018). Esta toma de conciencia y crítica han llevado a muchos de ellos a tratar de elaborar formas alternativas y no comerciales de informar y comunicar. Sin embargo, esos debates y esfuerzos son poco frecuentes en Cuba.

Debemos mencionar al respecto que el Estado cubano, que afirma promover un modelo económico y político «contrahegemónico» de sociedad, ha rechazado de plano la promoción de un modelo de sociedad alternativo, tecnológico o no propietario, *copyleft*. De hecho, Etecsa ha firmado un memorando de entendimiento con Google que llevaría a conectar las redes cubanas con las de Google en Estados Unidos, gracias a un cable submarino (Marsh, 2019). A pesar de la tradición de tecnología alternativa existente en la Isla y la existencia de talentosos programadores, capaces de programar sin utilizar Internet, el Estado cubano se ha desentendido de tales esfuerzos, a diferencia de las decisiones tomadas por el Estado chino, por ejemplo. Así, pues, Cuba se dirige cada vez más hacia la dependencia tecnológica respecto a Estados Unidos y las empresas estadounidenses, así como en relación con China —que ha desarrollado la mayor parte de la infraestructura actual de Internet en la Isla— y Rusia —tecnología de seguridad cibernética—, aun cuando proclama sus esfuerzos por asegurar la «soberanía tecnológica» de la isla (Prensa Latina, 2019).

Profesionalización de la crítica digital

La última parte de este capítulo se centra en la dinámica de la profesionalización de los usos intencionadamente críticos de la tecnología digital en la Cuba contemporánea. En efecto, desde 2014 se han creado en la Isla muchas nuevas plataformas de medios digitales independientes, gracias en parte a la reciente expansión del acceso a Internet, que ha sustituido en gran medida a la crítica social *online* que los blogs practicaban entre 2004 y 2014. Si bien esta tendencia ya era bastante marcada en la diáspora cubana durante la primera década del siglo XXI —gracias a la creación de blogs pioneros como *Penúltimos Días* y sitios de noticias digitales como *Café Fuerte*, *Diario de Cuba*, *CubaNet* y la renovación de *CubaEncuentro*—, el fenómeno surgió más tarde dentro de la propia Isla.

Las plataformas de noticias digitales de reciente aparición en Cuba funcionan de una manera algo diferente a los blogs; que solían ser generalmente muy críticos y a menudo se utilizaban para expresar la rebelión contra el Estado cubano y el orden social y político socialista (Hoffmann, 2012; Vicari, 2014). Así, abordaban una variedad limitada de asuntos derivados de las experiencias personales de sus autores y de su deseo subjetivo de afrontar aquellos temas que consideraban importantes. Por el contrario, las plataformas de noticias incipientes que aquí destaco tienen la ambición de ofrecer un servicio informativo profesional del mismo tipo que cualquier otro servicio de noticias del mundo, justificando a menudo su existencia con referencia al carácter moribundo y propagandístico del periodismo oficial cubano. Aunque algunos afirman explícitamente que quieren contribuir al cambio de régimen (*14ymedio*,[8] *Cubanet*), la mayoría de las nuevas plataformas de medios de comunicación independientes (*OnCuba*,[9] *Periodismo de Barrio*, *El Estornudo*, *El Toque*, *Cachivache Media*, *Play-Off*, *Postdata* y *Negolution*) se posicionan más bien como opciones de información alternativa frente a la prensa oficial. Sin embargo, cualquiera que sea su postura política particular —o la falta de ella—, todos ellos afirman tener como objetivo hacer periodismo profesional, trabajando de acuerdo con las normas profesionales del oficio sin responder a intereses políticos o económicos superiores —u ocultos—.[10] Además, sus

[8] «Uno de nuestros mayores retos es [...] llegar a los lectores cubanos dentro de la Isla y prepararnos para el día en que —con libertad y sin censura— nuestros compatriotas puedan leernos en la pantalla de su ordenador o comprar un ejemplar de nuestro periódico en el kiosco de cualquier esquina del país» (http://www.14ymedio.com/quienes-somos.html).

[9] *OnCuba* difiere de las otras plataformas por ser binacional, con base legal en Cuba y en Estados Unidos. Patrocinada directamente por intereses comerciales de Estados Unidos, incluye publicidad de empresas privadas nacionales operadas en Cuba. Aunque opera con las mismas credenciales de prensa que los medios extranjeros, la mayoría de sus empleados son ciudadanos cubanos que han estudiado periodismo en universidades cubanas (Anderson, 2015).

[10] Según declaran en su «Quienes somos», *14ymedio* se dedica a hacer «periodismo» sin concesiones a la influencia de los partidos, las ideologías y el mercado. *El Estornudo* se presenta como «una revista independiente de periodismo narrativo hecho en Cuba, fuera de Cuba, y sobre Cuba». Postdata hace periodismo de datos exclusivamente. Cfr. Paola Nalvarte (2016). *Play-Off* y *Negolution* son revistas digitales mensuales de actualidad que circulan en PDF e informan sobre deportes y negocios, respectivamente.

esfuerzos decididamente periodísticos han sido reconocidos por las asociaciones profesionales internacionales de medios de comunicación.[11]

Estas plataformas digitales independientes de reciente aparición definen por lo general el «profesionalismo» con tres criterios: el periodismo es un trabajo calificado, un servicio con fines comerciales definido por la ética. En primer lugar, estos periodistas independientes se Educaron, en su mayoría en las escuelas estatales de comunicación o periodismo de Cuba y tienden a destacar por sus aptitudes y capacidades profesionales (verificación de hechos, esquemas de comunicación innovadores, redes informáticas, redes sociales...), que les permiten producir información pertinente y hacerla llegar a la población a pesar de las limitaciones del sistema de Internet en Cuba (Pérez Cuello, 2016). Además, las plataformas de noticias independientes han invertido en diseño gráfico profesional y en presentación —a diferencia de los blogueros cubanos que solían tener a gala el favorecer un enfoque más amateur, subjetivo y emocional—, a fin de dar una imagen profesional acorde con los estándares del mundo capitalista.[12]

En segundo lugar, los nuevos «empresarios de la información» presentan su modelo de negocio basado en tres ejes: el patrocinio, el *crowdfunding* y la publicidad. Esto les permite diversificar sus fuentes de ingresos y liberarse —en la mayoría de los casos— lo mismo de las garras del Estado cubano como de los intereses del gobierno de Estados Unidos, ya que de este modo son menos propensos a ser objetivo de personas o industrias poderosas, que podrían tratar de influir en su línea editorial. Además, uno podría suponer que, en una sociedad abierta y más próspera, también podrían obtener ingresos a través de las suscripciones de los lectores. Ahora bien, el recurso de la publicidad puede crear una dependencia económica de ciertas empresas y este tipo de relación asimétrica no debe descuidarse en el futuro, en el proceso de evaluación del trabajo realizado por estos nuevos medios de comunicación. La dependencia de ciertos patrocinadores también puede dar lugar a presiones editoriales, aunque bajo un régimen autoritario, las subvenciones y los patrocinios suelen estar menos supeditados al seguimiento de una línea política concreta. Esta es la paradoja central a la que se enfrenta actualmente la nueva cosecha de proyectos

[11] Jorge Carrasco, de *El Estornudo*, recibió el premio de periodismo Gabriel García Márquez (https://premioggm.org, 29 de septiembre de 2017) y *Postdata* resultó finalista en los premios DataJournalism (https://awards.journalists.org/entries/postdata-club/).

[12] Véase la presentación de Elaine Díaz en LASA, New York, mayo de 2016. Asimismo, la presentación del de Postdata (https://awards.journalists.org/entries/postdata-club/.https://awards.journalists.org/entries/postdata-club/).

independientes de medios digitales en Cuba: aunque la mayoría no quiere estar asociada a ningún tipo de esfuerzo político, la propia existencia de medios no oficiales es considerada como un tipo de disidencia por agencias como la NED o la USAID, y por la mayoría de los demás patrocinadores activos o potenciales —un enfoque no muy diferente al empleado por el propio gobierno cubano.

En tercer lugar, esta nueva generación de periodistas digitales adopta un código de conducta bastante específico. Para ellos, en un contexto de medios cubanos tan sumamente polarizado, el periodismo debe hacerse de manera «seria y rigurosa»,[13] sin «vínculos partidistas ni ideológicos». El periodismo debe ser entendido como una actividad «responsable», no como una lucha por imponer la perspectiva de un grupo sobre la realidad. Por el contrario, muchos de los pioneros del nuevo periodismo digital independiente de Cuba consideran que su principal objetivo es la promoción de la diversidad y de un espacio abierto al debate. Aunque la mayoría de estos periodistas de nueva aparición no abordan directamente ni critican de manera explícita la perspectiva de Fidel Castro sobre el papel de los medios de comunicación como «creadores de verdad» al servicio de la Revolución (Santi, 1991), sí que continúan posicionándose como actores sociales críticos capaces de crear una opción de información alternativa en un mercado de medios de comunicación de nuevo cuño, cada vez más diverso, en el que ahora compiten con los periodistas oficiales, que a su vez necesitan ajustar sus propias prácticas periodísticas para hacer frente a estos retos.[14]

Así, los nuevos medios digitales independientes cubanos pertenecen claramente al segundo tipo de crítica de Boullier: trabajan cooperativamente (*14ymedio* es traducido por un equipo de voluntarios que se llama «Traduciendo Cuba», mientras que *El Toque* recibe con agrado las contribuciones de los lectores), se esfuerzan por promover formas más plurales de representar la realidad social (buscando historias no contadas y personas invisibles) y por mostrar la diversidad de la sociedad cubana. Dan voz a los que no la tienen e intentan dar visibilidad a las perspectivas populares

[13] Véase «Sobre nosotros» (https://eltoque.com/sobre-nosotros/) y la presentación del proyecto (https://awards.journalists.org/entries/postdata-club/).

[14] Para hacer frente a esta situación, las autoridades cubanas han creado sus propios sitios web oficiales (*Cubadebate*, nacido en 2003 y reformulado en 2009; y la enciclopedia en línea *Ecured* —un clon cerrado de Wikipedia— en 2010). Asimismo, han instado a los periodistas oficiales a crear sus propios blogs para dar la impresión de que los activistas revolucionarios están tan presentes y activos en línea para defender al gobierno cubano de sus críticos.

sobre la realidad (*Periodismo de Barrio*, *El Toque*), ofrecen perspectivas críticas sobre el orden social y político cubano e internacional (*14ymedio*, *El Estornudo*, *Postdata*), a la vez que promueven «lo excelente, lo exquisito, lo ejemplar» en Cuba (*OnCuba*), o el entretenimiento (*Cachivache Media*, *Play-Off*), en lugar de prestar siempre atención a lo que ha ido/va mal. En resumen, estos nuevos medios redescubren miles de tonos de gris para describir una realidad cubana que con frecuencia solo es descrita en blanco y negro por la prensa oficial cubana, por descontado, pero también por muchos de los principales medios de comunicación internacionales con sede fuera de la Isla.

Cabría esperar que esas voces independientes y alternativas buscaran también medios alternativos para transmitir su mensaje, y que su crítica del orden social y político «revolucionario» dominante les llevara también a criticar o a resistirse al funcionamiento del orden económico globalizado, especialmente tal como se manifiesta a través de las plataformas del GAFAM. Sin embargo, solo *Periodismo de Barrio* —que utiliza una licencia Creative Commons— parece haber emprendido una reflexión sobre cuestiones de poder vinculadas a Internet, los medios de comunicación social y sus herramientas tecnológicas pertinentes, que no se limita al poder que se desencadena con el uso crítico de esas herramientas para desafiar al gobierno cubano. Así, la mayoría de los sitios web lucha contra la censura y la represión con herramientas hegemónicas capitalistas, aparentemente sin cuestionar la ironía o la contradicción latente en el uso de estas herramientas.

Además, parece haber poco interés en el debate sobre las nuevas dinámicas de dominación que conlleva el capitalismo digital. La única excepción la constituye *Postdata*, la plataforma de noticias más reciente de Cuba, que aborda el problema de privacidad que plantea la base de datos de Etecsa, en gran parte accesible (Guerra, 2016). Por ejemplo, el último escándalo de *big data*, que consistió en recopilar información personal de 87 millones de usuarios de Facebook por parte de una empresa británica, Cambridge Analytica, con fines políticos, no tuvo cobertura alguna ni en *El Toque*, ni en *Periodismo de Barrio* ni en *El Estornudo*; *14ymedio* y *CubaNet* solo reprodujeron cables de agencias de prensa. *OnCuba* fue la única plataforma que dedicó mayor atención al tema.

Considero especialmente relevante señalar tal omisión, ya que Cambridge Analytica pretendía influir en la opinión de los votantes a favor de la posición política de aquellos que contrataron la empresa. Su propósito era manipular la información política durante unas elecciones, mientras que celebrar «elecciones libres y justas» es una de las reglas del juego cruciales de las democracias liberales contemporáneas; y algo totalmente inexistente en Cuba. Este asunto debería ser de mayor importancia para los nuevos medios de comunicación que, al ocuparse de cuestiones profesionales y esforzarse por crear un nuevo sector profesional de los medios de comunicación en la Isla, también se esfuerzan por transformar el periodismo para convertirlo en uno de los pilares de un nuevo orden futuro más democrático en su país.

Esta falta de cobertura del mencionado escándalo puede ser interpretada de tres maneras diferentes. En primer lugar, tal vez estos periodistas independientes no muestran especial preocupación por las cuestiones electorales en el mundo democrático, ya que prefieren centrarse en el un régimen autoritario que les afecta de particular, y sería legítimo que así fuera, especialmente dadas las condiciones cada vez más represivas en las que trabajan los periodistas. Con el nuevo Decreto-Ley 35, su trabajo de crítica social y política puede ser denunciado por «divulgación de noticias falsas» y «difamación con impacto en el prestigio del país», y ellos sometidos a procesos jurídicos sin amparo alguno, como lo estamos viendo con los manifestantes del 11J. No obstante, se podría esperar que esa posición se aclarara públicamente. Una segunda interpretación posible es que no consideraran la cuestión de la privacidad como una prioridad o que no se sientan afectados en sí por cuestiones como la de *big data*, ya que se enfrentan a otro tipo de restricciones en su actividad, vinculadas no tanto al desprecio de la ley por el mercado, sino al poder represivo del Estado. No obstante, como muestra el ejemplo chino, la recopilación de datos a gran escala no es una cuestión específica de las empresas privadas. También es utilizada por los Estados represivos, así como por otros en teoría menos represivos y democráticos, como instrumento para controlar el uso de Internet por parte del pueblo y vector de influencia en su comportamiento político. Una interpretación final de este silencio podría ser que los cubanos no son conscientes de los desafíos en liza dada su lucha diaria por el mero acceso a Internet y contra el control, la vigilancia y la censura del Estado.

Sea cual fuere la respuesta, se debe concluir que los nuevos medios de comunicación en Cuba no han desarrollado el tercer tipo de crítica teorizado por Boullier, que supone una reflexión sobre los medios tecnológicos utilizados para la transmisión de la crítica, por mucho que algunas personas y proyectos dispersos sí que parezcan estar interesados en algunas de estas cuestiones. Por tanto, tampoco se ha llegado a desarrollar el cuarto tipo de crítica, que se refiere a la producción de conocimiento y a las cuestiones más conflictivas que atañen a la *big data*. Aunque el proyecto *Postdata* sí que le presta atención a la cuestión de la privacidad y, por tanto, a los problemas inherentes a la recopilación y protección de datos, quizás ninguna de las nuevas plataformas pueda acceder fácilmente a las herramientas necesarias para procesar análisis de este tipo; con la salvedad del trabajo llevado a cabo por el proyecto *Inventario*, que pretende ser una interfaz entre los grandes conjuntos de datos digitales de difícil localización y de las *startups* independientes digitales de Cuba. Ningún otro proyecto parece haber dado prioridad a estos temas, ni siquiera ejercerciendo una crítica del funcionamiento de estos procesos y de su impacto en nuestras vidas.

Conclusiones

Cuando el acceso a Internet todavía estaba muy restringido en Cuba, los usos más contestatarios estaban sobrerrepresentados y se les daba una visibilidad excesiva en el extranjero. Esta situación allanó el camino para todo un campo de investigación académica sobre el impacto de los blogs y los nuevos medios de comunicación en la Isla, hasta entonces desconectada, sobre todo en lo que respecta a su potencial para contribuir a la democratización. La mayoría de los trabajos se centraron en la primera categoría de la crítica de Boullier; es decir, en los activistas que denunciaban el orden social y político en Cuba y se esforzaban por difundir su propia perspectiva, hasta entonces negada o desatendida.

Sin embargo, esta categoría de crítica no es la más extendida en Cuba. En efecto, la liberalización gradual del acceso a Internet ha potenciado más bien las actividades económicas informales vinculadas a las nuevas tecnologías de la información y la comunicación, y ha dado lugar a la profesionalización de algunas de las voces más polémicas de los jóvenes periodistas educados por el Estado mediante la aparición de nuevas plataformas de medios de comunicación alternativos. Estos dos tipos de nuevas iniciativas empresariales digitales son pertinentes para el estudio, ya que pueden entenderse como un crecimiento de los usos más ordinarios, no explícitamente políticos, de Internet. Al mismo tiempo, dadas las limitaciones específicas que atañen al uso de Internet en Cuba, estos usos innovadores de la tecnología digital deben entenderse como una especie de crítica social según la teoría del sociólogo Dominique Boullier. En efecto, aunque estos empresarios no siempre puedan considerarse como activistas, sus actividades contribuyen al cambio social en la Isla, ya que permiten una creciente visibilidad de la diversificación social, económica, cultural y política de la realidad cubana. También socializan a sus lectores en la existencia de una amplia variedad de «miradas» alternativas y críticas sobre esa realidad, a las que hay que responder directa o indirectamente en los medios de comunicación oficiales.

Así, la situación de Cuba ofrece una sorprendente paradoja: el Estado Goliat, que a menudo es presentado como omnividente, omnisciente y omnipotente, no está equipado con los instrumentos políticos ni tecnológicos para frenar su creciente dependencia de la tecnología de las empresas GAFAM con sede en Estados Unidos. Al mismo tiempo, los múltiples actores sociales como David, que generan la crítica social, se benefician activamente de la penetración de dichas multinacionales en la Isla. Goliat se está volviendo obsoleto como árbitro principal de los medios de comunicación, mientras que David está facultado para ser cada vez más creíble y más solvente. Sin embargo, David no parece ser consciente de su similar dependencia tecnológica y vulnerabilidad ante el otro Goliat, las empresas GAFAM, que están al acecho, a punto de asaltar las puertas. Por mucho que David esté acostumbrado a luchar contra el Estado cubano, ahora tendrá que navegar con precaución o luchar contra una hidra bicéfala: el mismísimo Estado cubano y los oligopolios de Internet, cuyas limitaciones tanto en los usos ordinarios de la tecnología digital como en los usos profesionales de los medios de comunicación aparecen cada vez más acentuadas (Smyrnaios, 2018).

PERIODISMO

7

DE *GENERACIÓN Y* A *14YMEDIO*: MÁS ALLÁ DEL BLOG EN LA FRONTERA DIGITAL DE CUBA

(Ted A. Henken)

(Estados Unidos, 1971). Doctor en Estudios Latinoamericanos por la Universidad de Tulane (New Orleans, 2002). Actualmente es profesor asociado de Sociología y Estudios Latinoamericanos en Baruch College, City University of New York (CUNY). Expresidente de la Asociación para el Estudio de la Economía Cubana (ASCE, 2012-2014). Coautor con Archibald Ritter de *Cuba Empresarial. Emprendedores ante una cambiante política pública* y de *Cuba in Focus* con Miriam Celaya y Dimas Castellanos. Destacado especialista en el Internet cubano, ha escrito varios artículos sobre este tema. Asimismo, es también autor de «Freedom on the Net», informe anual de Freedom House sobre el estado de Internet en Cuba.

En abril de 2007, una emigrante cubana —hasta entonces casi desconocida— llamada Yoani Sánchez, quien había regresado a La Habana en 2004, después del frustrado intento de comenzar una nueva vida en Zurich, lanzó el blog *Generación Y*. Enseguida se convertiría en el blog más leído e influyente de los siete años siguientes; durante el fugaz pero fecundo apogeo de la llamada «blogosfera cubana» (2007-2014). Durante ese tiempo, Sánchez fue admirada por los críticos del régimen y vilipendiada por los seguidores del Gobierno en igual medida gracias al flujo continuo de publicaciones breves, ricamente narradas, entradas sobre el día a día que relataban lo que para ella —y su «generación epónima»— eran las innumerables promesas incumplidas y las infinitas indignidades cotidianas de la vida bajo la siempre triunfante bandera de la Revolución cubana (Peters, 2007).

En vez de revisitar el ascenso de Sánchez y *Generación Y*, ampliamente documentado por muchos periodistas (Israel, 2007; WSJ, 2007; Vicent, 2008; Schmidt-Häuer, 2008; McKinley, 2008), este capítulo persigue destacar algunas de las menos conocidas —pero tal vez más reveladoras— lecciones; ocultas detrás del éxito rotundo de Sánchez como bloguera que allanaron el camino para su proyecto actual, *14ymedio*, al revelar un patrón de «convergencia», seguido más tarde por otros pioneros de los medios independientes en la Isla. Una distinción importante en este patrón es que, si bien pasó poco a poco del blogueo al periodismo independiente, muchos otros que se graduaron de periodismo en universidades cubanas pasaron del periodismo oficial al independiente. Es decir, su camino fue abrazar el periodismo de una manera cada vez más profesional; mientras que el de los otros ha sido abrazar la independencia para poder desarrollarse como periodistas, dejando atrás los medios oficiales y sus restricciones. Lo más notable durante sus años de «auge» (2007-2010) fue la celebración y la adhesión de Sánchez al «periodismo ciudadano» y los blogs como vehículos por excelencia para decir la verdad al poder en un contexto político autoritario, donde los medios de comunicación son un monopolio legal del Estado.

Sin embargo, a pesar de la popularidad inicial de su bitácora personal —o quizás por eso—, en 2014 Sánchez abandonó el formato de blog como plataforma mediática principal, a cambio de un proyecto de medios independientes más grande y mucho más ambicioso: *14ymedio*. Al tratarse de un periódico digital con objetivos mucho más allá del alcance y del tono personal, anecdótico y necesariamente subjetivo de un blog, este ha tratado de producir a diario información creíble y reportajes para un público cubano hambriento de investigación, responsabilidad y confrontación. Un periodismo que también sea responsable a nivel profesional. Su equipo ha tratado de lograr este objetivo periodístico en un contexto donde «las noticias» producidas por la prensa oficial se han convertido en sinónimo de propaganda estatal y donde «la mayoría de los artículos en los medios independientes eran más opiniones y alegaciones que información verificada» (Henken, 2017). O sea, de la forma como se ha practicado en Cuba, tanto la larga tradición del periodismo independiente *offline* como su nueva variante, el «periodismo ciudadano digital», han sido más una pasión que una profesión, llevando consigo los costos y beneficios relativos a cualquier proyecto guiado por las pasiones.

Por último, y más recientemente:

> *ahora que el periodismo independiente ha logrado todo lo anterior [...] los nuevos medios [como* Tremenda Nota *y* YucaByte*] pueden permitirse el lujo de enfocarse en temas y audiencias muy específicas (también conocidos como «periodismo especializado»), y eso está mejorando la profundidad de las historias y dando forma a una cobertura de ritmo intenso (Maseda, 2019).*[1]

Pero abarcar las tres olas va más allá del alcance de este capítulo. Por tanto, me concentro solo en las transformaciones del proyecto de medios independientes de Sánchez entre su regreso a La Habana en 2004 y el 21 de mayo de 2019 —fecha del quinto aniversario de la fundación de *14ymedio*—, con énfasis en sus innovaciones en 2014-2019, que han llevado al diario digital «más allá del blog».

Génesis de *Generación Y*

Consenso (2004-2007)

Aunque Sánchez y *Generación Y* se han hecho muy famosos internacionalmente desde que ganaran el premio de periodismo español Ortega y

[1] Entrevista con la periodista cubana Bárbara Maseda, directora de *Inventario*, 20 de mayo de 2019.

Gasset, y fuera nombrada una de las 100 personas más influyentes según la revista *Time* en mayo de 2008, su blog maduró en la revista digital *Consenso*, un proyecto de medios mucho más colaborativo, lanzado en diciembre de 2004. Alojado en el sitio desdecuba.com, *Consenso* fue administrado de forma colaborativa por Marta Cortizas, Eugenio Leal, Yoani Sánchez, Reinaldo Escobar, Miriam Celaya y Dimas Castellanos.

Desde su fundación, se vio a sí mismo como un portal web para el desarrollo del periodismo ciudadano, visibilizando opiniones que no se encontraban en los medios oficiales de Cuba ni en ninguna otra publicación «condicionada por requisitos políticos». Este magazín en línea o *ezine* también buscaba de forma consciente mantener un tono moderado y progresista, distinguiéndose de las voces de línea dura de todas las tendencias. De hecho, en su encabezado declaraba: «Un espacio de reflexión y debate para el pensamiento progresista cubano». Así, en su editorial inaugural de diciembre de 2004, *Consenso* pidió un tono pluralista, respetuoso y serio, rechazando el uso de insultos y ataques personales tan comunes a la cultura política de Cuba. Su lema era: «Unámonos con respeto a nuestras diferencias», e hizo un llamado a los cubanos de todas las posiciones políticas —y en todos los lugares— a renunciar a la violencia verbal y comenzar a aprender a debatir con el otro desde la civilidad.

En julio de 2008, durante una entrevista concedida en su casa de La Habana, Sánchez explicó la especial importancia del periodismo ciudadano en el contexto cubano, donde el Estado monopoliza los medios de comunicación, siempre usa el «nosotros» real, presumiendo que habla en nombre del pueblo cubano como súbditos, en lugar de dialogar, de dirigirse a ellos como ciudadanos. «El periodismo ciudadano está sacudiendo los cimientos del periodismo tradicional», observó Sánchez. Para ella, los periodistas ciudadanos son personas que no son profesionales de los medios de comunicación, pero que viven en los lugares donde «las noticias» están ocurriendo. Gracias a la creciente ubicuidad de los teléfonos móviles y de las tecnologías de las medios sociales, estos «exmiembros de la audiencia» renegados (Rosen, 2012) no tienen que esperar a que aparezcan los «profesionales», sino que pueden escribir, filmar, grabar y fotografiar la realidad que los rodea, transformándose de receptores inactivos de información en sus transmisores. «Eso», declaró Sánchez, «es un duro golpe para la cultura de masificación en Cuba».

Consenso publicó su último número en diciembre de 2007, momento en el que se modificaron su nombre y su formato. Ahora llamado *Contodos*, el recientemente bautizado *webmag* se parecía cada vez más a un formato de blog y, de hecho, ya había comenzado a alojar un número creciente de bitácoras individuales durante 2007, incluyendo el de la propia Sánchez. En junio de 2009, *Contodos* fue descontinuado al ser transformado una vez más *DesdeCuba*. En su declaración, titulada «Continuamos evolucionando», publicada el 22 de junio, el consejo editorial describió la transformación en curso de su proyecto de medios:

> *Definitivamente hemos adoptado el periodismo ciudadano como nuestro enfoque, que se basa básicamente en un portal compuesto por blogs. El concepto tradicional de una revista, con una frecuencia fija de números, una línea editorial de arriba hacia abajo y diferentes secciones temáticas, no encaja ni con nuestros objetivos ni con nuestras limitaciones.*

Por supuesto, la ironía aquí es que justo ese fue el tipo de enfoque periodístico «tradicional» que Sánchez adoptaría como formato, en 2014, para su diario digital *14ymedio*.

Polémica intelectual: la gota que colmó la copa

La chispa que llevó a Sánchez a comenzar a bloguear en abril de 2007 fue la polémica intelectual de enero y febrero de ese año. Quizá el hecho más destacado sobre este debate intelectual fue que tuvo lugar casi completamente en el entorno virtual, a través de una larga serie de cadenas de correos electrónicos circulados entre artistas e intelectuales cubanos. La propia Sánchez participó en esta «guerrita emaílica», pero se quedó sin aliento tras sentir el sabor amargo de otra oportunidad perdida al ser excluida del debate. Eso llevó directo a la aparición de su blog dos meses después.

En enero de 2007 varios artistas e intelectuales cubanos se alarmaron cuando tres de los comisarios culturales más infames de principios de la década de 1970, Luis Pavón Tamayo, Jorge «Papito» Serguera y Armando Quesada, aparecieron en cadena en entrevistas de carácter retrospectivo y festivo en la televisión estatal de Cuba. Dado que estas figuras eran notorias entre la intelectualidad cubana por haber diseñado e implementado las políticas culturales represivas de los años 70, muchos vieron en su reivindicación pública un intento insultante de reescribir la historia, ignorando deliberadamente la profunda cicatriz que sus políticas dogmáticas y estalinistas habían dejado en la cultura cubana. Sin embargo, dado que estos intelectuales indignados carecían de cualquier institución independiente o presencia en los medios oficiales donde pudieran exigir una explicación, recurrieron casi por instintivo a Internet para expresar su irritación, comenzando un debate sin precedentes sobre las políticas culturales represivas de la década de 1970: el llamado Quinquenio Gris.

La joven Sánchez —tenía solo 31 años en ese momento— se unió al debate colocando el punto incisivo en el hecho de que se llevara a cabo por correo electrónico, por lo cual la gran mayoría de los cubanos no podía participar; ya fuera por no pertenecer a la institución adecuada (que proporcionó a los miembros una codiciada dirección de correo electrónico @ cubarte.cult.cu) o carecer de fondos para pagar los precios prohibitivos de acceso a Internet en Cuba.

> *Si el camino de los «emilios»* [emails] *es el paso más largo con el que pueden contar los intelectuales cubanos para llevar a cabo un debate abierto, eso en sí mismo demuestra que tienen prohibido usar otros medios de comunicación. ¿Cómo pueden [los intelectuales] ser la conciencia crítica de una nación si apenas pueden compartir sus opiniones con sus conciudadanos? (Sánchez)*[2]

El debate, que había comenzado de manera tan espontánea, de base y de gran alcance, la dejó exasperada pues la discusión fue cooptada por el oficialismo, justo cuando estaba ganando impulso y comenzando a ir más allá de un ámbito estrictamente cultural. De hecho, un punto de inflexión llegó cuando ella intentó, sin éxito, acceder a la conferencia «pública»: «El Quinquenio Gris: Revisitando el término», celebrada el 30 de enero de 2007 en Casa de las Américas, una de las principales instituciones culturales del país. Joven y no afiliada a ninguna entidad cultural, ella y un grupo de intelectuales noveles se vieron excluidos, abandonados en el frío durante cinco horas mientras exigían que los dejaran entrar y coreaban: «Desiderio, Desiderio, oye mi criterio».[3]

Como respuesta, en su último mensaje de correo electrónico al grupo de discusión, el 15 de febrero de 2007, Sánchez insinuó su intención, después malograda, de continuar el debate: «La hora se acerca rápidamente para que hagamos nuestro propio espacio de debate y reflexión sin esperar que nos

---

[2] Esta cita es de una compilación de todos los correos electrónicos que formaron parte de la llamada «polémica intelectual», publicado en Internet por el equipo Desde Cuba. (Ya no está disponible *online*.)

[3] El intelectual cubano Desiderio Navarro fue el organizador extraoficial de esta y otras reuniones, así como de las publicaciones posteriores relacionadas con la polémica. Cfr. Navarro (2008) y R. Escobar (2007) para más análisis sobre esos eventos.

incluyan en la lista de invitados». Su intención era llevar este y otros debates necesarios hacia un espacio (ciber) usando un medio (el blog) que los comisarios culturales de la vieja guardia de Cuba tuvieran una capacidad limitada de control. «MUCHOS MÁS DEBATES AÚN NOS ESPERAN —finalizaba su declaración en mayúsculas— Y YA NO CONTINUAREMOS ESPERANDO QUE NOS INVITEN A PARTICIPAR» (Y. Sánchez, 2007).

Del ciberespacio al espacio público: evolución de *Generación Y* (2007-2014)

Del temor a la catarsis

Desde su lanzamiento en abril de 2007, *Generación Y* ha experimentado una transformación constante en una interacción dinámica con sus numerosos lectores, colaboradores y críticos. Sintiéndose sofocada por el miedo orwelliano de hacer públicos sus pensamientos internos, Sánchez concibió su blog en los inicios como un esfuerzo modesto por lo que llamó una «catarsis individual» y «un ejercicio de cobardía», donde podía decir *online* aquello que no era lo suficientemente valiente —o estúpido— como para decir en público. Se propuso librarse de su miedo escribiendo justo sobre lo que la paralizaba más. «Mi blog es una especie de exorcismo personal», explicó Sánchez en nuestra entrevista de 2008, «donde expongo mis muchos demonios acumulados: inacción, apatía, insatisfacción, frustraciones y, sobre todo, preguntas».

De hecho, uno de los elementos definitorios de *Generación Y* es su constante cuestionamiento de la realidad: un interrogatorio público del mundo en el que ella y su generación han alcanzado la mayoría de edad. Orgullosamente parcial, Sánchez afirmó en ese momento que «carecía de la objetividad de un analista, las herramientas de una periodista y la justa medida de un académico»; una admisión significativa para alguien que luego aspiraría a ser periodista y punto. Sin embargo, celebró este enfoque en ese momento como la esencia misma del periodismo ciudadano: «Mis textos son impetuosos y subjetivos. [...] Cometo el sacrilegio de usar la primera persona del singular y mis lectores han entendido que solo hablo de lo que he vivido». Quizás la característica más singular de *Generación Y*, que la distingue de inmediato del puñado de otros blogs independientes y críticos que existían en ese momento, fue su negativa a esconderse detrás de un seudónimo. En un contexto de polarización y paranoia, el hecho de que esta joven más o menos desconocida hiciera declaraciones tan críticas mientras mostraba su rostro y daba su nombre real, provocó admiración y sospecha por parte de sus lectores, así como el eventual bloqueo del acceso a su blog por servidores controlados por el Estado cubano.

«La censura de lo herético desde Roma a La Habana». Esta ilustración fue hecha como una reacción directa a la censura del blog Generación Y *por el gobierno cubano en 2008. © Lázaro Saavedra,* GALERÍA I-MEIL *(2008-2009).*

Retroalimentación de los lectores, reconocimiento internacional y «la red ciudadana»

Durante una segunda etapa del desarrollo de *Generación Y*, Sánchez comenzó a reaccionar directamente a los comentarios de los lectores cuando se dio cuenta de que su ejercicio de catarsis personal se había transformado en un diálogo transnacional sobre Cuba con lectores que podían identificarse con el mundo que describía. Además, durante este tiempo, una serie de destacados medios de comunicación extranjeros comenzaron a visibilizar perfiles de Internet y blogs de Cuba, todos ellos destacando su audacia e ingenio únicos (*Reuters*, *The Wall Street Journal*, *El País*, *Die Zeit* y *The New York Times*). Significativamente, el creciente perfil internacional del blog, junto a la simpatía de muchos de sus lectores, con el paso del tiempo condujeron al desarrollo de una red ciudadana de comentaristas, partidarios y colaboradores internacionales que comenzaron a ayudar a Sánchez en el crecimiento de la comunidad independiente de blogueros cubanos, administrando sus blogs de forma remota y traduciendo sus publicaciones a varios idiomas.

Otra estrategia que Sánchez y sus colegas implementaron por primera vez en el verano de 2008 —que anticiparía a la muy popular red de distribución de entretenimiento digital conocida como el paquete— fue copiar todo su blog en un minidisco y distribuirlo de mano en mano dentro de Cuba, horadando el «bloqueo de información» del Gobierno dentro de la Isla. Si bien su estrategia de red ciudadana le permitió superar el obstáculo de la falta de acceso a Internet para llegar a sus lectores fuera de Cuba, esta estrategia del minidisco tenía como objetivo garantizar que sus lectores dentro de la Isla pudieran acceder a sus textos, a pesar de que su blog estuviera censurado. Como felizmente declarara en nuestra entrevista de 2008: «¡No hay nada más atractivo para mí que lo que ha sido declarado fuera de los límites!»

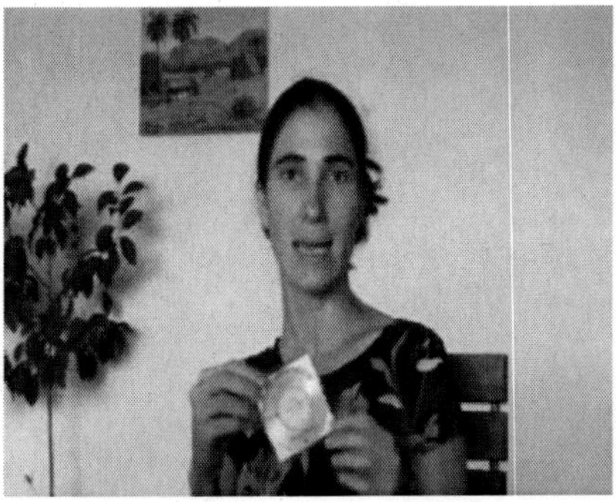

Captura de una grabación de video de la entrevista de Ted Henken a Yoani Sánchez, La Habana, julio de 2008.

Del ciberespacio al espacio público

La publicación de Sánchez, «Red ciudadana», señala el hecho inesperado de que «lo que comenzó como un impulso individual se está convirtiendo en un lugar de encuentro para la discusión y el debate». Sin embargo, resultó que esto no solo era cierto en el sentido de que su blog se había convertido en un lugar de reunión para muchos lectores y comentaristas, sino que por, primera vez, ella y sus colegas también comenzaron a interesarse por las preocupaciones que abordaba en el blog, en el espacio público de las calles, oficinas gubernamentales y salas de conferencias de La Habana. La primera ocasión en que esto ocurrió fue a finales de agosto de 2008, cuando Sánchez y varios de sus amigos encabezaron una protesta pública contra el arresto de Gorki Águila, un roquero punk cubano y cantante principal del grupo Porno para Ricardo. Su protesta parece haber influido en la decisión del Gobierno de liberarlo después de solo unos días de arresto; hecho que Sánchez relató en cinco publicaciones sucesivas, que culminó en su texto del 31 de agosto, «Breve crónica de una victoria».

Envalentonada, Sánchez y sus colegas blogueros continuaron participando en estos episodios de guerrilla de teatro callejero en el futuro; ahora a menudo armados con *flip-cams* o celulares listos para YouTube que podían convertir mensajes SMS locales en una transmisión global vía Twitter, transformando su blog en un medio para transmitir audaces desafíos al poder estatal, por lo general seguido de embarazosos episodios de represión policial.[4] Quizá el uso más provocativo que dio a su blog como plataforma para visibilizar represiones y restricciones a las libertades cívicas y políticas fue en octubre de 2009, cuando a varios de sus colegas se les negó el acceso a un debate de Último Jueves sobre Internet en Cuba, organizado por la revista *Temas* en el café Fresa y Chocolate, del ICAIC. Previendo que también podrían negarle la entrada al evento, supuestamente abierto, Sánchez pasó desapercibida ante los agentes de seguridad disfrazada con una falda ajustada, medias de seda y una peluca rubia —lejos de su estilo habitual de «madre tierra»—. Su desafiante declaración sobre las restricciones de Internet en Cuba fue capturada en una grabación por un camarógrafo amigable y luego publicada en su blog («Con peluca y sin Internet» y «Puertas cerradas», 30 de octubre).[5]

Cada uno de los episodios comparte tres características clave e innovadoras que agregaron una dimensión atrevida y «extra-virtual» al blog de Sánchez. Primero, cada episodio involucraba una acción pública; es decir, incluía a un ciudadano cubano —casi siempre acompañada por uno o más de sus compañeros blogueros independientes—, hablando «fuera de lugar»

---

[4] Entre los usos más notables de esta estrategia se incluyen: un video suyo de cuando las autoridades de inmigración cubanas le negaron el permiso de salida para viajar a New York a recibir el premio de periodismo digital Maria Moors Cabot de la Universidad de Columbia («Lecciones de biología» y «Cantando los cuarenta»); su desafío público a la hija del entonces presidente Raúl Castro, Mariela Castro Espín («Breve encuentro con Mariela» y «Gallina engreída»); la presentación no autorizada del libro *Boring Home* del escritor cubano Orlando Luis Pardo Lazo en la Feria del Libro de La Habana 2009 («Boring Home» y «1971-2009: Milenio gris»); su participación en la obra de la artista cubana Tania Bruguera, *Un minuto de silencio*, en la Bienal de La Habana de 2009 («Y nos dieron los micrófonos ...» y «Actuación completada»); y una filmación suya y de Reinaldo Escobar en el cibercafé del Hotel Meliá Cohíba para impugnar las restricciones contra los ciudadanos cubanos que utilizaban las conexiones web del hotel («En el Meliá Cohíba»).

[5] https://www.youtube.com/watch?v=IVHZIVE3dGE.

en un espacio público. Segundo, cada episodio fue ocasión para decir su «verdad al poder»; es decir, invirtió las típicas relaciones de poder autoritarias y verticalistas entre los ciudadanos cubanos y los funcionarios del Gobierno. A diferencia de un comandante en jefe que da órdenes para que sus súbditos —o soldados— le sigan obedientemente, todos estos episodios involucran a ciudadanos que insisten en ser escuchados como iguales y exigen que sus preguntas y preocupaciones sean abordadas por aquellos funcionarios que en teoría representan sus intereses. Tercero, cada episodio de toma de espacio público se convirtió con rapidez en parte del ciberespacio, ya que fue grabado —a veces subrepticiamente— y publicado en su blog a través de YouTube, transformándolo así en un incidente internacional donde todo el mundo miraba.

14ymedio: de una aventura personal a un proyecto colectivo (2014-2019)

> *No haremos periodismo de barricada, sino periodismo en el sentido más amplio de la palabra, sin ínfulas pedagógicas ni concesiones mercantiles. Informar, opinar, abrir espacio al debate, respetar al que piensa diferente, nos ayudará a armonizar la libertad de expresión con la responsabilidad ciudadana* (*14ymedio*, 2014).

Hasta esa fecha, la transformación evolutiva en la trayectoria del medio independiente de Sánchez (*Consenso* y *Contodos*), que fue de «desconocido» a «disidente digital», «periodista ciudadano» y bloguera de renombre internacional (*Generación Y* y *Voces Cubanas*), hasta periodista y editora profesional (*14ymedio*), comenzó con un largo período de estrategias —en casa— y viajes —al extranjero— en 2013 y principios de 2014. En otras palabras, pasó de tener un blog a tener un negocio; de ser una bloguera a convertirse en periodista y directora de un medio; de depender de la «red ciudadana» de voluntarios —un *webmaster* no remunerado y muchos traductores que hacen una versión digital del «trabajo voluntario» promovido por el Che Guevara, basado en la solidaridad (Henken y Porter, 2016), hasta la gestión de un grupo de empleados— a reporteros, columnistas, fotógrafos, editores, *webmasters*, inversores, socios comerciales, abogados, etc., según criterios profesionales y remuneraciones contractuales.

Ella también tuvo que descubrir cómo pasar de vivir de las ganancias de los premios a desarrollar un modelo de negocio sostenible, basado en un flujo confiable de ingresos. Además, todas estas tareas tenían que llevarse a cabo en el mismo momento en que el periodismo tradicional impreso experimentaba una crisis existencial sin precedentes, desatada por la revolución digital, incluidos los blogs. Afortunadamente, en esta transformación se benefició de las lecciones aprendidas durante sus roles anteriores como *webmaster* de *Consenso*, coeditora de *Contodos* y coordinadora de *Voces Cubanas*, junto con los muchos otros esfuerzos colectivos de medios digitales del «periodismo ciudadano» que había emprendido entre la apertura de *Generación Y* en abril de 2007 y el inicio de *14ymedio* en mayo de 2014.

La vuelta al mundo en 100 días

Dado que Sánchez se había convertido en la bloguera cubana más conocida a nivel internacional desde 2007 —en parte porque el gobierno cubano le impidió salir 20 veces entre 2008-2013—, la renovación de su pasaporte cubano a finales de enero de 2013 y la salida prevista para Brasil el 17 de febrero, para comenzar una gira mundial de tres meses y medio por 13 países fueron la prueba más destacada de la actualización de la ley de migración en Cuba que eliminó el tan odiado permiso de salida. ¿Le permitiría viajar el Gobierno? ¿Se le permitiría regresar? ¿Sería castigada a su regreso por usar el púlpito amenazador en el extranjero para destruir el régimen (A.-M. García, 2013; Cave, 2013; Franks, 2013; Forero, 2013)? Quizás lo más importante, ¿qué nuevo proyecto lanzaría en casa después de que toda la atención de los medios que recibió en el extranjero se desvaneciera (Haven y Orsi, 2013)? Si bien el hecho de que a ella y a muchos otros críticos prominentes del régimen se les permitió viajar al extranjero en los meses posteriores demostró que realmente estaban ocurriendo cambios en Cuba, también sirvió como reconocimiento y reivindicación de su activismo digital desde su regreso al país en 2004. Existían pruebas de que esa crítica posibilitada por las redes sociales —en este caso, bloguear y tuitear— había roto, en efecto, el monopolio mediático del Estado y fomentado el ejercicio de un importante derecho civil (Lugo, 2013; Kitroeff, 2013).

Sánchez, por cierto, aprovechó al máximo el nuevo espacio cedido por el Gobierno durante sus 100 días en el extranjero, dando literalmente cientos de entrevistas a los medios y charlas públicas en todas partes, desde Praga a Perú; España a Suiza; desde el parlamento brasileño a la Casa Blanca, pasando por el Congreso de Estados Unidos; y desde la ciudad de New York hasta la capital simbólica de la diáspora cubana, Miami. Sin embargo, como compartió en varias entrevistas, luego de su charla del 14 de marzo en la Escuela de Posgrado de Periodismo de la Universidad de Columbia con la periodista Mirta Ojito, (Planas, 2013; Lugo, 2013; Eaton, 2013), tal vez lo que hizo fuera del foco de atención con un grupo de nuevos socios comerciales en España y Miami fue el legado duradero de su viaje histórico «alrededor del mundo en esos cien días»: establecer las bases logísticas, tecnológicas y financieras de lo que se convertiría en *14ymedio* un año después.

En octubre de 2013, durante su segundo viaje al extranjero, Sánchez pudo visitar Silicon Valley por primera vez y regresar a la Universidad de Columbia, donde finalmente consiguió asistir a la ceremonia de entrega del Premio Cabot —cuatro años después de haber sido la primera bloguera en ganar la Mención Especial del galardón en 2009—. Mientras estuvo en New York, dio una charla titulada «Disenso desconectado» en la Google Ideas Summit. En sus comentarios, enfatizó lo que se podía lograr cuando la creatividad ilimitada del pueblo cubano se combinaba con el poder y el alcance casi ilimitados de la tecnología digital. Comparando unidades USB y mensajes de texto *offline* con el plátano, un alimento culinario cubano, dijo que, si bien este último había sido reutilizado en las cocinas cubanas en tiempos de escasez para sustituir la carne molida, aquellos habían sido reinventados por isleños ingeniosos para proporcionar «Internet sin Internet». Por último, aunque celebró el hecho de que la tecnología digital le había permitido a ella y a otros cubanos que trabajaban al margen del Gobierno «abrir una ventana» de información y comunicación entre sí y con el mundo exterior, «no nos conformaremos con una ventana ¡Queremos abrir la puerta! (Y. Sánchez, 2013).

Del «objeto informativo» al «sujeto informativo»

Si el uso de unidades de memoria USB como remplazo del acceso a Internet y mensajes de texto como sustituto de Twitter fue la forma en que Sánchez ilustró cómo el ingenio cubano estaba «abriendo una ventana» contra el monopolio de medios impuesto por el Estado cubano, el mundo pronto vería lo que ella quería decir con «abrir la puerta». Poco más de seis meses después, el 21 de mayo de 2014, los cubanos se despertaron con la aparición de *14ymedio*, un periódico independiente que lleva el nombre del piso donde está el apartamento que Sánchez comparte con su pareja, Reinaldo Escobar, y que es la sede del medio, y el año de su creación. Dado que se había construido conscientemente como un esfuerzo colectivo que se movería «más allá del blog», utilizando el amplio seguimiento que Sánchez había atraído durante los siete años anteriores en *Generación Y*, el nombre de la nueva empresa vinculaba de modo explícito la «y», su marca individual, con la idea de una empresa de medios que era algo más que un blog personal. *14ymedio* significa literalmente el nombre alfanumérico pegadizo estaba impregnado de un doble sentido deliberado, con la «mitad» que significa «algo más» y «los medios de comunicación» (Pham, 2014). Desde su fundación, *14ymedio* se ha convertido en la organización independiente de recopilación de noticias más prominente y profesional de la Isla. También ha desafiado las expectativas de los críticos de que existiría solo para denunciar al gobierno cubano o como un proyecto de vanidad utilizado para dirigir la fama y el dinero en beneficio de Sánchez (Henken, 2017).

Luego del lanzamiento y la puesta en marcha digital de mayo de 2014, Sánchez eligió deliberadamente dejar de ser ella misma la historia y comenzar a contar las historias. Si bien innumerables artículos que cubren el inesperado ascenso de la Yoani Sánchez bloguera aparecieron entre 2007 y 2014, se ha negado después de eso a dar nuevas entrevistas sobre su persona: «preferiríamos ser un sujeto informativo que un objeto informativo». Es decir, Sánchez la cosecha de la notoriedad, los premios en metálico, la credibilidad y la audiencia que había llegado a disfrutar gracias a *Generación Y*, al final de su «gira mundial» de 2013, la replantaba ahora como la base de *14ymedio*.

Al igual que con muchos otros proyectos de medios digitales independientes cubanos posteriores a *14ymedio*, este enfrentó una serie de desafíos durante sus primeros cinco años de existencia. Los dos más importantes han sido llegar a los lectores cubanos dentro de Cuba a través de una publicación solo digital en un contexto en el que la penetración de Internet es en extremo baja, altos costos de acceso —¿por qué lanzar una publicación *online* para llegar a un público que vive en una isla *offline*?— y mantener su independencia periodística mientras logran una sostenibilidad financiera. El último tema es muy importante debido a las sospechas sobre las fuentes de financiamiento para proyectos independientes en Cuba, junto con la crisis financiera que afecta al periodismo tradicional impreso a nivel mundial. De hecho, Sánchez y Escobar rechazan abiertamente lo que llaman «periodismo de barricada» y se niegan a «producir un periodismo de extremos». En una entrevista realizada en 2015, después de haber estado operando durante casi un año, insistieron en que «es mejor llegar tarde con información confiable que obtener una primicia que carece de veracidad», ya que su objetivo es «informar a los futuros electores de Cuba de manera transparente y responsable, por medio de la construcción de una reputación periodística basadas en la «objetividad y confiabilidad».

Sánchez y Escobar son muy conscientes de su necesidad de mantenerse independientes tanto de las «concesiones al mercado» como de los sesgos ideológicos. «Estamos comprometidos con la verdad y con la independencia», argumentan e insisten en que «no nos alineamos con ninguna ideología o interés político». En un esfuerzo por mantener altos estándares periodísticos en un país donde el periodismo oficial es poco más que mera propaganda estatal y la prensa disidente sufre la tradición de sobreponer la pasión al profesionalismo, ven que su tarea es «informar, compartir opiniones, abrir espacios para el debate y respetar a quienes piensan de manera diferente, [con el objetivo de] armonizar [los valores de] la libertad de expresión con [nuestra] responsabilidad como ciudadanos».

Relacionado con los desafíos de acceso, independencia y sostenibilidad financiera está el tema de apelar a los diversos intereses del público cubano, al tiempo que se establece una fuente de noticias de mentalidad crítica, creíble y profesional para una población que ya está saturada de propaganda política presentada como noticia. De hecho, aunque siempre critica a los medios oficiales nacionales, Sánchez también ha señalado su deseo de usar *14ymedio* como vehículo para lanzar un nuevo tipo de periodismo en Cuba, «uno basado en hechos y cifras» que cree una «tercera vía» entre la pasión de la prensa disidente y la propaganda que define a los medios oficiales (M. Fernández, 2015; Higuera, 2016).

Finalmente, está el doble aspecto siempre presente de la censura continua del contenido de *14ymedio* —a través del bloqueo del Gobierno a su sitio web desde Cuba— y la represión sistemática, el acoso y la detención ocasional de sus periodistas (Weissenstein, 2014; Valle, 2014; Pham, 2014). De hecho, Sánchez y Escobar me dijeron en una entrevista en 2015 que manejan el diario digital desde su oficina-residencia del piso 14, sin conexión. «Enviamos noticias desde Cuba usando Nauta [un servidor de correo electrónico] y luego los miembros de nuestro equipo a tiempo parcial en España la publican en nuestra página». Si bien esta situación ha cambiado un poco desde la llegada de los puntos de acceso Wi-Fi, la conexión desde el hogar y los planes de datos móviles 3G en los últimos años, el aluvión constante de lo que ellos bien llamaron «censura y represión» no ha cambiado. El gobierno cubano no solo bloquea el acceso nacional al sitio, sino que los mensajes de texto que contienen los términos «14ymedio» y «Yoani Sánchez» —entre muchos otros «objetables»— no son entregados por Etecsa (Sánchez y Escobar, 2016). Además, la Seguridad del Estado advierte regularmente a sus reporteros que no colaboren con el diario y, a veces, incluso los acusan de «usurpación de capacidad legal» por ejercer el periodismo sin las credenciales profesionales adecuadas; como fue el caso en 2017 de los periodistas independientes Henry Constantín y Sol García Basulto (*14ymedio*, 2017b). «A veces, incluso han sido arrestados cuando intentaban cubrir historias o eventos», explicaron Sánchez y Escobar. De hecho, este fue el caso en 2019 de los reporteros de *14ymedio* Luz Escobar y Ricardo Fernández (L. Escobar, 2019; *14ymedio*, 2019c).

Estrategias de financiación y distribución de *14ymedio*

La innovación más reciente en el formato de noticias y la estrategia de distribución de *14ymedio* se llama «Ventana 14». Emitido por primera vez a través de Facebook Live el 10 de diciembre de 2018, Día Internacional de los Derechos Humanos, Sánchez lanzó el breve programa diario matutino para resumir las noticias diarias que cubren en forma de un pódcast de 10 minutos. Está destinado sobre todo a sus oyentes desde la Isla, que es poco probable puedan leer las historias reales, transmitir o descargar archivos de video. También conocido como «el cafecito informativo», el pódcast siempre comienza con el sonido de Sánchez revolviendo su café cubano mañanero y tomando el primer sorbo del día junto a su audiencia con el eslogan: «Le prometo un sorbo de noticias: recientemente elaboradas, breves, a veces amargas, pero siempre necesarias».

Foto de pantalla de la página de YouTube de «Ventana 14», 16 de septiembre, 2019.

Quizás el aspecto más innovador del pódcast —un formato no muy utilizado en Cuba— es su estrategia de distribución multicanal, que también es quizás la razón por la que la mayoría de su audiencia escucha desde Cuba. El equipo de *14ymedio* hace que el programa esté disponible cada mañana generalmente antes de las 9:00 a.m. en la página de Facebook de Sánchez, YouTube, Telegram, iTunes, iVoox, Luminary y WhatsApp. A finales de agosto de 2019, *14ymedio* informó que había más de 15 000 suscriptores del programa en estos diversos sitios (*14ymedio*, 2019a).

En una entrevista vía correo electrónico realizada el 13 de junio de 2019, Sánchez explicó que *14ymedio* utiliza una gama tan amplia de plataformas porque entiende como su principal desafío: «velar porque nuestro contenido llegue al mayor número de lectores dentro de la Isla, pues los residentes en Cuba son nuestra audiencia principal». Asimismo, explicó que si bien el sitio web de *14ymedio* recibió un poco más de 587 000 visitantes en mayo de 2019 según Google Analytics —liderado por Estados Unidos y España—, «llegamos al público cubano fundamentalmente a través de VPN y servidores proxy anónimos (que ocultan la ubicación del usuario), así como a través de las plataformas *14ymedio* en Telegram y WhatsApp, y a través del resumen semanal en formato PDF y el boletín electrónico, dos veces por semana». Además de querer contrarrestar la crítica común de los pocos seguidores de *14ymedio* en la Isla, Sánchez ha explicado por qué le da tanta prioridad al público nacional:

> *La gente siempre me pregunta [...]: «¿Quién será el próximo presidente de Cuba?». Yo digo: «No lo sé. Pero lo que me preocupa es: ¿Quiénes serán los próximos ciudadanos de Cuba?». Esos ciudadanos necesitan información para tomar decisiones. Porque si no tienen información para elegir, elegirán mal. Elegirán a la persona con el discurso más populista; el que gime como una sirena; el que miente; el que tiene la presencia escénica más carismática. Sin embargo, si tienen información, podrán elegir otra cosa (Higuera, 2016).*

Hasta la fecha, quizás el cambio más significativo en la trayectoria de *14ymedio* ha sido la institución de un ambicioso modelo de membresía en noviembre de 2017. Su elemento central ha sido invitar a los lectores que viven fuera de Cuba, especialmente a la diáspora cubana, a formar parte de la renovación del periodismo independiente en la Isla (*14ymedio*, 2017a; Moreno, 2017). «Estamos proponiendo ir más allá de un modelo de suscripción para transformar a nuestros lectores en defensores activos de nuestro trabajo», dijo el entonces jefe de desarrollo e innovación de *14ymedio*, Alejandro González, a Jennifer Nelson del Instituto de Periodismo Reynolds de la Universidad de Missouri. La idea, explicó, es «convencerlos de que al convertirse en miembros de *14ymedio*, están ayudando a que prospere el periodismo independiente» (Nelson, 2016).

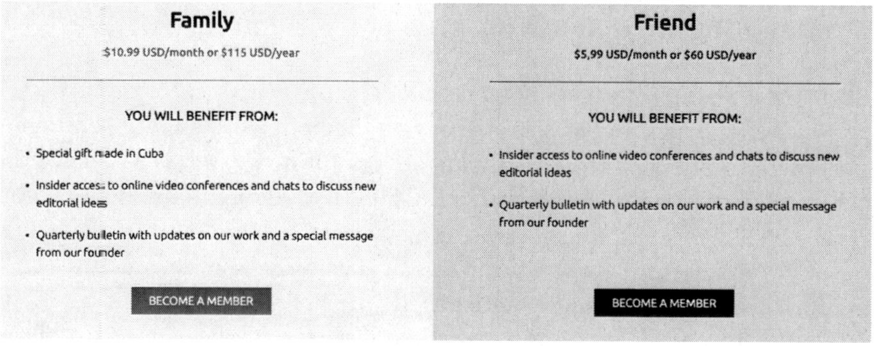

Foto de pantalla de la página de membresía de 14ymedio.

Al rechazar el financiamiento de partidos políticos, gobiernos o grupos de interés privado, *14ymedio* pretende responder solo a sus lectores y a los hechos. «Creemos que la transparencia es la base de cualquier sociedad libre», afirma la sección de finanzas de membresía del sitio y luego enumera los gastos e ingresos de operación tanto para 2016 como para 2017. De hecho, tal vez siguiendo el ejemplo de *The Guardian* —periódico británico independiente de izquierda—, cada artículo publicado en *14ymedio* es seguido por un breve mensaje que combina una declaración de su misión periodística con una solicitud de apoyo financiero para que esa misión pueda cumplirse. «El equipo de 14ymedio está comprometido a hacer un periodismo serio que refleje la realidad de la Cuba profunda», comienza. «Te invitamos a seguir apoyándonos, [...] convirtiéndote en miembro [...] Juntos podemos continuar transformando el periodismo en Cuba».

Un correo electrónico titulado «¿Dónde estamos y hacia dónde vamos?», enviado a la membresía de *14ymedio* el 26 de agosto de 2019, destacó algunos desarrollos financieros y logísticos recientes. Por un lado, la llegada de 3G a los teléfonos celulares cubanos permitió al equipo informar las últimas noticias con mayor inmediatez. Por otro lado, el deterioro de las relaciones entre Estados Unidos y Cuba había provocado que «las instituciones privadas que habían apoyado el desarrollo de una prensa libre en la Isla comenzaran a perder interés», reduciendo significativamente el flujo de ingresos de *14ymedio* y forzando despidos. Por lo tanto, el diario ahora debe confiar aún más en su programa de membresía, que a su vez se ha convertido poco a poco en la mayor fuente de ingresos de la nueva empresa mediática durante 2018-2019.

Conclusiones

Esta crónica sobre el origen, desarrollo y eventual transformación de *Generación Y* en *14ymedio* —tal vez el proyecto mediático digital independiente más pionero que ha surgido en Cuba en los últimos años— ha analizado críticamente tres momentos clave (2004, 2007-2009 y 2014) en su evolución, no solo en lo que respecta a su historia en sí, sino también la forma en que presagiaron cambios similares en la trayectoria de muchas otras empresas emergentes e independientes de medios digitales en Cuba.

En 2013, Sánchez y su equipo se dieron cuenta de que, si bien los blogs fueron muy efectivos para dar una «voz» y una plataforma digital pública a esas historias y opiniones individuales, silenciadas de modo continuo en los medios de comunicación estatales, hicieron poco para llenar la brecha más grande en el entorno de los medios cubanos: informes diarios creíbles, sistemáticos y responsables que podrían informar a los ciudadanos cubanos y servir al interés público, al responsabilizar a quienes están en el poder. En otras palabras, a Cuba no le faltaron opiniones —ampliamente reflejadas en su floreciente blogosfera—; carecía de información confiable —junto con plataformas de medios accesibles y diversas donde encontrarla. Como punto a favor, al igual que el político e intelectual estadounidense Daniel Patrick Moynihan antes que ellos, Sánchez y su equipo se dieron cuenta de que, aunque «todos tienen derecho a sus propias opiniones, no tienen derecho a sus propios hechos» (Henken, 2019).

Si bien esta transformación refleja algunos elementos del auge y caída del fenómeno de los blogs en Estados Unidos, las diferencias en el caso cubano también son instructivas. Por ejemplo, los primeros blogueros estadounidenses se esforzaron por distinguirse de los periodistas y distanciar su ideal de transparencia del ideal periodístico tradicional de objetividad. Sin embargo, en Cuba, donde el periodismo oficial sirve abiertamente a los intereses del Partido y no reclama la objetividad, la subjetividad del acto de bloguear y la transparencia de los blogueros sin credenciales que practican el «periodismo ciudadano» han servido como un control vital y una ruptura del sistema dominante, donde la propaganda estatal se disfraza de «periodismo profesional». En un contexto en el que el periodismo oficial es propaganda estatal, quizás solo se podría esperar que el periodismo ciudadano —incluso, o sobre todo, si lo hacen los «aficionados»— haga el trabajo «clásico» del periodista: informar al público y reportar sobre los hechos con estudiado equilibrio.

«(Re)imaginando el periódico Patria *de José Martí como un blog». © Lázaro Saavedra,* GALERÍA I-MEIL *(2008-2009).*

Es en este sentido que el fenómeno de los blogs en Cuba, a pesar de ser similarmente antisistema, ha llevado a un resultado «antisistémico» muy diferente al mismo fenómeno en Estados Unidos. En Cuba, mientras que muchos blogs y blogueros amateurs e independientes han seguido el destino de los dinosaurios, una notable muestra representativa de otros, incluyendo no solo a la periodista cubana *outsider* Sánchez, sino también a la notable *insider* Elaine Díaz, han utilizado su experiencia de blogueras «fugaces pero fecundas» como estímulo estratégico, tirapiedras o catapulta, lo que les permite transformar la audiencia, la notoriedad y la credibilidad que cultivaran como blogueras en la base de un periódico o revista digital independiente más serio, sostenido y profesional.

O sea, los blogs no les permitieron «trabar la puerta» del sistema de medios dominante —que sí fue el caso de algunos blogueros estadounidenses que luego se unieron a los principales medios de comunicación como columnistas—. Les permitió simbólicamente «derribar la puerta» de ese sistema, desafiando su diseño básico de obediencia al Partido con independencia periodística. Ejemplo de esto es uno de una serie de editoriales desafiantes escritos por Elaine Díaz en *Periodismo de Barrio* donde declara sin dejar lugar la duda: «la credibilidad proviene, primordialmente, de la independencia. [...] Entre la prensa y el Partido no existe, ni puede existir, una relación basada en condiciones de igualdad [porque] el Partido espera la sumisión de la prensa» (2016).

8

PERIODISMO INDEPENDIENTE EN CUBA: ENTRE LA FANTASÍA Y LA RUPTURA ONTOLÓGICA

(Sara Garcia Santamaria)

(España, 1984). Investigadora posdoctoral en la Universidad Oberta de Catalunya. Doctora en Estudios Periodísticos por la Universidad de Sheffield (Reino Unido) e investigadora en la Escuela de Comunicación Annenberg de la Universidad de Pensilvania. Algunas de sus publicaciones recientes incluyen *The Sovietisation of Cuban Journalism: The Impact of Foreign Economic Dependency on Media Structures in a Post-Soviet Era* y *Alternative Cuban Journalism: A Comparative Approach to Indirect Violence*. Es coeditora del volumen *Media and Governance in Latin America: Towards a Plurality of Voices*. Sus intereses de investigación incluyen los medios en contextos restrictivos, la seguridad de los periodistas, la intimidación de la política y la comunicación política populista. Es vicepresidenta de Comunicación Política, IAMCR, y parte de los grupos de investigación Media Flows y The Varieties of Democracy Project.

La consolidación reciente de una esfera mediática digital independiente en Cuba ha permitido la cobertura de nuevos fenómenos sociales, dando visibilidad a una pluralidad creciente de voces. Sin embargo, algunas de estas voces, como aquellas de los periodistas independientes, todavía se sienten incómodas posicionándose en términos políticos. ¿No es un acto político en sí mismo el trabajar para un medio independiente en Cuba? La respuesta es más complicada de lo que pudiera parecer, ya que muchos periodistas independientes se encuentran atrapados en un doble proceso de identificación con y rechazo al sistema, inmersos en lo que Holbraad llama una «lealtad visceral a su Revolución», al mismo tiempo que «expresan una profunda desafección» con ella (2014:1). Los periodistas pueden identificarse con «la Revolución» y estar de acuerdo con sus valores normativos, y aun así sentirse inmersos en relaciones opresivas que frustran sus sueños profesionales. Aplicando esta paradoja al caso de los jóvenes periodistas cubanos, este capítulo examina la manera en la que los medios estatales los interpelan e intentan alinear sus prácticas con la ontología oficial: la unidad entre el Estado y el pueblo.[1] El principal argumento es que la fantasía juega un papel esencial en esta paradoja, al permitir que los periodistas desconecten de la realidad y consigan operar dentro de un sistema de medios oficiales que perciben como opresivo.[2]

El concepto de fantasía que utiliza este capítulo proviene del campo del análisis del discurso posfundacional. Desde este punto de vista, es un recurso para

[1] El acercamiento ontológico se centra en las relaciones sociales más que en el contenido, que tendría una naturaleza óntica (Laclau, 2005:153). El foco en lo ontológico es útil para mirar más allá de la obsesión que existe por descifrar el «contenido ideológico» de los discursos (anti)revolucionarios (Holbraad, 2014).

[2] El objetivo es analizar la interpretación de los periodistas sin reducir nuestro entendimiento a su subjetividad, ya que las decisiones personales están entrelazadas con otros órdenes sociales, políticos y materiales que establecen fronteras de (im)posibilidad (Glynos y Howarth, 2007:6).

disimular la naturaleza construida e imperfecta de los discursos, así como la inestabilidad de la posición subjetiva que todos ocupamos dentro de ellos.[3] Aquí, la fantasía aparece como un recurso que los periodistas cubanos utilizan para desconectar de las presiones diarias, tanto personales como profesionales, permitiéndoles cumplir con sus responsabilidades. La inmersión en lógicas fantasmáticas —aquellas que articulan la fantasía— les permite desconectar de su trabajo en los medios oficiales y fantasear con una realidad paralela; una realidad capaz de imaginar medios independientes antes incluso de que existieran. El trasfondo de esta fantasía es que, al mismo tiempo que proporciona una vía de escape, a menudo contribuye a reproducir el orden social, retrasando la confrontación pública y la ruptura ontológica con el sistema (Mouffe, 2000).[4]

Este trabajo se centra en periodistas cubanos jóvenes que se encuentran en una encrucijada, navegando distintas identidades y, por tanto, todavía descubriendo su yo profesional. Centrarse en ellos resulta interesante porque su paso por la universidad y sus primeras experiencias periodísticas en medios estatales ponen en marcha un proceso de desarrollo personal, profesional e ideológico sin igual. Desde el inicio de su carrera, los estudiantes de periodismo se sumergen en un sistema que defiende una unidad ontológica entre el Estado y el pueblo, comparando la figura del periodista a la de un soldado. Esta conceptualización se basa en la famosa frase de José Martí: «¡Tiene tanto el periodista de soldado!».[5] En este contexto, los periodistas que no siguen su función «oficial» corren el riesgo de ser catalogados como «malos cubanos». Dado que el discurso oficial equipara el Estado con el pueblo, pero también con la nación y con la Revolución, aquellos que cuestionan su función oficial pueden aparecer como contrarrevolucionarios y anticubanos; mercenarios trabajando al servicio del «imperio».[6]

---

3 La fantasía no se utiliza en este capítulo en su acepción común. En el análisis del discurso posfundacional, se define como una forma de esconder la naturaleza construida de nuestros discursos sobre la realidad social. Esto significa que las fantasías son un modo inherente de relacionarnos con el mundo social y darle sentido; forman parte de nuestra necesidad humana de buscar vías de escape en el día a día.

4 Es importante subrayar que, desde la perspectiva del análisis del discurso posfundacional, todos los discursos y posiciones discursivas son construcciones inestables —aunque a veces se muestren como realidades naturales y sedimentadas—. Por tanto, siempre es posible encontrar fisuras y rebatirlas.

5 Esta cita proviene de una carta que José Martí le envió al editor del periódico argentino *La Nación*, el 10 de junio de 1887, en la que defendía que los periodistas cubanos, como él mismo, no temían morir en batalla porque poseían el alma de un soldado.

6 Cfr. Henken para un estudio temprano de la blogosfera cubana en donde se subraya este dilema (2011b).

Las entrevistas realizadas en este trabajo sugieren que la resistencia de los jóvenes periodistas a posicionarse en términos políticos es, de hecho, una forma de rechazar la polarización que los empuja hacia los márgenes de la narrativa oficial del enemigo *versus* el soldado (Henken, 2017; Geoffray y Chaguaceda, 2014).

Este proyecto trabaja con conceptos sensibilizadores (Blumer, 1954) del análisis del discurso de Ernesto Laclau y Chantal Mouffe (1985), tales como el discurso, la identidad y la agencia, sistematizados a través de un «análisis de lógicas» (Glynos y Howarth, 2008; Clarke, 2012). En la práctica, esto se consigue a través de entrevistas cualitativas a veintiún periodistas cubanos jóvenes, entre 25 y 36 años, formados en universidades cubanas y que trabajaron para medios estatales antes de emanciparse de ellos. Los resultados indican que la inmersión de los periodistas en lógicas fantasmáticas —y, por ende, en fantasías— les ha permitido navegar la paradoja que supone su implicación «visceral» con la Revolución y su necesidad de una ruptura ontológica con ella. Las entrevistas revelan que invertir en fantasías beatíficas —agradables— ha ayudado a los periodistas a dejar su yo político y emocional de lado y centrarse en defender su identidad profesional; si bien es cierto que estas lógicas confieren bienestar, operan en conjunción con lógicas menos placenteras, con fantasías horríficas —en la línea de las pesadillas— capaces de crear una espiral de miedo y paranoia colectiva que retrasa su ruptura con el sistema revolucionario.

Lógica ontológica de la Revolución cubana

Es común encontrar explicaciones simplistas sobre un pueblo cubano oprimido y sin agencia, que contrastan con la complejidad encontrada por los académicos que han realizado trabajos etnográficos en Cuba (Cearns, 2020; Humphreys, 2019; Garcia Santamaria, 2018c; Holbraad, 2014; Henken, 2011b) y en otros Estados socialistas, como China o Rusia (Repnikova, 2017a; Roudakova, 2017).[7] Las narrativas sobre el «socialismo binario» (Yurchak, 2003:6)

[7] Llegué a Cuba en 2013 como parte de una estancia de investigación en la Facultad de Comunicación de la Universidad de La Habana. Justamente, era un momento en el que había mucho debate sobre una posible apertura de las prácticas periodísticas en en la Isla. Las investigaciones para su tesis de doctorado la llevaron a entrevistar a muchos académicos y periodistas que trabajaban para los medios estatales, de todas las edades, y que habían luchado sin tregua por un cambio liderado por los periodistas. Habiéndolos conocido en persona, no pongo en duda su honestidad ni su profesionalismo. Sin embargo, ante la tardanza

oscurecen las identidades múltiples y a menudo contradictorias de aquellos sujetos que viven en el socialismo tardío. En su trabajo sobre la Unión Soviética, Yurchak reconoce el fallo analítico de los relatos «binarios» —como la verdad frente a la mentira, la libertad frente a la captividad, el honor frente a la corrupción, o el periodismo frente a la propaganda—. Los relatos binarios pasan por alto una paradoja crucial: el hecho de que muchos cubanos se sientan comprometidos con los valores y los ideales socialistas a pesar de transgredir, reinterpretar e incluso rechazar algunas de las normas y prácticas ontológicas inscritas en la ideología oficial (ibíd.:8). En este sentido, Holbraad (2014:370) considera que todo trabajo analítico necesita reconocer «el carácter visceral del compromiso de la gente» con la Revolución y sus valores, incluso cuando decide romper con ellos.

Para entender la posición «visceral» y a menudo contradictoria de los periodistas cubanos, es necesario examinar la forma en la que la Revolución ha construido su relación con «el pueblo». La construcción discursiva de una Revolución cubana universal ha creado la ilusión de una identificación total entre el pueblo y el Estado —y sus intereses—. Esta narrativa ha alcanzado el campo del periodismo y puede observarse, por ejemplo, en la nueva «Política de Comunicación Social del Estado y el Gobierno», que contribuye a «garantizar el consenso y la unidad nacional en torno a la Patria, la Revolución Socialista y el Partido» (*Cubadebate*, 2019). Esta política se basa, explícitamente, en el discurso de Fidel Castro de 1961, «Palabras a los Intelectuales», que considera que «[p]or cuanto la Revolución comprende los intereses del pueblo, por cuanto la Revolución significa los intereses de la Nación entera, nadie puede alegar con razón un derecho contra ella» (íd.). Basado en esta unidad ontológica, el punto 2.11 de la Política y el artículo 55 de la Constitución de 2019 declaran que todos los medios de comunicación deben ser de propiedad estatal o social, incluyendo las plataformas tecnológicas. Por tanto, los medios independientes serían ilegales por defecto, no solo por ser propiedad privada, sino por romper con el consenso revolucionario.

Al presentarse la Revolución como universal, agrupando a todos los cubanos a su alrededor, aquellos que se han situado más allá del proyecto revolucionario han sido tradicionalmente «desontologizados», privados de

de un cambio interno, es importante entender que muchos periodistas jóvenes empezaron a colaborar con medios independientes o crearon los suyos propios. El trabajo etnográfico realizado me ha permitido construir una red de personas de confianza que han sido clave para acceder a los entrevistados y entrevistadas, y convencerlos para que compartieran experiencias muy íntimas; algunas de miedo, otras de esperanza.

su derecho a existir como ciudadanos cubanos. Esto incluye el no-derecho a criticar el proyecto revolucionario. Desde esta perspectiva, los medios digitales independientes representan una ruptura ontológica con la Revolución, más allá de su contenido (óntico). De hecho, romper con la presunta unidad pueblo-Estado —y la larga cadena de equivalencias que le siguen—, así como con las identidades periodísticas que esta unidad genera —el periodista como soldado— posiciona a los periodistas no estatales fuera de la fuerza totalizadora revolucionaria (Garcia Santamaria, 2019a). Amén de su posicionamiento político, el hecho de cuestionar las raíces ontológicas del sistema y de las prácticas que establece a su alrededor se percibe, en el análisis del discurso, como un acto político de ruptura en sí mismo (Zicman de Barros, 2020).

Cuestionando la ontología revolucionaria: emergencia de lo político

Laclau y Mouffe (1985:112) entienden los discursos como una manera de darle sentido a la realidad social a través de un acto performativo que estructura y fija significados. Este intento, si bien efímero e ilusorio, de fijar significados a través del discurso es necesario para ofrecer marcos de interpretación compartidos que permitan descifrar el mundo que nos rodea. Si bien los significados pueden parecer fijos, produciendo discursos naturalizados de apariencia obvia, son el resultado de relaciones de poder en las que determinados actores producen articulaciones específicas que se convierten en hegemónicas. Esto significa que los cambios discursivos no son automáticos ni ilimitados, sino que dependen de una reserva de articulaciones discursivas que se subordina a las prácticas históricas sedimentadas que delimitan lo posible (ibíd.:111).

La no-fijación de los discursos significa que la manera en la que articulan significados y explican el mundo es siempre imperfecta, abierta a negociaciones y rearticulaciones (Laclau, 2005). Esto sucede porque los significados siempre pueden articularse de manera diferente, desarticulándose y rearticulándose según el contexto. En palabras de Carpentier (2017:8), la imposibilidad de fijación «es tanto posibilitadora como imposibilitadora», ya que cuando cambia los discursos también lo hace la posición que ocupan los sujetos respecto a ellos. Así, exploro el potencial (im)posibilitador de los discursos a través de la mirada de jóvenes periodistas cubanos y su proceso de (des)identificación con la unidad ontológica del pueblo-Estado que promulga la Revolución.

Más concretamente, la imposibilidad de una clausura discursiva implica que nuestra identificación con las «verdades» articuladas en un discurso, como la del periodista con el soldado, es siempre inestable. El hecho de que los sujetos se posicionen dentro de los discursos no significa que su identidad quede completa y permanentemente saturada por ellos (ibíd.). En otras palabras, nuestra identidad no puede quedar saturada por completo por un solo proceso de identificación, sino que es el resultado de diversos procesos —a menudo contradictorios— con múltiples discursos y posiciones discursivas (Buckingham, 2008:6; Barker, 2004:128). Llevar las bases del análisis teórico del discurso a este caso de estudio es interesante para entender por qué los periodistas cubanos pueden identificarse en parte con la Revolución, al mismo tiempo que sus identidades desbordan los parámetros del discurso oficial; es decir, se pueden identificar como soldados y, a la vez, buscar un distanciamiento de sus deberes militantes.

La representación gráfica de los conceptos sensibilizadores que articulan el análisis (Esquema 8.1) muestra que, a medida que se produce una dislocación de los discursos hegemónicos —amenazados por puntos de vista alternativos—, también se da en el posicionamiento de los sujetos y sus fantasías. Esto pone en riesgo la armonía fantasmática que los sujetos crean para funcionar, de modo más fácil, dentro de determinado discurso. Lo que muestra el esquema es que los procesos de dislocación ponen en relieve otras formas de ver la realidad social, facilitando que los sujetos vean más allá de los significados aparentemente naturales e indisputables (hegemónicos). Al posibilitar una elección entre articulaciones diferentes, ganan agencia para cuestionar discursos y prácticas que en el pasado parecían infranqueables (N. Carpentier, 2017; Butler, 1997). Es la conjunción entre cuestionamiento discursivo y libertad de posicionamiento la que construye las bases para una futura ruptura política (Gardner, 2004; N. Carpentier, 2017; Zicman de Barros, 2020).

Resumiendo, es más probable que los individuos se conviertan en agentes políticos en un contexto en el que los discursos hegemónicos están siendo dislocados. Llegado este punto, es importante señalar que la teoría del discurso establece una diferencia conceptual entre «lo político» y «la política» en general. Lo político» hace referencia a «la dimensión de antagonismo inherente a las relaciones humanas», mientras que la política en general sería una forma de camuflar este antagonismo; es decir, «el conjunto de prácticas, discursos e instituciones que organizan las relaciones sociales con el fin de domesticar la hostilidad» (Mouffe, 2000:101). Para convertirse en agentes políticos —no de la política—, los sujetos no necesitan asumir una posición política clara; sucede porque se han corrido los límites de aquello políticamente

Esquema 8.1. Sensibilizar conceptos en la teoría del discurso: ampliar el campo de la discursividad.

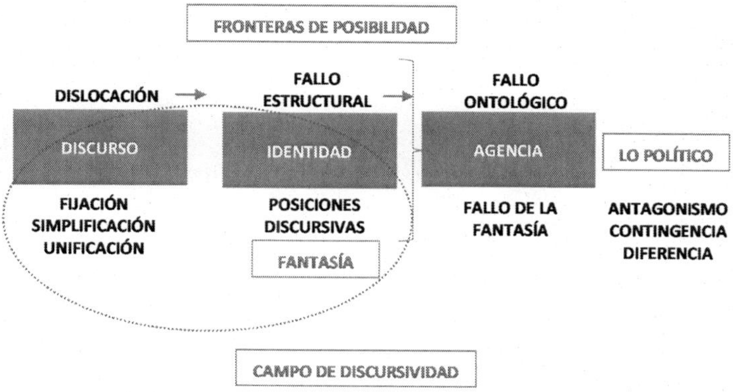

Fuente: Basado en Laclau (2005), N. Carpentier (2017) y Glynos y Howarth (2007).

posible, creando espacio para nuevas posiciones subjetivas, entre las cuales los individuos podrán escoger. Es justo esta capacidad de reposicionamiento en el campo discursivo la que lo permite (Laclau, 2005:107-108).

La dislocación se hace patente cuando un evento, o una serie de eventos difícilmente comprensibles desde los discursos existentes, tiene lugar. Al existir una relación entre los discursos y las prácticas materiales (N. Carpentier, 2017), los eventos pueden manifestarse en forma de cambios materiales que alteran nuestros esquemas estables de significado. Por ejemplo, el creciente acceso a Internet y a las tecnologías digitales ha alterado las implicaciones de ejercer el periodismo en Cuba (ibíd.; Žižek, 2014). Los cambios tecnológicos han facilitado la creación de medios de comunicación independientes, facilitando un cambio óntico que desafía los significados articulados por el discurso hegemónico. Sin embargo, es importante señalar que este cambio también tiene una naturaleza ontológica, una naturaleza relacional que altera las relaciones de poder existentes y facilita el surgimiento de nuevos posicionamientos periodísticos que rebasan las narrativas oficiales.

Acercamiento a las lógicas fantasmáticas

El análisis de las lógicas que han guiado a los jóvenes periodistas cubanos en su proceso de (des)identificación con el discurso oficial se basa en entrevistas a graduados(as) de Periodismo por universidades cubanas, cuyas primeras experiencias profesionales durante las prácticas obligatorias de la carrera, fueron en compañías estatales, principalmente medios de comunicación.[8] Una vez graduados, la mayoría de los entrevistados continuó trabajando para el Estado durante el período de servicio social, necesario para obtener el título universitario. Las entrevistas se llevaron a cabo entre marzo y septiembre de 2019, y los entrevistados se seleccionaron en dos fases. En un primer momento, se llevó a cabo un muestreo intencional compuesto por editores de los principales medios independientes en Cuba. Esto llevó a un segundo muestreo —siguiendo la técnica de bola de nieve—, pidiendo a los entrevistados que recomendaran a colegas que tuvieran experiencias personales relevantes para el estudio y que estuvieran dispuestos a compartirlas honestamente.

Las entrevistas se transcribieron a mano y se procesaron según un análisis de lógicas. El concepto de «lógica» se refiere a «las reglas o a la gramática» que guían una práctica, así como a los elementos contextuales que (im)posibilitan que esta cambie a lo largo del tiempo (Glynos y Howarth, 2007:136). El objetivo del capítulo es, precisamente, examinar los procesos mediante los cuales toman conciencia los periodistas de las lógicas que moldean su identidad profesional.

Estudios anteriores han identificado tres principales tipos de lógicas: sociales, políticas y fantasmáticas. Las primeras se refieren a la forma en que las prácticas sociales se desenvuelven de manera sincrónica, en el momento; mientras que las políticas examinan la institución, el mantenimiento y la transformación de las prácticas a lo largo del tiempo, es decir, de manera diacrónica (ibíd.:133; Clarke, 2012).[9] Este capítulo, sin embargo, se centra en el tercer tipo de lógicas: las fantasmáticas. Desde la perspectiva del sicoanálisis lacaniano, las fantasías son un mecanismo que confiere una sensación de armonía y seguridad que facilita vivir el día a día fantaseando con que todo va a salir bien.

A través de las fantasías se disimulan presiones, deficiencias e inconsistencias, encontrando una válvula de escape que nos hace más resilientes en situaciones difíciles. Puesto de manera simple, las lógicas fantasmáticas explican cómo las personas «encubren la realidad tras la fantasía» (Lacan, 1999:107).

---

8 Los estudiantes cubanos de Periodismo tienen el derecho y el deber de hacer prácticas al final de cada semestre. Estas son diferentes del servicio social, que se realiza tras terminar los estudios. Se puede encontrar más información sobre estas prácticas en el siguiente enlace: http://www.fcom.uh.cu/practicas-laborales.

9 El término «lógica» no se refiere aquí a mecanismos lógicos o de causa, sino a lógicas sociales que siempre están limitadas por el contexto en el que se desarrollan, así como por otras lógicas alternativas con las que compiten por explicar la realidad social (Laclau y Mouffe, 1985:142).

Las fantasías juegan, a menudo, un rol conservador. Esto sucede porque ayudan a estabilizar nuestra identidad para que podamos convertirnos en miembros efectivos del orden social. Al encubrir las frustraciones, retrasan nuestra ruptura con el sistema que las origina y alimenta. Sin embargo, cuando se dislocan los discursos a los que nos arraigamos, las fantasías que median nuestra posición dentro de estos discursos pierden el poder de conferirnos una identidad fuerte y clara; experimentamos un fallo de identidad. En la medida en la que ha aumentado la variedad de discursos en Cuba, la búsqueda de nuevas identidades periodísticas produce un ejercicio de reposicionamiento que convierte a los entrevistados en sujetos políticos activos (Stavrakakis, 2005).

Resultados y análisis: fantasías periodísticas en acción

Analizar la resiliencia de los periodistas cubanos desde un análisis de lógicas levanta una serie de preguntas: ¿por qué los periodistas jóvenes son capaces de trabajar para los medios estatales incluso cuando los perciben como personal y profesionalmente opresivos?; ¿cuál es el papel de la inversión fantasmática en la mediación de identidades compatibles con el sistema?; ¿cuál es el rol de la fantasía en posibilitar e imposibilitar una ruptura ontológica con el periodismo «oficial»?

Esta sección explora una paradoja interesante: la manera en la que los medios estatales atraen a los jóvenes periodistas a pesar del malestar, tanto personal como profesional, que les produce la experiencia. Los datos revelan que la inversión de los periodistas en fantasías beatíficas y horríficas puede ayudarnos a entender su posicionamiento dentro de un sistema ontológicamente totalizador y las dificultades para escapar a sus lógicas. Como se verá a continuación, las entrevistas sugieren que, mientras que la inversión en fantasías de bienestar (beatíficas) les ha ayudado a soportar la coerción y el acoso estructural del sistema, el miedo y la falta de alternativas convenientes se han convertido en lógicas horríficas que han atrasado su ruptura. Siguiendo las entrevistas, las lógicas fantasmáticas articuladas por ellos se pueden organizar en cuatro categorías: políticas, cínicas, profesionales y horríficas.

Rechazando el yo político

En Cuba, la educación universitaria es gratuita pero los estudiantes deben ofrecer algo a cambio a la sociedad a través de un período de servicio social. En la práctica, esto significa que todos los periodistas deben trabajar en instituciones públicas —mayoritariamente medios de comunicación, pero también gabinetes de prensa— durante un mínimo de dos años para validar sus títulos. La combinación de la fantasía beatífica de «pagar una deuda» a la sociedad a cambio de su educación y la fantasía horrífica de «perder su título» ha servido para llenar las redacciones de gente joven talentosa al bajo coste de intentar moldear sus prácticas periodísticas acorde al discurso oficial.

Lejos de visiones simplistas, las entrevistas sugieren que los periodistas desarrollan una relación ambivalente con el sistema. De hecho, muchos han invertido «visceralmente» en la Revolución y consideran que la crítica —desde dentro— y el autosacrificio pueden forzar cambios positivos. Para entender el concepto de autosacrificio es importante recordar que a inicios de la década de 2010 el expresidente Raúl Castro y otros líderes prominentes hicieron un llamado a la crítica y a la apertura del periodismo liderada desde dentro. En esta línea, las demandas oficiales de abrir los medios estatales sirvieron para cooptar periodistas, proporcionándoles fantasías de renovación política interna. La creación de una narrativa en la que los medios estatales y la crítica desde dentro son compatibles ha servido para disuadir a los periodistas de movilizarse alrededor de lógicas alternativas.

Las fantasías de renovación dentro del sistema han conseguido persuadir a varias generaciones de estudiantes de periodismo de trabajar para los medios estatales no solo para validar sus títulos sino, posiblemente, para contribuir al cambio. Sin embargo, los discursos oficiales de renovación periodística contrastan con las reflexiones de los protagonistas del cambio, que narran las dificultades que encontraron durante el proceso. En palabras de una periodista que trabajó en un periódico oficial:

> *[El servicio social] era extremadamente frustrante. No me importa invertir tiempo en mi trabajo, pero siempre y cuando pueda trabajar. Proponía historias [a los editores], pero solo publicaban dos párrafos. Y, ¡tan sesgados! Me molestaba mucho esa lógica, o falta de lógica, porque no tenía lógica alguna. Sentía que estaba malgastando mi tiempo; me sentía muy mal. Pedí que me transfirieran y les dije que, si no lo hacían, dejaría el servicio social (E16).*[10]

Los periodistas cubanos son conscientes de los obstáculos a los que tienen que hacer frente cuando intentan cambiar el sistema desde dentro,

[10] Todos las referencias a los entrevistados y entrevistadas aparecerán solo con la letra E —de entrevista— y un número asignado al azar.

desde el interior de la estructura estatal. La principal barrera, según los testimonios recogidos, es básica: la imposibilidad de publicar su trabajo. Cuando los borradores no se ajustan a la línea editorial del Departamento Ideológico del Comité Central del Partido, simplemente no se publican, o se publican en parte, después de un proceso intenso de edición ideológica. La censura previa a la publicación también afecta a la elección del vocabulario, al sentido del humor, a los juegos de palabras; es decir, también tiene una expresión estilística. Como explica un periodista que completó su servicio social en la televisión estatal: «Me cansé de negociar simples palabras, frases, conceptos que eran... ¡tan obvios! Pronto, me vieron como alguien muy crítico con el presidente del país. Me dijeron que no tenía el derecho moral de trabajar allí» (E9).

Uno de los problemas que encuentran los medios estatales es la necesidad de cooptar a jóvenes periodistas con talento para que completen su servicio social y, con suerte, decidan quedarse después. Esta es una oportunidad para tratar de moldear sus identidades periodísticas de forma que prioricen los objetivos ideológicos, más allá de los profesionales. Si bien es innegable que existen periodistas talentosos trabajando para los medios estatales (Garcia Santamaria, 2018a), los entrevistados enfatizan las dificultades que encuentra el sistema cuando trata de retener el talento. Por ejemplo, uno de ellos considera que «el talento no es algo que prevalezca en los medios estatales», ya que «han terminado atrayendo a los periodistas con menos talento, a aquellos que toman menos riesgos en su carrera» (E16). Talentosos o no, el problema es que los periodistas que deciden quedarse en los medios estatales suelen ser aquellos menos inclinados a forzar un cambio desde dentro.

Las entrevistas muestran que las fantasías de renovación interna han ido de la mano de otra fantasía: el poder de resistirse a posicionamientos políticos. Los periodistas cubanos operan dentro de un sistema que, automáticamente, los posiciona en términos políticos; es decir, un sistema que politiza el periodismo, como discurso, y a los periodistas, como sujetos. Los entrevistados revelan que, durante su época estudiantil y sus primeros trabajos periodísticos, no se concebían a sí mismos como agentes políticos, mucho menos como enemigos del sistema. Su identidad política estaba aún en proceso de desarrollo. La mayoría considera que la capacidad de leer las dificultades del día a día en clave política les llevó tiempo, requiriendo cierto distanciamiento de la cotidianeidad. Aunque una minoría sí empezó a entender sus conflictos en las redacciones en clave política siendo aún estudiantes. Uno de ellos empezó un proceso de cuestionamiento y de desvinculación ideológica en la universidad y recuerda preguntarse: «¿qué carajos es lo que estoy viviendo aquí? Todo esto es un engaño, todo esto es una mentira; esto está terrible» (E20), refiriéndose a la forma en la que la política se expresaba a través de la prensa. «Era un conflicto que empezaba con una naturaleza profesional pero que luego, naturalmente, tenía una lectura social y una lectura política muy clara» (íd.).

«Lo político» es un concepto abstracto que no es siempre fácilmente reconocible en la práctica. Lo que las entrevistas revelan es que los jóvenes periodistas cubanos no buscan de modo consciente objetivos políticos en su trabajo y, a causa de ello, sufren censura y acoso. De hecho, es justo la búsqueda de realización profesional la que acarrea consecuencias políticas. Lejos de experimentar una primacía de «lo político», lo que los periodistas evocan en las entrevistas es un ataque a sus derechos profesionales y a su libertad personal. Establecen correlaciones entre las barreras ideológicas y profesionales en la Isla, pero consideran que la autocensura hace que a menudo sus publicaciones sean cuestionadas más por el cómo que por el qué se publica.

Si bien los entrevistados reconocen que ser un periodista independiente implica tomar un posicionamiento político, es decir, posicionarse como sujetos ante diferentes lecturas del periodismo, esto queda atenuado cuando se les pregunta directamente. Esto se puede ver en la respuesta del editor de un medio independiente sobre sus ideas políticas: «Este es un gobierno que mantiene al pueblo hundido en una crisis. Nunca hemos anunciado: "Estamos en contra del Gobierno"; pero tenemos una postura al respecto» (E1).

En resumen, los entrevistados reconocen que los jóvenes periodistas rechazan «lo político» cuando lo entienden a través del prisma de la polarización política. Por tanto, rechazar su yo político responde a una lógica fantasmática que les permite mediar entre las paradojas que surgen entre el discurso oficial y unas ideas políticas propias aún en tímido desarrollo. Sin embargo, este mismo rechazo también les ha permitido fantasear con la posibilidad de romper el círculo vicioso que posiciona a los periodistas, automáticamente, en términos binarios: el periodista como enemigo o como soldado.

Rechazando el yo emocional

El periodismo es una profesión «cargada emocionalmente» y la era digital ha traído consigo una redistribución de poder e influencia dentro de sí (Beckett y Deuze, 2016). Esto es notable en el caso cubano, ya que la polarización política parece arrastrar a los periodistas a posicionamientos afectivos binarios. En esta línea, los entrevistados consideran que el sistema de medios oficiales los empuja hacia polos del espectro afectivo. Infligiendo miedo y rabia de manera rutinaria, el sistema buscaría provocar un estado abiertamente emocional que los sitúe en una situación de vulnerabilidad, alterando su capacidad de raciocinio en frío.

Una de las formas en las que los entrevistados narran la diferencia entre los periodistas profesionales y los disidentes es, precisamente, a través del prisma emocional. Según esta lógica, mientras los profesionales son capaces de gestionar su enfado, su indignación y su desesperación, los periodistas disidentes muestran emociones extremas que los pueden llevar a una interpretación polarizada de la realidad que genere ira, en vez de debate. Posicionándose a sí mismos por encima de las emociones primarias, los entrevistados construyen una identidad alternativa a la oficial, pero también a otros sectores de la sociedad que comparten sus críticas: los activistas y los disidentes. Por ejemplo, uno de los editores considera que el buen periodismo no se puede ejercer bajo una presión emocional extrema; por tanto, en una época en la que se sintió muy enfadado, paró de escribir. Este testimonio conecta con dos fantasías importantes que se repiten en las entrevistas: la combinación de fantasías beatíficas de profesionalización con fantasías horríficas en las que su identidad se ve dislocada, poseída por las emociones:

> *Era un momento de mucha furia y de mucha rabia. Yo no he vuelto a tener, después, tanta rabia y tanta asfixia absolutamente con todo. Tú puedes entender perfectamente cómo funciona el totalitarismo, cómo empieza a reducir tu complejidad intelectual y a limitarte a sentimientos y sensaciones que pueden ser muy primarios. Lo que es muy comprensible; pero también reduce tu campo visual y emocional de las cosas. Sentía un estado de rabia, de rencor, de odio, que no era sano. Si no salía de Cuba, sentía que algo catastrófico iba a pasar; que me iba a sepultar ese lodo (E20).*[11]

La cita anterior revela una imagen común de los disidentes, tomados por sentimientos extremos que los atrapan en lógicas polarizadoras. La

[11] En esa época, el editor trabajaba para *OnCuba*, una revista digital privada, acreditada legalmente como medio extranjero, con su redacción principal en La Habana. Precediendo a la oleada de medios independientes digitales, se convirtió en un lugar en el que las nuevas generaciones de periodistas cubanos podían experimentar el periodismo fuera del sistema oficial, probando los límites de lo que podía ser dicho y tolerado en un espacio más o menos seguro, y reposicionando, al mismo tiempo, sus identidades.

emocionalidad se describe, en las entrevistas, como un fallo personal que tiene resultados profesionales negativos, ya que debilita la capacidad de los periodistas de pensar en frío, llevándolos al sesgo profesional. Mientras que los entrevistados confiesan entender la frustración que experimentan aquellos clasificados como disidentes porque han vivido la capacidad represiva del sistema en su propia carne, la expresión abierta de emociones es muy cuestionada. Reconocen que el sistema intenta desestabilizar emocionalmente a los periodistas y, por tanto, movilizar su rabia hacia las posiciones extremas del enemigo frente al soldado. Según esta lógica, el sistema se sentiría más cómodo reproduciendo estos polos que permitiendo una identificación visceral, si bien paradójica, con ellos. En resumen, el discurso que se desprende de las entrevistas es que el buen periodismo no puede estar contaminado emocionalmente porque perdería el equilibrio, lo cual aplica tanto a los que se desenvuelven bien dentro del sistema como a aquellos que lo desprecian.

Invirtiendo en el yo cínico

Este capítulo tiene como objetivo ir más allá de explicaciones simplistas que ven a los periodistas en regímenes restrictivos como totalmente cooptados por el sistema y, por tanto, sin agencia propia. Al contrario; la idea que se desprende de las entrevistas es que invertir en fantasías de bienestar les proporciona cierta agencia porque les permite fantasear con eludir el sistema —si bien no mucho. Las fantasías cínicas, aquí, no se entienden de manera peyorativa, sino como un recurso que utilizan los trabajadores cuando se vuelven «cínicamente iluminados» y reconocen las prácticas de explotación a las que están sometidos, pero «actúan como si no lo estuvieran» (Fleming and Spicer, 2003:164). Esta doble moral les ayuda a utilizar sus conocimientos en beneficio propio y a burlar el sistema de manera discreta. Varios estudios han analizado el uso de fantasías cínicas por parte de los empleados e indican que, mientras pueden servir de válvula de escape para estos, terminan reforzando al sistema opresor al evitar una confrontación directa (Clarke, 2012; Glynos, 2008; Contu and Willmott, 2006). En resumen, el cinismo promueve fantasías de libertad interna y activa formas invisibles de resistencia, aunque retrase el establecimiento de cambios políticos radicales.

El uso creativo del cinismo ha sido una herramienta utilizada de manera tradicional por periodistas que operan en contextos restrictivos. Por ejemplo, los periodistas cubanos que trabajan para el Estado bromean cínicamente sobre ejercer la «brujería poética» o «tocar el violín lírico», refiriéndose a estrategias para embellecer textos aburridos y burocráticos (García Santamaria, 2018a). Por ejemplo, el violín lírico se «toca» casi siempre cuando se cubren noticias de agricultura que pretenden levantar los ánimos de la población, como en casos de buena cosecha, y la brujería poética se refiere al uso de un lenguaje épico para describir los símbolos patrios, como la bandera, el himno, o hazañas históricas (íd.).

Las fantasías cínicas aparecen en las entrevistas, por ejemplo, a través de la narración de periodistas que se consideran «afortunados» porque han conseguido sortear algunos de los procedimientos establecidos por el sistema y han conseguido trabajar en medios poco prominentes que eran menos exigentes ideológicamente. Dos estrategias comunes consisten en posicionarse a sí mismos como «malos trabajadores» o «malos estudiantes». El desprecio al trabajo, mostrando poco o ningún interés, o incluso negándose a realizar sus tareas, sirve como una fantasía cínica que los sitúa por encima de los entresijos del sistema; como una válvula de escape que les quita presión al carecer, en apariencia, de interés profesional. Las fantasías cínicas han ayudado a los periodistas a crear una subjetividad que no puede ser reducida al/por el sistema, sino que lo supera con creces. El siguiente fragmento ilustra el uso de este tipo de fantasías:

> *Entré a la carrera de periodismo con mucha ingenuidad, no tenía una visión crítica de la profesión ni de lo que era ser periodista. Mi visión crítica se desarrolló tal y como hacía la carrera. En mi caso, las restricciones fueron menores porque era mal estudiante y me mandaban a hacer prácticas a medios más pequeños (E9).*

El cinismo pude entender como una herramienta que permite que los periodistas medien entre una realidad «oficial», impuesta desde afuera, y una identidad propia incipiente que se manifiesta a través de un deseo de liberar su voz —y no tanto de oponerse al sistema—. En otras palabras, las fantasías cínicas permiten un diálogo entre una identidad —aparentemente— fija, la oficial, y su incapacidad de saturar el significado que los entrevistados le dan al periodismo y a los periodistas. En este sentido, el desarrollo de la agencia de los jóvenes periodistas depende de su capacidad de sobreponerse a las prácticas y discursos heredados. Esto se lleva a cabo no solo explorando posiciones ideológicas extremas, sino burlándolas con cinismo mientras se descubren nuevos espacios intermedios.

Invirtiendo en el yo profesional

Como se ha visto, los entrevistados consideran que los dos extremos del espectro (el Estado y los disidentes) se han apropiado de los debates políticos en nombre del pueblo. La inversión en fantasías de independencia profesional puede entenderse entonces como una forma de distanciarse de lo político, camuflando su posicionamiento —a veces paradójico, siempre en desarrollo— tras un aura de profesionalidad. Esto es clave para entender por qué los entrevistados prefieren construir su identidad a través de un discurso profesional más que ideológico. Esta sería la principal diferencia, según las entrevistas, entre el periodismo y el activismo.[12] Dada la posibilidad de elegir, se posicionan claramente del lado del periodismo profesional, entendido como algo que poseen: el título, y algo a lo que aspiran: la profesionalización del periodismo en Cuba. Esta distinción se observa en el siguiente fragmento: «*Diario de Cuba*, *Cubanet*... esos son medios digitales también. Pero tienen un estigma porque fueron los primeros. Empezaron como activistas y están muy polarizados» (E3).

Cabe destacar que ninguno de los entrevistados pone en entredicho el derecho moral de los activistas a liderar medios digitales disidentes. Sin embargo, la construcción de la identidad colectiva establece límites de pertenencia —y de exclusión— anclados en una visión del periodismo como profesión y del periodista como intelectual. La visión de los entrevistados es que la sobrecarga emocional y el condicionamiento político de los periodistas disidentes los vuelve menos «profesionales», llevándolos a promover, conscientes o no, una simplificación de la realidad social falta de complejidad, cuando la realidad cubana es compleja.

Las fantasías de profesionalidad que emergen en la investigación ofrecen claves importantes sobre aquello que se valora en el periodismo digital independiente, así como las que alimentan las prácticas profesionales emergentes. Lo que se desprende del análisis es la fantasía de que escapando de «lo político», entendido como un antagonismo extremo, se puede escapar de la política. Aún más, existe la fantasía de que, escapando de lo político, se puede corregir un periodismo abiertamente politizado y polarizador. Hay una percepción de que los primeros medios independientes (*14ymedio*, etc.) o en el exilio (*CubaNet* o *CiberCuba*, etc.) han contribuido a estable-

[12] Por ejemplo, Abraham Jiménez Enoa, director de la revista independiente *El Estornudo*, ha sido citado en ese sentido, recordando que el periodismo independiente en Cuba no debe confundirse con el activismo político (I. García, 2019).

cer narrativas binarias (E19). Al tomar una posición política clara contra el régimen, los disidentes alimentarían, de modo involuntario, el discurso oficial que reduce a los periodistas a amigos o enemigos del régimen.

Una de las consecuencias de distanciarse tanto de las prácticas oficiales como de las disidentes, que no se ven como formas profesionales de ejercer el periodismo, es la creación de una narrativa reduccionista sobre el periodismo. Al definir a los buenos periodistas como aquellos que tienen formación y objetivos eminentemente profesionales, los entrevistados están estableciendo nuevas fronteras de pertenencia que excluyen a aquellos que trabajan para medios estatales, que pueden tener buena formación pero no pueden expresar su talento dentro del sistema, y aquellos que son activistas y, por tanto, carecen de formación y de objetivos profesionales; en ambas situaciones, sería el periodismo el que sale perdiendo. La profesionalidad emerge como una fantasía capaz de anteponerse a los excesos políticos —polarizados— y emocionales del periodismo cubano. En este sentido, esta fantasía permitiría abrir nuevos posicionamientos intermedios dentro de la escala de grises. Sin embargo, la lógica fantasmática profesional no puede evitar tener un lado negativo y de exclusión; mientras se abre a identidades emergentes, otras son rechazadas.

Miedo a la ruptura: el yo paranoico

En su análisis del socialismo tardío en el cine cubano, Humphreys (2019) identifica la paranoia y la ambivalencia como posiciones comunes respecto a la Revolución. El término «lecturas paranoicas», que toma prestado de Sedgwick y Frank (2003), denota una manera de examinar la realidad social que desentierra aquello que permanecía sospechoso, pero oculto. En esta sección, la paranoia se entiende como una sospecha doble entre el Estado, que desconfía de los periodistas puedan amenazar el sistema, y los periodistas, que desconfían de un sistema que los puede castigar duramente si resultan «demasiado críticos». La sospecha parece emanar en lo más alto del sistema y, a medida que circula, alimentar un sentido de paranoia colectiva.

La opinión compartida de los entrevistados es que el gobierno cubano ha utilizado el miedo y la vulnerabilidad de los periodistas como una forma de silenciarlos en los medios estatales, pero también de disuadirlos de colaborar con publicaciones más allá de la oficialidad. Las entrevistas muestran que la represión ha ido de la mano con la expansión de los medios independientes. Si bien la colaboración inicial de algunos periodistas con medios no oficiales como *OnCuba* se veía problemática, esto solo acarreaba una represión moderada en su día a día y se les permitía seguir trabajando para el Estado. Sin embargo, tal y como los periodistas empezaron a correr los límites imprecisos de lo que era aceptable decir y hacer, las experiencias de represión aumentaron en frecuencia e intensidad. Así lo expresa un periodista, aún en su servicio social en un periódico oficial cuando él y sus compañeros empezaron a colaborar con medios digitales independientes:

> *Yo había publicado un trabajo en* OnCuba *que molestó muchísimo. Entonces, un día estaba sentado en la redacción del periódico y vi que había un señor que no conocía detrás de mí. Me dijo: «Necesito hablar contigo». Salí de la redacción; se presentó como un oficial de la Seguridad del Estado. Ese señor me llevó a una oficina del periódico y me interrogó por una hora y media sobre mi trabajo. Me ofreció colaborar con la Seguridad del Estado. También me insinuó que, si yo no hacía las cosas como ellos querían, podían declararme contrarrevolucionario y mi vida podía ser un infierno. Este es el tipo de amenazas y de acoso que empezamos a sufrir. Eso en el lugar de trabajo, pero nos dimos cuenta también de que varios oficiales de la Seguridad del Estado estaban buscando información sobre cada uno de nosotros en nuestros barrios (E7).*

Este fragmento ayuda a entender cómo los intentos fallidos de cooptar a los periodistas se pueden transformar rápidamente en presiones y amenazas directas. En tan solo unos meses, el periodista explica que todos los que estaban completando el servicio social en el periódico se marcharon: renuncias, sanciones, expulsiones. Como explica otro, el miedo es instintivo y, cuando estás bajo su efecto, desdibuja el rango de posibilidades que percibes, haciendo que la ruptura con el sistema parezca imposible: «Yo sentí durante mucho tiempo que no tenía miedo, que podía hacer lo que me diera la gana y era feliz [...]. Pero luego llega un momento en el que tienes miedo y, cuando tienes miedo, se va la razón» (E17).

La interacción entre periodistas en redes sociales o aplicaciones móviles hace que el miedo individual de los periodistas se canalice a través de fantasías paranoicas que no solo abarcan a aquellos que han sufrido amenazas y represalias en carne propia; también a quienes son conscientes de su existencia y de lo que les podría suceder a través de las experiencias compartidas por sus compañeros. De nuevo, la represión del Estado los empuja hacia los límites de su yo emocional, creando fantasías horríficas que bloquean su habilidad para pensar de modo racional y para romper ontológicamente con el sistema.

Este capítulo ha tomado un acercamiento posfundacional para estudiar la función que desempeñan las lógicas fantasmáticas en las prácticas de los periodistas cubanos que trabajan en medios oficiales. La inversión en fantasías les permite estar parcialmente comprometidos con el sistema, mientras fantasean con dejarlo atrás. Las entrevistas revelan que las fantasías de los periodistas son una forma de posicionarse más allá de su yo político y emocional, rechazando la excesiva politización y emocionalización de su profesión. En su lugar, los entrevistados se sumergen en fantasías de profesionalización, en ocasiones con cinismo, con el objetivo de navegar sus presiones diarias. Sin embargo, cabe remarcar que las fantasías no siempre son agradables, ya que las fantasías horríficas, como la paranoia, sirven para recordarles el poder del miedo y su efecto disuasor, pudiendo atrasar una ruptura ontológica con el sistema.

Tomando como punto de partida conceptos del análisis del discurso teórico, este capítulo ha examinado la paradoja de los periodistas que han invertido «visceralmente» en la Revolución mientras fantasean con una ruptura. Esta paradoja existe porque la identificación profesional e ideológica de los periodistas con la Revolución es incapaz de saturar su identidad. La inestabilidad interna del discurso oficial y su interacción con articulaciones alternativas de la realidad cubana puede llevar a los periodistas a experimentar un «fallo estructural de su identidad» y activar la búsqueda de nuevas posibilidades identitarias (Laclau, 1990:44).

La identidad de los periodistas cubanos siempre ha sido compleja, caracterizada por continuos intentos de negociar su libertad personal y sus condiciones profesionales con el sistema (Garcia Santamaria, 2018c). Sin embargo, las generaciones de periodistas más experimentadas han vivido en un contexto en el que los medios estatales eran hegemónicos, dejándoles tan solo dos formas claras de ruptura: dejar el periodismo y/o dejar el país. Sin embargo, las nuevas generaciones se encuentran inmersas en una revolución digital que está alterando la hegemonía mediática del Estado, creando nuevos medios digitales alternativos. Mientras que las tecnologías digitales han contribuido a una dislocación del discurso oficial, esto no significa que tengan un poder de agencia, sino que son capaces de mediar la de las personas. Por tanto, la dislocación del periodismo oficial viene acompañada de una dislocación de la identidad profesional de los periodistas cubanos, creando nuevas oportunidades de identificación a todos los niveles. Su habilidad para disputarle significados al sistema, creando la posibilidad de elegir entre diferentes identificaciones, es precisamente lo que posibilita la emergencia de la agencia periodística.

Las entrevistas han sido de gran ayuda para entender por qué los periodistas jóvenes pueden estar presos del discurso y de las prácticas revolucionarias, y sentirse al mismo tiempo incapaces de trabajar dentro de las relaciones de poder creadas en nombre de la Revolución. Esta contradicción, sumamente compleja, ha llevado a todos los entrevistados a romper con el sistema e invertir en medios independientes. Esta decisión final, para nada simple, ha estado influida por una serie de confluencias que han hecho que sus fantasías ya no pudieran seguir reconfortándolos. Primero, los periodistas se dieron cuenta de la promesa fallida de una renovación interna del periodismo oficial cubano dentro de la «actualización» de las estructuras sociales y económicas. Casi al mismo tiempo, las esperanzas de despolarización se desvanecieron cuando el restablecimiento de relaciones diplomáticas con Estados Únicos empezó a tambalearse en 2016 con la elección de Donald Trump.[13] Además, desde la reapertura de relaciones diplomáticas facilitada por Barack Obama, Cuba se convirtió en el foco de todas las miradas y muchos periodistas jóvenes encontraron un público más allá de la Isla ansioso por escuchar voces «intermedias». Esto se tradujo en la aparición de organizaciones internacionales con voluntad y capacidad para formar en lo profesional a jóvenes periodistas y financiar nuevos proyectos. La fantasía de ser capaces de llegar a un público internacional ayudó a los periodistas a abandonar, poco a poco, esas fantasías de renovación interna y a posicionarse como pioneros de una nueva esfera mediática.

Es bastante común asumir que los medios cubanos independientes son inevitablemente oposicionales e inherentemente democratizadores. Sin embargo, este capítulo contribuye a poner en relieve el fallo analítico de las narrativas simplificadoras que equiparan la alteridad periodística con la oposición política, sin tomar en cuenta los procesos complejos de identificación, cooptación, negociación y resistencia en los que opera el periodismo cubano, tanto desde lo individual como desde lo colectivo. Los periodistas independientes han creado nuevas fronteras de pertenencia profesional que van más allá del sistema polarizado de principios de los años 2000. Sin embargo, al establecer nuevas fronteras de pertenencia, estas nuevas narrativas excluyen a aquellos saturados a nivel político o emocional, en cada uno de los extremos del espectro oficial-disidente.

---

[13] Falta por ver cuál será la política de Joe Biden al respecto.

Enfrentados a las presiones que subyugan el periodismo a la política, en cualesquiera de sus colores, los periodistas cubanos han utilizado lógicas fantasmáticas de profesionalización como forma de liberar sus objetivos de una estructura hiperpolitizada que amenaza con aniquilar sus sueños. Sin embargo, si el ansia por escapar posicionamientos «políticos» claros es una estrategia profesional útil a largo plazo o solo una forma de retrasar la confrontación directa con el sistema, continúa siendo una pregunta abierta.

9

PERIODISTAS Y MEDIOS ESTATALES CUBANOS: PERCEPCIONES Y ESTRATEGIAS DE AUTONOMÍA

(Anne Natvig)

(Noruega, 1986). Candidata a doctora en el Departamento de Periodismo del Volda University College y la Universidad de Oslo, donde investiga el periodismo en los medios estatales cubanos. Sus áreas de interés académico son el periodismo en América Latina, la sociología y la antropología social. Sus publicaciones más recientes son: «Cuban Journalism Students: Between Ideals and State Ideology»; «Diverging Ideals of Autonomy: Non-state Media in Cuba Challenging a Broken Media Monopoly»; y «A Place Under Siege: Self-censorship Strategies among Cuban State Media Journalists».

Según el académico cubano Julio García Luis, los amigos o colegas que visitan Cuba a menudo le hacen la siguiente pregunta: «¿Por qué, ustedes, con una revolución tan apasionante, tienen sin embargo una prensa tan aburrida?» (2013b:127). Se puede encontrar una posible respuesta al revisitar las conocidas palabras de Fidel Castro: «Dentro de la Revolución, todo; contra la Revolución, nada» (1961b). Trabajar para los medios estatales en Cuba es difícil para los periodistas que quieren perseguir ideales profesionales «occidentales», como la crítica y el debate. Este capítulo aborda cómo algunos de estos periodistas navegan dentro del estricto marco de lo que el PCC define como información «apropiada» para el público y busca responder las siguientes preguntas: ¿qué percepciones de autonomía tienen los periodistas que trabajan para los medios estatales cubanos?, ¿qué estrategias aplican para ampliar su autonomía periodística?

La mayoría de los periodistas que trabajan para los medios estatales cubanos son producto de una extensa educación universitaria de cinco años. Los ideales profesionales que les enseñan en la universidad están mucho más cerca de los principios y paradigmas «occidentales» de crítica y debate que de la realidad que encuentran una vez empleados en los medios estatales. Esto conlleva ajustes iniciales difíciles, compromisos profesionales constantes y un descontento general con la escasez de información ofrecida. La frustración de estos periodistas dentro de medios oficiales ha aumentado con la reciente expansión del acceso a Internet en la Isla y por la verdadera explosión de medios de comunicación digitales independientes, que ofrecen a sus reporteros mucha más tolerancia con la autonomía periodística. De hecho, estas nuevas empresas se han construido alrededor de una clara expectativa de autonomía, combinada con los ideales periodísticos clásicos de imparcialidad, investigación, crítica y debate (Henken, 2017).

La función de los medios estatales es apoyar las políticas del PCC. Además, todos los medios de comunicación estatales están sujetos a la regulación y el control del Departamento Ideológico del PCC. Como me explicaron los participantes en este estudio, las líneas de comunicación y control entre este y las salas de redacción pueden adoptar diversas formas,[1] como llamadas telefónicas o visitas personales en las que sus representantes informan a los editores sobre la agenda actual de los medios del Partido. Como *Granma* es el principal periódico del país y el «órgano oficial» del PCC, lo escrito en él se interpreta como una guía para otros periódicos, que a menudo reimprimen o republican de manera digital sus artículos, textualmente. Como regla general, si *Granma* evita un tema delicado, ningún otro periódico lo tocará.

El 4 de julio de 2019, el presidente de Cuba, Miguel Díaz-Canel, aprobó una nueva política sobre las TIC como Decreto-Ley 370.[2] Asimismo, otro documento al respecto, que supuestamente ha sido aprobado por el Buró Político del PCC, ha estado en circulación informal durante más de un año. Algunos periodistas lo consideraron un ligero aflojamiento del control sobre los medios estatales. Otros vieron poco o ningún cambio en la nueva política, excepto que no prohibía en específico a los actores no estatales (*Periodismo de Barrio,* 2018; A. Rodríguez, 2018b). Tampoco quedaba claro qué impacto real tendrían esas nuevas políticas en los medios estatales. Sin embargo, a principios de 2021, el Gobierno publicó nuevas regulaciones para el ejercicio del trabajo por cuenta propia y en agosto legalizó las micro, pequeñas y medianas empresas. No obstante, practicar de manera privada o autónoma casi todas las profesiones seguía estando prohibido, incluyendo el periodismo.

---

[1] Los estudiantes de periodismo entrevistados para esta investigación explican que, durante los períodos de capacitación práctica, a menudo encuentran problemas al escribir artículos delicados. Otras personas han reescrito su trabajo o se les ha dicho que cambien el contenido ellos mismos. Parece que los periodistas recién graduados o los estudiantes de periodismo aprenden a navegar temas delicados a través de la «socialización» (Breed, 1955:328); también parecen estar más dispuestos a oponerse a las normas establecidas que los periodistas que trabajan en los medios estatales (cfr. Natvig, 2018).

[2] Resumidos, los objetivos son: continuar la «informatización» del país, desarrollar las TIC como un instrumento en la defensa de la Revolución, promover su acceso y «uso responsable» por parte de la población y entre los organismos estatales y gubernamentales, así como asegurar su «soberanía tecnológica» en el desarrollo de la informatización del país («Decreto-Ley no. 370…», 2019:764).

Si bien el Decreto-Ley 370 no establece los derechos y obligaciones de los medios de comunicación, el documento de política sí lo hace. Literalmente, establece que «[e]l director de cada medio de comunicación es responsable, de modo personal e intransferible, de la ejecución de la política informativa, editorial y cultural en su órgano» (PCC, 2018:12). Al mismo tiempo, este documento de política establece que el PCC es «rector de la comunicación social en el país, traza la política general para su desarrollo y ejerce su control» (ibíd.:10). Esto significa que hay un cierto grado de autonomía dentro de cada sala de redacción. Los diversos directores deciden qué se imprime o se transmite, pero el PCC desempeña un papel de supervisión. Según los periodistas de alto rango incluidos en este estudio, es importante evitar cruzar la línea invisible que provocaría que el Departamento Ideológico se involucre de modo directo en la evaluación de contenido específico. Por tanto, los directores son responsables de anticipar y censurar de manera preventiva los temas a los que se pueda oponer. Los riesgos de ser castigado o despedido, por salirse de o cruzar esta línea invisible son, por tanto, una fuerte motivación para la autocensura. Además, el PCC a menudo asigna a los directores este papel porque han demostrado durante muchos años que son partidarios del sistema, lo cual hace que la autonomía de los periodistas situados en la base de la jerarquía periodística sea demasiado dependiente de su director. Como señaló Garcés (2013a), solo 50% de los líderes de los medios estatales cubanos tienen capacitación periodística y, en muchos casos, eso influye en las decisiones editoriales fuera de las consideraciones profesionales y hacia los intereses del PCC.

Sin embargo, con la reciente expansión de Internet en Cuba, han aparecido en la escena nacional varios tipos de medios digitales no estatales, socavando por completo la hegemonía del sistema de medios estatales cubanos. La mayoría de los periódicos internacionales y servicios de cable (*El País*, *The New York Times*, *Reuters*, *EFE* y *Associated Press*) están acreditados por el CPI, administrado por el Estado, y corren el riesgo de perder autorización y residencia legal si son demasiado críticos con el Gobierno.[3] Por otro lado, la gran variedad de medios de comunicación emergentes e independientes —tanto los que Henken (2017) denomina «*millennials* digitales» como los más audaces «disidentes digitales»— tienden a ser más abiertos en sus críticas al gobierno

[3] Mauricio Vicent, enviado especial de *El País*, perdió su acreditación porque el CPI consideró que su cobertura ofrecía una imagen «parcial y negativa» de Cuba (*El País*, 2011). Se dio la misma razón para no renovar las visas de Gary Marx (*Chicago Tribune*) y de César Gonzáles-Calero (*El Universal*) (*Reporteros sin Fronteras*, 2007). Por la misma razón, Fernando Ravsberg, exmiembro de la *BBC*, cerró su blog *Cartas desde Cuba* después de informar desde la Isla durante casi treinta años (Pentón, 2018).

cubano y sus políticas que la prensa extranjera. Como resultado, estos nuevos medios digitales independientes basados en la Isla reciben un flujo constante de acoso. Algunos son incluso bloqueados por servidores nacionales controlados por el Estado, ya sea la creciente red pública de acceso Wi-Fi o a través de las conexiones móviles 3G habilitadas en diciembre de 2018.

Presagiando la aparición de estos medios digitales independientes, se abrieron varios blogs desde Cuba, especialmente en el período 2007-2008. La respuesta del Estado fue doble. Por un lado, retrató a los blogueros no autorizados más prominentes y abiertamente críticos como mercenarios del gobierno de Estados Unidos («lacayos del imperialismo»). Por otro, abrazó activa y públicamente a un puñado de otros blogs y blogueros, intentando utilizarlos como una herramienta para contrarrestar lo que consideraba contenido «anticubano» (Henken, 2011a; Vicari, 2015). Después de esto, los periodistas de los medios estatales tuvieron acceso a Internet desde sus hogares con la condición de que abrieran un blog —en teoría un espacio personal sin mediación— que representara un punto de vista oficial. Así, la UPEC enumera más de ciento sesenta blogs escritos por periodistas de todo el país (2018). Sin embargo, cuando uno intenta acceder a estos blogs, la mayoría dejó de publicarse después de 2012 o se suspendió o eliminó por completo —momento en que la blogosfera cubana comenzó a disminuir—. Esta tendencia funciona a la inversa para los treinta blogs que aparecen enlazados en el periódico *Granma*, la mayoría de los cuales todavía están activos.

Esto es importante porque, hasta cierto punto, el formato de blog podría potencialmente constituir una oportunidad para que los periodistas que trabajan para los medios estatales cubanos puedan expresarse con más libertad. Ahora bien, la mayoría de los blogueros independientes antes activos se ha unido alrededor de colectivos periodísticos, creando sus propios medios de comunicación basados en la Isla (*14ymedio*, *Periodismo de Barrio*, *El Toque*, *El Estornudo* y *Tremenda Nota*), algo que Marreiro (2014:30) había previsto. Por su parte, los jóvenes cubanos de hoy en día no se dedican tanto a los blogs, sino que han creado sus propios canales de YouTube (*AP*, 2018) o páginas personales en Twitter (*OnCuba*, 2019; Pentón, 2019), Instagram o Snapchat —incluso Tinder—, como otros jóvenes de todo el mundo.

Autonomía periodística en contextos autoritarios

Para comprender la autonomía periodística en Cuba, es relevante revisar brevemente las diferentes interpretaciones de la autonomía periodística en perspectiva comparada. Según Jane B. Singer, los periodistas estadounidenses consideran que la autonomía está cumpliendo «sus obligaciones de servicio público de informar a la ciudadanía, libre de las influencias del gobierno o de cualquier otra fuerza» (2007:81). Esto es coherente dentro del rol profesional del «vigilante independiente» que Thomas Hanitzsch describe como «prototipo del periodista occidental» (2011:485). Monitorear las élites políticas y económicas de esta manera —«mantenerlas honestas» o exigirles una «rendición de cuentas»— es una función del periodismo a nivel mundial y el apoyo a este rol se ha identificado en países de todo el mundo (ibíd.:487).

Katrin Voltmer y Herman Wasserman (2014:189) encuentran que hay dos procesos paralelos, y a menudo conflictivos, que tienen lugar cuando los periodistas en las democracias emergentes interpretan la libertad de prensa. Algunos países se inclinan hacia las premisas de lo que ellos llaman comúnmente «discursos occidentales». Eso puede ser reclamar la membresía en una comunidad profesional global en la que pedir cuentas a quienes ostentan el poder se ve como un valor periodístico esencial. Sin embargo, otra forma es a través de aspectos históricos y culturales que pueden estar en contradicción con esta «noción occidental». Por ejemplo, la forma en que los periodistas perciben su papel en la sociedad puede guiar cómo definen sus responsabilidades respecto a la libertad de prensa. En países autoritarios como China, Indonesia, Rusia y Uganda predomina el «rol de facilitador oportunista» —se puede encontrar este rol en todos los tipos de regímenes políticos y en países occidentales—. Los periodistas allí perciben su rol profesional como apoyo al Gobierno, cooperando con políticas oficiales; un rol que ha surgido a través de diversos factores políticos e históricos en los respectivos países (Hanitzsch *et al.*, 2011:282). Sin embargo, los periodistas pueden experimentar la presencia del Estado como una fuerza que limita su percepción de autonomía profesional. Detener un gobierno democrático es una condición importante para la autonomía periodística (Reich y Hanitzsch, 2013:149). Por tanto, analizar la autonomía en los países autoritarios requiere un enfoque diferente de aquellos estudios centrados en la autonomía periodística en las democracias occidentales. Los periodistas en sociedades autoritarias pueden negociar entre varios objetivos, además de cumplir sus roles ideales como profesionales.

Por ejemplo, tras la revolución de 1952, la prensa egipcia fue puesta bajo control político. Con el fin de mantener parte del progreso profesional del que habían disfrutado antes de la revolución, los periodistas encontraron cercanía con los que estaban en el poder a través de un papel como expertos o asesores, lo que vieron como una forma de ampliar su autonomía. Además, al redefinir su papel en la sociedad hacia el de «testigos oculares o historiadores», podían desarrollar contranarrativas a relatos oficiales contemporáneos o históricos. Hoy en día, el fácil acceso a los nuevos medios digitales ha ayudado a exponerlos a las prácticas periodísticas occidentales más fácilmente. Esto ha servido como un puente entre culturas que los jóvenes periodistas árabes han utilizado para reformar sus sociedades —y su práctica del periodismo— desde dentro (Mellor, 2009:318).

Durante la era soviética, los periodistas estonios practicaron diversas formas de «resistencia silenciosa» contra las restricciones a su autonomía. Sus estrategias incluían enfatizar temas apolíticos para disminuir el papel del discurso ideológico oficial y usar medios lingüísticos para eludir las demandas del Partido (Lauk y Kreegipuu, 2010). Jingrong Tong (2009) sostiene que, en las organizaciones de medios de comunicación más liberales de China, la presión externa del Gobierno sobre las salas de redacción, combinada con cierta autocensura, paradójicamente ha permitido visibilizar males sociales. Por ejemplo, al calibrar con cuidado los informes e incluir el discurso oficial, se pueden abordar temas delicados. Tong argumenta que esta forma selectiva de escritura aumenta de hecho la autonomía, ya que ayuda a las salas de redacción a evitar campos minados políticos y aumenta la posibilidad de publicar sobre temas sensibles a nivel político. Sin embargo, como sugieren Reich y Hanitzsch (2013:152), se necesitan más estudios cualitativos sobre cómo los periodistas experimentan y negocian la autonomía en sociedades autoritarias y en transición. Este capítulo espera contribuir a estos debates, al enfocarse en las percepciones y estrategias de autonomía que utilizan los periodistas que trabajan dentro de la estructura de los medios estatales cubanos.

Autonomía profesional

Según Silvio Waisbord (2013:45-71), el ideal liberal del periodismo como mercado de ideas no es suficiente para garantizar una verdadera autonomía. Para que el periodismo pueda informar sobre asuntos relevantes para el público, debe distanciarse de los intereses estatales y corporativos. En particular, distingue entre «autonomía de prensa» y «periodismo profesional» (ibíd.:53). La primera se refiere a la importancia de garantizar la independencia de la prensa del Estado en democracia, mientras que el segundo está vinculado a un elemento central del profesionalismo: «la necesidad de controlar los límites frente a los actores externos (el Estado, el mercado y política organizada) para servir al interés público» (ibíd.:54). Sin embargo, en contextos capitalistas liberales, erigir un cortafuegos de principios impenetrables entre la práctica periodística y los intereses corporativos es un ideal casi imposible de lograr. Pero los periodistas profesionales no necesariamente sucumben a los intentos de control de actores externos; la autonomía también depende de la propia voluntad de estos de preservar los límites de la profesión. Las estrategias para mantener la autonomía consisten en tratar de mantener o recuperar la soberanía sobre su jurisdicción profesional o intentar hacer arreglos que logren un equilibrio de principios entre los ideales periodísticos profesionales y las fuerzas externas como el mercado, el gobierno o la burocracia. El resultado es una negociación constante entre consideraciones profesionales y factores no profesionales (ibíd.:150).

El académico cubano Julio García Luis (2013b:87) considera que los medios tienen «el papel trascendente como agencia productora y reproductora del sistema político, de los valores y cultura de la sociedad». La prensa puede ser vista como un sistema abierto que interactúa con otros sistemas como el político, el jurídico, el económico, el cultural o el individual. Estos sistemas se relacionan entre sí de diferentes maneras. Si es una relación obligatoria, el sistema es rígido. Si es posible sustituir un elemento por otro y que sigan funcionando, es opcional y, por tanto, más flexible (ibíd.:88). Estos elementos constituyen lo que «regula» la prensa —en oposición al control absoluto de la misma como propaganda estatal—. Al mismo tiempo, la prensa es un sistema en sí mismo, con sus propias estructuras internas que son capaces de «autorregular» su actividad. Sin embargo, la «autorregulación» solo es funcional si existe una buena «regulación»; de lo contrario, es simplemente un eufemismo para la «autocensura».

García Luis también argumenta que las constantes amenazas externas a Cuba por parte de Estados Unidos en los años posteriores al triunfo de la Revolución en 1959 —a menudo entendida como un «estado de sitio» que dio origen a una «mentalidad sitiada» entre los funcionarios cubanos— influyeron en la visión del periodismo por parte de los líderes cubanos, que lo vieron como una institución relacionada de manera directa con los intereses del PCC y con la defensa de la soberanía nacional encarnada por la Revolución y el socialismo de Estado (ibíd.:90-101). Esto ha socavado fatalmente la capacidad de la prensa cubana de «autorregularse». Por tanto, ha perdido autoridad a la hora de tomar decisiones y elegir las mejores soluciones para cumplir en lo profesional su papel en la sociedad, convirtiéndose en un mero instrumento propagandístico del sistema político-ideológico.

Este no es un juicio sobre los periodistas que trabajan en los medios como (buenos o malos) profesionales. En cambio, se trata del sistema en sí, un sistema que, en consideración de García Luis, Cuba debería haber podido cambiar en los años transcurridos desde principios de la década de 1960. Por ejemplo, en un cuestionario al que respondieron los periodistas cubanos, descubrió que solo 11% consideraba que los líderes de los medios tuvieran poder sobre las decisiones editoriales, mientras que más de 50% consideraba que los líderes del PCC ejercían la mayor influencia sobre los medios. Según García Luis, dicha regulación puede a su vez hacer que las personas que trabajan en los medios estatales estén «como los pajaritos en el nido, esperando a que les caiga en la boca todo masticado» (ibíd.:158).

Metodología

Los datos analizados en este capítulo se basan en entrevistas a 12 periodistas que trabajan en medios estatales cubanos, realizadas durante un trabajo de campo en Cuba en 2016. Debido a los desafíos de acceso para los investigadores extranjeros y la escasa difusión de las investigaciones originadas en la Isla —y la falta general de investigación en sí—, el estudio sobre los periodistas en los medios estatales ha sido limitado. La selección exclusiva de periodistas de medios estatales no era la intención original. Inicialmente, esperaba utilizar una muestra más diversa para poder comparar las experiencias y las luchas por la autonomía periodística en diferentes tipos de periodistas, incluidos aquellos que trabajan para medios no estatales. Sin embargo, el proceso de solicitar y obtener un visado de investigación por parte del gobierno cubano hizo imposible un enfoque más inclusivo.

Para asegurar el anonimato de los participantes, se les dio seudónimos a los periodistas y se los colocó en tres categorías de edad: jóvenes (20-34), de mediana edad (35-49) y adultos mayores (50+). Los participantes van desde reporteros recién graduados hasta editores de larga data, pero se han omitido títulos y afiliaciones. Las respuestas de los periodistas entrevistados no son aplicables a todos los periodistas en Cuba. Sin embargo, son indicativos de tendencias y estrategias periodísticas clave y ofrecen algunos puntos de vista ilustrativos sobre su autonomía en una sociedad cambiante.

La guía de entrevista utilizada en la investigación se inspiró en el marco del Estudio de Mundos del Periodismo (WJS, 2012). Cubrió las rutinas diarias, la autonomía y los cambios en el panorama de los medios cubanos, al mismo tiempo que dejaba espacio para que los participantes elaboraran temas particularmente importantes para ellos (Bryman, 2016). Las preguntas clave para este estudio fueron: ¿qué significa para usted la autonomía periodística?, ¿quién decide qué historias deben priorizarse?, ¿cuánto decide usted sobre su producción periodística?, ¿alguno de sus artículos ha sido retenido o reescrito? Además, se realizaron cinco entrevistas grupales con estudiantes de periodismo. Me referiré a los datos de estas entrevistas para complementar aquellas a periodistas profesionales.

Percepciones de autonomía

Cuando les pedí que definieran la autonomía a nivel general, la mayoría de mis entrevistados lo hicieron como una responsabilidad que navega entre las obligaciones con el colectivo y con el individuo. Un joven periodista, Carlos, cree que los medios de comunicación «deben ser antimperialistas, deben defender las ideas y luchas del Tercer Mundo, deben posicionarse a favor de los débiles y no de los fuertes [...] y deben defender la independencia y soberanía cubanas». Para él, la autonomía es tanto la protección de una Cuba autónoma como un tipo de agencia personal en la profesión periodística: «La autonomía sería la capacidad que tenga cada individuo, cada periodista, de guiar sus acciones, sus escritos sobre esos valores. Y no que tenga que venir nadie a decirte qué tienes que escribir o cómo tienes que escribirlo o de qué forma». Sin embargo, al describir lo que significa autonomía en la práctica, responden de diversas maneras. Muchos comienzan afirmando que trabajan con una autodeterminación sustancial. Por ejemplo, un periodista de mediana edad, Louis, dice: «Yo no creo que aquí exista censura; censura es cuando hay una dictadura, que hay un tipo que se llama censor, que viene con un lápiz rojo y una lupa, y te tacha una línea, y te amenaza. [...]. O sea, nadie escribe porque esté mandado, mandatado, obligado. Es imposible».

Muchos periodistas que trabajan en los medios estatales enfatizan la importancia de la libertad de los intereses corporativos. Un periodista de mediana edad, Juan, ejemplifica esto: «[Y]o creo, que el periodista cubano, a la hora de enfrentarse a su trabajo, a veces trabaja con un poco más de libertad que en muchos lugares del mundo. O sea, el periodista redacta su reportaje, no tiene que estar negociando por ejemplo con editorial o con su jefe lo que va a decir». Sin embargo, los medios estatales cubanos dependen del grado de libertad que el PCC les otorgue en cada momento. Juan continúa su argumento diciendo que su autonomía periodística depende de que el tema no sea «muy importante», lo que implícitamente significa un tema que no cuestione el liderazgo político.

Esto lleva a la segunda parte de lo que significa la autonomía para los periodistas: algo situado «dentro de los límites», que a menudo explican al referirse a las «pautas editoriales» de cada medio de comunicación. Como aclara la reportera principal María, el problema con estas pautas es que ni otorgan mucha autonomía ni siempre se siguen. Juan afirma que, si uno está de acuerdo con la línea editorial, hay un espacio sustancial para el movimiento. Sin embargo, si uno no está de acuerdo, debe irse y «buscar otro lugar para trabajar, que puede ser tal vez en un medio extranjero o hacerse su propio blog».

Estrategias de autonomía

Salir de los medios estatales e ingresar en otro tipo de medio es más fácil de decir que de hacer. El contenido, el estilo de escritura y la remuneración en los medios no estatales son elementos clave que atraen a los periodistas jóvenes a esta opción emergente, pero no hay espacio para todos. Por tanto, muchos periodistas jóvenes intentan mantener un pie en el sector estatal, más estable pero menos autónomo, y otro en el ámbito independiente, menos confiable pero más libre y mejor pagado (A. García, 2016). Otra forma de que los periodistas de medios estatales en Cuba ganen autonomía es evitando la cobertura de temas sensibles o particularmente «delicados». Por ejemplo, la joven reportera Tania considera que «[e]so es un ejercicio de balance y de batalla. Hay medios y temas más fáciles que otros. Los temas nacionales, hacia la realidad doméstica, es donde más difícil es».

Varios periodistas dicen que nunca han experimentado censura, pero también enfatizan que trabajan sobre temas al margen de lo que el PCC pueda considerar política, como la cultura, las tecnologías de la información o temas internacionales. El joven periodista Jorge dice: «Solía escribir sobre deportes, lo cual no es gran cosa. Por lo tanto, no se trataba de cuestiones políticas o nacionales». Entre los estudiantes de periodismo, la evasión de la política también se refleja cuando discuten en qué medio de comunicación estatal les gustaría hacer su pasantía obligatoria de dos a tres años después de graduados. Ninguno declara querer trabajar sobre asuntos domésticos, aunque varios comentaron que saben que también hay censura en los informes deportivos y culturales.

Las condiciones estructurales de los medios estatales no son favorables para los periodistas que desean denunciar problemas sociales o fallas institucionales a través de su trabajo. Según los periodistas entrevistados, la

ACN funciona como una «sede» para determinar qué eventos e historias deberían cubrir los medios estatales. Los periodistas también pueden proponer temas, pero los eventos de «máximo interés para el Estado» a menudo dejan pocos recursos para otras historias. Uno de los periodistas entrevistados tenía varias estrategias para superar las limitaciones existentes al cubrir las noticias. Trabajando en un medio de difusión estatal, se ofreció como voluntario para organizar un programa temprano en la mañana:

> *Eso me dio muchas oportunidades porque yo llegué a tener un espacio ahí de 10 minutos para hablar de política, de lo que me diera la gana. A esa hora no hay muchas decisiones tomadas, así que no hay muchos jefes que te molesten demasiado por los contenidos que tú estás contando, y tuve mucha libertad. Y hubo cosas que yo dije en esa revista que después no se dijeron más durante el día, pero las dije yo por la mañana.*

Otra forma de crear un espacio para opiniones fuertes es conseguir que una persona prominente, tolerada por el PCC, lo declare. Los intelectuales en Cuba disfrutan de un espacio de autonomía más amplio que los periodistas y, por tanto, pueden hacer reclamos públicos más desafiantes, incluso si estos también deben permanecer «dentro de los límites» (Garcia Santamaria, 2018b:33). En una serie de televisión que entrevistó al grupo mencionado, el periodista promovió historias de trabajo duro y sacrificio:

> *[p]ero también lo uso como excusa para visibilizar algunos problemas de la prensa. Y se han contado ahí cosas muy fuertes que se dicen en una reunión que yo no podría a lo mejor hacer en un comentario en el noticiero sobre eso, pero si me lo está contando Raúl Garcés, me lo está contando Raúl Garcés. Y de paso lo que está contando está poniendo el debate caliente sobre los problemas que tienen los medios en Cuba con autoridades, personas que son autoridades.*

Esto significa que la relativa libertad de intelectuales y académicos prominentes puede promover un efecto de goteo para expandir la autonomía de los periodistas que trabajan para los medios de comunicación estatales.

Usar blogs

Entre las muchas contradicciones en el sistema de medios estatales cubanos, una que restringe particularmente los ideales periodísticos es que todo lo impreso en los periódicos estatales puede interpretarse como una política oficial. Esto significa que los periodistas no pueden hacer comentarios críticos sobre los regímenes extranjeros en los medios estatales, ya que puede interpretarse como un mensaje del Partido, que a su vez puede causar dificultades en las relaciones bilaterales. Por ejemplo, como lo indicó el joven reportero Carlos, si un país de Oriente Medio le hiciera un préstamo a Cuba, los periódicos estatales no podrían escribir sobre violaciones de derechos humanos en ese país. En respuesta al empuje y atracción entre las obligaciones estatales y los ideales profesionales, algunos periodistas sienten que no tienen más remedio que dejar la profesión. Otros aún permanecen dentro de los medios oficiales, pero deciden evitar temas delicados o renunciar a hacer mucho trabajo serio, lo que, según Carlos, puede entenderse como una estrategia de protesta, pero también puede tomarse como una forma de consentimiento, obediencia, aquiescencia o autocensura.

Sin embargo, además de la colaboración con medios no estatales, otra estrategia para la autonomía entre los periodistas de los medios estatales es recurrir a sus blogs personales. De hecho, tres de los participantes en este estudio los usaron para este propósito específico. El periodista de mediana edad, Roberto, explicó que sería imposible para él en su trabajo periodístico oficial interrogar a un ministro o criticar directamente a alguien en el Gobierno, el Partido o la burocracia: «Eso yo no lo haría porque sabría que eso no me lo van a publicar. Tampoco tú escribes para que no te publiquen, lo he hecho en mi blog». Dijo que ha habido reacciones adversas a su blog, pero se abstuvo de especificar cómo se desarrollaron estos episodios o con qué estaban relacionados. En cambio, solo —aunque un poco críptico— afirmó: «Han pasado muchas cosas, pero estoy aquí, [y] uno sabe también las reglas del juego».

El joven periodista Carlos considera que su estrategia de bloguear es «una forma de presionar para que las personas entiendan que eso que salió en Internet en el blog, perfectamente pudiera salir en el periódico sin ser considerado una catástrofe». De hecho, afirma que varios editores, incluso «personas nos que dirigen», lo han llamado para decirle que las publicaciones de su blog podrían haberse publicado en el medio de comunicación estatal, como también es el caso de una de sus historias. Carlos dice que no ha tenido ningún problema con el contenido del blog, que considera fiel a los valores antes mencionados. Si un día encontrara problemas, dijo: «Yo me remitiría a esos valores, y si ellos no están de acuerdo con esos valores, pues yo me iría del periódico».

Parece que mantener cierto grado de transparencia hacia la élite política es clave para poder seguir blogueando como una forma de desahogarse.

Roberto dice que comenzó a trabajar con una institución gubernamental, informándoles sobre temas importantes en su blog y esto generó conciencia en otros organismos gubernamentales como el Departamento de Ideología. Es importante destacar que logró que un ministerio relevante viera que había temas que carecían de información adecuada en los medios estatales: « No creo que ninguna instancia de dirección se haya sorprendido con las cosas que yo he podido hacer o denunciar, porque lo sabían que ya yo estaba en eso».

Otro periodista, de mediana edad, llamado Ernesto, ha experimentado lo difícil que es saber dónde está el límite para los enunciados aceptables en los blogs. Una vez, escribió una publicación en el blog sobre una marcha pública de trabajadores independientes y luego fue despedido de su medio de comunicación. Sin embargo, la UPEC se involucró y se le permitió regresar luego de un mes de separación. Un tiempo después, publicó un discurso pronunciado por un funcionario del Gobierno en una reunión interna en su blog. Esto provocó que lo despidieran permanentemente y fuera suspendido de la UPEC. Ernesto dice: «Lo que dijo fue una cosa tan elemental que eso lo sabía todo el mundo, no es que reveló un secreto de Estado [...]. Yo no pensé tampoco que fuera a crear una cosa así, porque si lo hubiera sabido no lo hubiera publicado porque perder mi trabajo... perdí mi trabajo». Sostiene que la autonomía que pensó que tenía en su blog resultó ser una ficción, ya que no podía publicar nada que fuera en contra de la agenda del medio de comunicación estatal donde trabajaba: «Es decir, si tú te sales de la línea que ellos quieren que tú digas, o de lo que supuestamente es correcto para ellos que un periodista publique, ya ahí te pasa lo que me sucedió a mí». No debe subestimarse el efecto de la autocensura que pueden tener esos despidos en otros periodistas que trabajan para los medios estatales.

Navegando la autonomía

Gestionar las relaciones con actores externos es una característica importante de lo que Waisbord (2013) define como «periodismo profesional». Idealmente, ni los Estados ni las corporaciones deberían ejercer influencia sobre las decisiones periodísticas. Si bien este ideal normativo es difícil de cumplir en cualquier sistema político, el papel de los medios estatales como promotores de la «línea partidaria» del PCC en Cuba hace que esto sea imposible de lograr para los periodistas que ejercen su profesión en ellos.

Aun así, no significa que estos periodistas hayan renunciado por completo a mantener, negociar, navegar o eventualmente recuperar la autonomía dentro de las estructuras oficiales.

La amplia educación universitaria donde se fomentan las críticas y el debate es una gran ventaja para los periodistas cubanos. De hecho, los entrevistados son conscientes de las posibilidades de crítica, responsabilidad y debate en sus prácticas periodísticas si la estructura les permitiera desarrollarlas.[4] De hecho, este puede ser el caso de muchos periodistas en países con una libertad de prensa limitada. Examinando doce países con libertad de medios limitada o nula, Josephi concluye que «la educación periodística no puede usarse como una señal de cuán libre o no es el sistema de medios del país» (2010).

Aunque los periodistas de los medios estatales cubanos cumplen firmemente con el papel de facilitador leal (Mellado *et al.*, 2017; Olivera y Torres, 2017), los estudiantes de periodismo cubanos muestran un interés mucho mayor en temas políticos que sus contrapartes en Ecuador y Venezuela. Cerca de la mitad de los estudiantes cubanos encuestados (N=383) afirman estar muy o en extremo interesados en política (Alonso *et al.*, 2017:254). El marcado contraste entre una fuerte preparación periodística unida al interés en la política y una realidad desconcertante en los medios de comunicación estatales hace que la disonancia entre ideales y prácticas sea difícil de asimilar para los graduados en periodismo (Natvig, 2018).

En cuanto a cómo los periodistas de los medios estatales definen la autonomía, se encuentran divididos entre una doble responsabilidad: deben considerar las necesidades de la nación, pero al mismo tiempo trabajar sin interferir con el PCC. El sistema cubano —a menudo referido como un «régimen» por sus críticos) es un tema muy politizado, no solo a nivel interno,

[4] Las consecuencias del reciente caso del silencio de los medios de comunicación oficiales cubanos en julio de 2019 ante los apagones que el Gobierno había prometido públicamente que no ocurrirían, es un buen ejemplo de este dilema. En un par de tuits enviados el 18 de julio, Elaine Díaz, exprofesora de periodismo digital en la Universidad de La Habana y ahora directora del sitio de noticias independiente *Periodismo de Barrio*, llamó a los periodistas estatales cubanos a asumir su fracaso periodístico en directa referencia al papel que desempeñó la pedagogía crítica en su educación universitaria. «En estos días de silencio sobre los apagones me preguntaba cómo tantos y tantos periodistas podían callar. Cómo reconciliaban lo que habían aprendido en la academia con ese apagón informativo» (https://twitter.com/elainediaz2003/status/1152015188456955905). «Cómo pudieron leer y discutir "A sangre fría", el caso Watergate, los reportajes de Tom Wolfe, "La noche de Tlatelolco", editados por la Pablo y aun así callar hoy. Callar todos los días. O contar solo una parte de la realidad» (https://twitter.com/elainediaz2003/status/1152015195050348544).

sino también, quizás, sobre todo, internacional. Los periodistas cubanos son muy conscientes de la posible resonancia que puede provocar una historia publicado en medios estatales fuera de las costas de la Isla. Por tanto, están obligados, tanto formal como informalmente, a ciertas obligaciones de proteger al Estado, en especial porque la atmósfera de asedio en la Isla permite que el Gobierno se confunda con el Partido y la nación. Cualquiera que haya deambulado por las calles de La Habana, o cualquier otra ciudad cubana, sabe que las discusiones políticas abundan entre vendedores, amigos y familias. Es revelador que, a pesar del alto nivel de interés en política que muestran los estudiantes de periodismo, los periodistas establecidos buscan evitar este tema en su trabajo debido a las limitaciones implícitas en su autonomía. Aunque algunos argumentan que es una responsabilidad colectiva trabajar desde adentro para crear estructuras para ampliar la autonomía, la mayoría considera que el sistema es demasiado rígido para cambiar sin voluntad política desde arriba.

Incluso la emergente cosecha de nuevas empresas independientes de medios no estatales en la Isla se dedica cuidadosamente, a menudo, a la evasión estratégica de la política como vía de supervivencia importante. Por ejemplo, muchos usan «el paquete» como método de distribución. Sin embargo, los distribuidores de este servicio siguen asiduamente la regla de «ni porno ni política». Al carecer de una base legal, esta práctica de autocensura es uno de los costos de permanecer en el juego (Henken, 2021).

Si una historia mediática puede ser interpretada como cuestionadora del régimen político (socialismo de Estado o Revolución), se puede esperar la censura, la retirada de la tolerancia o la represión. Este resultado fue el destino de la influyente revista independiente *El Estornudo* (M. E. Álvarez, 2018; C, M. Álvarez, 2019). Al ser bloqueada, sus editores publicaron una carta diciendo que no van a «modificar un ápice la línea editorial» en dirección hacia las expectativas de los poderes políticos (*El Estornudo*, 2018). Un camino más fácil para los periodistas, ya sean oficiales o independientes, es simplemente evitar estas «áreas de contradicción», como lo expresan algunos periodistas. Escribir sobre deportes, cultura o tecnología hace que la disonancia entre los ideales periodísticos y la realidad sea más fácil de superar, y las contradicciones parecen ser más escasas. Sin embargo, incluso en estas áreas temáticas más blandas, uno nunca puede estar siempre seguro de cuándo o cómo podría aparecer de repente una nueva «área de contradicción», en lo que de otro modo sería un tema inocuo. En otras palabras, la línea entre lo que se considera «dentro de la Revolución [digital]» y fuera, o incluso en contra de ella, es quizás deliberadamente nebulosa, lo que lleva a la práctica común de la autocensura por parte de los periodistas que trabajan tanto para el Estado como para los medios independientes.

Como señalaron Waisbord (2013) y García Luis (2013b), la autonomía es una condición previa para la práctica periodística y un marco legal es elemento esencial para garantizar la autonomía periodística. Si bien los periodistas e intelectuales cubanos han pedido una menor dependencia del PCC (Elizalde, 2013; Garcés, 2016; García Luis, 2013b), estas demandas siguen siendo teóricas y evitan las críticas directas a la élite política. Como ya se mencionó, la establecida política de comunicación y el Decreto-Ley 370 —un proceso que ha llevado más de cinco años, y del cual los periodistas en este estudio han tenido grandes expectativas— no han definido un marco que asegure la autonomía periodística, sino que crearon más confusión sobre parámetros invisibles esbozados por el PCC.

Para aquellos periodistas que optan por escribir sobre el difícil tema de la política, una forma de crear espacio para opiniones que difieren de la línea del Partido es encontrar programas y publicaciones que sean menos escrutadas o utilizar a intelectuales aceptados por el PCC como una lámina o una voz de queja. Sin embargo, esta forma de moverse requiere un cierto estatus dentro de la jerarquía periodística y, por tanto, el reportero promedio o recién graduado no lo logra fácilmente. Las plataformas más accesibles para expandir la autonomía son los blogs, la colaboración con medios no estatales o abandonar los medios estatales por completo.

La fluidez de lo que se puede y lo que no se puede escribir sin consecuencias es quizás el aspecto más sorprendente del análisis de los tres blogueros entrevistados para este capítulo. Roberto y Ernesto están en gran medida en los extremos opuestos del espectro en la forma en que se acercan al «techo de cristal» invisible de la expresión tolerada. Roberto acepta cierta limitación a su autonomía al esforzarse por mantener informadas a las diferentes unidades burocráticas del PCC sobre las actividades que planea en su blog en cualquier momento. Tal apertura corre el riesgo de ser contraproducente, ya que el conocimiento de sus intenciones podría llevar a que se le prohíba publicar historias que considere importantes. Por otro lado, hasta ahora ha podido permanecer en el «juego» durante mucho tiempo y ha logrado expandir su autonomía y ganar un mínimo de aceptación política hacia su agenda. Este enfoque se relaciona directamente con las estrategias descritas por Waisbord (2013); periodistas que hacen arreglos con fuerzas externas para proteger partes de su autonomía.

En contraste, Ernesto se adhiere a ideales más cercanos a los paradigmas de autonomía asociados con las democracias liberales «occidentales», como la denuncia de problemas sociales y la exposición de fallas. Considera que la información relevante para la vida de las personas debería publicarse y debería poder hacerlo en su propio blog. Sin embargo, en un Estado autoritario donde incluso los blogs periodísticos comprometidos con el proyecto revolucionario son potencialmente sospechosos, es probable que tales ideales provoquen consecuencias negativas. Al perder su trabajo y la siguiente cadena de eventos que condujeron a dificultades para conseguir uno nuevo, se vio despojado por completo un espacio de maniobra. El tercer bloguero, Carlos, renunció a su trabajo en los medios estatales y comenzó a trabajar para un medio no estatal. Los editores y líderes de los medios no estatales son en su mayoría periodistas capacitados en lo profesional. A pesar de tener que evitar la política, a menudo priorizan historias que no están disponibles en los medios estatales. Aunque Carlos, de modo pragmático —con idealismo o quizás un poco de ingenuidad— trató de usar su blog como una forma de mejorar los medios estatales desde adentro, parece que el «sistema» no apreció sus esfuerzos.

Conclusiones

Las «Palabras a los intelectuales» de Fidel contienen en sí mismas algunas estrategias periodísticas para evaluar la autonomía en los medios estatales cubanos. Si los periodistas se mueven dentro de los límites («dentro de la Revolución») y siempre están conscientes de dónde se dibuja la línea, a menudo arbitraria, de lo aceptable en cada momento, es probable que amplíen su grado de autonomía y conserven sus trabajos. Mis entrevistas han demostrado que, si los periodistas se mueven demasiado «afuera» o se vuelven «contra la Revolución», todas las apuestas están cerradas y todas las puertas a la autonomía «dentro del sistema de medios de la Revolución» se cierran, lo que les hace imposible mantener un carrera como periodista en los medios estatales.[5] Si bien existe un acuerdo general de que los medios estatales están demasiado alejados de la agenda pública y preocupados por la agenda política (Elizalde, 2013), una forma común de buscar la autonomía periodística es

[5] Por ejemplo, el experiodista de medios estatales Reinaldo Escobar, que ahora dirige el sitio web *14ymedio* con Yoani Sánchez, «fue demasiado lejos» cuando trabajaba en *Juventud Rebelde*. En 1988 escribió un artículo sobre un director que no permitía que los alumnos con el pelo largo entraran en los autobuses escolares, aunque no estaba en las reglas de la escuela. Creó un escándalo y, como no trató de retractarse después, fue expulsado de la UJC y perdió su puesto como reportero en el periódico (Y. Rodríguez, 2013).

evitando políticas y problemáticas nacionales. Por tanto, los medios estatales permanecen «fosilizados» (Marreiro, 2014:7), atrapados dentro de un paradigma de Guerra Fría recientemente exacerbado por el retorno a una política antagónica con la administración de Donald Trump en Estados Unidos.

La ascensión a la presidencia cubana de Miguel Díaz-Canel, hasta el momento, no ha mostrado signos prometedores de una mayor autonomía para los actores de los medios, estatales o no. De hecho, en su discurso ante la UPEC en 2018, Díaz-Canel criticó a los medios de comunicación no estatales en general, afirmando que reciben financiamiento del gobierno de Estados Unidos, afirmando que: «Han ido escalando en el ataque a lo que nos une —el Partido— y lo que nos defiende —nuestra prensa—, descalificando continuamente a ambos y tratando de fracturar y separar lo que viene de una misma raíz y crece en un mismo tronco». Esto muestra cómo los líderes del Partido consideran el papel de los periodistas que trabajan para los medios estatales: deben defender el liderazgo político y la Revolución de las fuerzas externas. De hecho, Díaz-Canel considera que los periodistas cubanos y el Partido son dos ramas del mismo árbol. Según el presidente, esta tarea es mucho más importante que los intereses del individuo (*Granma*, 2018).

Por tanto, si bien la Revolución aún puede ejercer un poder considerable, también ha creado un sistema de medios incompatible con la autonomía periodística, obligando a muchos periodistas a tomar riesgos creativos para lograr un mínimo de autonomía respecto al sistema político. Parece que los medios estatales seguirán siendo «aburridos», como los describe García Luis (2013b:123). Sin embargo, como ha demostrado este capítulo, los periodistas aplican varias estrategias para ganar autonomía en esta relación «demasiado cercana para la comodidad». Por ejemplo, problemas que de otra manera no podrían salir a la luz pueden abordarse en publicaciones que reciben poco escrutinio editorial. Otros canalizan historias a través de sus blogs personales, mientras se aseguran de que las historias no sean muy conflictivas. Además, hacer que los intelectuales cubanos comenten temas que pueden ser controvertidos es una forma de darles visibilidad, jugando con la libertad que algunos intelectuales prominentes disfrutan en Cuba. Por último, muchos periodistas mantienen trabajos en medios estatales y no estatales, ya que esto les permite un rango más amplio de autonomía.

10

MEDIOS INDEPENDIENTES EN LOS MÁRGENES: DOS CASOS DE PROFESIONALIZACIÓN PERIODÍSTICA EN EL ECOSISTEMA DE MEDIOS DIGITALES EN CUBA

(Abel Somohano Fernández & Mireya Márquez-Ramírez)[1]

[1] Los autores desean agradecer al Consejo Nacional de Ciencia y Tecnología de México y al Programa de Asistencia a la Investigación de Posgrado de la Universidad Iberoamericana, Ciudad de México, por brindar financiamiento para esta investigación. Asimismo, a todos los periodistas cubanos que aceptaron ser entrevistados para este estudio y a los editores y revisores por sus valiosos comentarios.

(Cuba, 1984). Doctor en Comunicación por la Universidad Iberoamericana (Ciudad de México, 2021). Financiado el Consejo Nacional de Ciencia y Tecnología, investiga las condiciones de producción periodística y modelos opositores de los medios digitales independientes en Cuba. Máster en Ciencias de la Comunicación y en Estudios Sociales y Políticos por la Universidad de La Habana, donde fue profesor asistente de medios y comunicaciones en la Facultad de Comunicación. Fue becario visitante a corto plazo en las Universidades Rey Juan Carlos (Madrid) y Tecnológica de Bolívar (Cartagena de Indias). Asistente de investigación para el estudio transnacional Journalistic Role Performance en México, el Worlds of Journalism Study en México y Bolivia; así como para otros proyectos investigativos en su departamento actual. En la Universidad de La Habana, fue miembro del equipo del proyecto de investigación Culturas preprofesionales de estudiantes de periodismo en Ecuador, Cuba y Venezuela. Ayudó a lanzar y a administrar la revista de comunicaciones cubana *Alcance*. Entre sus numerosas publicaciones se encuentran el libro coeditado *En Cuba, periodismo es más (+): Transposición, redundancia y dinamismo profesional*; un capítulo sobre las trayectorias profesionales de los graduados en periodismo y un artículo en *Global Media Journal* (México).

(México, 1979). Profesora de Estudios Periodísticos y Teoría de los Medios en el Departamento de Comunicaciones de la Universidad Iberoamericana (Ciudad de México). Sus intereses de investigación incluyen sistemas de medios comparativos y culturas periodísticas, sociología de profesiones, producción de noticias digitales, periodismo y trabajo, violencia contra la prensa y periodismo deportivo. Ha publicado varios artículos sobre estos temas en revistas líderes como *Journal of Communication, Journalism*, *Press Politics* y *Journalism Studies*; así como numerosos capítulos de libros en editoriales como Columbia University Press, Palgrave, Routledge, Nordicom, entre otras. Coeditó el volumen *Media Systems and Communications Policies in Latin America* y actualmente investiga los proyectos periodísticos transnacionales, colaborativos y sin redacción en América Latina. En su país, México, dirige y codirige algunos de los estudios comparativos transnacionales más destacados de su campo, como el Worlds of Journalism Study en Bolivia y México, y el Journalistic Role Performance y Journalism Students Global. Es miembro de los consejos científicos o editoriales de *Journalism Studies* (Reino Unido) y *Estudios sobre el Mensaje Periodístico* (España); revistas líderes en sus respectivos idiomas.

Cuando *El Estornudo*, revista digital fundada en 2016, cubrió la ola de emigrantes cubanos varados en Centroamérica, el medio estaba ejerciendo una particular concepción innovadora del periodismo en la Isla. Lo mismo puede decirse de *Periodismo Barrio*, otro medio digital independiente de la estructura mediático-partidista, fundado en 2015, cuando abordó la contaminación desenfrenada producida por la Ronera Santa Cruz, la destilería de ron más grande del país. Al dar visibilidad a estos y otros temas —muchos de los cuales están normalmente ausentes de la prensa oficial controlada por el PCC— este nuevo tipo de periodismo cubano, manifestado también en otros medios, desempeña una función vigilante o *watchdog* y exhibe una misión cívica a partir del compromiso con el servicio público.

Al abrazar estas funciones periodísticas, estos medios digitales llenan el vacío dejado por la prensa oficial controlada por el Estado. Sin duda, ambos resaltan porque se distancian no solo de sus contrapartes oficiales, sino también de las lógicas del activismo político del país. Se guían, en cambio, por normas y valores profesionales que consideran apropiados para ejercer el periodismo en un contexto restrictivo. Para dar cuenta de ello, en este capítulo se argumenta que en estos dos medios independientes se está produciendo un proceso sui géneris de innovación tendiente a la profesionalización periodística, en la medida en que sus periodistas se adhieren a normas profesionales que orientan su trabajo, poseen conocimientos y habilidades especializadas, han desarrollado autonomía al mantener el control sobre el ejercicio profesional y están inequívocamente guiados por el ideal del servicio público (Aldridge y Evetts, 2003; Deuze, 2005; Waisbord, 2013).

El capítulo se centra en explorar la interacción entre el contexto sociopolítico cubano y los roles normativos que guían a los periodistas de estos medios, pues en la diversa gama de medios digitales que han emergido en la Isla, tanto *El Estornudo* como *Periodismo de Barrio* destacan por su relevancia en el panorama nacional y su prestigio internacional, así como por su enfoque temático distintivo, agendas informativas alternativas y el perfil profesional y formación de sus colaboradores.[2]

Ambas organizaciones fueron fundadas y son dirigidas por jóvenes, en su mayoría graduados universitarios de Periodismo. *Periodismo de Barrio* se lanzó con una apuesta por el periodismo de investigación, especialmente sobre temas ambientales, aunque su cobertura incluya otros también. *El Estornudo*, por su parte, surgió con un enfoque amparado en el periodismo narrativo y literario para tratar la condición desterritorializada y diaspórica de la Cuba contemporánea. Asimismo, a través de su trabajo, los periodistas de estos medios buscan superar la limitada cobertura sobre la realidad social, económica y política que presenta la prensa oficial. Además, defienden la idea de que sus lógicas periodísticas son diferentes del activismo político —aunque podría existir una variación en estos posicionamientos de los periodistas, nos referimos aquí a lo que arrojó la investigación a partir de las entrevistas realizadas entre 2017 y 2019— y, por tanto, se esfuerzan por separar ambos ámbitos y distanciarse de objetivos extraperiodísticos. En paralelo, abogan por la profesionalización del periodismo cubano independiente.

Se busca contribuir al debate sobre la profesionalización periodística que surge «de adentro hacia afuera» de los medios (Hughes, 2003) pero que, al mismo tiempo, se ubica en los márgenes del sistema de medios cubano. Se exploran las concepciones profesionales para comprender los modelos emergentes de periodismo a los que se adhieren estos medios digitales, las normas y misiones que persiguen sus miembros y la relevancia de estos puntos de vista en la discusión más amplia sobre roles periodísticos. Se argumenta que dan muestra de una vibrante profesión periodística en proceso de desarrollo. Por ejemplo, en *Periodismo de Barrio*, las percepciones sobre los modelos profesionales de sus periodistas revelan una cultura discursivamente arraigada en las normas tanto liberales como socialistas, pero solo en su variante idealista del socialismo. *El Estornudo* está más abierto a asumir una posición más antagónica y crítica hacia los poderes establecidos, también desde los referentes normativos que han sustentado las cul-

[2] Este trabajo parte de una tesis doctoral de mayor profundidad y alcance, basada en una investigación cualitativa de corte fenomenológico. Para este capítulo en específico, se realizaron diez entrevistas personales en profundidad con los actores que han jugado un papel central en el lanzamiento y desarrollo de ambos medios, en dos períodos: diciembre de 2017-marzo de 2018 y febrero-septiembre de 2019. Los participantes fueron seleccionados a partir de la lista de los consejos editoriales y cuadrilla de reporteros y colaboradores de ambos medios, a quienes se les preguntó sobre sus misiones y roles, así como por sus prácticas.

turas de periodismo liberal alrededor del mundo, lo cual implica la defensa de estándares periodísticos mínimos guiados por una misión de servicio público que los obliga a ser críticos, pero no desde la perspectiva del activismo político *per se* sino desde el rol vigilante o *watchdog* inherente a las normas tradicionales de la profesión. Así, pues, el análisis de estos dos casos aporta una riqueza de experiencias que revela percepciones similares de los periodistas de ambos medios sobre sus funciones en la sociedad, aunque con ciertas diferencias en los marcos referenciales en los que inscriben su práctica profesional.

La primera sección del capítulo se detiene en una breve discusión teórica sobre la profesionalización periodística y la innovación en redacciones tradicionales. Luego, se examina la forma en que los modelos periodísticos se han concebido y materializado bajo el socialismo, destacando los valores particulares asociados a esos modelos, para describir las principales características del periodismo cubano y sus limitaciones en la práctica profesional, al tiempo que se contrastan con las prácticas periodísticas emergentes en la Isla. Por último, nos centramos en los modelos periodísticos particulares que orientan el trabajo de los profesionales de *Periodismo de Barrio* y *El Estornudo*, para concluir con el significado de estos hallazgos a la luz de los debates sobre profesionalización periodística a partir de indagaciones situadas fuera del contexto cubano.

Profesionalismo periodístico y democratización de los medios: discusión teórica

La discusión teórica de este trabajo se inserta en debates sobre la profesionalización del periodismo en contextos políticos autoritarios.[3] Dado que ni *Periodismo de Barrio* ni *El Estornudo* están limitados por el control estatal en sus dinámicas internas o impulsados por un interés empresarial con fines de lucro, los procesos de profesionalización que experimentan no están atravesados por los típicos factores como la privatización de los medios, la democratización política o la liberalización económica. Estos factores han sido los que históricamente han apuntalado los procesos de

[3] Se parte de la comprensión del régimen cubano como autoritario desde el reconocimiento de diversas posturas sobre ello y la comprensión de «las mudanzas que se dan de manera continua en la relación Estado-sociedad (incluidas las formas de represión), y de la aparición de actores sociales desde abajo capaces de influir sobre esa relación» (Chaguaceda y Geoffray, 2015:49).

democratización de los medios y la profesionalización periodística en muchos países así llamados «posautoritarios» que estudia la literatura «transitológica» (Sparks, 2008; Voltmer, 2013). De hecho, los estudiosos sobre la democratización de los medios y la profesionalización periodística en las sociedades poscomunistas han debatido y relativizado el impacto y la adopción de marcos legales, políticas, patrones de propiedad y roles periodísticos de inspiración occidental sobre las prácticas y condiciones de autonomía en estos países (De Smaele, 1999; Lauk, 2009). Están quienes aún analizan si en verdad se han generado cambios visibles en las normas, roles y prácticas periodísticas en las sociedades poscomunistas o si tal periodismo en esos países todavía está incrustado en la «continuidad» (Sparks, 2008; Gross y Jakubowicz, 2013; Voltmer, 2013).

La mayor parte de esta literatura coincide en que los procesos que conducen tanto a la «apertura» y democratización de los medios —a nivel institucional— como a la profesionalización de los periodistas —a nivel micro-institucional— han sido, por lo menos, «tortuosos» (Gross y Jakubowicz, 2013). En algunos casos, se ha encontrado que, independientemente de los cambios implementados a nivel estructural y sistémico —es decir, a partir de la promulgación de leyes que protegen la libertad de expresión o garantizan el acceso a la información pública en las democracias incipientes—, los patrones de continuidad tienden a prevalecer a nivel de la agencia individual. Ello se ha manifestado en la complicidad, sustentada en determinados valores, entre propietarios de medios y políticos, así como en el posicionamiento en ocasiones reverencial de los periodistas frente a estos últimos. En otros casos, es lo contrario: incluso cuando los agentes individuales sí cambian de mentalidad y adoptan otros valores y normas, son los factores sistémicos y las estructuras de propiedad los que tienden a obstaculizar el cambio institucional (Örnebring, 2018).

Para entender estos procesos más de cerca, Hughes propone determinar «la internalización de marcos cognitivos y normativos compartidos a través del tiempo y el espacio»[4] (2003:90). A menudo, no son las reglas formales, sino las informales y no escritas las que guían las prácticas y misiones de una organización, como es el caso de los medios. Por tanto, para la autora, algunas organizaciones impiden el cambio mediante sus estructuras e inercias a fin de proteger la estabilidad, mientras que otras pueden crear las condiciones que permitan la innovación y el cambio. Pero, al final, son «las condiciones cambiantes del contexto, los nuevos modelos a seguir y el contacto

[4] Salvo se indique lo contrario, todas las traducciones son de los autores.

con agentes de cambio influyentes los que promueven marcos diferentes [y] pueden estimular la formación de nuevas culturas e identidades» (ibíd.:92).

De hecho, argumentamos que este es el caso de *Periodismo de Barrio* y de *El Estornudo*, medios donde el cambio y la innovación son inherentes a sus propias lógicas. Sus jóvenes periodistas, que en sí mismos podemos catalogar de innovadores, rechazan el *status quo*: en su calidad de graduados en periodismo, han renunciado a su adhesión a los medios oficiales y se han unido para lanzar sus propios emprendimientos de medios independientes basados en una jerarquía más horizontal, el apoyo mutuo de sus colaboradores y los valores y misiones sociales que comparten para generar contenidos con nuevos lenguajes, formatos y narrativas. Por supuesto, el que estos medios innovadores hayan emergido es una buena noticia para el panorama mediático nacional, pues, de acuerdo con Voltmer, las funciones y prácticas asociadas a los roles vigilantes y cívico de la prensa son cruciales en las sociedades democráticas (2013:26). En la literatura académica, la aparición y consolidación de estas características se toman como una buena señal, ya sea de una transición por venir o de una ya en marcha con respecto a la profesionalización periodística.

Sin embargo, cabe preguntarse qué impulsa el cambio de mentalidad periodística en escenarios sociopolíticos autoritarios o adversos al cambio. Según Hughes (2003:99), los propietarios de los medios son quienes pueden impulsar el cambio desde arriba, o bien nuevas cohortes de periodistas pueden hacerlo desde abajo; incluso, el personal puede abandonar los medios que chocan con sus nuevos valores para lanzar sus propios proyectos. En el caso de los dos medios digitales cubanos que se describen aquí, se trata de casos paradigmáticos de periodismo profesional que ya nacieron independientes a la estructura mediático-partidista en Cuba. No son administrados ni regulados por el Estado, pero tampoco son de naturaleza clandestina ni emergieron como plataformas de activismo político.

Su aparición ha sido posible en parte gracias a la revolución digital que se está produciendo en la Isla. Por tanto, con las posibilidades tecnológicas que tienen los periodistas en sus respectivas ubicaciones geográficas —ya que algunos de ellos viven en el extranjero—, estos profesionales han lanzado sus propios medios y concebido sus propias misiones y normas. Pero, ¿son estos cambios señal de una gradual democratización de los medios de comunicación en Cuba? Si bien, como sostiene Ruiz (2005), la existencia —o no— de un proceso de transición política está íntimamente relacionada con la capacidad de una sociedad para construir una estructura comunicacional independiente, en el caso cubano carecemos del beneficio que nos da la visión en retrospectiva que ya tuvimos en las transiciones pasadas en lo que ahora son países poscomunistas. Cuba aún no ha experimentado los cambios políticos o económicos sísmicos que tuvieron lugar en otros lugares, así que no podemos asegurar cuál será el papel definitivo de estos dos medios en la democratización del periodismo o la sociedad. Solo podemos dar fe de que en la Isla se está produciendo un proceso de profesionalización periodística basado en su propio contexto y lógica, y con potencial para inspirar a una nueva generación de periodistas.

En ese sentido, si bien los valores liberales están profundamente arraigados en la cultura y prácticas profesionales en ambos medios, es posible encontrar en *Periodismo de Barrio* también una identificación con un ideal de socialismo democrático. Como resultado, observamos el desarrollo de ideologías profesionales y normas periodísticas impulsadas por los rasgos específicos del contexto cubano actual y la defensa de los roles vigilante y cívico que los medios oficiales han descuidado durante mucho tiempo. Estos roles no solo están cimentando las misiones periodísticas de estos medios, sino que también les están proporcionando legitimidad profesional (Waisbord, 2013), respeto social y prestigio dentro y fuera de la Isla, lo que en algún punto puede servir como escudo de protección ante agresiones potenciales.

La importancia de centrarse en los roles cívico y vigilante como elementos de la emergente profesionalización periodística de estos medios se debe a que, como señala Donsbach (2012), la percepción del rol tiene una fuerte influencia en el comportamiento profesional de los periodistas, es decir, en su práctica. Por esta razón, aquí exploramos dos dimensiones de los roles periodísticos: las concepciones sobre la relación entre el periodismo y los poderes establecidos —cuál debería ser la posición de los periodistas hacia el poder— y las concepciones sobre la relación entre el periodismo y la audiencia —cómo pensar en su público— (Hanitzsch *et al.*, 2011; Donsbach, 2012). A partir de estos dos enfoques, nuestros entrevistados se identifican con un modelo profesional cercano al *rol vigilante* del periodismo con respecto a los poderes establecidos, mientras que se identifican con un *rol cívico* y de servicio público con respecto a su audiencia. En el sentido normativo liberal, una función de vigilancia del periodismo tiene como objetivo monitorear y actuar como un contrapeso de los poderes políticos establecidos y las instituciones públicas con el fin de generar rendición de cuentas, mientras que una función cívica proporciona a los ciudadanos la información que necesitan para tomar decisiones políticas, aboga por causas ciudadanas y visibiliza sus voces, quejas, necesidades y derechos (Kovach y Rosenstiel, 2001).

Varios autores han estudiado los modelos periodísticos y valores profesionales en lo que fueron países socialistas y soviéticos (Lauk, 2009; Voltmer, 2013; Gross y Jakubowicz, 2013). Otras investigaciones han destacado los rasgos autoritarios, la naturaleza propagandista y la instrumentalización política de la prensa durante el socialismo en diversos países (Siebert, Peterson y Schramm, 1963; Simons y Strovsky, 2006). En este punto vale resaltar cómo las funciones de la prensa han sido concebidas e ideadas en el socialismo para entender el discurso normativo que prevalece en Cuba. Aunque el trabajo clásico de Siebert, Peterson y Schramm (1963) se refiere a una teoría de la prensa «comunista soviética», es necesario hacer dos precisiones fundamentales. En primer lugar, las consideraciones sobre el papel de la prensa en las sociedades socialistas no pueden considerarse en sí una «teoría», ya que las aportaciones aisladas sobre los medios no se agrupan en un cuerpo teórico sólido y homogéneo. En segundo lugar, los autores a los que se hace referencia en el texto (Marx, Lenin y Stalin), si bien han sido figuras históricamente importantes, también son insuficientes para dar cuenta de la compleja gama de puntos de vista sobre el papel de los medios fuera del modelo liberal de prensa.

No obstante de ser posible encontrar en Marx y Lenin una formulación de los medios como un instrumento para la lucha de clases, fue Lenin quien desarrolló ideas específicas sobre el papel de los medios en un Estado socialista (Siebert, Peterson y Schramm, 1963; Romano, 1987; Coca, 1998). Por ejemplo, concibió a la prensa como un instrumento del Partido y el Estado en la organización de la nueva sociedad socialista. Antes de la Revolución de Octubre, destacó las funciones de los medios como organizadores, propagandistas, agitadores colectivos o espacios de explicitación de las tácticas políticas, entre otras. Por su parte, Stalin confirmó e implementó la función propuesta por Lenin de los medios de comunicación como instrumentos del Estado y del Partido, su dimensión propagandística y agitadora, y sus misiones estrictamente impuestas y controladas desde el poder central.

Por otro lado, la literatura más reciente afirma que los Estados autócraticos utilizan los medios de comunicación fundamentalmente como instrumento para la supervivencia del régimen (Ruiz, 2005). En el caso de China, un país aún políticamente alineado con el socialismo, una extensa literatura coincide en que el Partido Comunista de China ha utilizado consistentemente los medios de comunicación como su principal instrumento para establecer la agenda del gobierno central, propagar las políticas oficiales, monitorear la opinión pública y preservar el apoyo al régimen (Tang e Iyengar, 2011).

Aún con esta lógica de instrumentalización de los medios, existen ciertos ideales dentro de la tradición marxista que sí implican potencialmente una apuesta por procesos democratizadores; por ejemplo, la defensa de la socialización de la propiedad y el poder. Dentro de estos ideales del socialismo democrático, las funciones de los medios de comunicación se encuentran más allá de la mera instrumentalización política y de los dictados de autócratas y agentes políticos externos a la prensa. De hecho, esta vena de la tradición marxista ve a la prensa como un potencial detonante de la participación ciudadana activa en los asuntos públicos y como un motor de transformación política (Gramsci, 1997; Luxemburgo, 2006).

Sin embargo, hay una falta de discusión teórica seria sobre la inserción de los medios de comunicación en un ideal de socialismo democrático. Ello se debe a varios factores. Por un lado, puede decirse que la experiencia histórica del autoritarismo en los regímenes autodenominados «socialistas» socava las aportaciones conceptuales sobre la pertinencia de una prensa que realmente represente al pueblo. Podría señalarse, también, la inexistencia de una teoría sobre los rasgos que deben tipificar el socialismo y el papel de los medios en su interior. Por último, la expansión del modelo liberal de la prensa como un ideal central que subyace a la estructuración de los sistemas de medios y de las prácticas periodísticas en todo el mundo ha hecho que sea difícil imaginar, ya no digamos teorizar, vías alternativas de profesionalización periodística. Por tanto, se necesitarían más estudios para indagar cómo los periodistas han intentado ejercer su profesión al menos con una mínima autonomía dentro de los rígidos parámetros del socialismo históricamente existente en la Isla.

El periodismo en el socialismo cubano: entre ideales y prácticas

Históricamente, el PCC, sus principales figuras políticas y la UPEC han puesto énfasis en las diversas funciones que debe cumplir la prensa: analizar de modo crítico el entorno sociopolítico, promover la movilización y organización ciudadana, generar plataformas de diálogo y debate, entre otras. Sin embargo, estas funciones de la prensa oficial, la única con reconocimiento legal a nivel nacional, se derivan de una visión esencialmente «reproductivista» del sistema político imperante. Es decir, estos roles no se han traducido en una práctica crítica diaria, pues la prensa cubana ha sido utilizada sobre todo como una herramienta para sostener y defender el orden político existente.

De hecho, un estudio comparativo del contenido de 9 841 noticias de 18 medios en cinco países de América Latina, incluida Cuba, (Mellado *et al.*, 2017) arrojó los siguientes resultados con respecto al desempeño de los roles leal-facilitador —asociado a la divulgación de los intereses externos a los medios—, vigilante y cívico en la prensa oficial cubana. Como era de esperar, se observa un predominio abrumador de rol leal-facilitador y, en contraste, una presencia muy baja del vigilante —junto con Chile—. Curiosamente, se detecta una posición intermedia del rol cívico —incluido por encima de la prensa de Brasil y Chile—, lo que mostraría que, si bien los medios tienden a ser complacientes con la élite política, también es posible atender ciertas voces y necesidades ciudadanas incluso en la prensa oficial. A nivel estadístico, se ha corroborado que a menores niveles de libertad de prensa y desarrollo democrático, la prensa exhibirá menos noticias que critiquen, cuestionen o denuncien al poder —es decir, que contengan periodismo vigilante— (Márquez Ramírez *et al.*, 2020). Por tanto, el tipo de régimen político en Cuba plantea una amenaza continua para la función de escrutinio de la prensa en un grado mucho mayor que otros factores de tipo organizacional o individual. Sin embargo, el rol cívico sí tiene mejores oportunidades de materializarse en el sistema político socialista. De hecho, los principales periódicos cubanos presentan más información de contexto, más noticias con impacto local y más perspectivas ciudadanas en sus notas que la prensa de otros países (Mellado *et al.*, 2017).

Esto ayudaría a entender el escenario en el que los medios digitales van ganando terreno pero también enfrentando riesgos. Por un lado, ahora se puede hablar de una nueva etapa en el ejercicio del periodismo digital independiente en Cuba que se puede definir por varios rasgos comunes: el tipo de historias que se cuentan, los estilos de narración y formatos utilizados, los jóvenes detrás de dichos proyectos y los canales híbridos *online/offline* de distribución y consumo de sus historias (Fernández *et al.*, 2017). Por otro lado, estos medios digitales se han enfrentado a innumerables obstáculos, incluido su carácter «alegal», las limitaciones para el acceso a Internet en la Isla y los desafíos para su estabilidad económica y sostenibilidad a largo plazo. Además, se han visto sistemáticamente sometidos a un discurso de descrédito generado por distintos agentes, así como a intimidaciones, agresiones verbales, provocaciones en la vía pública, acoso, detenciones arbitrarias, interrogatorios, allanamientos de domicilios de sus periodistas, decomiso de medios de trabajo y prohibiciones de salida del país, entre otros problemas (*El Estornudo*, 2019). Incluso los periodistas que trabajan para medios oficiales que se atreven a colaborar con estos medios digitales independientes llegan a enfrentar represalias (Díaz, 2018; CPJ, 2016).

Esta situación de continuo riesgo y vulnerabilidad coloca a estos medios de comunicación «en los márgenes» del sistema de medios en Cuba. No obstante, se han hecho de un prestigio internacional y legitimidad profesional que se puede vincular, en parte, a los modelos periodísticos activos —vigilante y cívico— que subyacen en sus trabajos. En la siguiente sección se analiza la forma en que estos periodistas respaldan modelos específicos de periodismo dentro del contexto particular del sistema mediático cubano.

Concepciones de modelos periodísticos en *Periodismo de Barrio* y *El Estornudo*

Periodismo de Barrio: *valores cívicos y de vigilancia en el marco socialista*

En 2015, *Periodismo de Barrio* publicó su código de ética en el que expresa su defensa de la pluralidad en la esfera pública, el compromiso con la emancipación humana y la democratización de la comunicación. También expresa la intención de practicar una forma de periodismo que canalice los procesos de liberación humana: «cualquier proyecto social emancipador que se sustente en la capacidad de mujeres y hombres para pensar libremente exige un periodismo responsable, riguroso y honesto». Este manifiesto destaca las libertades de expresión, prensa e información como condiciones necesarias para la participación social y para mantener la soberanía nacional, la democracia, la solidaridad, la dignidad humana y el medioambiente. También hay claras referencias al lenguaje de la Constitución cubana sobre la libertad de expresión y de prensa dentro de los propósitos de una sociedad socialista. En este sentido, un aspecto importante de este código está relacionado con la defensa del socialismo democrático, amparado en los principios de socialización de los diferentes ámbitos de la vida social. Además, existe una ruptura con el ideal liberal de objetividad, una defensa de la independencia de la práctica periodística, el respeto a la soberanía e identidad nacional cubanas, y un compromiso con la transparencia sobre las fuentes de financiamiento del medio. Apoyan la autorregulación y asumen la plena responsabilidad individual de su trabajo.

La propia publicación del código de ética vincula a *Periodismo de Barrio* con un modelo cívico de periodismo que se inscribe en un marco muy peculiar. Proponen una «doble fractura». Por un lado, su enfoque rompe con el carácter autoritario de las experiencias históricas del socialismo; en específico con los rasgos autoritarios desplegados en la relación del sistema político cubano con los medios de comunicación. Por otro lado, existe una ruptura, al menos discursiva, con otras alternativas políticas fuera del socialismo. Todas las declaraciones se insertan dentro de los principios más amplios del socialismo, en lugar de estar diseñadas en oposición a él. Esta postura implica que existe un ideal socialista al que aspira el medio y al que pueden tributar diferentes principios y prácticas periodísticas, que se distancian del ejercicio del periodismo en los medios oficiales existentes en Cuba. Al mismo tiempo, los modelos liberales de periodismo traducidos en los roles vigilante y cívico están implícitamente arraigados en las mentalidades de los profesionales de este medio.

El personal de *Periodismo de Barrio* ha asimilado y naturalizado la visión del socialismo como marco normativo. Por ejemplo, un periodista entrevistado afirmó identificarse con el modelo socialista porque el capitalismo ha demostrado no ser una solución para los problemas del mundo. Destaca que el socialismo con el que se alinea este medio no es el que existe actualmente en Cuba. «Es con otro modelo que quizás todavía no se ha puesto en práctica, pero que queremos pensar que es posible o al menos intentar» (R1).[5] En su opinión, este socialismo debe estar orientado «hacia la emancipación del pueblo, no hacia la preservación del poder» (íd.). Mientras, otra entrevistada reconoció que si bien el código de ética del medio generó mucho debate, «un periodismo como el que realiza *Periodismo de Barrio*, dentro del socialismo propuesto [...], es muy armónico» (R2).

El tipo de misión atribuida al periodismo en este marco socialista se vuelve más claro en otros integrantes de *Periodismo de Barrio*. Algunos reconocen que su enfoque sobre la profesión choca de modo directo con lo que consideran ideas «erróneas» sobre el periodismo en Cuba. «Lo que principalmente restringe la práctica del periodismo en general en Cuba, sea en los medios estatales o no estatales, es la visión del Gobierno y de quienes llegan a decidir qué es el periodismo» (R3). Esta entrevistada ve una deformación en las concepciones sobre el papel del periodismo que se encuentra en la gente y en los círculos oficiales. Otros señalaron que las ideas deformadas sobre su función en la sociedad impactan en el desempeño de la prensa oficial. En ese sentido, la defensa de ciertos modelos periodísticos por parte de los entrevistados se relaciona, en su origen, con una visión negativa sobre los medios oficiales en Cuba.

El personal de *Periodismo de Barrio* se identifica con el rol vigilante de la prensa, visto como una posición crítica con respecto al ejercicio de poder

---

5 Los entrevistados de *Periodismo de Barrio* se identificarán con la letra R y un número; el mismo procedimiento será aplicado a *El Estornudo*, pero con la S. (*N. del E.*)

en la sociedad (íd.) y en el ejercicio del escrutinio periodístico (R1). Los miembros de este medio también asociaron dicho enfoque de vigilancia con un examen equilibrado de los problemas y logros del país. Un periodista argumentó que el modelo vigilante debería centrarse en examinar y «narrar» Cuba «con todos sus matices: las luces y las sombras» (R4). Para otro entrevistado, esta intención de escrutinio está asociada con un compromiso con la comunidad. Esto tiene que ver con la naturaleza y las prioridades de *Periodismo de Barrio* como organización periodística, lo cual se evidencia en el siguiente ejemplo:

> *Asistimos a las discusiones de las asambleas municipales... ¿Por qué vamos? Porque queremos saber qué es lo que está proponiendo el gobierno local, y queremos evaluar que las decisiones aprobadas en las asambleas municipales se estén cumpliendo efectivamente o al menos en los municipios que nos interesan, con los que hemos estado trabajando [...] (R5).*

Este modelo vigilante también está vinculado al carácter proactivo y de defensa en sus trabajos. Su ideal de incidencia del periodismo en los problemas que aborda implica trascender las meras denuncias y avanzar hacia acciones y propuestas de solución concretas. Desde su perspectiva, esta tarea consiste en proponer vías y «herramientas válidas» para la resolución de problemas (íd.). Por tanto, imaginar un periodismo de soluciones es parte de la misión percibida de los periodistas en *Periodismo de Barrio*.

La vigilancia del periodismo también se asocia a la idea de que la profesión debe hacer que los poderosos rindan cuentas en nombre de los ciudadanos (R2). Esta práctica se relaciona también con sus concepciones sobre la orientación cívica del periodismo, entendida como ejercicio al servicio de la sociedad —en contraposición a servir a un partido, propietario o accionista en particular—. Los entrevistados señalaron que un criterio central que determina las historias y temas que abordan es su relevancia para la sociedad (R3). También como parte de este modelo, *Periodismo de Barrio* prioriza historias sobre vecindarios, comunidades locales y miembros de la comunidad. Afirman respetar las «voces» individuales de sus entrevistados y el valor de las opiniones particulares que comparten sobre sus comunidades (R5). «En los trabajos que logramos hacer en Baracoa —tras el paso del huracán Matthew—,[6] [...] el mayor peso de la historia lo tenía la gente contando sus experiencias» (R4).

---

[6] El 11 de octubre de 2016, varios reporteros de *Periodismo de Barrio* fueron detenidos mientras intentaban cubrir las consecuencias del paso del huracán Matthew en la parte

En opinión de sus integrantes, el objetivo de *Periodismo de Barrio* es centrarse en los hechos y en las personas porque los «verdaderos protagonistas» de las historias deben tener la posibilidad de expresarse. Esto no implica un respaldo a una postura aséptica por parte del periodista, sino una oportunidad para que los protagonistas de sus historias hablen por sí mismos. Hay un compromiso de contar historias que contengan información verificable, pero sin avalar necesariamente el valor de la objetividad. Los entrevistados están convencidos de que el proceso de producción de sus trabajos, en sí mismo, abre la puerta a la subjetividad profesional. Pero dar voz a los protagonistas de las historias y presentar datos constatables en los trabajos es lo que sustenta el rigor y la responsabilidad en el periodismo que desarrollan.

Sus expectativas normativas de poner en práctica roles cívicos y de vigilancia coexisten, en una tensión creativa, con limitaciones para desempeñarlos. Además de las agresiones y la violencia estructural y simbólica a la que se ven sometidos de manera general, hay otros obstáculos para estos medios y para otros que son también independientes de la estructura mediático-partidista en Cuba (Garcia Santamaria, 2019b). Los más restrictivos son el acceso limitado a los espacios e información oficiales y la ausencia casi total de transparencia por parte de los funcionarios y agentes gubernamentales, pues eso limita su esfuerzo por verificar la información que publican. No obstante, los reporteros de *Periodismo de Barrio* hacen todo lo que pueden para trascender la mera especulación y abstenerse de publicar cosas no corroboradas o verificadas (R4). Otra limitación a la que se enfrentan es la falta de formación para realizar un periodismo de investigación en profundidad y para dominar las herramientas y métodos investigativos. Conscientes de esta restricción, admiten abiertamente estar en un proceso de aprendizaje constante (R3).

El énfasis que *Periodismo de Barrio* pone en los valores y prácticas del modelo vigilante, como el escrutinio, el equilibrio y el compromiso con las comunidades locales, entre otros, así como los valores y principios relacionados con el modelo cívico, como la concepción de un periodismo en tanto servicio público o dar voz a los ciudadanos de a pie, se traduce en un esfuerzo por profesionalizar la práctica periodística en Cuba, operando más allá del sistema de medios oficiales pero haciéndolo, a nivel discursivo,

---

este del país. Fueron liberados sin cargos un día después, pero los hechos motivaron un editorial por parte del medio (https://www.periodismodebarrio.org/2016/10/quienes-tienen-derecho-a -contar-un-pais/).

dentro de un marco socialista. Los significados asociados a estos valores y las múltiples dificultades enfrentadas en su fundación y desarrollo revelan una tensión perdurable e irresuelta entre el tipo ideal de socialismo que estos periodistas defienden y la realidad del socialismo autoritario practicado históricamente en Cuba.

El Estornudo: *activación de valores antagónicos*

El Estornudo se describe a sí mismo como una «revista independiente de periodismo narrativo, hecha desde dentro de Cuba, desde fuera de Cuba y, de paso, sobre Cuba». El sitio contiene secciones que ofrecen crónicas, columnas, perfiles, entrevistas, artículos de opinión y galerías de fotos. Su «Breve Carta de Presentación» comienza así: «el periodista es un atleta y el periodismo una carrera de fondo.[7] Convencidos de que las oficinas y los mandamientos derivan en artrosis, hemos decidido colocarnos en la línea de arrancada y fundar de manera independiente una revista *online* de crónicas sobre Cuba» (2016). En este texto se destaca la ubicación transnacional de los periodistas asociados al sitio; quienes se han conferido a sí mismos, sin visitar ninguna «oficina» ni seguir los «mandamientos» de nadie, el derecho y la responsabilidad de relatar la Isla. El texto también presenta una intención de narrar el carácter desterritorializado de la Cuba actual. Al mismo tiempo, declara un compromiso con un periodismo narrativo honesto, equilibrado y justo que cuestiona y vigila a los poderes en Cuba. El documento también hace énfasis en la independencia económica y política del proyecto.

Las entrevistas realizadas con integrantes de *El Estornudo* evidencian una concepción particular de los modelos vigilante y cívico del periodismo que se sugieren en la «Breve Carta...». Un entrevistado concibe la vigilancia no solo como el escrutinio de los poderes establecidos, sino como un proceso de visibilización de los asuntos que se esconden detrás del discurso oficial. En su opinión, el modelo de vigilancia de la prensa se conecta con una función crítica concebida no desde la perspectiva del activismo político de oposición *per se*, sino desde las demandas de la propia profesión (S6). Asociados a esta idea están los requisitos prácticos de la profesión, como la contextualización, la provisión de análisis o el examen matizado de la realidad en los trabajos periodísticos. Hay, entonces, un énfasis en la profesionalización del periodismo.

---

[7] Nótese que la frase «una carrera de fondo» puede tener un doble significado —quizás intencionado—: carrera de larga distancia y carrera seria o importante.

Sin embargo, esto no significa que se alejen de las demandas políticas. En efecto, los profesionales de este medio defienden la posibilidad de reivindicar una agenda política pero desde la perspectiva de la «lógica dramática» inherente a la narrativa periodística; es decir, desde una posición que «respeta los estándares, formatos y narrativas del periodismo orientado hacia la profundidad y el cuestionamiento» (íd.). Asimismo, los entrevistados entienden el modelo vigilante como un análisis panorámico y matizado de la realidad cubana que aborda las múltiples dimensiones de los problemas sociales existentes (S7) y confronta a los poderes establecidos con una postura crítica (S8).

Cuando se les pidió que ilustraran el contenido que exhibían las funciones asociadas con el rol vigilante, los entrevistados mencionaron la cobertura electoral, su tratamiento —cuestionador— del expresidente Raúl Castro y el actual mandatario Miguel Díaz-Canel, así como los textos realizados por el columnista y académico cubano residente en el Reino Unido, Juan Orlando Pérez (S9).

Además, sus concepciones sobre el modelo cívico del periodismo se refieren no solo a informar sobre las demandas sociales, sino a establecer la agenda para que ganen visibilidad en el debate público. Varios de los entrevistados observan una desconexión entre diferentes segmentos de la sociedad y grupos sociales, y apuntan a asumir las responsabilidades que los medios oficiales cubanos no han cumplido sistemáticamente:

> *Cuando publicamos [...] historias sobre las condiciones de vida en los barrios ilegales, insalubres [...], los barrios que proliferan en las periferias de las grandes ciudades [...], vemos una fuerte demanda dentro de esas comunidades para un reconocimiento legal de su estatus, pero no hay conexión con el resto [de la población]. A los que no viven allí no les interesa el asunto, ni han oído hablar, tampoco les importa, entonces la prensa tiene la responsabilidad de poner este asunto sobre la mesa (S6).*

El modelo cívico también se relaciona con la posibilidad de debatir los efectos que ciertos procesos y decisiones políticas tienen para la sociedad cubana (S10). Una entrevistada (S9) dio dos ejemplos. Por un lado, aludió a la cobertura especial de la migración cubana a varios países europeos tras el fin de la política que solía otorgar estatus legal a los cubanos por defecto una vez que ponían un pie seco en suelo estadounidense. Se refirió también al tratamiento que dio el medio a la figura y a las iniciativas del artivista Luis Manuel Otero Alcántara. La visibilización de estos casos contrastó con el silencio de tales temas en los medios oficiales.

Al igual que con *Periodismo de Barrio*, el apoyo de las expectativas normativas de estos roles y modelos que inspiran a *El Estornudo* van de la mano con la comprensión de las severas limitaciones para su implementación. Los entrevistados reconocen su insuficiente preparación para activar estos modelos en su práctica periodística diaria debido a la ausencia de tradiciones de vigilancia en la cultura periodística cubana (S6). Al mismo tiempo, identifican restricciones severas al acceso a la información: la función de monitoreo de los periodistas se vuelve casi imposible cuando se niega el acceso a fuentes oficiales y otras fuentes clave (S7). Además de ello, es posible identificar una intención de realizar un periodismo cuestionador y vigilante que no tiene por qué basarse en el principio de objetividad, sino en el equilibrio y la honestidad.

Finalmente, a diferencia de *Periodismo de Barrio*, *El Estornudo* no ha afirmado explícitamente su inclusión dentro del ideal socialista democrático. Sin embargo, su postura confrontativa en relación con el sistema establecido y su compromiso con la ciudadanía son centrales en las concepciones de roles profesionales en el medio. A pesar de no declarar de modo oficial ninguna adscripción particular a un modelo, existe un apoyo recurrente a valores y normas asociados al modelo liberal de periodismo, pero adaptados y resignificados dentro de las condiciones específicas de la realidad cubana. Ambos defienden el ejercicio del periodismo bajo la lógica y las normas de la profesión, y no se identifican con la función propagandista de la prensa oficial ni con ningún ejercicio del periodismo impulsado por la lógica del activismo político *per se*.

Discusión: agentes —emergentes— del cambio en la profesión

El nacimiento y desarrollo de *El Estornudo* y *Periodismo de Barrio* ilustran la creciente diversificación del panorama mediático de Cuba, que se manifiesta en los componentes de sus culturas profesionales y organizacionales, tales como roles y valores, misiones y prácticas de su profesión. En un contexto de gobierno autoritario, opacidad gubernamental, libertad de prensa limitada y dificultades económicas, los periodistas de estos medios están dedicando su trabajo a la transformación de su realidad inmediata desafiando estas condiciones y convirtiéndose en agentes potenciales de cambio. Muchos de estos factores podrían haber impulsado la configuración de mentalidades alternativas en ambos medios, cuya grupo de integrantes y colaboradores da fe no solo de una gran diversidad de perfiles profesionales y educativos —incluidos egresados de las universidades más prestigiosas de Cuba y con el predominio de jóvenes formados como periodistas en la academia—, sino también de una variedad de ubicaciones geográficas.

Estas dos organizaciones comparten rasgos comunes en sus trayectorias, una visión similar sobre el periodismo como profesión y los modelos aspiracionales que guían su práctica. Se amparan, sobre todo, en los modelos cívico y vigilante del periodismo. Ambas comparten la ambición de trascender la mera divulgación de asuntos no tratados por la prensa oficial o la exhibición de personajes sin voz, aunque estas intenciones se encuentran entre sus principales prioridades. Las identidades y expectativas profesionales en *Periodismo de Barrio* y *El Estornudo* parecen estar motivadas por un compromiso con el servicio público, una vocación por brindar la información en profundidad y un periodismo de calidad, y por la aspiración de desarrollar su práctica con los más altos estándares de verificación posibles, imparcialidad y equilibrio.

Pero en *Periodismo de Barrio* en particular, los ideales socialistas alternativos y su potencial democrático para la acción transformadora parecen estimular la misión, expectativas, prácticas y agendas del medio, al menos discursivamente. Por supuesto, para evitar la represión y ganar cierto grado de seguridad y legitimidad ante los ojos del Gobierno podría ser conveniente una identificación desde el medio con una versión idealizada del discurso socialista. No se puede culpar al medio por buscar refugio en los ideales socialistas considerando que su contexto de trabajo está plagado de fragilidad institucional y riesgo a la integridad de sus periodistas. Sin embargo, las agendas de trabajo, los temas y las motivaciones de los profesionales entrevistados sí dan fe de la autenticidad de las convicciones socialistas democráticas en varios de ellos.

Asimismo, la función de vigilancia también encuentra un amplio apoyo y respaldo en ambos medios. En las democracias establecidas, la misión del periodismo de vigilancia se orienta a hacer que el poder rinda cuentas al público (Vollmer, 2013). Sin embargo, nuestros hallazgos sugieren que este punto de vista no es suficiente para reconocer la amplitud de significados a los que atienden los periodistas de los medios analizados. Tal ideal de rendición de cuentas pública podría no solo ser inverosímil o prematuro en un contexto de gobierno autoritario y signado por la opacidad, sino que la denuncia de irregularidades parece insuficiente en sí misma para resolver los problemas y preocupaciones sociales más urgentes de Cuba. Se trata en este caso de un tipo de periodismo de vigilancia que trasciende la mera revelación de irregularidades y proporciona un análisis en profundidad y un enfoque prospectivo en ocasiones, trayendo posibles soluciones a la mesa. Al hacerlo, se esfuerzan por construir comunidad y, en ese proceso, generar la fibra misma de lo que es ciudadanía.

Los periodistas de ambos sitios ven como su deber el llenar los vacíos de los medios oficiales. Así, el carácter alternativo de ambos, tal como ocurre con los nuevos emprendimientos periodísticos en democracias establecidas (Wagemans, Witschge y Deuze, 2016; Carlson y Usher, 2015), ya en sí mismo implica un cuestionamiento al ejercicio del periodismo que le precede. En Cuba, la orientación hacia la independencia de la estructura mediático-partidista no solo está conectada a las nuevas posibilidades tecnológicas y a una generación de jóvenes emprendedores que recurren a estas. También implica una ruptura con la política de polarización establecida, ya que afirman en su desempeño habitual distanciarse tanto del régimen como de la oposición política, específicamente por el modo en que han afectado de manera negativa la profesionalización del periodismo.

Varios profesionales de ambos medios defienden que el sustento de su trabajo son las lógicas profesionales y no el activismo político. Esto no significa que su trabajo sea «apolítico» o se abstengan de abogar por un cambio político en algún nivel. Su trabajo ciertamente tiene consecuencias de este tipo y canaliza muchas causas expresadas por los ciudadanos, pero tales acciones «políticas» se basan en, y emanan de, las funciones normativas y la lógica del periodismo profesional e independiente (la potenciación del escrutinio, la rendición de cuentas y el empoderamiento ciudadano), no por causas o agendas partidistas *a prori*.

Podría apuntarse, no obstante, que según nuestras observaciones, es muy posible que desde la realización de las entrevistas hasta la concepción de este capítulo, los periodistas de los medios estudiados hayan asumido no solo nuevos posicionamientos —claros, firmes y directos— ante las acciones del poder político en Cuba, sino también un compromiso mayor con el activismo político. Ello se puede explicar, entre otros factores, por la intensificación de la represión y el discurso oficial agresivo, el propio desarrollo del activismo político y una serie de hechos posteriores a la investigación en la cual se ampara este capítulo, que han demandado un involucramiento mayor de los profesionales de los medios con reclamos y exigencias provenientes de distintos actores del entramado político y social cubano.

El que ambos medios sean a veces considerados parte de la «oposición» por actores oficiales, o que pretenden usar su trabajo para promover ciertas causas políticas, es asunto de otra discusión. En cambio, estos profesionales prefieren construir un tipo de periodismo profesional basado en la credibilidad, la veracidad, la imparcialidad, el equilibrio y la calidad de sus trabajos. En ese sentido, en los dos medios se genera un discurso «metaperiodístico» de autopresentación hacia sus públicos (Carlson y Usher, 2015), a partir del cual se establecen sus proyecciones y sus estrategias de legitimación profesional. Apelan a concepciones tradicionalmente liberales del periodismo, como las funciones de vigilancia y cívica, muy afectadas en el contexto cubano, al mismo tiempo que abogan por estándares específicos y narrativas que no se practican con frecuencia en la Isla. En ese sentido, asistimos a una interesante muestra de los que llamamos «innovación situada» en estos medios, que también se manifiesta en sus procesos sui géneris de gestión editorial y producción periodística que no se dan, en estos casos, en redacciones tradicionales. También podemos observar una interacción con las funciones tradicionalmente normativas compartidas por periodistas de todo el mundo. Sin duda, ambos medios se han convertido en agentes de innovación clave al interior del ámbito profesional.

Conclusiones

Como afirma Hughes (2003:112), el apoyar ideas alternativas sobre el periodismo dentro del marco institucional dominante es clave para el éxito de la creación de agentes de cambio o innovación. En ese sentido, es indudable que *Periodismo de Barrio* y *El Estornudo* son agentes de innovación profesional. En el ámbito normativo, desafían el orden de cosas del periodismo oficial en Cuba. Como propuestas editoriales, ambos defienden su autonomía y el control del trabajo de sus periodistas. Considerando que estas nuevas mentalidades profesionales se han expandido, pero no lo suficiente como para poder hablar de una democratización generalizada de los medios cubanos, queda por ver hasta qué punto estos modelos de periodismo cívico y de vigilancia pueden extenderse a otros medios y naturalizarse no solo como roles normativos, sino también como fuente de práctica profesional.

Por el momento, los modelos vigilante y cívico del periodismo están siendo los conductos mediante los cuales se canalizan estas intenciones transformativas, al menos a nivel normativo: futuras investigaciones podrían dilucidar en qué medida se han materializado en la práctica cotidiana y en sus contenidos. Ciertamente, la realidad político-económica de Cuba, así como los problemas sociales que son recurrentes en la Isla, parecen haber desencadenado en estos medios la necesidad de adoptar esta agenda periodística «transformadora». Sin embargo, no se puede negar que la influencia de las concepciones liberales del periodismo probablemente se hayan interiorizado a partir de varias vías: la formación en las aulas universitarias, la capacitación continua, los manuales deontológicos y guías periodísticas, la socialización entre pares, el ejemplo de otros medios digitales en América Latina y otros contextos, y por supuesto, a través del acceso a Internet en la Isla. Además, estos ideales liberales se han amalgamado con ciertos ideales de un socialismo democrático entre integrantes de uno de los medios analizados.

Por supuesto, estas nuevas visiones antagónicas y alternativas a los medios oficiales no son únicas ni exclusivas de estos dos medios analizados, pues el ecosistema digital es cada día más variado. Tampoco se trata de un fenómeno nuevo. Los medios alternativos que sostienen valores de oposición en Cuba han tenido una larga trayectoria. En diferentes períodos de agitación social, los opositores al *status quo* siempre han echado mano de los avances tecnológicos de su tiempo para comunicar mejor sus ideales.

Pero considerando que, por un lado, los medios digitales requieren menos recursos materiales, tecnológicos, económicos y humanos para operar, y por otro, que los jóvenes profesionales están aprovechando al máximo las posibilidades que les ofrece la digitalización para conformar proyectos editoriales creíbles, concluimos que sí hay razones para defender la incidencia positiva que han tenido las tecnologías digitales en los procesos de cambio e innovación en los niveles organizacional e individual de la producción periodística. En ese sentido, las transformaciones digitales sí están facilitando el desarrollo de nuevas dinámicas en la profesionalización del periodismo en Cuba.

Al perseguir estas nuevas visiones del periodismo, ambos medios digitales están experimentando procesos de profesionalización que esperemos puedan inspirar a otros medios y generaciones de jóvenes periodistas. No solo es a través de narrativas digitales innovadoras, sino principalmente de los principios profesionales del periodismo, que estos nuevos medios se niegan a jugar con el tradicional rol leal-facilitador de la prensa cubana. Sus periodistas se han tomado el asunto en sus propias manos al establecer principios periodísticos más claros y relaciones de trabajo más horizontales para expandir los valores cívicos de la sociedad cubana. Con ello, han ayudado a construir no solo una profesión con principios y valores éticos, o un cuerpo de conocimientos y habilidades de jurisdicción exclusiva de estos periodistas, sino que también rinden cuentas y responden a sus audiencias. Por ello, *Periodismo de Barrio* y *El Estornudo* son una pequeña pero significativa muestra del vibrante y complejo ecosistema de medios digitales independientes en Cuba.

NEGOCIOS Y ECONOMÍA

11

MARKETING ONLINE EN UNA CUBA TURÍSTICA: PROMOVIENDO UN DESTINO «LIBRE DE TECNOLOGÍA»

(Rebecca Ogden)

(Inglaterra, 1986). Doctora en Estudios Latinoamericanos por la Universidad de Manchester. Profesora de Estudios Latinoamericanos en la Universidad de Kent, Reino Unido. Coeditora del volumen *Branding Latin America: Strategies, Aims, Resistance*. Sus intereses actuales de investigación se encuentran en cuestiones relacionadas con la política reproductiva, especialmente en Cuba y México.

El turismo cubano, que comenzó en medio de condiciones locales de severa austeridad a principios de la década de 1990, ha aumentado constantemente y se ha reconfigurado como una de sus principales atracciones, perpetuando la Isla como una anomalía en la tendencia general de un turismo como homogeneizador en torno a la «McDonaldización» (Ritzer, 1998). Dado el deseo generalizado de los cubanos de conectarse en línea, especialmente entre los *millennials* frustrados, tal vez sea irónico que Cuba continúe siendo votada entre los mejores «destinos libres de tecnología» por periodistas y turistas, en sitios web de viajes como *Lonely Planet*. De hecho, la revista de viajes *Wanderlust* incluye a Cuba en la lista de los 10 principales destinos de «desintoxicación digital», seleccionados sobre la base de la búsqueda de un turista «siempre conectado», deseoso de «apagar la pantalla y sintonizar con el mundo que se alza delante de sus ojos» (Higgins, 2017). Lejos de ser una molestia para los visitantes, la ausencia de Internet y redes sociales en Cuba «puede ser una experiencia muy liberadora», según las publicaciones de asesoramiento turístico (Oag, 2018). Viajar a Cuba, a menudo ha significado liberarse de la «agitación» y el «asalto» del *marketing* y la hiperconectividad en línea (R. Cohen, 2008). Para aquellos que disfrutan de un acceso sin restricciones y de bajo costo a la *world wide web*, lo digital se enmarca con frecuencia como una carga para «escapar» en favor de experiencias más «auténticas» durante las vacaciones.

Sin embargo, Internet también ha sido crucial para oxigenar la moda actual de Cuba como destino turístico y han surgido diversos mercados listos para aprovecharla. Como explora este capítulo, la promoción turística por parte de operadores estatales y extranjeros depende en gran medida de los medios digitales. En particular, los videos cortos publicados en línea con la intención de volverse «virales» son un mecanismo clave en lo que podríamos llamar la dimensión digital de la «mirada turística» (Urry y Larsen, 2011), que se puede definir como una forma altamente visual de categorizar, esencializar y conocer los lugares a través del turismo. En el contexto cubano, la difusión de videos cortos con música ha sido crucial para la exitosa campaña de turismo «Auténtica Cuba», lanzada por el MINTUR en 2010 y todavía hoy en uso. Durante este mismo período, el volumen de imágenes sobre Cuba circuladas en línea por turistas, periodistas y otros observadores ha simbolizado un enfoque muy visual centrado en la Isla, en La Habana en particular (Dopico, 2002; Quiroga, 2005; Kent, 2019).

Este capítulo explora el papel clave desempeñado por los videos promocionales producidos y distribuidos por el MINTUR y por dos operadores turísticos extranjeros, combinando un análisis de contenido de los videos con entrevistas con sus creadores para argumentar que estos resaltan la autenticidad, la desconexión, el contacto cara a cara y el regreso a los placeres sensuales como principal ventajas comparativas de Cuba, vinculando esta idea con el desarrollo desigual y diferido de las tecnologías digitales en la Isla. A pesar de la tendencia hacia esta imagen y narrativa, se propone que, desde el año 2000, el MINTUR viene adoptando un enfoque cada vez más estratégico para difundir la marca de la nación cubana a través de plataformas digitales. En este contexto, los videos virales, las redes sociales y el contenido web son centrales para producir imágenes positivas de la nación gracias al marketing turístico.

Turismo y *nation branding* (digital)

El turismo ha sido quizás el prisma dominante a través del cual se ha dirigido la atención sobre Cuba en los últimos años y el chivo expiatorio para gran parte de los comentarios —a menudo lamentables— sobre la repentina apertura de Cuba a los flujos globales desde la década de 1990. Mientras que los desafíos socioculturales, económicos e ideológicos asociados con la expansión acelerada de la industria durante el Período Especial, incluida la devaluación de los empleos estatales, el surgimiento del jineterismo y la demarcación de espacios solo turísticos —o el llamado «apartheid» turístico— han recibido importante atención académica. Sin embargo, el valor simbólico de la imagen de la Isla, articulada a través del turismo, no ha captado el mismo interés. No obstante, está claro que este juega un papel importante articulando el cómo entendemos los lugares y configurando las expectativas de los visitantes (Silver, 1993); esta es la llamada autoridad enunciativa o «creadora del mundo» del turismo (Hollinshead, 1999; 2007).

La década de 1990, en particular, vio un aumento en el número de científicos sociales que examinaron la función del turismo para «crear, recrear y/o demarcar pueblos, lugares o pasados específicos» (Hollinshead, 2004:25), para articular con autoridad quién forma parte de una población y qué debe celebrarse —u ocultarse— sobre pueblos o lugares particulares (ibíd.:31; Horne, 1992). Esto, a su vez, puede determinar cómo las «poblaciones emergentes» se legitiman y se definen a sí mismas, para usar el enunciado de Keith Hollinshead (2004:36). Por tanto, las representaciones mundiales de turismo, escriben Hollinshead, Ateljevic y Ali, tienen «un papel constitutivo sobre lo que sabemos sobre poblaciones y destinos ... [que], contextualmente, puede convertirse en soberano y ser normalizado y naturalizado» (2009:428). Hollinshead es especialmente convincente al describir las formas en que los actores individuales y las instituciones, a varios niveles, usan el turismo —a menudo sin sospechar— para mediar y normalizar mitos, estereotipos, narraciones e interpretaciones a través de su inclusión en panfletos y materiales de promoción turística, suprimiendo o negando otras tradiciones e historias (1999). A través de procesos vividos y construidos desde lo discursivo, la experiencia turística del lugar es socialmente construida, proyectada y contenida, normalizando formas de vida esencializadas y señalando lo que es importante o valioso en el país anfitrión (Kirshenblatt-Gimblett, 1998).

Según una conceptualización ampliamente citada de John Urry, la autoridad enunciativa del turismo radica en su representación altamente visual (1990): la mirada turística. Usa este término para referirse a la forma en que los lugares se consumen a través del turismo por la experiencia de observar o ver un conjunto de diferentes escenas, paisajes rurales o urbanos. Las industrias que ayudan a construir y desarrollar esa mirada, llamando nuestra atención hacia ciertos objetos de valor aparente, contribuyen a construir esa mirada (ibíd.:1). En sentido general, la mirada turística se refiere a la fuerza en gran medida inconsciente por la cual los pueblos, lugares y pasados son etiquetados, clasificados y representados de manera performativa en y a través del turismo (ibíd.). Para Urry, lo visual también se refiere al ojo de la mente, en el sentido de que «el turismo implica paradigmáticamente la colección de signos [...] cuando se ve un pequeño pueblo, lo que se capta a través de la mirada es una vista de la "verdadera Inglaterra antigua"» (1990:172). En este sentido, nuestra representación mental de un lugar se construye mucho antes de que se realice el viaje, como una anticipación o fantasía que se refuerza a través de múltiples productos culturales no turísticos, como el cine, la televisión, la música, la literatura, el periodismo y los videos (Urry, 1990:3). Este proceso de «soñar despierto» no aparece de forma autónoma, sino que implica un constante «trabajo sobre [de] la publicidad y otros conjuntos de signos generados por los medios» (ibíd.:13).

El surgimiento y la consolidación de una industria de «expertos» en marcas nacionales, comprometidos con los gobiernos para cristalizar y articular sus identidades nacionales de manera más cohesiva, persuasiva y competitiva, implica una nueva serie de actores, objetivos y resultados involucrados en la creación del mundo turístico y de la mirada turística (Aronczyk, 2013; Fehimovic y Ogden, 2018; Morgan *et al.*, 2007). Empleando las técnicas y la lógica de las relaciones públicas corporativas y la publicidad, la marca nacional ofrece a las élites del Estado-nación la oportunidad de capitalizar los recursos nacionales, los atractivos del paisaje y de la cultura, y comercializarlos a través del uso de logotipos, eslóganes, *hashtags* y campañas en redes sociales. En lugar de aplanar el mundo y darle una identidad homogénea, según Dinnie, la globalización ha revitalizado la importancia de la identidad nacional (2015:8), lo que aumenta la necesidad de ser visible y original, único o incluso exótico en un mercado competitivo.

Convertir la identidad nacional en una marca competitiva hace más que capturar flujos de capital en mercados competitivos como el turismo en el Caribe, pero también reconfigura la legitimidad del Estado como custodio de los recursos nacionales y culturales. En lugar de solo considerar los esfuerzos de marca de Cuba durante los últimos veinticinco años —y el regreso del turismo internacional como el elemento vital de la economía (Saney, 2004:28)— como una rendición a las fuerzas globales, es posible considerar cómo Cuba, un país que ha sido sujeto a una especulación, escrutinio y crítica profundamente divisivos desde el exterior, puede involucrar la marca turística como un vehículo de articulaciones positivas y autóctonas de la nación, así como una fuente esencial de ingresos. De hecho, los intentos de ejercer un poder blando y hacer circular estratégicamente imágenes modernas de la nación y la Revolución han sido una característica establecida de sus relaciones con el exterior, incluso a través de programas deportivos internacionales (Huish, 2011), misiones médicas (Huish y Kirk, 2007), medios de difusión (Rivero, 2015). Si bien estos se dirigen sobre todo a la competitividad económica, la marca turística también puede hacerse eco de aspiraciones políticas más amplias, incluida la forma en que la nación espera ser vista por otros.

A pesar de la promesa de control que aparentemente ofrece la industria de la marca nacional, los críticos advierten que las aspiraciones de crear nuevas narrativas e imágenes nacionales deben ser compatibles con aquellos que ya resultan familiares para el mercado al que se dirige: la marca nacional a menudo recicla mitos, estereotipos comunes y clichés que puedan resonar con su audiencia, o más bien, mercado global. Además, la pregunta no es *si* se debe crear una marca Cuba, sino *cómo* hacerlo y *cómo* controlar el proceso y el mensaje de la marca. La imagen de la nación, advierte Keith Dinnie (2015:166), ya existe en el imaginario de los demás: la marca parece ofrecer la oportunidad de utilizar la experiencia de los profesionales de relaciones públicas y *marketing* para moldearla y aprovecharla para fines diversos, tanto económicos como políticos, generar y consolidar el poder blando en contextos diplomáticos, unir a los ciudadanos en torno a un objetivo nacional común y atraer capital a través de la promoción de la inversión extranjera y/o el turismo. Claramente, la visibilidad y el control sobre la imagen de un país no son sinónimos en este contexto. En un mundo globalizado, las tecnologías digitales y los medios de comunicación digitales parecen expandir el acceso a una audiencia global y algunos gobiernos los han acogido con entusiasmo con fines de *marketing* y diplomacia pública (Christensen, 2013). Por el contrario, la exposición a los medios y tecnologías globales, y la multiplicidad de voces, imágenes, narrativas e intereses que albergan, desafían el control sobre la marca país que ahora buscan los Estados nacionales.

La hipervisibilidad de Cuba en los medios de comunicación globales, particularmente *online*, ha alimentado el interés de los turistas por ver la Isla «antes de que cambie», como dice el estribillo generalizado. Al mismo tiempo, Internet ha permitido que una audiencia global vea la explosión de los mercados emergentes y las innumerables contradicciones sociales, morales y económicas asociadas con el sector, a menudo a través de publicaciones de blogueros de alto perfil (Y. Sánchez, 2015) —incluso cuando el acceso de los cubanos a esas fuentes *online* ha sido limitado—. Un diluvio de imágenes de la Isla —en especial de La Habana— para el consumo extranjero (Dopico, 2002), sintomático de una fascinación renovada por Cuba y por la Revolución, ha encontrado una audiencia cautivada de «turistas en casa». El extraordinario éxito comercial de los álbumes, las giras y el documental homónimo de Buena Vista Social Club (Wenders, 1998) fue indicativo de este repentino interés nostálgico (Finn, 2009).[1] Las imágenes circuladas en línea por fotógrafos, periodistas, operadores turísticos y turistas han extendido a

[1] Parafraseando el agudo análisis de Esther Whitfield, *Buena Vista Social Club* es una película de gran éxito basada en la nostalgia occidental sobre una banda que nunca existió y un club que ya no existe (2008).

través de los nuevos medios la «cualidad estética distintiva» de la decadencia arquitectónica y el retrato sincero de la «pobreza fotogénica» (Duong, 2014:164) que han caracterizado las representaciones visuales de la Cuba postsoviética (Hernández-Reguant, 2009:13).

Los turistas mismos han contribuido a esta proliferación visual, compartiendo fotos en las redes sociales y participando así en la mirada turística digital sobre Cuba. Sin embargo, debido al acceso tardío e incompleto a Internet en la Isla, el creciente volumen de imágenes *online* de Cuba proceden en su mayoría del exterior. Además, aquellas que circulan *online* tienden a privilegiar una estética nostálgica fetichizada, en la que la visión de una Habana desmoronada funciona como abreviatura visual de una Revolución «caída» y una población resistente —o alternativamente, como una crítica indirecta al embargo de Estados Unidos—, y representa la nostalgia por el mundo «como algunos esperaban que fuera» (Whitfield, 2008:22). Las fotografías de cubanos usando puntos de acceso Wi-Fi en los centros históricos, sus rostros iluminados por las pantallas de teléfonos inteligentes, aparecen con frecuencia en las fotos que periodistas y turistas cuelgan en las plataformas de redes sociales, reflejando la ansiedad ideológica que rodea la creciente conectividad en Cuba. En resumen, el valioso estatus de Cuba como intacta y virgen y, por tanto, de alguna manera, más auténtica, está muy relacionado con el desarrollo escalonado y desigual de las tecnologías digitales en la Isla.

Este estado resulta algo confuso considerando lo que Cristina Venegas describe como el desarrollo simultáneo y mutuamente dependiente del turismo y la tecnología en Cuba (2010). El uso de la tecnología digital en el sector, en particular dentro del lobby de los hoteles de lujo de La Habana, señala, se convirtió en un marcador de la distinción cubana y una ventaja competitiva moderna (ibíd.:101). De hecho, la expansión del turismo no hubiera sido posible sin esa base de las telecomunicaciones (íd.). La visibilidad estratégica en línea mostró Cuba como un Estado-nación socialista independiente y proporcionó los medios para capitalizar aún más la fascinación global con el país (ibíd.:126). Venegas sostiene, por tanto, que los esfuerzos coordinados para desarrollar el turismo han convertido al sector en un «sitio de tecnologías de la información avanzadas» (ibíd.:19). A la par, con la expansión del turismo (Carty 2009:172) se ha generado un efecto «indirecto» de «actualización, modernización y mayor eficiencia de la capacidad productiva interna». Además, las tecnologías de la información se han utilizado como herramientas estratégicas para mejorar la competitividad del sector: en la última década, el MINTUR y el Instituto Nacional de

Investigación Económica han lanzado esfuerzos coordinados de recolección y análisis de datos turísticos (Miller *et al.*, 2008:274).

A pesar de estas ideas y los recientes cambios significativos en el acceso y el uso de las tecnologías móviles analizados en este volumen y más allá (Grandinetti y Eszenyi, 2018),[2] algunas discusiones tanto académicas como informales tienden a enfatizar el acceso diferido e incompleto de Cuba a Internet y la implementación de tecnologías digitales a través de un «lenguaje de escasez» (Laguna, 2017:169), a menudo asociado a la censura y a la represión (Geoffray y Chaguaceda, 2014). La intersección entre las tecnologías, la marca turística Cuba y la infraestructura del sector turístico merecen un análisis y una actualización a fondo. ¿Cómo utilizan el MINTUR y los operadores turísticos extranjeros los medios digitales para articular la imagen nacional de Cuba en un mercado competitivo de turismo? ¿Cómo convergen o chocan esos esfuerzos con la persistente comercialización de la Isla como una distorsión del tiempo preglobalizada y predigitalizada?

«Auténtica Cuba»

Dentro del concurrido mercado del turismo internacional, una marca país juega con sus fortalezas al identificar y enfatizar la singularidad y el valor de sus recursos culturales y geográficos. El diseño de la marca de cualquier nación se centra en la noción de ventaja comparativa, identificando una fuente de distinción capaz de forjar un nicho en el mercado. Dado que el imaginario occidental homogeneizado del Caribe ha tendido a «aplanar» la región (Sheller, 2003; 2004), haciendo que la visión de una playa idílica (sol, mar, arena y sexo) sea igualmente atractiva en cualquier entorno isleño, algunas marcas turísticas han buscado cada vez más distinguir a los países de sus competidores al destacar otras ofertas únicas, bienes culturales y características. Por ejemplo, la estrategia de 2012 «*Get All Right*» de Jamaica enfatizó el prestigio de su industria musical y su historia, con el video de la campaña «*One Love*» de Bob Marley cortando entre tomas de arenas blancas y mesas de mezclas de estudio (Visit Jamaica, 2014). Del mismo modo, a través de su eslogan, «El lugar que creías conocer», la reciente estrategia

[2] Estos incluyen el desarrollo de aplicaciones de telefonía celular relacionadas con el turismo (como la guía de restaurantes AlaMesa, el directorio de alojamientos privados Cuba Junky, los directorios de empresas del sector privado Isladentro y ConoceCuba y el planificador de viajes HabanaTrans), los puntos de acceso Wi-Fi, ahora comunes, y la el inicio de la cobertura 3G y 4G en los teléfonos celulares en el período 2018-2019.

promocional de México parecía hacerle un guiño tanto a la reputación de violencia relacionada con las drogas que llega de la cobertura internacional y de series de televisión como *Breaking Bad*, como a la amplia gama de experiencias turísticas que se ofrecen. Más allá de las playas, la República Dominicana ha tratado de comercializar su diversidad con el lema «La República Dominicana lo tiene todo» (DominicanDays, 2010).

Del mismo modo, la actual USP de Cuba, o «ventaja diferencial», se basa en la idea de que la Isla es distinta de sus competidores regionales: la Riviera Maya de México, la República Dominicana y Jamaica. De hecho, Cuba tiene como objetivo atraer visitantes en base a la noción de ser diferente a cualquier otro destino en el mundo. La reciente campaña «Auténtica Cuba», que tiene como objetivo comunicar este mensaje, fue diseñada por Brandworks, una agencia de publicidad canadiense contratada por el MINTUR en 2010; la primera vez que en desviarse de su propia estrategia de planificación y compra de medios, nombrando a una agencia externa. Como describió por correo electrónico Michael Clancy, director de dicha agencia, el MINTUR buscó una «visión objetiva» para superar una caída en el mercado europeo, basada en el flujo constante de turismo canadiense, el país que más turistas envía a Cuba. Brandworks diseñó, desarrolló y produjo una campaña que funcionaría a través de publicidad tradicional (televisión, impresa y vallas publicitarias en la ciudad y en tranvías), publicidad digital (un sitio web geodirigido en siete idiomas, videos de YouTube) y plataformas sociales (Facebook y *marketing* a través de motores de búsqueda). Si bien la producción fue dirigida en su totalidad por Brandworks, la agencia utilizó *fixers* cubanos en el terreno y, en general, estuvieron acompañados por representantes del MINTUR, «ansiosos por aprender cómo [Brandworks] produjo películas, videos y fotografías» (comunicación personal, 10 de diciembre, 2018).

Primero, el objetivo del equipo de Brandworks era identificar el punto de venta distintivo de Cuba, «el "corazón y alma" del país [...] lo que hizo a Cuba especial» (íd.). Basándose en su propio estudio cualitativo en línea en 29 países y en dos estancias de investigación a Cuba, sus hallazgos clave indicaron que Cuba era «más que una playa», que abarcaba «muchas asociaciones ricas y positivas [...] con una profundidad y dimensión increíbles». En particular, se hizo evidente que «Cuba era un lugar estancado en el tiempo». Michael Clancy recuerda que las respuestas del estudio se centraron abrumadoramente en el hecho de que «no había signos de globalización» y, por lo tanto, «era urgente verlo antes de que cambie». La campaña se centró por completo en una sola palabra, *auténtica*, que simbolizaría la singularidad, el «entusiasmo» de Cuba y su resguardo de la globalización. En lugar de ser una desventaja, la ausencia de tecnologías digitales e «influencias estadounidenses» y la sensación de aislamiento del mundo exterior se identificaron como su ventaja comparativa. Sin embargo, los representantes de MINTUR tenían serias preocupaciones de que este enfoque creara asunciones inoportunas de que Cuba era «atrasada» y «pobre». Al abordar estas preocupaciones, recordó que «tuvimos que argumentar agresivamente que su cultura no adulterada era un verdadero tónico para el resto del mundo» (íd.).

En los estudios sobre turismo, la autenticidad es un concepto controvertido (Wang, 1999). Si bien puede referirse a objetos visitados y que se pueden certificar o atribuir con precisión a las formas de vida locales, a menudo «tradicionales», la noción de autenticidad experiencial marcada por Brandworks se refiere en cambio a la trascendencia de lo cotidiano y al cumplimiento —temporal— del Yo «real» (ibíd.:360). La autenticidad de la experiencia tiene sus raíces en la nostalgia y el romanticismo, como describe Nina Wang, «porque idealiza las formas de vida en las que se supone que las personas son más libres, más inocentes, más espontáneas, más puras y más verdaderas de lo habitual (tales formas de vida se supone que existen en el pasado o en la infancia)» (íd.). Como también ha señalado Dean MacCannell, el sentido de autenticidad en las experiencias culturales del turismo se ve corroborado por el acceso a los «espacios traseros» íntimos y las «vidas reales» de las poblaciones visitadas (1973; 1999). La intimidad y la interioridad son fundamentales para la percepción de la experiencia auténtica (C. B. Cohen, 2010:162).

Además, la desconexión de las tecnologías digitales es una nueva faceta esencial del discurso de autenticidad turística (Molz, 2012:122). Muchos consideran que la carga aparente de la conectividad constante se ve compensada por experiencias «auténticas» y conexiones íntimas con los lugareños (C. B. Cohen, 2010) y otros turistas, incluso si, paradójicamente, el turismo se organiza en gran medida a través de la tecnología y los turistas en verdad desean permanecer en contacto con sus familiares. La noción misma de lo que significa «escapar» cuando se viaja cobra una nueva luz con la difusión y el uso de las tecnologías modernas (Molz, 2012:142). En el contexto de Cuba, muchos han combinado los avances en la disponibilidad y el uso de Internet con una exposición más generalizada a los flujos globales para resaltar el atractivo y la urgencia de la menguante «esencia auténtica [y] estado inalterado» del país (Chase, 2017). Por ejemplo, los viajeros que publican en el foro de TripAdvisor con frecuencia hacen comentarios positivos sobre la desconexión forzada en Cuba. Uno comenta: «No tienes más remedio que desconectarte en Cuba, que es lo que lo convierte en vacaciones».[3] Otro participante se hace eco de este sentimiento, bromeando que «las agencias de viajes deberían vender a Cuba como un destino de desintoxicación para los adictos a las redes sociales».[4] Las asociaciones positivas de estar desconectado durante una visita a Cuba perduran en los discursos periodísticos y turísticos incluso si, como argumenta Molz (2012:139), la idea de escapar de la modernidad es algo ilusoria.

Brandworks comunicó la idea general de autenticidad que definió la campaña «Auténtica Cuba» a través de una serie de enfoques creativos. En los videos de la campaña, la música original escrita e interpretada en español por artistas cubanos destacó la riqueza cultural de Cuba. Los videos evitaron el formato de voz en *off*, un enfoque común —pero duro— típico de otras campañas —como la voz en *off* infantil que aboga para que el espectador vea que Colombia está llena de «buenas personas» en «Colombia es pasión»—.[5] Por el contrario, la fotografía y las imágenes de video utilizadas en la campaña en Cuba cumplieron el imperativo de involucrar «imágenes poderosas [...] capturando íntimamente imágenes, sonidos y rostros de Cuba» (Clancy, 2018). La espectacular puesta en escena de la vida cubana «normal» fue parte integral de la campaña. Con este fin, Brandworks viajó por todo el país, filmando y fotografiando a personas reales en contextos auténticos (no representados, cubanos y turistas), en lugar de actores. Tal enfoque marcó un claro alejamiento de las campañas anteriores, que destacaron los espacios y actividades turísticas convencionales en lugar de los locales «comunes» en un entorno típico (Ogden, 2017). También desmintió las regulaciones estatales algo estrictas para controlar el contacto entre turistas y locales, y limitar la propagación del turismo más allá de los enclaves demarcados (Espino, 2000; Sánchez y Adams, 2008:32). En cambio, las «poderosas imágenes» de la campaña ofrecieron a los turistas un retrato sincero de los cubanos que participan en actividades cotidianas en la calle, bodas, eventos deportivos..., con uniformes escolares y de trabajo.

---

[3] https://www.tripadvisor.co.uk/ShowTopic-g580450-i10244-k5759271-Wifi_at_the_tryp-Cayo_Coco_Jardines_del_Rey_Archipelago_Ciego_de_Avila_Province_Cuba.html.

[4] https://www.tripadvisor.co.uk/ShowTopic-g285732-i398-k4840330-Wifi_spt-Holguin_Holguin_Province_Cuba.html#36134921.

[5] https://www.youtube.com/watch?v=Hn4hMEOpF8o.

Fotogramas del video promocional de «Auténtica Cuba».

Los videos compartidos en línea permiten que una audiencia global se conecte con esta experiencia espontánea, afectiva y sensorial en Cuba, reconociendo y apreciando las «vistas, sonidos y rostros íntimos de Cuba», como Brandworks había imaginado. Además de las técnicas tradicionales de *marketing*, la campaña también se basó en un nuevo componente digital unificado. Brandworks informó que tuvieron que contrarrestar la reticencia extrema de parte de los responsables del MINTUR para dirigir el gasto de *marketing* en motores de búsqueda, YouTube y el sitio web, dado que tal estrategia no existía. La lógica fue explotar un momento en el «embudo de compra único» del turismo (Pan y Crotts, 2012:86); es decir, las dos primeras de las tres etapas de la publicidad turística: soñar, planificar y reservar. Imágenes convincentes de formas de vida y experiencias auténticas en las imágenes y los videos de campaña, intervenciones en la mirada turística que abordaran la «etapa de los sueños». Antes de la campaña «Auténtica Cuba», la Isla no había aprovechado las potencialidades altamente personales y atractivas de Internet para nutrir esta «etapa de sueño». Además, dado que el MINTUR no había cedido, en ese tema, las etapas de planificación y reserva *online* en operadores extranjeros virtuales, como Expedia o Travelocity, se vieron obstaculizadas por la falta de información en línea. Se realizó una gran cantidad de trabajo y planificación en el sitio web oficial con el fin de involucrar y alentar a los turistas a buscar información para convertir el interés ya despertado en reservas —y ventas.

El sitio web, como lo vio Brandworks, también inspiraría confianza entre los proveedores de viajes para vender Cuba a turistas potenciales en lugar de recomendar competidores. La publicidad visible genera confianza: la marca nacional presenta a los demás una imagen espectacular, coherente y moderna. La campaña también habló con expertos en el sector turístico, cuya cooperación en ventas es esencial, y con inversionistas, para quienes la garantía de que Cuba era una opción sólida y consciente justificaba su gasto. Sin una identidad singular y coherente de marca, articulada a través de medios accesibles y modernos, construir esta confianza sería un desafío debido al imperativo contemporáneo de la visibilidad *online*. Como han advertido algunos expertos (Dinnie, 2015:166), la competitividad en la imagen de la nación se puede desperdiciar por la falta de una estrategia de marca consensuada; así, su invisibilidad *online* también corre el riesgo de provocar la ignorancia y la indiferencia de inversionistas, socios interesados y clientes. También existe el riesgo de que visiones alternativas de la nación desplacen la mirada del turista y oscurezcan los mensajes de marca deseados por el Estado nacional.

Mirada turística digital: otras intervenciones

Otras intervenciones en la mirada turística digital de Cuba también han prestado gran atención a las nociones de espontaneidad y autenticidad en lo cotidiano. Los videos virales, en particular, han sido explotados por otras agencias para despertar el interés turístico en Cuba. El primero que analizo aquí, «Mi Cuba Querida», realizado por el operador de viajes The Wind Collective, mezcla un valor de producción ingenioso y voces en *off* emotivas, más al estilo del tráiler de una película. The Wind Collective se describe a sí misma como «una comunidad que expresa la libertad a través de los viajes y la creatividad [que] participan en experiencias locales, construyen nuestra comunidad y viven nuestras mejores vidas». Esta identidad de marca se expresa tanto en su *marketing* digital como en los itinerarios anunciados en el sitio web, que incluyen «alojamiento boutique de estilo cubano», sesiones de fotos profesionales, talleres creativos y sesiones de «retribución», a través de las cuales los participantes «dedican algo de tiempo a las comunidades locales» y «encienden la luz de esperanza» (Anon, s. a.). La espontaneidad y creatividad que esta descripción asocia con la marca es evidente en la elección de las tomas de cámara y las técnicas de edición en el video «Mi Cuba Querida», que se había visto poco menos de 6 150 veces en el momento de la redacción de este capítulo (septiembre de 2020). Las tomas de los drones en las calles de la arquitectura urbana son seguidas por primeros planos íntimos de rostros y manos cubanos, reparando sartenes viejas, sosteniendo velas en la iglesia y manipulando frutas. La cámara sigue a un gato callejero demacrado mientras salta sobre un charco sucio en la calle. Hay un montaje acelerado de retratos de rostros cubanos que miran directamente a la lente. Esta es una visión muy sensorial y cruda de La Habana —no se presentan otros lugares cubanos—, donde la intimidad y la inmediatez de la experiencia cotidiana, *resolviendo*, se convierten en temas clave.

Fotograma de «Mi Cuba querida» (The Wind Collective).

La voz en *off* del video, que narra los sonidos de los niños jugando y los perros ladrando, extiende este mundo sensorial, incrementando la emoción para finalmente derrocharla:

> *Imagina. Imagina una mañana. Una mañana diferente a cualquier otra mañana... desde entonces, y como cada mañana hasta entonces. Entonces imagina todas esas mañanas del mundo, mi mundo, desaparecido, casi en un instante. Y en todas partes veo a Cuba. Yo pruebo a Cuba. Me siento Cuba. Porque Cuba está ahí. Apoyaré mi cabeza sobre sus hombros. Una vez más [la voz se rompe] en sus brazos. Sus brazos a mi alrededor. Mi Cuba querida (Hunnigan* et al., *2018).*

Esta narración invoca vagamente el paso del tiempo que acelera la apertura de Cuba al mundo y el cambio aparentemente inevitable desde la autenticidad hacia la sobreexposición. La manipulación simultánea de imágenes refuerza esta perspectiva. Las imágenes están aceleradas, alternando y de repente disminuyen la velocidad, con nubes volando mientras atraviesan el paisaje urbano en un lapso. Las secuencias de *hyperlapse* —lapsos de tiempo en movimientos, en lugar de tomas estáticas— de edificios del centro de la ciudad y transiciones de *zoom* estrepitosas realizadas en la edición también mejoran la sensación de movimiento y provocan un discurso de transitoriedad y precariedad que se ha convertido en sinónimo de Cuba «en transición.» La narración no es fácil de interpretar. La personificación de Cuba como una mujer receptiva y sensual es todo menos novedosa, ya que la figura de la mulata sexualizada es fundamental en el imaginario cultural cubano (Mendieta, 2000; Kutzinski, 1993), teniendo en cuenta que la relevancia de la raza, el género y la clase está imbricada en la comprensión contemporánea de la jinetera (Daigle, 2015:27). En resumen, el video presenta un viaje a Cuba como un retorno a la intimidad familiar del abrazo de un(a) amante.

Esta visión de Cuba es familiar justo porque la proliferación de imágenes en la mirada turística crea una sensación de anticipación y reconocimiento mucho antes de que se realice el viaje (Urry, 1990). La experiencia del turismo se convierte así en una visión de presenciar de primera mano la Cuba que ha sido representada de manera similar en la literatura, la fotografía, el branding y el cine. De hecho, la voz en *off* dramática, el sentido de la narrativa y, a veces, el tono dramático de las imágenes proporcionan el sentido de «tráiler de la película» del video; el pie de foto también invita al espectador a «mirar este video y adentrarse en un mundo cinematográfico». Si bien no es informativo ni indicativo de las actividades turísticas que se ofrecen, este tipo de contenido contribuye a la etapa de «soñar» con las etapas de adquisición de turismo. La mirada turística se refiere así al ojo de la mente, o al imaginario del lugar que se sueña despierto (íd.), al centrismo ocular más amplio del turismo que obliga al turista a contemplar los «espacios traseros» íntimos. No es de extrañar, pues, que el primer plano de un ojo sea un motivo recurrente en este video.

La mayoría de las imágenes del video parecen haber sido filmadas usando una cámara DSLR, un medio pequeño y portátil que permite a los cineastas producir imágenes de alta calidad utilizando un equipo menos invasivo que una cámara de película más grande. Por tanto, el dispositivo garantiza la sensación íntima del video, que se basa en los movimientos espontáneos y desinhibidos de sus sujetos, y entre el fotógrafo y el sujeto.

Otro video viral reciente, distribuido por el operador turístico Responsible Travel, también incluye una representación sensual y sensorial de la

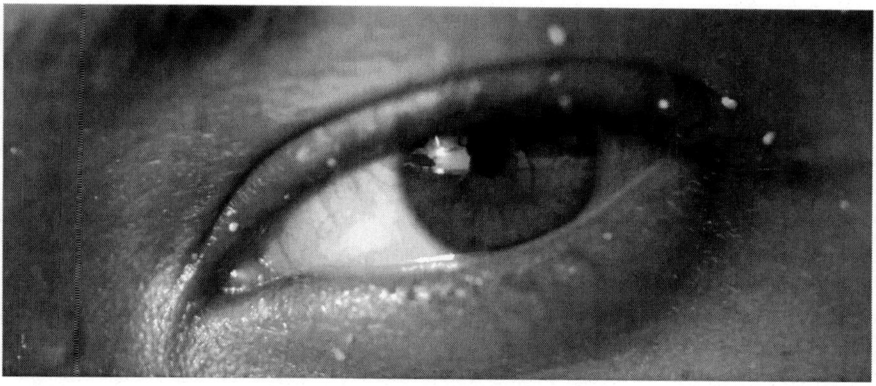

Fotograma de «Mi Cuba querida» (The Wind Collective).

ciudad y de sus habitantes. Evitando la infraestructura turística moderna y raramente enfocándose en sitios turísticos icónicos, la cámara se centra en líneas de secado de ropa, parejas que se abrazan y personas que realizan tareas domésticas cotidianas. El pie de foto confirma esta elección de sujetos y escenas urbanas:

> *Las playas y bahías de Cuba son imprescindibles, sin embargo, entrar en La Habana [...] presenta un mundo nostálgico de autos clásicos, radiotransistores crepitantes y fichas de dominó mientras los niños juegan con juguetes hechos a mano en la calle. Pasee por el campo para encontrar agricultores que montan a caballo por los bosques, bueyes que aran los campos, carretillas llenas de verduras cultivadas en casa y residentes con mecedora bebiendo ron en el porche (Responsible Travel, 2017).*

Esta visión nostálgica resalta una inmersión sensorial en los sonidos (golpeteo del dominó , radios crepitantes), olores y sabores (productos cultivados en casa, ron) que pertenecen a un mundo tradicional predigitalizado, destacando la importancia del cuerpo sensorial para las experiencias turísticas que rompen con la mundanidad del hogar (Edensor, 2006). La autenticidad aquí idealiza formas de vida más simples, ya que pueden estar asociadas con el pasado, con las formas que describe Wang (1999:360), lo que explica el transporte rudimentario y la socialización sin pantallas. Además, la estetización del subdesarrollo que se evidencia en muchas líneas de secado de ropa en la calle es común en los videos de Wind Collective y en los de Responsible Travel. Tanto en entornos rurales como urbanos, el video de estos últimos cita evidencia de formas de

Fotograma de «Mi Cuba querida» (The Wind Collective).

vida tradicionales como puntos de interés que centran la mirada turística, elevadas no solo a sitios que vale la pena visitar y contemplar, sino convirtiéndose en una distinción comercializable.

En ambos ejemplos, los colores brillantes y la música optimista de la campaña «Auténtica Cuba» son reemplazados por una música más dramática y tonos más emotivos, amarillos y sepia, probablemente resultado de la «clasificación» de la posproducción. Los videos están dirigidos a mercados un tanto diferentes: «Auténtica Cuba» se enfoca hacia los turistas norteamericanos y europeos en general, su concepto se deriva de la investigación de mercado en esas mismas regiones. Aquellos producidos por Wind Collective y Responsible Travel claramente se dirigen a un turista independiente, creativo y más autoidentificado. Los visitantes que persiguen un estilo mochilero y un turismo con identidad pueden verse impulsados a explorar experiencias profundas de contacto íntimo con «locales» (Cohen, E., 2003; Conran, 2011; Uriely, Yonay y Simchai, 2002).

Sin embargo, el concepto central que combina cada estrategia promocional es la autenticidad, una nostalgia esencializada e idealizada de lo cotidiano, satisfecha en uno de los últimos lugares «protegidos» de la hiperconectividad y de la globalización, que a menudo se enmarcan como una carga en la vida en el Norte Global. Los videos como estos funcionan de una manera diferente a las imágenes o a los eslóganes de los carteles fijos porque acentúan las dimensiones visuales, auditivas y olfativas, los detalles íntimos, de lugar, evocando el «estar allí». Al ofrecer la posibilidad de compartir y ver estas evocaciones en casa, los videos virales son una herramienta de *marketing* convincente. Más allá de los costos de producción, su alcance global no depende del presupuesto. Si son interesantes y atractivos, y por tanto vale la pena compartirlos, pueden ser altamente rentables.

Además, al registrar vistas, compartidos y comentarios, los videos virales ofrecen la posibilidad de rastrear el impacto en términos de números, alcance global y respuestas positivas y negativas. La creación de contenido, como videos que pueden ser compartidos por los mismos consumidores a los que se dirigen, también sugiere el potencial para la «cocreación» de la marca; una táctica que ha evolucionado en la marca nacional y que involucra la participación activa de los ciudadanos (Volcic y Andrejevic, 2011), haciendo una llamada abierta para compartir ideas, evaluando los comentarios o colaborando en la difusión y la longevidad de la marca a través de, por ejemplo, darle un me gusta o compartir una determinada campaña en redes sociales (Gómez, 2018). Tal ciclo de retroalimentación social puede compararse con un «de boca a boca» digital que algunos han argumentado que puede tener un mayor impacto en la toma de decisiones de los consumidores que el típico *marketing* en medios de comunicación tradicionales (Pan y Crotts, 2012:81). El éxito de tales campañas para influir en los consumidores depende cada vez más de la capacidad de los creadores para capturar a estas audiencias en línea y hacer que participen. Según Brandworks, uno de sus «logros» fue convencer al MINTUR de la necesidad de gastar en *marketing* digital.

Sin embargo, también está claro que controlar las imágenes y las narrativas de una marca turística no es un ejercicio sencillo, justo porque otros operadores, partes interesadas y consumidores realizan intervenciones en la mirada turística. Las tensiones entre la valorización de la «esencia» auténtica preglobalizada y predigitalizada de Cuba y las sugerencias inoportunas de atraso son llevadas al extremo en algunas de estas intervenciones externas. La marca de la nación como destino significa que, primero, la marca debe hablar principalmente de los deseos del mercado clave y, segundo, que compite por atención con otras articulaciones en línea. De hecho, estas articulaciones incluyen publicaciones en blogs y redes sociales, fotografías compartidas, *check-in* virtuales y críticas de TripAdvisor distribuidas por los propios turistas. Este dilema fue resaltado por un gerente *senior* de Havanatur, quien hizo el siguiente comentario en una entrevista: «[como turista] a lo mejor tiraste dos fotos y pusiste "eso es Cuba". Pero tienes el poder de poner "esto es Cuba" en una foto espectacular del Museo de Bellas Artes, o tienes el poder de poner "eso es Cuba" en una foto de otro sitio [...] desde afuera, puedes poner lo que tú quieras».

En diciembre de 2018, el entonces ministro de Turismo de Cuba, Manuel Marrero Cruz, publicó el siguiente mensaje en su cuenta oficial de Twitter: «Hoy aprobamos el plan de Comunicaciones del Ministerio de Turismo para el 2019. La mayor cantidad de acciones serán en Internet y sus redes. No se puede transitar bien en el turismo; sino es por las autopistas de las nuevas tecnologías. #CubaDestinoSeguro #TurismoConCalidad».

Claramente, ha habido una transformación en la última década desde la reticencia a invertir y desarrollar estrategias de *marketing* digital a una adopción de las tecnologías en la práctica, así como el desarrollo de infraestructuras turísticas. Como confirmó una conversación con un gerente de ventas de la empresa estatal Havanatur, cada agencia de turismo estatal cubana (Havanatur, Cubanacán, Gaviota, etc.) tiene su propio representante o equipo de *marketing* digital. El uso de *hashtags* por parte de Marrero Cruz, que recientemente han comenzado a aparecer en los videos cortos, imágenes y publicaciones distribuidas por las cuentas en las redes sociales de las agencias estatales, sugiere un fuerte sentido de cohesión en los mensajes de marca y, de hecho, un nuevo mensaje. Si bien los destinos rivales se han relacionado con el crimen organizado, los secuestros y la violencia, la baja tasa de criminalidad de Cuba (#CubaDestinoSeguro) aparece como otro punto de venta distintivo.

Sin embargo, aunque el *marketing* turístico de Cuba se basa en canales y redes digitales para circular y comunicar estas narrativas e imágenes al público global, este capítulo ha demostrado que las estrategias de marca han reforzado, implícita o explícitamente, el valor nostálgico y romántico del aislamiento de la Isla del capitalismo global y de los flujos digitales. Dicha tendencia de enmarcar a los niños que juegan en la calle, las líneas de secar la ropa y los placeres sensoriales representa esta estética nostálgica también y fetichiza un mundo preglobalizado y predigitalizado, una deformación del tiempo preservada donde los turistas tienen la oportunidad de dejar las pantallas de sus dispositivos y experimentar la autenticdad; esto se puede ver como un entorno auténtico que les permita reencontrarse con su verdadera identidad y tener un «contacto inmediato con el Otro» (C. B. Cohen, 2010:154). Aunque el turismo en el Caribe puede satisfacer la búsqueda de viajar a una época premoderna «sin las cargas» de la conectividad constante, la competitividad de la industria en sí misma depende de una visibilidad espectacular en línea.

El *branding* de Cuba en línea demuestra una de las formas en las que Internet no es «posnacional» ni globalizada, sino que expresa localización e integración (Pitman y Taylor, 2013:4). Internet permite que las naciones articulen sus activos de nuevas maneras y que hagan un plan de impacto y difusión de tales articulaciones. En la era contemporánea de la hipervisibilidad, descuidar las iteraciones en línea de una campaña de marca es arriesgarse a que resulte irrelevante, indiferente y e invisible para un mercado clave que está en gran parte «conectado». La potencialidad de los videos virales para animar a los consumidores y a los ciudadanos depende de corroborar el éxito global de estos esfuerzos y radica en su compartibilidad en línea. Sin embargo, en medio de esta hipervisibilidad y en el contexto de la cobertura mediática de 24 horas y el estilo de vida «siempre activo» (Thompson, 2005), la heterogeneidad de las imágenes y las narrativas accesibles a través de Internet impiden que sus creadores mantengan el control total y la coherencia de los mensajes de marca. Por tanto, la angustia de que las representaciones de las formas de vida tradicionales se puedan ver como un «tónico» en un mundo hipermediado, o como evidencia de atraso y pobreza, revelan la imposibilidad de controlar por completo tales tropos. Este capítulo también ha demostrado que las visiones alternativas de la inmediatez y la intimidad de lo cotidiano urbano, que evocan más explícitamente la nostalgia del subdesarrollo tecnológico, también pueden competir por la atención del público e informar la mirada turística.

12

¿HACIA UNA CUBA ALTERNATIVA?: *MILLENNIALS* DIGITALES, *INFLUENCERS* SOCIALES Y CUENTAPROPISMO EN LA HABANA

(Jennifer Cearns)

(Reino Unido, 1990). Doctora en Antropología por el University College (Londres, 2020). Su investigación se ha centrado en los flujos materiales y digitales que conectan a los cubanos en la Isla con comunidades de todo el mundo. Ha realizado dieciséis meses de investigación etnográfica en Miami, La Habana, Guyana, Panamá y México, en casas de empeño, funerarias, salas de aeropuerto, estaciones de autobuses y puestos de mercado callejero, así como a «mulas» en toda la región para comprender las redes de intercambio material y digital. Su investigación también ha explorado el panorama digital de Cuba, incluido el paquete y las redes de intranet de La Habana. Editora de un dossier sobre el paquete en *Cuban Studies*, recientemente ha publicado el artículo: «The Mula Ring».

«Vengan a conocer nuestra plataforma, formen parte, ¡tomen acción en esta batalla por documentar y mostrar al mundo una Cuba ALTERNATIVA!», se leía en la invitación que apareció en un grupo de WhatsApp al que Frank, mi amigo emprendedor digital en La Habana, me había agregado. Frank era uno de mis varios amigos que, después de completar títulos universitarios que probablemente no conducirían a un trabajo satisfactorio o bien remunerado por el Estado, habían establecido sus propios negocios, utilizando tecnologías y redes digitales emergentes para celebrar las diversas tendencias contraculturales menos reconocidas que saturaban el programa de eventos exclusivos de La Habana. Frank y otros como él están en la cresta de una ola creciente en Cuba, resultado de una potente combinación de acceso creciente a Internet y a redes sociales —al menos en el centro de La Habana— y más concesiones a los cuentapropistas en Cuba. Sin embargo, en este eufemismo está implícita una formación binaria inherente al corazón de la sociedad cubana: un sentido omnipresente de «ellos» —el Estado— *versus* «nosotros» —aquellas personas activas en el llamado «sector no estatal»—. Además, para algunos cuentapropistas que operan en el sector digital, aún más liminal en la economía híbrida emergente de Cuba, puede traer consigo una mayor vulnerabilidad en un país donde la famosa declaración de Fidel Castro, «[d]entro de la Revolución, todo; contra la Revolución, nada» (1961a) todavía resuena con fuerza en la «política cultural oficial» del país.

Este capítulo considera cómo una generación emergente de *millennials*[1] cubanos se está convirtiendo en emprendedores[2] digitales, lanzando negocios

[1] Ampliamente entendida como la generación nacida desde mediados de la década de 1980 hasta mediados de la década de 1990 que, por consiguiente, vivió durante el Período Especial dificultades económicas en Cuba —tras el desmantelamiento de la Unión Soviética— en la niñez y ha establecido sus propios negocios mientras Cuba ha «hecho la transición» a un nuevo período económico.

[2] En este capítulo empleo mucho «emprendedores», palabra que puede ser problemática cuando se entiende en el contexto cubano. A finales de agosto de 2021, las autoridades

que operan dentro de un mundo relativamente nuevo de redes sociales y acceso a Internet en La Habana. Sigo a Jean y John Comaroff al considerar tres aspectos esenciales del así llamado momento *millennial*: «la procedencia cambiante del Estado-nación y sus fetiches, el surgimiento de nuevas formas de encantamiento y la explosión de discursos neoliberales que tratan sobre la sociedad civil» (2001:3). La era digital solo ha aumentado la fetichización de Cuba en el imaginario visual de una industria turística mundial que busca lo «auténtico» a cada paso. Este proyecto ha coincidido con el creciente acceso de los cubanos a los medios digitales, lo que resulta en el deseo de tener una voz en la representación de su patria en un espacio digital público, al tiempo que participan en discusiones sobre lo que la sociedad cubana puede y será en una era digital y globalizada.

El capítulo se basa en una investigación etnográfica realizada en La Habana entre marzo de 2017 y septiembre de 2018, y considera cómo un conjunto más o menos pequeño, pero influyente a nivel cultural, de jóvenes cubanos ha estado sorteando estos cambios en un contexto sociopolítico y tecnológico particularmente complejo, dado que sus negocios a menudo operan en un espacio liminal dentro de las normas ideológicas cubanas.[3] Aunque en teoría estos negocios sean legales y estén dentro del ámbito de las licencias para cuentapropistas, muchos de estos jóvenes cubanos están sujetos a un mayor escrutinio y presión, tanto del Estado como de los miembros regulares de la sociedad, debido a su celebración de una «alteridad» cultural, paralela quizás a los movimientos juveniles hípsteres vistos en todo el mundo, pero los cuales en Cuba se podrían interpretar como contraculturales, contracubanos o incluso contrarevolucionarios. Sin embargo, irónicamente para algunos,

---

cubanas publicaron una veintena de normas que permiten y regulan a las pequeñas y medianas empresas en la Isla —eliminadas en 1968 en una ofensiva revolucionaria contra los últimos vestigios de propiedad privada—. Las nuevas normas permiten que estas empresas tengan hasta 100 empleados si obtienen la licencia adecuada. Sin embargo, antes de esta reforma, aunque era posible trabajar por cuenta propia en una de las 127 categorías con licencia no se podía formalizar la propiedad de un negocio privado. Así, distingo aquí entre «emprendedores» (trabajadores por cuenta propia) y «empresarios» de acuerdo con la ley cubana en el momento de mi investigación.

[3] Entiendo la «liminalidad» aquí en el sentido utilizado por los antropólogos Arnold Van Gennep y Victor Turner en sus estudios de religión y rituales, en los cuales describen una ambigüedad que ocurre en la etapa intermedia de los ritos de iniciación, cuando los participantes ya no tienen su estado prerritual, pero aún no han comenzado la transición al que tendrán cuando se complete el rito (Gennep, 1977; Turner, 1969). En este caso, aludo a la ambigüedad experimentada por aquellos empresarios que se encuentran entre lo que podría —crudamente— caracterizarse como Cuba «socialista» y «postsocialista».

esto se deriva no tanto de una postura particular contra la Revolución o de una resistencia hacia el Estado cubano, sino más bien de un rechazo hacia las visiones estereotipadas y hegemónicas de una Cuba fetichizada y «exótica» provenientes del exterior. De manera paradójica, es una posición que, tal vez, los vuelve a alinear con los ideales revolucionarios cubanos de resistencia al colonialismo, al imperialismo estadounidense y al capitalismo global.

Este capítulo sigue a varios de estos emprendedores mientras navegan por los sistemas emergentes de regulación y normatividad que rodean a los medios digitales y al cuentapropismo en Cuba, así como cuando interactúan con otros espacios digitales liminales como el paquete y las SNet en La Habana. Además, examina algunos de los obstáculos de este mundo —varios de ellos enfrentan tensiones con la policía, la familia o los vecinos debido a su actividad— antes de considerar en qué medida los jóvenes emprendedores digitales están redefiniendo lo que significa ser cubano; al mismo tiempo que los medios digitales facilitan una mayor interacción con los modos de expresión desde fuera de Cuba. Para varios, su celebración de la «alteridad» cultural, incluso a través de una asociación tangencial con la estética de la moda y los movimientos musicales del extranjero, puede ser inherente pero involuntariamente una declaración política; la cual, a su vez, puede crear tensiones tanto en casa como en el trabajo. Y, sin embargo, nuestras propias nociones de lo que constituyen «revolución» y «resistencia» también son cuestionadas cuando se consideran dentro del contexto cubano, ya que las prácticas vividas revelan una interacción más sutil entre varias nociones coexistentes de «resistencia», «rebelión» y «revolución» dentro de una política de identidad cubana cambiante.

Auge de los emprendedores digitales en La Habana

> *¿Cómo podría un Estado socialista de un solo partido que todavía controla los correos electrónicos, restringe la libertad de prensa y limita la empresa privada crear una sociedad digital, la cual se basa en el intercambio abierto de información y comercio? (Ashby, 2001:18)*

Es fácil suponer que, dado que el panorama digital y tecnológico de Cuba no refleja el de, por ejemplo, Estados Unidos, puede verse como un lugar extraño para establecer un negocio «digital». Es bien sabido que la Isla tiene una conectividad limitada a Internet. Los altos costos, las velocidades lentas, la censura y una frustrante falta de privacidad una vez en línea —debido a la naturaleza pública de los puntos de acceso más comunes—, son todas características de la vivencia de estar conectado (Freedom House, 2018b).[4] Sin embargo, tales obstáculos han demostrado ser galvanizadores para algunas de las generaciones *millennials* de Cuba. Las deficiencias en el acceso a la infraestructura, al capital y a la información han estimulado una creatividad notable cuando se trata de plataformas digitales. En el momento de mi partida de Cuba, después de mi última ronda de investigación de campo, uno de mis contactos estaba en proceso de construir un nuevo negocio, que esperaba lanzar internacionalmente en unos pocos años para servicios de almacenamiento y archivo digital —parecido a lo que podríamos considerar como «la nube»— sin depender del acceso a Internet. Cuando era adolescente, sin acceso a Internet, había aprendido a desmontar y reconstruir computadoras, teléfonos celulares y, con el tiempo, incluso sistemas y redes digitales completos. Este conocimiento, paciencia y aptitud para el «invento» —término popular cubano muy importante que designa la creatividad requerida para navegar varias ambigüedades legales— le ayudaron en un mercado notoriamente desafiante, incluso con acceso fiable a Internet. A pesar de su frecuente fetichización como la «isla *offline*» (Helft, 2015) o «la isla de los desconectados» (Henken, 2017), se puede argumentar que Cuba es una tierra fértil para el emprendimiento digital y la actitud de los cubanos de «sobrevivir e inventar» ha fomentado una saturación extendida de contenido digital en particular.

El más conocido de estos medios, sin duda, sigue siendo «el paquete». Esta distribución semanal —hoy en día, diaria— de contenido digital cruza la Isla en barco, avión, automóvil, autobús, bicicleta e incluso a pie —de ahí el término «red de zapatillas»— para llegar a un número sustancial de la población. Capa sobre capa de «paqueteros» o distribuidores participan de este mercado, que puede costar unos pocos pesos cubanos y que ofrece una selección curada de contenido digital en memorias USB y discos duros puerta por puerta (Cearns, 2021).

---

[4] En el momento de mi trabajo de campo, esta era la única forma oficial de estar en línea y los clientes pagaban por cada hora de acceso en lugares públicos repartidos por La Habana. Sin embargo, cambios significativos en la infraestructura de Internet en Cuba fueron introducidos posteriormente.
A partir de diciembre de 2018, los cubanos pudieron acceder a datos móviles 3G con diferentes paquetes comercializados por ETECSA desde 7 CUC (aproximadamente 7 USD por 600 MB) hasta 30 CUC (aproximadamente 30 USD por 4 GB de datos). En 2019, el Gobierno legalizó la wifi privada en hogares y negocios —aunque se requiere un permiso para acceder— e introdujo la 4G. Desde enero de 2021 hasta enero de 2022 la penetración de Internet en la población en Cuba fue de 68% (Kemp, 2022), lo cual, sin dudas, debe haber afectado la situación que presento en este capítulo.

Los contenidos que circulan a través del paquete también lo hacen a diario, al menos en La Habana, a través de las SNet (García Martínez, 2017). Estas «redes de calle» comenzaron como redes de área local o sistemas de intranet en el suburbio periférico de la Villa Panamericana, al este de La Habana, y fueron conectadas por adolescentes con el objetivo de jugar videojuegos (Press, 2017b). Según mis contactos que trabajan en varias de las redes implementadas y administradas localmente, estas se han expandido para incluir al menos a 44 000 personas por toda La Habana mientras hacía mi trabajo de campo. En su apogeo, antes de que los datos móviles estuvieran más disponibles en Cuba a partir de 2019, estas redes se expandieron hasta alcanzar 100 000 direcciones IP individuales conectadas. El acceso costaba alrededor de 1 USD al mes y dependía del lugar, pues para conectar un cable se necesita una conexión preexistente. Una vez «en línea», los miembros pueden explorar un verdadero tesoro de juegos, videos, música y salas de chat desde la comodidad de su propio hogar, y compartir datos y chatear en tiempo real con amigos en su vecindario. Además, todo el contenido del paquete, incluidas sus docenas de revistas en formato PDF realizadas por varios empresarios digitales en La Habana, también se comparte sin costo a través de todas estas redes.

Para la mayoría de los jóvenes de la generación *millennial* en La Habana, y para quienes el acceso a Internet es un desafío considerable, estas fuentes «alternativas» de conectividad digital son un medio vital para mantenerse al día con la última música, moda, chismes y eventos. Sin embargo, para una élite más pequeña, el acceso a Internet es un aspecto cotidiano del consumo normal. «El Internet es de respirar, está en el aire», explicó Frank mientras jugaba con la Nano Box que había atornillado en un soporte desde el techo de su oficina. Para aquellos con acceso a dinero —casi siempre con familiares en la diáspora en Miami, que quizás pertenecen a las clases medias blancas—, tales dispositivos se pueden comprar a través del mercado informal por unos pocos cientos de dólares estadounidenses e instalarse para extender o amplificar las señales estatales de Internet desde los puntos de acceso Wi-Fi hasta viviendas privadas a una o dos cuadras de distancia. Luego, el acceso a Internet se puede disfrutar en la privacidad de la casa o de la oficina, aunque todavía al alto costo de 12.50 CUP por hora cobrado por el monopolio estatal de telecomunicaciones, Etecsa. Para personas como Frank, que dirige un negocio de *social influencers* en El Vedado, y varios de mis otros contactos que trabajan en *marketing* digital o producen revistas digitales, el acceso regular a Internet es una herramienta esencial para el comercio. Para ellos, un acceso confiable es una herramienta que también revela implícitamente un cierto grado de capital social, algo que no pocas veces se compra con dinero de contactos en el extranjero y que es posible, en parte, al mantenimiento de estrechas relaciones sociales con los vecinos en los pisos superiores que pueden alojar la antena o, al menos, no chivatear a las autoridades.

Alteridad cultural e identidad nacional

Algo que la mayoría de mis contactos dentro de esta emergente «escena social» de emprendedores digitales en La Habana tenía en común era una autoidentificación mutua como «alternativos» y un deseo de distinguirse de «los cubaneos, los cubiches y los cubanazos», pero declarando resueltamente su inclusión dentro de «la cubanidad».[5] A estos habaneros, que podrían considerarse el equivalente local de los hípsteres, no se les encontraba «perreando» al ritmo de las canciones de son cubano con ropa ajustada de neón, como se ve a menudo en los videos musicales cubanos; tampoco estaban bebiendo mojitos y bailando salsa, como la mirada extranjera proyecta tan a menudo en los cubanos. Pues no, estos jóvenes de veinte a treinta y tantos años tenían formación académica y eran artísticos, creativos, de clase media y buscaban modos de expresión que resumieran todo esto junto con una conciencia aguda de las modas internacionales, combinándolo orgullosamente con su identidad cubana.

Sin embargo, como grupo de élite pequeño pero influyente a nivel cultural, estos *millennials* ocupan un espacio ambiguo dentro del paisaje cultural y político de La Habana. Por un lado, buscan explícitamente «lo alternativo», una declaración que es de por sí problemática en un Estado monopartidista y que a menudo interpreta cualquier expresión de «alteridad» como una amenaza a un *status quo* «revolucionario» que fue adquirido con tanto esfuerzo. Más aún, tales movimientos «alt» se entrelazan con cuestiones de clase social, algo que en Cuba está sin dudas ligado al transnacionalismo y al acceso a la gran diáspora cubana, bastante rica y multifacética. Reconocer estos movimientos contraculturales sería reconocer la existencia de una

[5] Fernando Ortiz (1881-1969), el antropólogo más destacado de Cuba, definió «la cubanidad» como «la condición genérica de [ser] cubano» (1940:166). Cubanía, cubiche y cubaneo, sin embargo, se refieren a lo que se considera un temperamento cubano dominante (Pérez-Firmat, 1997:4), lo cual en La Habana contemporánea generalmente sugiere una afición abierta a la música de reguetón, la ropa ajustada, el uso de mucho *bling* o joyas de oro y, en general, trae a la mente una estética asociada con las clases bajas (Loss 2021; Rausenberger 2018).

clase media o de una burguesía emergente, que está sobre todo en desacuerdo con el proyecto revolucionario de Cuba.

Por otro lado, estos milenarios reivindican reclamos fuertes de una identidad cubana. Incorporan con orgullo elementos de su cubanidad en la adopción y adaptación de las tendencias iniciadas en el extranjero. Por ejemplo, un productor musical emergente en la escena contracultural de La Habana ha encabezado un nuevo género, el «afrofuturismo tropical», que según él conecta los sonidos cubanos con los de la diáspora africana más allá de la Isla y con otras estéticas caribeñas (Du Graf y Cromwell, s. a.). El nombre de su etiqueta de grabación —guámpara— es una palabra coloquial que significa «machete», símbolo de la lucha cubana por la libertad y, lo que es más importante, un símbolo que puede desplegarse —e interpretarse— de formas múltiples y aparentemente contradictorias: como nacionalista en su representación de la lucha insurgente de los mambises contra la opresión colonial; como una declaración de la lucha afrocubana —aún en curso— por la igualdad y como un llamado a la libertad de expresión en un Estado autoritario.

Sin embargo, la cuestión de si los defensores contraculturales de La Habana se ven a sí mismos como actores políticos es un tema complicado, ya que La Habana es un lugar donde toda acción es política en potencia, aunque dicha política pueda movilizarse en varias direcciones a la vez. De hecho, La Habana es un lugar donde estas paradojas aparentes necesitan ser desentrañadas. No es raro que la gente critique al Estado y defienda de todo corazón la Revolución, casi en la misma frase (Holbraad, 2014). La fluidez de la experiencia vivida requiere cierta flexibilidad en el enfoque, una habilidad adquirida y refinada desde el nacimiento, y rara vez dejada de lado. Por tanto, no es paradójico, sino lógico, que los jóvenes habaneros puedan reconocerse dentro de una estética potencialmente contracultural, o sea, «alternativa» y, al mismo tiempo, autoidentificarse con orgullosa ferocidad como cubanos y defender con firmeza su elección de quedarse en vez de marcharse a Miami.

De hecho, al hacerlo, tal vez sigan los ideales revolucionarios que les han enseñado desde la infancia. Uno puede ser un producto de la Revolución, vivir dentro de ella, obedecerla, perpetuarla y promulgarla, resistirla y condenarla activamente, todo a la vez. La Cuba revolucionaria se ha definido durante mucho tiempo como una «alternativa» poderosa a la hegemonía global capitalista y la Revolución ha supervisado la continuidad de «una larga historia cubana de elaborar una versión alternativa de la modernidad» (N. Miller, 2008:694). Incluso se podría argumentar que la defensa de la alteridad cultural no ha sido periférica a la autoimagen de Cuba, sino central y, quizás, su logro más duradero.

Conocí a William por primera vez en la famosa Fábrica de Arte Cubano,[6] mientras tomaba imágenes de un artista de rap local para su próximo video musical. Tenía poco más de 30 años, era de raza mixta y fusionaba rastas, un gorro caribeño, una camiseta de fútbol holgada y zapatillas deportivas; bien podría haber pasado desapercibido como protagonista de un video de hip-hop. Igual que muchos de su edad y caché cultural en La Habana, había ingresado a la Fábrica esa noche de forma gratuita a través de su amplio despliegue de contactos sociales y visto el local como un lugar importante para establecer más contactos y capturar imágenes de personas vestidas «de la manera adecuada». La Fábrica se convierte en un desfile de moda todos los viernes, ya que los jóvenes habaneros llevan su ropa más nueva para salir por la noche. El trabajo de William era capturar la acción y reciclarla en videos musicales para captar una imagen de La Habana joven, moderna y alternativa, o en sus palabras, «un Brooklyn a lo cubano».

William era de El Cerro, un municipio de clase trabajadora que se ha convertido en el corazón del *boom* digital de La Habana. De todas las SNet de La Habana, la de allí es una de las más grandes e influyentes.[7] Como fotógrafo independiente, su trabajo en el negocio de los videos musicales siempre llegaba a través de sus contactos y las SNet resultaron ser una forma invaluable para mantenerse al tanto. Cuando notó que una fiesta de piscina se anunciaba en la red Súmate —la versión de Facebook en el SNet, que refleja explícitamente la estética de la red social internacional—, enseguida mandó un mensaje para averiguar si querían que se filmara algo para una futura promoción. En cinco minutos todo estaba confirmado: se había asegurado un fin de semana de trabajo remunerado.

Para los jóvenes cuentapropistas como William, la conexión social sin reservas que ofrecen las redes digitales es una moneda primordial y poderosa en un panorama de medios donde, para la mayoría, las llamadas telefónicas y los mensajes de texto siguen siendo prohibitivamente costosos. Como la conexión a las SNet requiere un pago fijo mensual, a diferencia del pago por uso o por minuto del acceso regular a Internet en Cuba, William

6 Antigua fábrica de aceite en la parte occidental del barrio de El Vedado en La Habana. Desde hace pocos años, se ha convertido en un lugar único en su tipo, celebrando la alteridad cultural entre la élite hípster de La Habana y los turistas extranjeros por igual; mientras también es gestionado indirectamente por el Estado. La Fábrica incluye bares múltiples, espacios de música y espectáculos, una galería de arte y un restaurante privado.

7 En la jerga local, esta red de área local se conoce con orgullo como «El Cerro Cerrao».

puede navegar todo el tiempo que quiera desde la privacidad de su propio hogar y estar disponible de manera constante para encontrar trabajo. Además, también puede obtener las herramientas para su trabajo por estas redes. De hecho, sus lentes de cámara Zeiss fueron pedidas a través de la red de un vecino que publicó un anuncio que decía que su primo en Miami podía pedir —por un coste— cosas en Amazon y enviarlas a Cuba.

Unas semanas más tarde, y para su consternación, William fue cortado. La persona que administraba la red en las calles cercanas a su casa se había marchado al extranjero, heredando su «territorio» a un amigo que, a su vez, había decidido aumentar los precios considerablemente. A pocas cuadras, llamamos a una puerta con una placa que decía «Presidente del CDR»[8] para que Jessica, la presidenta, nos invitara a su pequeño apartamento con fotos de Che Guevara y Fidel Castro sonriendo desde las paredes hacia una mesa central con una computadora y varias consolas de videojuegos. Jessica se sentó en una mecedora en la esquina y siguió cosiendo un vestido, mientras su hijo Guillerme, de 28 años, y mi amigo William, se sentaron ante la computadora para averiguar quién estaba conectado a la red. Ligeramente sorprendida de que alguien tan a favor de la Revolución participara de los placeres de El Cerro Cerrao, le pregunté a Jessica si estaba en desacuerdo con que su hijo estuviera en línea todo el día. «Normalmente, no», ella me sonrió, «solo cuando acapara la computadora todo el tiempo. ¡Tiene que desconectarse cuando mis amigas y yo queremos ver nuestra telenovela! Bueno, ¿de dónde crees que obtuve los marcos para todas esas fotos? Pues nada, la red es la realidad, la red es donde hay los cubanos de verdad, inventando».

Jessica y su familia eran una prueba adicional de una verdad corroborada todo el tiempo en el caótico estribillo de la vida cotidiana en La Habana; las yuxtaposiciones aparentes pueden cosificarse y confirmarse en una instancia, solo para colapsar en el siguiente instante en la vorágine de la supervivencia diaria. Ellos se dedican a actividades en teoría «contrarrevolucionarias» a diario, de hecho, cada hora, pero también personifican mucho de lo que la Revolución representa. Todas sus vidas están enmarcadas por ella: el apartamento de la familia —en el piso superior— se encuentra en una ubicación central para que ellos puedan administrar la Revolución

[8] Los CDR son una red de comités vecinales en toda Cuba. La organización, descrita como los «ojos y oídos de la Revolución», existe para promover el bienestar social e informar sobre la actividad contrarrevolucionaria. A partir de 2010, 8.4 millones de cubanos de una población nacional de 11.2 millones estaban registrados como miembros (I. Sánchez, 2010).

para sus vecinos desde la puerta de su casa; ellos son, de hecho, su manifestación física en la comunidad. Para Jessica, la vida real no es tan en blanco y en negro como «dentro de la Revolución, todo; contra la Revolución, nada». Las duras realidades de la vida exigen una negociación más matizada de mundos paralelos. Sin duda, su estatus de representantes locales de la Revolución les brinda ciertas oportunidades, pero su relativa comodidad material es impulsada casi por completo por su espíritu empresarial digital, que les proporciona ganancias adicionales cuando es necesario. William y sus amigos, como la mayoría de los cubanos de treinta y pocos años que conocí, que habían crecido dentro de una noción más rígida de Revolución, han aprendido a equilibrar las antiguas normas sociales de la vida bajo el socialismo con algunas de las oportunidades ofrecidas por una creciente conectividad digital y oportunidades empresariales.

Influencers sociales en La Habana

Cuando Frank dejó el colegio, obtuvo una licencia de cuentapropista y estableció una pequeña tienda en El Vedado arreglando celulares. Después de unos años, y tras haber ahorrado algo de dinero, en 2018 decidió abrir un segundo negocio de «*social influencing*»,[9] un espacio comercial emergente dentro del mercado digital en expansión de La Habana. Alto, de piel pálida y con increíble estilo, es una presencia conocida en la escena hípster de La Habana y está bien conectado con productores musicales, modelos, fotógrafos, blogueros y demás. De hecho, fue al darse cuenta de que él mismo representaba y encarnaba mucho de lo que en La Habana se considera «alternativo» o «contracultural», que Frank vio una oportunidad de negocio: usar redes digitales combinadas con sus propias redes sociales y su presencia para promover eventos «alternativos» en La Habana y cobrar en el proceso. En sus propias palabras, su negocio es:

> *una plataforma audiovisual con el propósito de dar visibilidad, socializar y conectar el mundo alternativo cubano. Nuestra vocación es crear un espacio multidisciplinar sustentado por artistas, proyectos e* influencers *que se salen del marco de lo convencional. Apoyamos y defendemos la esencia del artista, los espacios con buen gusto, las buenas ideas y la actitud del soñador.*

[9] Sigo a mis participantes cubanos al usar la palabra inglesa *influencer* para describir a alguien que usa su reputación en las redes sociales para desarrollar y avanzar su carrera.

La Habana, durante mucho tiempo, ha tenido una escena «alternativa» influyente. De hecho, el rol de aquello que podría llamarse en sentido amplio «las artes», siempre ha sido importante en la esfera cultural capitalina. Para la politóloga Sujatha Fernandes, las artes en Cuba son de vital importancia como un medio para «evaluar alternativas políticas en competencia» (2006:3) en un momento histórico de crecientes contradicciones, una mayor represión de las actividades políticas formales por parte del Estado y el surgimiento de nuevas bases sociales —y económicas— para la acción por parte de ciudadanos. Así, estos artistas «que trabajan en espacios transnacionales de producción y exhibición abordan preocupaciones y problemas globales en lugar de confrontar directamente al Estado socialista» (ibíd.:184). Sin embargo, el nuevo elemento en esta mezcla es la inmediatez de la tecnología digital, especialmente en un contexto como La Habana, donde el acceso a Internet puede ser muy desafiante. Todavía hay que moverse en los círculos correctos para ser invitado a estos eventos y, en ese sentido, las redes sociales apenas han cambiado en la capital. La única diferencia es que esta actividad ahora se está articulando en redes como Facebook, Instagram, WhatsApp, el paquete y las SNet, que traen consigo más oportunidades —rentables— de publicidad.

A través de sus considerables redes, Frank ahora puede promocionar varios eventos de noche para audiencias específicas en La Habana. Un viernes por la noche fuimos al lanzamiento de un nuevo club nocturno «clandestino» en el corazón del Barrio Chino: en la azotea de lo que de otra manera parecía ser una calle completamente residencial, se alzaba un nuevo bar diseñado para parecerse a una guarida de opio, con retratos de viejos habitantes del vecindario chino-cubano y varias cervezas artesanales en el menú. El dúo de DJ más exclusivo de La Habana, una pareja de lesbianas que mezclaba electrónica con influencias caribeñas, estaba en la consola, mientras los jóvenes chéveres de La Habana se bamboleaban. No había letrero o placa en la puerta; al entrar se le mostró al portero una invitación de WhatsApp que se había distribuido a través de un grupo cerrado. La noche siguiente asistimos a un evento similar; esta vez en la azotea de un apartamento con vistas a la embajada de Estados Unidos. La iluminación estroboscópica salpicaba la piscina mientras modelos, artistas y músicos vestidos con camisetas florales tomaban cerveza e intercambiaban perfiles de Instagram.

Tales eventos ocurren todas las noches en Londres, París, New York y muchas otras ciudades del mundo. La Habana no es la excepción. Pero lo que es excepcional es el capital cultural que desfila por las noches habaneras; cada aspecto del escenario, desde los trajes, los peinados, la música, hasta la jerga, demuestra un conocimiento íntimo de la estética y las tendencias de la moda fuera de Cuba. Pero eso no quiere decir que se adopten de todo corazón; las tendencias se mezclan con estilos notablemente «cubanos», revelando un grado de acceso al «mundo exterior» y de interés en símbolos alternativos de modernidad. Esta fiesta en particular, que involucró un desfile de modas del mejor diseñador de Cuba y una famosa banda local, les pagó a los organizadores alrededor de 10 000 USD, una suma importante de dinero en cualquier parte del mundo. Esta fue una celebración del capital social y la riqueza económica que, en La Habana contemporánea, casi siempre implica cierto grado de contacto con el extranjero tanto como de alteridad cultural.

Para algunos, un mayor contacto a través de los medios digitales con sus contrapartes culturales, tanto dentro como fuera de la Isla, facilita que se encuentren personas de ideas afines. Sujatha Fernandes ha demostrado cómo para los raperos cubanos sus estilos también son una forma de exhibir sus identificaciones transnacionales, de «afirmar un sentido colectivo de identidad negra en contraste con el programa racialmente integrador del Estado cubano» (2006:128). Sin embargo, al mismo tiempo, continúan promoviendo —algunos— ideales de la Revolución, pues critican el surgimiento de valores y prácticas consumistas entre los raperos más comerciales y se identifican con la caracterización oficial de Cuba como una nación «rebelde». Del mismo modo, la comunidad LGTBQ de La Habana, que durante mucho tiempo ha vivido a la sombra del Estado, también está utilizando estas redes digitales emergentes para consolidar su posición en la escena de los eventos culturales de La Habana. Ejemplo de esas conversaciones tuvo lugar en un grupo de WhatsApp que Frank había establecido para promover la apertura del club nocturno en el Barrio Chino. Ahí, una chica preguntó si había algún evento «para chicas, o sea lesvianas» (*sic*) esa noche. Como consecuencia, y a medida que se agregaban sugerencias por parte de observadores generalmente silenciosos, una nueva discusión se generó: esa misma noche había un

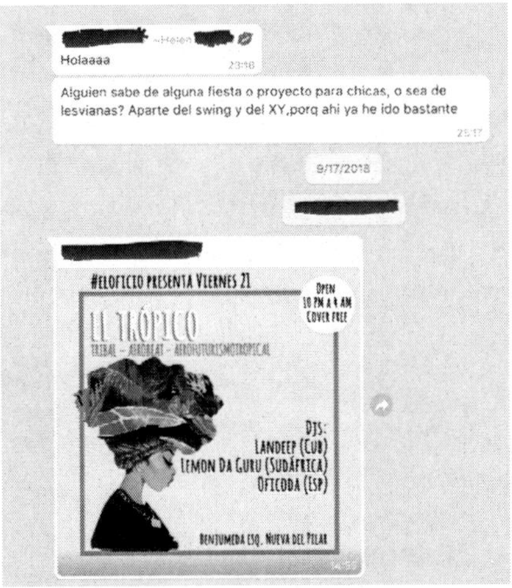

Hilo de WhatsApp en busca de eventos culturales lésbicos «alternativos», septiembre de 2018.

evento por invitación que combinaría la escena LGTBQ de La Habana con géneros locales fusión, como el «afrofuturismo tropical», que combina las influencias internacionales con un «sabor» local.

Este es un mundo cambiante para los *millennials* en La Habana; un mundo que reconoce las estructuras tabúes de clase, la prosperidad económica, la rentabilidad de las nuevas empresas digitales y el *bling* —definido de manera amplia—, pero que sigue prestando atención a las normas del viejo orden igualitario. La palabra «alternativo» es problemática y, para tener éxito, los emprendedores digitales como Frank tienen que cambiar de código entre diferentes mundos sociales, al mismo tiempo que navegan un nuevo camino. Frank ha aprendido esto de la manera difícil. Mientras se sienta ociosamente en su oficina conectado a su amplificador de Wi-Fi de la Nano Box, inspecciona a cada cliente que entra por la puerta para evaluar de qué manera se debería dirigir a ellos. Varios de los clientes mayores que frecuentan su negocio original —donde repara celulares— se irritan al notar que el término «compañero» está siendo desplazado lenta y silenciosamente por el de «señor», más burgués. Una tarde, después del horario de oficina, mientras estábamos sentados viendo videos de YouTube, uno de esos caballeros mayores pasó por allí. Formaba parte del CDR del vecindario y quería ayuda para actualizar el *software* de su celular. La noticia de que la tienda estaba cerrada, pero que sería bienvenido si regresaba a la mañana siguiente, no fue recibida con la misma cortesía con la que le fue dada. «¡Delincuentes aprovechadores como usted no me van a decir lo que puedo y no puedo hacer!» Frank se encogió de hombros y me comentó: «¡A algunas personas no les gusta el cambio, supongo!».

A medida que su nuevo negocio prospera, ha sido objeto de un escrutinio creciente por parte del Estado. La semana previa a la costosa fiesta en la azotea que estaba organizando, la policía lo detuvo en su moto hasta tres veces el día y le pidió sus «papeles». Para Frank, el aumento de ese «acoso» generalizado estaba directamente relacionado con el rápido éxito en el crecimiento y la rentabilidad de su negocio. Una denuncia falsa de un vecino la semana siguiente lo llevó a ser arrojado a una celda de la cárcel superpoblada durante tres días, mientras su socio comercial conseguía el dinero para pagar la multa. Frank salió con un ojo morado y la determinación de hacer que su negocio fuera aún más exitoso. Pero esta presión tampoco ha pasado desapercibida, ahora está investigando cómo obtener un pasaporte con la esperanza de expandir su negocio a México o Panamá y así poder seguir creciendo sin obstáculos. En el panorama empresarial digital de La Habana, una «línea» invisible patrullada por el Estado todavía limita el grado en que uno puede expandirse o prosperar. Al esforzarse por «actualizar» el socialismo y promover algo de eficiencia y productividad impulsada por el mercado en la moribunda economía cubana, el Gobierno ha prohibido de manera explícita la concentración privada de riqueza o propiedad.

Esferas públicas liminales, Revolución y resistencia

Para William, Jessica y Frank, los foros públicos digitales emergentes en redes sociales en La Habana están proporcionando nuevos espacios para descubrir y conectarse con personas de ideas afines y ganarse la vida. Las tecnologías digitales emergentes tienen el poder de desviar los encuentros sociales hacia un «espacio» de alguna manera más efímero y ahí radica su potencia latente. Las redes sociales se han asociado durante mucho tiempo con la localización de nuevos públicos y con lo que Juris define como «lógicas emergentes de agregación»; es decir, su supuesta capacidad inherente de aprovechar energías dispares y unir resistencias «subterráneas» en los movimientos (2012).

Algunas personas en La Habana sí utilizan tecnologías digitales para fines políticos (contrarrevolucionarios). «El paquetico» es un excelente ejemplo. Al igual que el paquete, circula de mano a mano a través de unidades de memorias flash y discos duros, casi siempre una vez a la semana, y sobre todo en La Habana. Este contiene elementos descargados de Internet que están censurados por el Estado cubano y son evitados o filtrados con mucho cuidado por los compiladores del paquete más comercial, pero aún independiente y más buscado. Normalmente, incluye noticias de transmisiones de televisoras de Miami en español, humor —a menudo a expensas de los hermanos Castro— y artículos que expresan opiniones críticas sobre el Estado cubano, de una forma u otra. El fundador del paquetico[10] imitó de modo consciente los métodos de distribución que han tenido tanto éxito en el paquete para proporcionar lo que llama una «voz alternativa», aunque solo se atreve a repartirlo dentro de un pequeño círculo de amigos de confianza, que a su vez lo circulan más allá. Incluso aquí, en medio de una red consciente de resistencia dentro de La Habana, las redes sociales digitales no suelen implementarse como «llamadas a las armas» generalizadas; en cambio, WhatsApp, Facebook y las redes de distribución digital autóctonas de La Habana se utilizan para compartir contenido con amigos de confian-

[10] Llevé a cabo entrevistas etnográficas con el fundador del paquetico durante julio y agosto de 2018, pero por motivos de anonimato no revelo su nombre aquí.

za, y así celebran la privacidad de estos espacios digitales en contraste con los espacios públicos de acceso Wi-Fi en Cuba.

Daniel Miller y sus colegas han definido los usos emergentes de las redes sociales como «la colonización del espacio entre la transmisión tradicional y la comunicación diádica privada, proporcionando a las personas una escala de tamaño de grupo y grados de privacidad» que denominan «la socialidad escalable» (2016:9). Agregaría que, en el contexto de la Cuba contemporánea, un Estado autoritario con acceso digital limitado, estos «espacios» digitales públicos/privados emergentes son de una importancia crucial para capturar las dinámicas de la socialidad cubana que, a su vez, está en constante estado de negociación entre los binarios supuestamente fijos de Estado/público, poder/libertad, etc. Para Paloma Duong, el dominio público en Cuba revela

> *una subjetividad autónoma cada vez más invertida y ejercida, en este sentido de «noticias sobre nosotros mismos». La búsqueda y difusión de cierto tipo de datos individuales vincula al sujeto como individuo a un cuerpo político más amplio, ofreciendo un desafío tanto para los relatos predominantes de la autonomía social como para los apagones de información mediados por el Estado (2013:11).*

Sin dudas, en términos de efecto, los dominios públicos tienen esta capacidad en Cuba. El cambio, aunque gradual y poco sistematizado, puede ocurrir a medida que las tecnologías digitales facilitan una mayor discusión sobre temas políticos o politizados. De esta manera, los patrones tradicionales de hegemonía cultural y mediática se están revisando —y quizás socavando— lentamente. Sería imposible descartar el papel potencial de las tecnologías digitales y las redes sociales en estos cambios.

Sin embargo, y aunque existen claras excepciones sobre todo entre blogueros y periodistas que podrían usar tales tecnologías para fines explícitamente políticos, la gran mayoría de mis contactos que por lo regular usaban estas redes por motivos contraculturales o «alternativos» no lo hacían a nivel de consciencia política —y mucho menos contrarrevolucionaria—. Para ellos, estas redes son una forma de conectarse con amigos, compartir fotos y organizar una salida nocturna —en vez de una protesta—; una oportunidad de bailar, no de rebelarse. Como he descrito antes, algunos toman una medida adicional y utilizan las redes sociales digitales de modo empresarial. De esta forma, un análisis etnográfico sobre el uso creciente de las tecnologías digitales y las redes sociales en La Habana debe considerar que, para la mayoría, son simplemente una extensión de su vida cotidiana y no las ven de por sí en términos políticos, sino en términos más matizados y negociables de «invento» y «sobrevivencia». Esto no niega su potencial de acción política como consecuencia del uso creciente Internet entre los *millennials*, pero aquí debe hacerse una distinción importante entre la mayoría, que busca la expresión individual, la conexión social y un sentido amorfo de «alteridad» en su uso de los medios digitales, y una pequeña minoría, para quien la acción política es un objetivo primario, consciente e intencional.

Por lo tanto, estoy de acuerdo con Sujatha Fernandes en que estas «esferas públicas artísticas» no están limitadas, sino que se superponen con las fuerzas del mercado, las instituciones estatales y con lo contracultural como «sitios de interacción y discusión entre ciudadanos comunes generados a través del arte y de la cultura popular» (2006:2-3).[11] Reconocer las posibilidades de una política transformadora dentro de las redes digitales en Cuba no significa que estén asociadas con la resistencia o la disidencia de los cubanos. Si bien algunos actores políticos sin duda usan los medios digitales para facilitar su agenda política, mi investigación muestra que, a menudo, las personas usan las redes digitales de La Habana como medios alternativos para contactar con conocidos para debatir sobre temas de interés mutuo, no para reclutar miembros para nuevos movimientos sistemáticos de resistencia. Mona Rosendahl (1997) ha sugerido que la experiencia extendida de participación en la Revolución ha sido una de las principales razones para su supervivencia y, de hecho, las experiencias de participación de la gente no se han limitado a asistir a desfiles militares o a mirar transmisiones de noticias estatales; ha sido también cultural, económica, social y política, por lo que la Revolución cubana no puede separarse fácilmente de ningún aspecto de la experiencia cotidiana.

Esta lógica se desarrolla en el caso de todas las historias que he compartido aquí. William pasó un número creciente de horas conectado a las SNet y la red le proporcionó una distracción de sus problemas, entretenimiento, una «ventaja» para tener más trabajo sobre sus competidores y, en última instancia, una forma de traducir su capital social en bienes más tangibles, algo común a la mayoría de los cuentapropistas. Su interés en trabajar en la esfera «alternativa» de la producción de videos musicales de rap y hip-hop surgió no tanto por el mensaje de resistencia política que esos movimientos pudieran encarnar, sino más bien por un sentido de solidaridad con otros afrocubanos, muchos de los cuales también se habían criado en El Cerro. Su introducción al mundo de los videos musicales de hip-hop, de hecho, había llegado a través del primo de su sacerdote santero, quien sabía que

[11] Cfr. también Gray y Kapcia (2008) y D. Fernández (2000).

estaba buscando trabajo. William tenía un fuerte deseo de marcharse de Cuba —algo que debatió en las salas de chat en las SNet con sus amigos—, aunque más relacionado con su deseo de reunirse con sus hijos —que se habían ido a Italia con la madre— y trabajar en la producción de videos musicales internacionales —que consumía a través del paquete—, que por un motivo político para darle la espalda a Cuba.

Luego está Frank, cuya «llamada a las armas» con la que abrí este capítulo parecía tan política. De hecho, su enfoque en calificarse a sí mismo como un *social influencer* ha llamado la atención y, últimamente, le ha atraído niveles crecientes de vigilancia por parte de actores estatales. En la tercera ocasión, cuando la policía lo detuvo y le confiscaron su moto, él murmuró con furia: «¡Esto se llama RE-PRE-SIÓN!», y se comprometió a acelerar sus intentos de obtener un pasaporte extranjero. Sin embargo, al día siguiente, lo escuché criticar: «la cosa está dura» y casi en el mismo aliento, defender en un bar al socialismo de las calumnias de algunos estadounidenses que habían asumido —erróneamente— que tales cosas eran en blanco y negro en Cuba.

Su principal motivación para curar y promover «la alternatividad cubana» venía de un profundo sentimiento de orgullo hacia una identidad habanera que fusionaba varios elementos multiculturales, y la cual consideró, en el contexto del creciente flujo de turismo que domina los espacios públicos de La Habana, que desafiaba los intentos de apropiación extranjera de encasillar su ciudad en representaciones hegemónicas sobre la cubanidad y las formas culturales populares —o «bajas»— de cubaneo. Su objetivo era más un proyecto cultural de lo que él consideraba como «progreso» y elogiaba a las redes sociales digitales más por su capacidad de excluir que de incluir. Irónicamente, al ser un medio que a menudo se asume de manera poco crítica, sobre todo en relación a su capacidad de democratizar la esfera pública, las esferas «públicas» de los espacios digitales emergentes de La Habana eran óptimas por su relativa privacidad y exclusividad en comparación con la «radio bemba» de la calle, que incluía no solo formas de cultura «inferior», sino que también aumentaba el riesgo de una posible denuncia de —o conflicto con— otros.

Por último, tenemos a Jessica y a su hijo Guillermo, quienes tal vez mejor encapsulan la paradoja de las interacciones de la vida cotidiana en La Habana. Jessica no veía ninguna contradicción entre el trabajo para el estado, representando físicamente al Estado dentro de su comunidad como presidenta del CDR local y en desobedecerlo o socavarlo sistemáticamente. En su mente, los dos elementos eran sobre todo verdaderos y necesarios. Ella había nacido en la Revolución. Sus padres habían luchado por esta y habían sido respetados miembros del Partido. Entonces, mientras ella y su madre pulían la placa del

CDR en la puerta, su hijo, sentado a la mesa de la computadora, vendía cojines con aforismos que ellas habían cosido con hilos comprados en línea a través del pariente de afuera de un vecino y, en la otra pantalla, lanzaba varios memes a amigos a través del chat. Al ver mi propia mirada incrédula mientras observaba la escena desde la esquina opuesta, ella se rio entre dientes y, usando bien una metáfora de costura, dijo: «La vida es una labor de retazos fascinante, ¿no?».

Conclusiones

El supuesto potencial democratizador de los medios digitales ha captado la atención de varios grupos neoliberales e internacionales, y ha habido una clara expectativa de que tales movimientos y tecnologías tendrían un impacto en Cuba.[12] Tales debates, cuando se combinan con una visión a menudo fetichista de Cuba como un bastión mortecino de un mundo *offline*, se han centrado en la frase «revolución digital» que, cuando se aplica a Cuba, es doblemente intoxicadora. En La Habana, que goza de una mayor conectividad digital que el resto de Cuba, esto sin duda ha sido cierto para activistas políticos, blogueros y periodistas independientes, muchos de los cuales han recibido gran atención de periodistas e investigadores extranjeros. Como describe Cristina Venegas,

> *los medios digitales se filtran en la vida cotidiana de los cubanos al igual que las corrientes de transición política dan una mayor dimensión a la expresión individual y a las visiones de futuro. La generación de cubanos que se une a la era digital son nietos de la Revolución, sin recuerdos de primera mano de sus victorias y logros. Su suerte ha sido definida por las dificultades de los tiempos extremos. Esta generación y sus aspiraciones, quejas y deseos está cambiando e intensificando la naturaleza de la oposición al gobierno a través de nuevas formas de expresión (2010:184).*

Sin embargo, como he argumentado aquí, si bien los medios digitales sin duda han dado nuevas oportunidades a aquellos en La Habana que desean expresar puntos de vista contrarrevolucionarios, estas voces son una minoría distintiva entre los *millennials* digitales de La Habana. La mayoría

---

[12] Como el Grupo de Trabajo de Internet para Cuba (Marsh, 2018) y los intentos anteriores del Departamento de Estado estadounidense de impulsar el cambio de régimen a través de la «tecnología de la liberación» (*The Guardian*, 2014).

de ellos en la capital se sienten más atraídos por estas redes para compartir selfis y memes que opiniones políticas, y menos para galvanizar la resistencia colectiva al Estado. Esto es cierto incluso para un subconjunto más pequeño que se identifica con los crecientes movimientos contraculturales o «alternativos» en La Habana, a pesar de que esta misma «alteridad» es una ideología problemática de proclamar y una identidad difícil para encarnar en Cuba. Los emprendedores digitales están utilizando las redes de medios digitales de La Habana para forjar y promover sus propias carreras profesionales, pero esto implica principalmente realizar conexiones sociales con personas que ya conocen y no usar los medios digitales para llegar «más allá». Además, en algunos casos es justo la exclusividad de ciertas redes digitales, en contra de su potencial de inclusión, la que resulta muy apetitosa para muchos de mis contactos hípster y habaneros.

Por último, una lectura detallada de datos etnográficos apunta cómo las concepciones de «revolución» y «resistencia», o de Estado y sociedad civil como términos diametralmente opuestos, son restrictivas en su alcance analítico cuando se aplican al caso cubano. Estos términos no solo están cargados a nivel ideológico y cooptados de manera frecuente en el contexto cubano, sino que también ignoran gran parte de la complejidad social, económica y moral que navegan los cubanos a diario. Un análisis matizado de cómo los movimientos contraculturales están surgiendo y utilizando redes digitales en La Habana revela una verdad en apariencia paradójica: estos «movimientos», si podemos llamarlos así, pueden expresar tensión con el proyecto revolucionario y el Estado y, al mismo tiempo, pueden encarnar e incluso celebrar parte de su mensaje. Además, muchos de estos actores contraculturales o «alternativos» no se ven a sí mismos como actores políticos y, de hecho, evitan con frecuencia y de manera bastante explícita participar en lo que consideran «la política».

Quizás, entonces, las redes digitales emergentes en La Habana resalten la muerte del binario en Cuba, donde la existencia de *social influencers* independientes indica una admisión tácita de que las viejas realidades son insostenibles. Las tecnologías digitales simplemente revelan de una manera nueva la compleja realidad de la socialidad cubana que, de hecho, existe desde hace mucho tiempo: dentro de la Revolución todo; contra ella, a su alrededor, a través de ella, con ella, a pesar de ella…, todo.

CULTURA Y SOCIEDAD

13

SIN CEREMONIAS DE INICIACIÓN: *EZINES* LITERARIOS Y CULTURALES EN CUBA (2000-2010)

(Walfrido Dorta)

(Cuba, 1976). Doctor en Hispanic and Luso-Brazilian Literatures por la City University of New York (2016). Profesor asistente de español en Susquehanna University. Ha publicado varios artículos sobre la literatura y la cultura cubanas en revistas académicas y culturales. Se centra en la literatura y la cultura latinoamericana y caribeña hispana de los siglos XX y XXI, estudios visuales y mediáticos, y teoría crítica. Actualmente se encuentra trabajando en el manuscrito del libro «Political Dynamics and Cultural Projects in Cuban Post-Revolution (1989–2015): *Paideia*, *Diáspora(s)*, and *Generación Cero*».

A inicios de los años 2000, un grupo de jóvenes escritores y artistas cubanos publicaron un conjunto de *ezines*[1] literarios y culturales, algunos de los cuales se mantuvieron activos hasta finales de esa década. *Cacharro(s)* (2003-2005), *33 y 1/tercio* (2004-2010) y *The Revolution Evening Post* (2006-2008) son algunos de estos *ezines* que serán analizados aquí. A pesar de su importancia, no han recibido la atención crítica que merecen. Esta importancia radica, entre otras cosas, en que pluralizaron los discursos críticos y artísticos en el campo cultural cubano a través de diferentes estrategias, las cuales incluían la diseminación de textos no publicados por las instituciones. Además, estos *ezines* desplazaron las dinámicas de sociabilidad desde los marcos institucionales —controlados por el Estado y atravesados por filtros de pertinencia ideológica y política— hacia los «terrenos» de los correos electrónicos y los dispositivos portátiles de almacenamiento de información; «espacios» intermedios sin plena virtualidad —debido a la falta de conexión a Internet—, pero menos controlados por la supervisión estatal.

Así, estos *ezines* desafiaron la desconexión tecnológica en Cuba a través de su distribución en *newsletters* por correo electrónico o memorias USB. No estuvieron afiliados a las instituciones oficiales —ni a grupos políticos opositores—. La mayoría de ellos se realizó antes de la explosión de blogs y medios digitales que tuvo lugar ya entrada la segunda década de los años 2000 en la Isla. Algunos se encuentran actualmente alojados en blogs o sitios

1 El *ezine* es un término especializado para revistas distribuidas por cualquier medio electrónico, como el *email*, cuyo auge se localiza a finales de los años 80 e inicios de los 90. Su antecedente es el *zine*, un tipo de publicación independiente y *underground*, de la cual el *ezine* hereda algunas características, como el uso de tecnologías de publicación más económicas; su oposición a lo *mainstream* cultural y social; un *ethos* no comercial y el énfasis en la comunicación personal, como señala Frederick A. Wright (2001) en su estudio sobre la historia de los *zines* y su transición a los *ezines* digitales.

web, pero a veces se hace difícil encontrarlos, debido a su dispersión.[2] Propongo que estos proyectos son los antecedentes de la «esfera independiente de medios digitales» cubana y de los estadios previos a la constitución del «ecosistema de medios independientes de Cuba» (Henken, 2017:453 y 430), específicamente en lo que se refiere a los medios enfocados en la literatura y la cultura. Propongo, además, que estos *ezines* culturales sentaron algunos precedentes para la posterior pluralización y diasporización de la blogosfera cubana.

En específico, este capítulo se enfoca en tres *ezines* y comenta sus características distintivas y sus políticas editoriales, a través de sus contenidos y diseños. Comienzo presentando algunas ideas de estudiosos como Cristina Venegas, Paloma Duong y Ted Henken sobre la esfera mediática digital cubana y la blogosfera alternativa. También presento los puntos de contactos entre los *ezines* analizados y un proyecto anterior, *Diáspora(s)*, de naturaleza analógica. Cada una de las siguientes secciones se concentra en un *ezine* específico. En primer lugar, comento las transgresiones de *Cacharro(s)* en términos de su política editorial y de sus portadas, así como su quizás deliberadamente ambigua posición política. En segundo lugar, me detengo en el diálogo intermedial de *33 y 1/tercio* con la música y con el disco de música como objeto, así como en la multiplicación de los universos referenciales que este *ezine* propone, no solo centrados en la literatura, sino también en la televisión y el género punk. Por último, comento *The Revolution Evening Post* a partir de las ideas de serialidad y espectáculo, así como el cambio de referencialidad de lo letrado a lo mediático que este *ezine* promueve; un cambio que es propio del universo referencial de los escritores jóvenes que comienzan a publicar en los años 2000, protagonistas en su mayoría de todos los *ezines* analizados.

Nuevos avatares de ciudadanos: *ezines* culturales y subjetividades autónomas

Estudiosos como Cristina Venegas (2010), Paloma Duong (2013) y Ted Henken (2017), entre otros, han estudiado el desarrollo de la esfera mediá-

[2] *Cacharro(s)* se encuentra en el blog *Revista Cacharro(s)* (http://revistacacharros.blogspot.com/). Los números de *33 y 1/tercio* están en el blog *Revista 33 y 1/tercio* (http://revista33y1tercio.blogspot.com/). Algunos de los números de *The Revolution Evening Post* están dispersos en varios blogs, como *Fogonero Emergente* (http://jorgealbertoaguiar.blogspot.com/) y *Lunes de post-revolución* (http://orlandoluispardolazo.blogspot.com/).

tica digital y la blogosfera alternativa en Cuba. Los *ezines* en los que se enfoca mi ensayo no encajan por completo en el perfil de los casos analizados por los estudiosos mencionados,[3] entre otras cosas, porque los *ezines* se realizaron en un contexto mayormente *offline* pero con el uso de las tecnologías digitales. Estos fueron distribuidos por correo electrónico o USB, en parte porque pocos cubanos —incluidos sus creadores— tenían acceso a Internet en ese momento. No obstante, argumento que proyectos como *Cacharro(s)*, *33 y 1/tercio* y *The Revolution Evening Post* son «plataformas personales y comunidades intelectuales» que ponen a prueba «los límites de la censura y de la expresión», tal como propone Venegas en su libro pionero *Digital Dilemmas* (2010:157). Además, los creadores de estos *ezines* literarios y culturales estuvieron impulsados por el deseo de constituir «identidades sociales alternativas», «[n]uevos avatares de ciudadanos [...] [y] [una] nueva imaginación social» (ibíd.:184).

Por su parte, Duong (2013:386) estudia los blogs independientes cubanos como «un vehículo para reposicionar las subjetividades autónomas» a través del uso de los medios digitales. Esta caracterización puede aplicarse a los *ezines* literarios y culturales de la primera década de los años 2000, en tanto ellos también quisieron proponer nuevos lugares de enunciación fuera de las instituciones y desafiar, no solo la precariedad tecnológica, sino también el marco regulatorio de los discursos públicos culturales en la Isla. A pesar de sus condiciones precarias *offline* de producción y distribución —y, por tanto, sus escasas posibilidades de «éxito» y de alcanzar un público amplio—, los *ezines* fueron «discursos democráticos emergentes», con respecto a los posteriores blogs independientes (ibíd.:384).

Como fue el caso de estos blogs, los *ezines* publicados por jóvenes escritores y artistas entre 2000 y 2010 no esperaron a ser autorizados por los canales oficiales de legitimación, sino que decidieron construirse sus propios canales de distribución y su propia audiencia a partir de los escasos recursos tecnológicos disponibles a inicios de los años 2000. Duong propone que las prácticas de la blogosfera alternativa cubana visibilizan un nuevo sujeto político, el «ciudadano amateur», una figura pública que conjuga el

[3] Venegas específicamente se enfoca en varios «géneros electrónicos» (2010:157) usados por los cubanos: «historias oficiales» (ibíd.:161), «historias personales» (ibíd.:164), «geografías emocionales» (ibíd.:168), «blogostroika» (ibíd.:172) y «videostroika» (ibíd.:178). Duong (2013:375) estudia «los encuentros y diálogos entre una blogosfera alternativa y actores intelectuales y culturales clave en la Cuba contemporánea», mientras que Henken (2017:453) analiza proyectos independientes agrupados en cuatro tipos: «disidentes digitales», «*millennials* digitales», «revolucionarios críticos digitales» y «la diáspora digital».

amateurismo cultural y una ciudadanía amateur, encarnando además un *ethos* democrático emergente (ibíd.:387). La figura del «ciudadano amateur» es válida también para entender los *ezines* literarios y culturales y sus promotores, aún más cuando estos comenzaban a lidiar a inicios de los años 2000 con tecnologías y herramientas que se harían más comunes en la segunda mitad de la década, durante la cual la blogosfera alternativa y la esfera independiente mediática digital cubanas han tenido acceso a un poco más de recursos tecnológicos, aun cuando Cuba continúa teniendo una de las tasas de conectividad a Internet más bajas en la región.

Es de destacar la acentuada juventud de los participantes en los *ezines* —y posteriormente en muchos de los blogs—, los cuales incluían a Orlando L. Pardo Lazo (32 años), Elena Molina (17 años), Lizabel Mónica (22 años) y Jorge E. Lage (26 años). Esta juventud añade un matiz importante a la figura del «ciudadano amateur», pues a las pocas experiencias de autonomía individual que estos jóvenes pudieron haber tenido antes de comenzar estos proyectos se le suma el escaso entrenamiento en el manejo de los recursos tecnológicos que tenían al involucrarse en estos. A pesar de las restricciones en la circulación de los *ezines* —limitada a los correos electrónicos, las *newsletters* y los USB— y a la falta de una mayor o más completa interactividad digital —posible después en plataformas como los blogs, los sitios web y finalmente las redes sociales como Facebook y Twitter—, estos proyectos constituyeron para sus creadores ejercicios de autonomía individual que «cuestionan los patrones normativos de participación inherentes a un entendimiento de la sociedad civil en la que la movilización popular reemplaza a la ciudadanía participativa» (ibíd.:384).

Existe una continuidad de intenciones entre los *ezines Cacharro(s)*, *33 y 1/tercio* y *The Revolution Evening Post*, y un proyecto anterior promovido por los escritores Carlos A. Aguilera, Rolando Sánchez Mejías y Pedro Marqués, entre otros: la revista *Diáspora(s)* (1997-2002). La peligrosidad de su reproducción analógica, distribuida de modo ilegal en Cuba mediante fotocopias, contrasta con la incorpórea ubicuidad digital de los *ezines*, distribuidos a través del correo electrónico. No obstante, estos continúan la voluntad disruptiva de *Diáspora(s)* en cuanto a colocarse en el margen de lo institucional y diseminar textos inasimilables por este marco. Los jóvenes creadores de los *ezines* veían como deficitaria la circulación de textos culturales, o específicamente literarios, que promovían las instituciones, a lo que respondieron con sus propias estrategias de distribución que quebraron la lógica restrictiva estatal, en un gesto similar al de *Diáspora(s)*. Hay aquí una continuidad de gestos políticos, en el sentido en que Jacques

Rancière conceptualiza la política: como reconfiguración de la distribución de lo sensible; introducción del disenso, y actos de subjetivación a partir de la lógica del desacuerdo (2006).[4]

Según el escritor, bloguero y activista Orlando Luis Pardo Lazo (2014:9) —quien estuvo involucrado en *Cacharro(s)* y *The Revolution Evening Post*—, los jóvenes artistas y escritores sufrían en Cuba a inicios de los años 2000 la ausencia de proyectos culturales con la energía dinamizadora y desafiante de proyectos anteriores como *Paideia*, *La Azotea de Reina* o la revista *Diáspora(s)*.[5] Los *ezines* realizados por jóvenes escritores y artistas se colocarían justo en el vacío dejado por la desaparición de esos proyectos de autonomía intelectual.

Hubo en esos años una paradójica «década dorada de revistas digitales» (ibíd.:10). Este fenómeno es visto por Pardo Lazo como «eminentemente urbano, habanero y amateur, pero con aires de habitar una megalópolis del primer mundo» (2014:11). Sin ceremonias previas que autorizaran a estos jóvenes a publicar sus textos —en el doble sentido de protocolos estatales que les otorgarían una determinada legalidad y del reconocimiento oficial a autores ya publicados—, los *ezines* de principios de los años 2000 reconocían y promovían la multiplicidad y la atomicidad como señas de identidad. Tienen en común la deslocalización de la virtualidad digital; su distribución a través de esa misma virtualidad y su aspiración a la diseminación de textos e imágenes más allá de los ámbitos físicos de la institucionalidad estatal. Sus distintas poéticas editoriales y políticas del nombre atestiguan una multiplicidad de intereses y de estéticas. Los «expedientes» de *Cacharro(s)* apuntan a un juego irónico con la vigilancia del Estado, que no descarta una aguda conciencia sobre las transgresiones a esta supervisión estatal. Los *tracks* de música de *33 y 1/tercio* sugieren una planificada levedad asociada al pop y lo juvenil. Los «episodios» de *The Revolution Evening Post* remiten a la serialidad y al espectáculo.

---

[4] Cfr. Dorta (2015b, 2016) para un análisis de los modos de producción, reproducción y circulación de la revista *Diáspora(s)*, su materialidad y su política editorial.

[5] *Paideia* (1989-1990) fue un proyecto de política cultural promovido por intelectuales, escritores y artistas como Rolando Prats, Jorge Ferrer, Ernesto Hernández Busto, entre otros, que cuestionó el sistema institucional de la cultura y se propuso restaurarles a los intelectuales una agencia crítica para obtener mayor autonomía. No pudo realizarse debido, entre otros factores, a la prohibición de las instituciones. En la azotea de la poeta Reina María Rodríguez se reunían frecuentemente jóvenes escritores y artistas para leer y debatir sus obras, en medio de las carencias materiales de los años 90 y posteriores.

Cacharro(s): «expedientes» transgresores

El *ezine Cacharro(s)* se realizó entre 2003 y 2005, publicando un total de siete números. Su creador y principal coordinador fue el escritor Jorge Alberto Aguiar Díaz.[6] Durante los primeros tres números, aparecieron como miembros del equipo de trabajo Rebeca Duarte (seudónimo de Lizabel Mónica),[7] Pedro Marqués de Armas,[8] Juan Carlos Flores[9] y Pia McHabana (seudónimo de Orlando L. Pardo Lazo).[10] En los cuatro números restantes, solo aparecieron como coordinadores Jorge Alberto Aguiar Díaz y Rebeca Duarte. El *ezine* se distribuyó principalmente por correo electrónico, pero también por USB. Se enviaba a cerca de 500 direcciones de *email*, en grupos de 100, debido a las limitaciones de Gmail. Fue uno de los primeros *ezines* que se enviaron por *email* a personas de dentro y fuera de Cuba. Sus coordinadores recibían acuse de recibo sobre todo de personas que vivían fuera de la Isla.[11]

Cacharro(s) puede verse como continuador en varios sentidos de la revista *Diáspora(s)*, a la que «homenajea» desde su propio título con la «s» entre paréntesis, aunque el tono general del *ezine* es más directo y juguetón que el de *Diáspora(s)*, como ha observado Nanne Timmer (2013). Su equipo de trabajo y la nómina de lo que aparece como «Proyecto Cacharro(s)» combinaban miembros de *Diáspora(s)* como Pedro Marqués e Ismael González Castañer, y

---

6 Jorge A. Aguiar Díaz (1966) es escritor y promotor literario. Fue fundador en La Habana del Taller de Narrativa Salvador Redonet y del Laboratorio de Escritura Creativa Enrique Labrador Ruiz. Publicó su libro de cuentos *Adiós a las almas* en 2002. Estuvo a cargo de los blogs *Fogonero Emergente* y *Cacharro(s)*, en el que terminaría alojado el *ezine* homónimo.

7 Lizabel Mónica (1981) es escritora y editora; coordinadora del proyecto de difusión cultural alternativo *Desliz* y de la revista digital homónima, así como de blogs como *Cuba Fake News*, entre otros. Según Mónica (comunicación personal, 20 de junio, 2019), adoptó el seudónimo a sugerencia de Jorge A. Aguiar Díaz, quien temía por las repercusiones de que formara parte del equipo de trabajo de la revista, siendo además tan joven (22 años).

8 Pedro Marqués de Armas (1965) es poeta y ensayista. Fundador del proyecto y de la revista *Diáspora(s)*. Entre sus libros se encuentran *Óbitos* (2015) y *Prosas de la nación. Ensayos de literatura cubana* (2017). Codirige la publicación electrónica de literatura *Potemkin Ediciones* y se ocupa del blog *Hotel Telégrafo*.

9 Juan Carlos Flores (1962-2016) fue poeta y performer experimental. Entre sus libros se encuentra *El contragolpe (y otros poemas horizontales)* (2009). Se suicidó a los 54 años.

10 Orlando Luis Pardo Lazo (1971) es escritor, fotógrafo y bloguero. Editor de revistas digitales como *Voces* y de antologías de literatura reciente cubana, como *Generation Zero. An Anthology of New Cuban Fiction* (2014). Está a cargo del blog *Lunes de Post-Revolución*.

11 Lizabel Mónica y Orlando L. Pardo Lazo (comunicación personal, 20 de junio, 2019).

escritores más jóvenes como Lizabel Mónica y Orlando L. Pardo Lazo. La conciencia de la transgresión es central en *Cacharro(s)*, de ahí la presentación de cada número como un «expediente» que contiene archivos, textos, imágenes y autores no aprobados por los mecanismos regulatorios en el campo cultural cubano; por tanto, desechados como no pertenecientes al canon ideológico estatal y a la «tradición insular» (Aguiar Díaz 2003:5), como los escritores cubanos mencionados por Aguiar Díaz (íd.) en el «Preliminar» del «expediente 1»: Jorge Mañach (1898-1961), Lino Novás Calvo (1903-1983), Calvert Casey (1924-1969) y Guillermo Cabrera Infante (1929-2005), entre otros.

Cacharro(s) se construye con estos «desechos», rescatados y resignificados en una narrativa que subraya su potencial transgresor. El *ezine* está construido a partir de una recolección de textos al mismo tiempo precaria y fértil, la cual es común a todos los *ezines* analizados aquí. Debido a la precariedad en el acceso a los productos culturales de fuera de la Isla, los textos aparecidos en estos *ezines* son fruto de una labor al mismo tiempo paciente y asistemática por parte de sus creadores, que los iban acumulando en la medida en que los encontraban a través de diferentes fuentes, para después ensamblarlos. Obviamente, de este ensamblaje surge una política editorial, pero no hay que perder de vista que tal política es una mezcla, por igual, de dosis de contingencia y azar con una voluntad y un programa intencionales.

Estos «expedientes» están diseñados irónicamente para un lector-censor, quien desaprobaría su contenido si en efecto pudiera ejercer su labor de control, porque en los números de *Cacharro(s)* se encuentran autores censurados en el país —como Cabrera Infante y Lorenzo García Vega, por mencionar solo dos— y porque desde las portadas de cada número tiene lugar una serie de transgresiones. De tal manera, cada número es el resultado victorioso de una fuga del control de los censores. En «Preliminar», texto que funciona como manifiesto o poética editorial del *ezine*, Aguilar Díaz se refiere a la imposibilidad (material y legal) para la existencia de revistas independientes (íd.). Contra esta imposibilidad se produce *Cacharro(s)*.

Su presentación tiene muchos rasgos similares al discurso de *Diáspora(s)*. En ambos casos, aparece una crítica al «nacionalismo literario»; al campo literario cubano, «tan pacificado y conformista que ya no es campo sino edén para ciertas ficciones de Estado», y al «provincianismo de la literatura cubana» (íd.). Hay, además, una conciencia de «guerrilla literaria» (ibíd.:7) que aspira a socavar los límites políticos del campo cultural cubano que dictaminan lo que se debe publicar o no. De ahí que *Cacharro(s)*, como lo hizo *Diáspora(s)*, proponga una relectura del archivo literario y cultural insular a partir de autores como Reinaldo Arenas o Guillermo

Rosales —dos suicidas a los que se les dedica el primer número del *ezine*, ignorados o directamente censurados en Cuba—, o cineastas como Nicolás Guillén Landrián, excluido por muchos años del panorama cultural nacional. Los textos y autores de *Cacharro(s)* coinciden en buena parte con algunos de los publicados en *Diáspora(s)*. Esta coincidencia pudiera verse como un deseo de Aguiar Díaz y de los demás miembros del equipo de prolongar los efectos disruptivos de *Diáspora(s)* y crear una confluencia de intereses en torno a la publicación de autores censurados y a la crítica al nacionalismo literario promovido por el Estado.[12]

En un texto breve que abre el número 6/7 (2004), se alude a la incomodidad producida al intentar colocar al *ezine* en las clasificaciones políticas a la mano. Estas clasificaciones estarían viciadas de lugares comunes que no darían cuenta suficiente de la voluntad transgresora de *Cacharro(s)*. Lo importante parece ser subrayar que el *ezine* se realiza dentro de Cuba en condiciones adversas, sin apoyo oficial ni relación con instituciones de ningún tipo (estatales o privadas, de adentro o de fuera del país). Esta falta de vínculos, sin embargo, no es suficiente para catalogarlo de «independiente» o de «disidente», categorías cargadas con significados previos en el panorama político cubano, de los cuales *Cacharro(s)* quiere distanciarse, o al menos cuestionarlos. De esta manera, es posible entender su gesto político según las ideas de Duong (2013:386) sobre la posterior blogosfera alternativa cubana, la cual «sustituye el lenguaje de la oposición ideológica tradicional utilizada por los discursos disidentes con las demandas de un ciudadano informado». En esta posicionalidad se coloca, como arguye Duong, un sujeto político que no entiende la participación cívica de acuerdo a narrativas teleológicas, sino que asume la esfera pública como un conjunto de intereses plurales en negociación.

Cada número. Este ejercicio irónico y subversivo «rescata» documentos de publicaciones —la mayoría estatales—, cuya ubicación en *Cacharro(s)* permite leerlos como muestras de un repertorio absurdo. Por ejemplo, en el número 6-7 (2004) se produce una confusión temporal en la portada, donde aparece una foto del jefe de la Policía Secreta pero sin especificar origen ni fecha del documento —aunque se puede deducir que se trata de una foto de antes de 1959, por el uniforme del agente—. La imagen es una

[12] Algunos autores que aparecen en *Cacharro(s)* y *Diáspora(s)* son Pedro Marqués de Armas, Rolando Sánchez Mejías, Rogelio Saunders, José Kozer, Juan C. Flores, Emilio Ichikawa y Guillermo Cabrera Infante; así como los filósofos Jacques Derrida, Peter Sloterdijk y Hans Magnus Ezensberger.

Imagen de portada, Cacharro(s), *expediente 2, septiembre-octubre, 2003.*

muestra arquetípica del miembro de la policía secreta, quien vigila y mantiene el orden, y es celebrado por esto en un tono pomposo, no importa bajo qué régimen político. Otras imágenes son aún más irónicas. La portada del número 2 (2003), por ejemplo, reproduce a su vez la portada del folleto *Curso de Comunismo Científico* publicado por el Ministerio de Salud Pública en 1980. Mayor disrupción y absurdo se producen cuando el lector advierte que el curso fue ofrecido en el Hospital Psiquiátrico de La Habana.

Profundiza más este sentido irónico el hecho de que el número está dedicado al poeta Luis Marimón (1952-1995) y al cineasta Nicolás Guillén Landrián (1938-2003), ambos ubicados en los márgenes del campo cultural cubano y víctimas de la locura. La vida de Luis Marimón estuvo marcada por el alcoholismo. Se fue de Cuba a Estados Unidos en 1994 y murió allí al año siguiente. A la altura de 2003, cuando se publica el número 2, su obra era muy poco valorada en el ámbito literario cubano.[13] Por su parte, Nicolás Guillén Landrián fue un cineasta que sufrió cárcel, persecución, censura e internamiento psiquiátrico —incluidos electrochoques— en Cuba. A causa de sus documentales irreverentes y experimentales, los cuales no se alineaban con la estética promovida en los años 1960 y 1970 por el ICAIC, fue expulsado de este en 1972. A la altura de 2003, cuando *Cacharro(s)* le dedica su número 2, la obra de Guillén Landrián era apenas conocida en Cuba.[14]

Estos juegos irónicos y transgresores marcan a *Cacharro(s)*. Las páginas de este *ezine*, circuladas en formato DOC o PDF a través de correos electrónicos,

---

[13] Su obra ha sido reconocida poco a poco, sobre todo debido a la labor de su hija Yanira Marimón.

[14] En los últimos años se ha ido recuperando y valorando esta obra, sobre todo fuera de Cuba. Jóvenes cineastas han hecho documentales dedicados a Guillén Landrián, como *Café con leche* (Manuel Zayas, 2003) y *Retornar a La Habana con Guillén Landrián* (Raydel Araoz y Julio Ramos, 2013). En 2019 se publica el volumen *Guillén Landrián o el desconcierto fílmico* (Julio Ramos y Dylon Robbins; Almenara, Leiden), con ensayos y entrevistas sobre su obra.

están llenas de hipervínculos (los textos) que revelan un deseo de conectividad no satisfecho debido a la precariedad tecnológica en la Isla en los primeros años de la década de 2000. A pesar de esta falta de conectividad, sus textos rompen barreras ideológicas y ponen en crisis la lógica de exclusión del Estado mediante la circulación de autores «desechados» por esa lógica y por la censura institucional. De alguna manera, así como *Cacharro(s)* quiere prolongar las disrupciones estéticas de *Diáspora(s)*, *33 y 1/tercio* y *The Revolution Evening Post* también aspiran a hacer más duraderas las transgresiones de *Cacharro(s)*, pero adaptándolas a los intereses de sus creadores.

33 y 1/tercio: INTERMEDIALIDAD Y LEVEDAD JUVENIL PLANIFICADA

El *ezine 33 y 1/tercio* (2004-2010, dieciséis números) fue hecho principalmente por los escritores Raúl Flores,[15] Jorge E. Lage[16] y Elena Molina.[17] En todos los números aparece solo un «equipo de redacción» como responsable, excepto en el número 6 (2007), donde aparecen estos nombres. *33 y 1/tercio* fue elaborado desde la precariedad del acceso a la información *online* —característica que comparten todos los *ezines* comentados aquí—. Está hecho con una lógica del azar que es aparente pues, si se leen bien sus páginas, se puede advertir un proyecto bastante razonado en cuanto al tipo de referentes y de sensibilidad, que darían cierta identidad al *ezine*, distintos a otros proyectos anteriores.

Cada entrega de *33 y 1/tercio* tiene un nombre que lo singulariza: por ejemplo, «33 y un tercio» (no. 1); «el laberinto» (no. 2); «toma 3» (no. 3) «toma 14» (no. 3); «aquí en 3» (no. 4); «*bitch*» (no. 14), e «isla que se hunde» (no. 14). Como se ve, la lógica consecutiva se interrumpe a veces —hay dos números 3 y dos números 14— porque se juega con la idea de que estos números repetidos son discos EP —grabaciones musicales que contienen más *tracks* que un *single* pero menos que un LP—. De hecho, parte de la identidad de *33 y 1/tercio* se construye sobre el diálogo intermedial con la música y con el disco de música como objeto. Este *ezine* es un ejemplo ilustrativo

[15] Raúl Flores (1977) ha publicado, entre otros, *La carne luminosa de los gigantes* (2008) y *Paperback writer* (2010). Entre 2004 y 2008 estuvo a cargo del Espacio Polaroid, donde se presentaron audiovisuales, música *underground*, lecturas y performances.

[16] Jorge E. Lage (1979) es escritor y editor. Ha publicado, entre otros, *Archivo* (2015) y *Carbono 14. Una novela de culto* (2010). Colabora con medios digitales como *Diario de Cuba* e *Hypermedia Magazine*, del cual es también fundador.

[17] Elena Molina (1988) es escritora y activista cultural.

de lo que Irina O. Rajewsky llama «referencia intermedial», un caso específico de intermedialidad donde «el producto mediático utiliza sus propios recursos mediáticos específicos, ya sea para referirse a un trabajo específico, individual producido en otro medio [...] o para referirse a un subsistema mediático específico [...] o a otro medio *qua* sistema» (2005:52-54).

El nombre *33 y 1/tercio* alude a la velocidad usada para grabar música en los discos de vinilo. Otra posible alusión del título, menos explícita, podría remitir al performance «33 1/3» (1969) del compositor y teórico John Cage: una instalación sonora participativa en la que 24 tocadiscos con altavoces y más de 300 discos LP fueron puestos en una habitación sin sillas. La audiencia que entró no recibió ninguna instrucción, aunque al final las personas comenzaron a poner los discos en los tocadiscos y a generar así un sonido mixto colectivo. «33 1/3» fue una obra típica del estilo indeterminado de Cage que quiso romper las barreras entre la audiencia y el intérprete, y entre sonido y música. Algo de esta calidad participativa e interactiva se encuentra en *33 y 1/tercio*, en el que, además, los textos publicados se presentan como *tracks* de los distintos «álbumes» que son los distintos números del *ezine*.

Los textos que abren algunos de los números contienen múltiples alusiones a la música. En «play» (2005), que funciona como editorial de todo el *ezine*, la música, y específicamente el disco LP como objeto que la contiene, aparecen como vías de conocimiento y también de escape: «ver en el fantasma de un LP girando en el plato de un tocadiscos: la // respuesta a todas nuestras inquietudes. // esa placa de acetato girando a 33 revoluciones // y 1 tercio // nos // llevaba // a // otra // dimensión» (ibíd.:5). Al mismo tiempo, se multiplican los momentos de «referencia intermedial» (Rajewsky, 2005:52-53). En el texto se alude a la transformación de las palabras en distintos formatos de archivos digitales («jpg», «tiff», o «mp3») y a la proximidad del lenguaje con la estética del videoclip y «con el tiempo de 3 minutos de una canción // en // la // radio» («play», 2005:5-6). La literatura se evoca aquí en algunas de sus formas no canónicas o periféricas, alejadas del prestigio de los géneros autorizados: «literatura // *pop lit, trash writing, paperback writers, // splatterlight fiction*» (ibíd.:6; en inglés en el original); una evocación que se torna relevante en el contexto cubano porque estas variantes «degeneradas» no son las que circulan por lo general en las revistas culturales ni en los libros publicados.

La estructura del texto-editorial «play» se asemeja a un poema en prosa con versos de muy distinta extensión, en el que aparecen fragmentos de otros textos colocados en una simulación del azar, como una cita del escritor estadounidense

Ronald Sukenick o un titular de la cadena de noticias CNN. A la luz de la «referencia intermedial», el recurso intertextual —y por consiguiente todo el texto— puede ser visto como un ejemplo de *sampling* en el que se reutilizan porciones de otras «grabaciones». Estos mecanismos contribuyen a lo que en el editorial se alude como la «percepción atomizada de multiverso cultural atomizado», que ayuda a «ampliar las fronteras que una vez fueron impuestas // borrarlas». En este programa de acción y en este deseo se concentra el cambio de paradigma mediático que se produce en los jóvenes escritores cubanos que comienzan a publicar en los años 2000, con respecto a autores anteriores.

Algunos de los jóvenes autores, como los que realizaron *33 y 1/tercio*, se interesan más por el universo de las series de TV estadounidenses, los filmes de bajo costo o los bucles de la MTV. De hecho, en *33 y 1/tercio* se publica una serie abundante de ensayos sobre las relaciones entre literatura y televisión, el género punk, las series de televisión, de autores como Eloy Fernández Porta y Vicente Luis Mora. Este cambio de paradigma trae consigo una multiplicación de los universos referenciales —ya no solamente relacionados con la literatura—; una atomización como seña de identidad opuesta a la homogeneidad de los proyectos culturales patrocinados por el Estado, y el placer de ser parte de esta pluralidad —y de producirla también.

Las portadas de *33 y 1/tercio* forman parte de las «referencias intermediales» del *ezine*, pues se asemejan a portadas de discos de música rock o pop en las que rostros jóvenes son los protagonistas o en las que aparecen imágenes de una ensayada banalidad. Su apariencia visual remite a una estética de rasgos adolescentes o juveniles, pero los contenidos del *ezine* van más allá de gestos autocomplacientes de rebeldía etaria. Hay una estudiada ligereza para seducir a los lectores. Por ejemplo, en algunas portadas aparecen jóvenes ociosos, cuyas actitudes están lejos de las que muestran otras imágenes de jóvenes enfrascados en cumplir las «tareas» asignadas por el Estado y las instituciones, como las que usualmente abundan en los medios oficiales.[18]

Junto a esta aparente ligereza, *33 y 1/tercio* muestra una clara conciencia de las posibilidades de participación que ofrecen los medios digitales como oportunidades para la construcción de subjetividades autónomas, no articuladas en relaciones verticalistas de poder, sino que aprovecharían

[18] Sara Garcia Santamaria (2017:134-135) estudia, por ejemplo, cómo el periódico *Granma* construye la identidad de las generaciones jóvenes a partir de una serie de elementos como la implicación emocional con los símbolos patrióticos; el respeto por los héroes nacionales y la reafirmación revolucionaria.

el potencial disruptivo de la atomización de la virtualidad digital, en un contexto donde la centralización y las jerarquías imponían las principales modalidades de participación política:

> *El blog, así como la misma Internet, apuntan hacia una política de lo personal, y aquel que se atreva a acotar aseveraciones tales como «la poca efectividad política de la desintegración» y frases parecidas, debe tener en cuenta una visión más actual de la historia [...] [y leer] el cuerpo social desde la complejidad y la fractalidad más que desde la pirámide. Y ningún gesto es subestimable («download 33», 2007:5).*

Algunos textos del *ezine* también cuestionan las relaciones con el archivo cultural nacional regidas por dictámenes estatales, abogando por la eliminación del «determinismo histórico trasplantado al campo literario» («push»*33 y 1/tercio,* 2008:4). Es decir, se constituye un canon literario desde el Estado, con el cual los jóvenes escritores deberían tener una relación mediada por la deuda o el culto a determinadas figuras legitimadas, con la consiguiente exclusión de otras figuras incómodas —a las cuales alude el texto del *ezine*, como los escritores Virgilio Piñera, Reinaldo Arenas y Carlos Victoria, entre otros—. Por tanto, se impone «intentar relecturas de los antecedentes sin intermisiones políticas, o institucionales» (íd.).[19]

Una serie de núcleos temáticos atraviesa los 16 números de *33 y 1/ tercio*. El *ezine* publica un número abundante de ensayos sobre autores estadounidenses usualmente no comentados en las revistas culturales estatales, como David Foster Wallace, Chuck Palaniuk, Jonathan Franzen, Bret Easton Ellis y Jonathan Lethem; así como textos suyos. En otra zona importante aparecen autores de ciencia ficción y ficción especulativa, como Rudy Rucker, Philip K. Dick, J. G. Ballard y Stephen King, entre otros.[20] La literatura latinoamericana que aparece en *33 y 1/tercio* se aleja de la veneración al *boom* o al canon más reconocido. Se publican autores como Álvaro Bisama —más alineado con una estética pop y *trash*—, Heriberto Yépez y Rafa Saavedra. Se encuentra una presencia importante de Juan Villoro y Ricardo Piglia —a través no tanto de textos de ficción como

[19] Rafael Rojas (2006, 2009) ha estudiado las políticas de la memoria del Estado cubano con respecto a los intelectuales y artistas, así como las formas de exclusión por parte del Estado que garantizan el control del espacio literario.

[20] La ciencia ficción y el *cyberpunk* son elementos distintivos de la obra de algunos jóvenes autores como Erick J. Mota, Michel Encinosa Fú, Jorge E. Lage y Elaine Vilar Madruga.

de ensayos sobre la escritura—; de otros autores como Roberto Bolaño, Rodrigo Fresán y Alberto Fuguet, y de escrituras más rupturistas como las de Pedro Lemebel, César Aira y Néstor Perlongher. En general, el *ezine* publica poca literatura cubana, como algunos textos de Cabrera Infante y Calvert Casey. Algunos miembros de la llamada Generación Cero,[21] a la que pertenecen los que hicieron *33 y 1/tercio*, se ven en el *ezine*, como Jorge E. Lage, Raúl Flores, Legna Rodríguez,[22] Agnieska Hernández[23] y Jamila Medina.[24]

Significativamente, *33 y 1/tercio* republica algunos textos de Rolando Sánchez Mejías y de Lorenzo García Vega aparecidos antes en *Diáspora(s)*, junto a otros textos nuevos de estos mismos autores o de Carlos A. Aguilera, Rogelio Saunders, Ricardo A. Pérez y Antonio J. Ponte. Otras continuidades se establecen entre *Diáspora(s)* y *33 y 1/tercio*, pues en las dos aparecen autores como Thomas Bernhard, Gilles Deleuze, Ror Wolf y el vanguardista ruso Daniil Jarms. Un grupo de ensayos de *33 y 1/tercio* pudiera haber sido publicado en *Diáspora(s)*, debido a su interés en la crítica a la entidad Estado o a que se centran en el lado oscuro de los regímenes comunistas: «El terrorismo de Estado» de Albert Camus (no. 11, 2008); «El horrorismo de Estado» de Carlos Rehermann, o «La carta de Meyerhold» de Sergio Pitol (no. 14, «isla que se hunde», 2010).

Comparte con *Cacharro(s)* el tono punzante de sus editoriales y el cuestionamiento de las relaciones con el archivo cultural cubano —específicamente el literario— dictadas desde lo institucional. Como ezine, *33 y 1/tercio* se singulariza con su apariencia de levedad juvenil; sus portadas de jóvenes desafiantes, ociosos o glamurosos, y las relaciones intermediales que establece con la música y el disco como objeto. Sosteniendo esta cobertura, su política editorial multiplica los universos referenciales de las publicaciones culturales insulares y aprovecha el potencial disruptivo de la atomización digital. El último *ezine* analizado aquí, *The Revolution Evening Post*, añade otros matices irónicos y juguetones a la espectacularidad de *33 y 1/tercio*.

---

21 Cfr. Dorta (2015b) para las características de la literatura de la Generación Cero.

22 Legna Rodríguez (1984) ha publicado libros de diversos géneros, como *Mi novia preferida fue un bulldog francés* (cuento, 2017) y *Miami Century Fox* (poesía, 2017).

23 Agnieska Hernández (1977) ha escrito obras de teatro además de narrativa. Entre sus libros están *San Lunes. Panóptico en dos estaciones* (2009) y *Sol negro* (2011).

24 Jamila Medina (1981) es editora, ensayista, narradora y poeta. Entre sus obras están *Del corazón de la col y otras mentiras* (2013) y el importante ensayo «Diseminaciones de Calvert Casey» (2012).

Los escritores Orlando L. Pardo Lazo, Jorge E. Lage y Ahmel Echevarría crearon el *ezine The Revolution Evening Post* [*TREP*], del que se publicaron 8 números (2006-2008). Sus números o «episodios» no seguían un orden cronológico; fueron numerados en esta secuencia: 5-6-7-2-3-4-1-8, en un intento por romper con la estructura lineal clásica de los números de las revistas culturales. *TREP* se distribuyó por correo electrónico —como *Cacharro(s)* y *33 y 1/tercio*— a un grupo aproximado de 400 direcciones de *emails*.[25]

De acuerdo con sus creadores, *TREP* fue un «*ezine* de escritura irregular», una idea que remite al tipo de textos que ellos promovieron. Quisieron publicar no tanto literatura de ficción, que es la usual en las revistas culturales o literarias, sino textos para medios no especializados, como comentarios de libros o crónicas. Su título, *The Revolution Evening Post*, quiere colocar a la «Revolución» cubana —un evento cargado de intensas connotaciones históricas, sociales y culturales— en un marco menos excepcional, más ligero y serializado, con una posible alusión a la famosa revista estadounidense de este corte, *The Saturday Evening Post* (1897-1969). La «Revolución» no sería así un evento único, sino una repetición de acontecimientos menores, casi locales, archivados en una publicación cuyo título remite irónicamente a una era analógica. En cualquier caso, *The Revolution Evening Post* es un título ambiguo, que combina estas alusiones a lo analógico con la distribución digital del *ezine* por correo electrónico. A esta ambigüedad alude Echevarría:

> *¿Qué es lo que te llega al buzón de tu email? ¿Los textos idóneos para ser leídos hacia el «atardecer» de la Revolución? ¿Lecturas para ese momento en que la Revolución disminuye sus r.p.m. y te deja tomar un respiro? ¿O simplemente los textos que te obligan a restarle revoluciones al relato en el que te están narrando las instituciones [...]? (Mesa, 2010:21).*

Todos los números del *ezine* son llamados «episodios»: imaginados así como entregas de una serie de televisión. Cuando se contrastan estos «episodios» con el nombre de «documentos» que recibían los números de *Diáspora(s)*, se observa el cambio de referencialidad de lo letrado a lo mediático, como

25 Orlando L. Pardo Lazo (comunicación personal, 20 de junio, 2019), señala también que en ocasiones Gmail bloqueaba los correos electrónicos masivos que él intentaba enviar con el *ezine* porque sobrepasaban el límite impuesto por este servicio.

theREVOLUTION EVENINGpost

episodio 5

eZine de ESCRITURA irregular

stuff :

staff :

ahmel echevarría
jorge enrique lage
orlando luis pardo lazo

Hemos sido cordialmente invitados a formar parte de la literatura chilena en Cuba. Por supuesto, hemos aceptado. No hubo ceremonia de iniciación. Mejor así.

therevening@yahoo.com

Imagen parcial de portada, The Revolution Evening Post, *episodio 5, 2006. La imagen original ha sido recortada aquí para eliminar su reproducción deliberadamente no autorizada de la portada de* Rolling Stone *(no. 1007, 24 de agosto, 2006), con una Christina Aguilera con poca ropa. La apropiación y (re)significación cultural y tecnológica que las* ezines *como* TREP *hicieron en ese momento en Cuba no es algo que podamos imitar por temor a violar los derechos de autor.*

propio del universo referencial de los escritores jóvenes que comienzan a publicar en los años 2000. La primera página de cada número es una imagen de alguna revista de la industria estadounidense del entretenimiento (*Rolling Stone*, *Playboy*, *Esquire*, *Maxim*), intervenida con el nombre *The Revolution Evening Post*, que aparece con caracteres similares en color y forma a los de la revista que se interviene. Esta voluntad «intervencionista» es central en su política, pues pretende insertar las escrituras de algunos autores cubanos, en su mayoría jóvenes, en un contexto no restringido a las circunstancias cubanas y poner estas escrituras al mismo nivel de otras que circulan en el espacio mediático fuera de Cuba. Los creadores del *ezine* asumen esta empresa con todas sus limitaciones, viéndola más bien como una fantasía lúdica, pero animados sin embargo por su naturaleza imaginaria.

En todas las portadas de *TREP* aparece este lema: «Hemos sido cordialmente invitados a formar parte de la literatura chilena en Cuba. Por supuesto, hemos aceptado. No hubo ceremonia de iniciación. Mejor así» (*The Revolution Evening Post*, 2006:1). Este es un guiño al comienzo de la novela *Los detectives salvajes* (1998) de Roberto Bolaño: «He sido cordialmente invitado a formar parte del realismo visceral. Por supuesto, he aceptado. No hubo ceremonia de iniciación. Mejor así» (2006: parte I). Un gesto de homenaje, parodia y toma de posición con respecto a Bolaño anima a los creadores de *TREP*, como comenta Lage, «por lo que él puede representar en el futuro de la literatura hispanoamericana» (Mesa, 2010:21). La ausencia de «ceremonia» alude al hecho de que sus creadores —y de los otros *ezines* comentados aquí— no esperaron la autorización de las instituciones ni la aceptación de la comunidad letrada o artística para comenzar a circular textos e ideas que les interesaban y para crear sus propias comunidades de intereses, sus propios canales de distribución de contenidos.

La promesa de deslocalización y el deseo de una mayor fluidez no atada a los marcos de una literatura nacional —objetivos a los que aluden en varias ocasiones en una entrevista los tres promotores de *TREP* (ibíd.)— se encarnan en el autor de *Los detectives salvajes*. «Formar parte de la literatura chilena en Cuba» es introducir extrañamiento y distancia en un espacio controlado por políticas editoriales institucionales que determinan los regímenes de circulación de textos culturales y las dinámicas de las revistas estatales; es «contaminar y diseminar maneras de escribir: de ahí la politicidad de nuestro gesto», dice Pardo Lazo (ibíd.:22). La frase que se repite en cada portada, explica Lage, habla de una «mirada hacia fuera [...] Mirar esas cosas que estábamos leyendo fuera del contexto cubano es hacer dentro de la literatura cubana una literatura que no lo sea tanto, que no forme parte de la tradición de adentro» (ibíd.:21). Una de las ideas rectoras del *ezine* es emular el espíritu de revistas de fuera de Cuba que no solo publican textos sobre literatura, sino sobre cine, moda, televisión, con firmas de autores que tienen columnas frecuentes, personalizadas. Lage, Pardo Lazo y Echeverría quieren escribir como si fueran uno de estos autores; como si no hubiera «nadie mirando para jugar al censor o a la curadoría según una línea editorial», como argumenta Pardo Lazo (ibíd.:22).

The Revolution Evening Post comparte con *Cacharro(s)* y *33 y 1/tercio* —y todos ellos con *Diáspora(s)*— esta política de diseminación de textos y autores. Sus creadores quisieron disminuir la distancia entre los lectores cubanos y los textos literarios y culturales que se publicaban fuera de Cuba mediante la circulación de los *ezines* por correo electrónico. En otras palabras, quisieron conectar a lectores desconectados y crear una simulación de actualidad y de presente cuando en realidad la temporalidad del consumo cultural era una temporalidad diferida. De estas contradicciones son especialmente conscientes los creadores de *The Revolution Evening Post*. Lage alude a ellas: el *ezine* se distribuyó por correo electrónico pero su destinatario es un lector que no tenía acceso en tiempo real a los materiales que el *ezine* reproducía (íd.).

En cuanto a la visualidad de *TREP*, la intención de sus creadores fue jugar con el *bad design*, romper la tradicional asociación entre texto literario e imagen de artista plástico o diseñador en la misma página, que suele aparecer en las revistas literarias; construir una visualidad más cinética, más ligada a lo pop y lo *light*, como argumenta Echevarría (ibíd.:23). Esta visualidad pop y ligera también aparece en *33 y 1/tercio*. En todos los «episodios» de *TREP* aparecen textos de Lage, Pardo Lazo y Echevarría, lo cual evidencia una firme voluntad de hacer más fuerte su presencia, a diferencia de otros *ezines* como *Cacharro(s)* y *33 y 1/tercio*, donde ellos también colaboraron o incluso fueron sus realizadores. Otra diferencia notable con aquellos es que en *TREP* no se publicaron «editoriales», pues tanto Pardo Lazo como Lage y Echevarría no quisieron reproducir esta práctica que para ellos era propia de revistas «literarias».

Diáspora(s) y *The Revolution Evening Post* se distancian en sus respectivos repertorios de textos publicados. Lo que predomina en *TREP* son autores latinoamericanos, casi ausentes en *Diáspora(s)*. Los creadores de ambos proyectos eligen, de manera general, diferentes referentes literarios para articularlos. Una posible razón es que sus creadores habían leído ya, como parte de su formación literaria,[26] a algunos autores publicados por *Diáspora(s)*, como los de la literatura centroeuropea (Thomas Bernhard, Ror Wolf, Milan Kundera, entre otros), por lo que priorizan otros archivos literarios para circular. Así, se encuentra en *TREP* un primer grupo de autores latinoamericanos cercanos a los miembros de la Generación Cero en cuanto a edad (nacidos en la década de los años 70), algunos de los cuales ya habían sido publicados en *33 y 1/tercio*, como el chileno Álvaro Bisama y el mexicano Heriberto Yépez.[27] Se publica otro segundo grupo de autores latinoamericanos, como Roberto Bolaño y Mario Bellatin.[28] Además, otros autores de la Generación Cero aparecen en *TREP*, como Anisley Negrín o Raúl Flores.

Como en *33 y 1/tercio*, también es mínima la cantidad de literatura cubana publicada en *TREP*. Cercanos en el tiempo, aparecen Antonio J. Ponte y Pedro Juan Gutiérrez. Autores de la República —que hicieron sus carreras literarias antes de 1959— como Miguel de Marcos (1894-1954) y Carlos Mon-

---

[26] En una entrevista reciente, Lage y Pardo Lazo aluden a cómo leyeron *Diáspora(s)* gracias a las sugerencias de Jorge A. Aguiar Díaz, uno de los creadores de *Cacharro(s)* (Dorta, 2015a).

[27] Otros autores latinoamericanos cercanos en edad a la Generación Cero publicados en *TREP* son los chilenos Rafael Gumucio y Alejandro Zambra; el argentino Gonzalo Garcés; los peruanos Santiago Roncagliolo y Daniel Alarcón; y el mexicano Rafael Lemus.

[28] Además de Rodrigo Fresán, Edmundo Paz Soldán, Juan Villoro, Marcelo Figueras, Alberto Fuguet, Juan Forn, Ricardo Piglia y Fernando Iwasaki.

tenegro (1900-1981) conectan a los autores de Generación Cero con los del grupo Diáspora(s) en cuanto a intereses y lecturas del archivo literario cubano.

The Revolution Evening Post es un *ezine* intervencionista: la introducción de su nombre en las portadas de algunas revistas de la industria del entretenimiento habla de un deseo de conectividad y de apertura más allá de los bordes del espacio editorial cubano, controlado por las instituciones. Los creadores de *TREP* quisieron diseminar escrituras y modos de lectura «extraños» en el campo cultural cubano debido a su poca presencia, y para esto no esperaron a recibir autorización alguna: jugaron, seriamente, a crear el *ezine* como si no hubiera una mirada censora. Esta ilusión como motor creativo —que no obvia los peligros derivados de ella— es común a los tres *ezines* analizados aquí.

Expansión del paisaje digital cubano

Cacharro(s), *33 y 1/tercio* y *The Revolution Evening Post* fueron proyectos de autonomía creativa sin afiliación institucional, que pusieron a prueba no solo los límites de expresión en el campo cultural cubano, sino también los límites de la distribución analógica permitida por el Estado. A pesar de la precariedad en el acceso a la tecnología y en un contexto de desconexión virtual, los realizadores de estos *ezines* los distribuyeron por correo electrónico y a través de *newsletters* y USB, tratando de acceder al mayor número de lectores posible; algunos —los que vivían en Cuba— estaban desconectados de la inmediatez informativa de Internet. Estas revistas digitales son los antecedentes de la expansión posterior de la blogosfera independiente (2007-2014) y de la posterior proliferación de periódicos y revistas digitales independientes (2014-), y son artefactos que están a medio camino entre una cultura analógica y una digital.

Sin esperar autorización o legitimación de instancias superiores, propusieron nuevos lugares de enunciación y se pensaron a sí mismos como parte de un paisaje digital múltiple. Contribuyeron a expandir y desarrollar este paisaje digital desde sus respectivas políticas editoriales e imaginarios: la consciencia de la vigilancia estatal y la transgresión como motores de los «expedientes» de *Cacharro(s)*; el desafío de los «álbumes» de música intermediales de *33 y 1/tercio*, con su apariencia pop y ligera; y el intervencionismo de los «episodios» de *The Revolution Evening Post*, que quiso ser un objeto «extraño» y «desautorizado» en el campo discursivo insular. Todos estos *ezines* recolectaron textos e imágenes con una mezcla de azar y de planificación. Tuvieron una voluntad sostenida y a la vez efímera (pues duraron relativamente poco) de intervención crítica y de desacuerdo.

La energía disruptiva de estos *ezines* y su deseo de romper barreras en la diseminación de textos y autores sirvieron de base para la posterior ampliación de la blogosfera independiente insular. Un proyecto posterior transicional —porque todavía fue distribuido a través de correos electrónicos y USB— como *Voces* (2010-2014)[29] recogió parte de esta energía, publicando textos literarios junto a otros de orientación marcadamente política, de autores de dentro y de fuera de Cuba. Orlando L. Pardo Lazo fue su editor principal; también colaboró en el proyecto la bloguera, periodista y activista política Yoani Sánchez. Varios de los creadores de los *ezines* analizados aquí continuaron luego con sus propios proyectos, ya beneficiados por el marco interactivo de los blogs y de las páginas web. Jorge A. Aguiar Díaz administró *Fogonero emergente* (2007-2010), con noticias sobre proyectos culturales y políticos alternativos en Cuba. Orlando L. Pardo Lazo sigue a cargo actualmente de su blog *Lunes de post-revolución* (2008-), donde publica sobre todo textos y videos suyos, pero también de otros autores. Lizabel Mónica creó varios blogs y páginas web, como *Proyecto Desliz* (2007-). Por su parte, Jorge E. Lage es director de *Hypermedia Magazine* (2016-), una revista cultural digital transnacional que publica artículos de opinión y ensayos sobre arte y literatura cubanos.

En los últimos años, el paisaje digital cultural cubano se ha expandido considerablemente. Conviven los proyectos mencionados con otros de perfil periodístico con una fuerte huella literaria, como *El Toque* (2013-), una plataforma multimedia que publica noticias, reportajes y entrevistas enfocados en los jóvenes cubanos; *14ymedio* (2014-), un periódico digital que publica reportajes diarios y artículos de opinión sobre temas que abarcan desde la política cubana y los derechos humanos hasta la escasez de alimentos y problemas con el transporte; y *El Estornudo* (2016-), una revista independiente de periodismo narrativo con historias contundentes y muy diversas sobre Cuba. La pluralización de los discursos culturales en Cuba y la democratización de su esfera pública no puede ser pensada sin el papel activo de proyectos como los que acabo de mencionar y como los *ezines* que aparecieron y se diseminaron a través del correo electrónico y de los USB a inicios de los años 2000. Ninguno de ellos esperó a que le otorgaran un estatuto legal, de acuerdo con las restrictivas normas del Estado cubano, ni a ser autorizado para iniciar su camino digital. En estas rebeldías se cifra gran parte de su potencial disruptivo.

[29] Los números de *Voces* se encuentran en http://www.100yaldabo.com/voces.htm.

14

IMÁGENES DE NOSOTRAS: EL PAISAJE MEDIÁTICO CUBANO Y LA «MUJER DE MODA» DEL POSTSOCIALISMO[1]

(Paloma Duong)

1 Traducción del inglés: Guido Herzovich y Paloma Duong.

(Cuba, 1983). Doctora en Latin American and Iberian Cultures and Languages por la Universidad de Columbia (2014). Actualmente es profesora asistente de Estudios Latinoamericanos y de Medios en el Massachusetts Institute of Technology (MIT). Investiga e imparte cursos sobre cultura, medios y filosofía política en la América Latina de los siglos XX y XXI. Ha publicado artículos sobre la blogosfera cubana, la escena artística de apartamentos de La Habana y la política cultural cubana. Está escribiendo un libro titulado «Portable Postsocialisms: Cuban Mediascapes after the End of History», que se centra en los medios y culturas digitales, participativos e informales en la Cuba del siglo XXI.

Los ciudadanos de los antiguos regímenes comunistas «han sido privados durante treinta años de imágenes de sí mismos en los medios de comunicación»: eso afirma Sylvie, la protagonista de la novela *Torpor*, de Chris Kraus, a su paso por Berlín oriental de camino a Rumanía en 1991 (2015:185). Sylvie, una intelectual estadounidense de mediana edad, desliza esa reflexión a cuento de la moda ostensiblemente desactualizada de los países del Este. Más allá de la astucia con que Kraus dramatiza el compromiso de los intelectuales occidentales con el mundo postsocialista, lo que me interesa analizar aquí es el modo en que se suele retratar y conceptualizar la relación entre los medios y sus públicos en el «socialismo realmente existente», y cómo se *remedia* en el contexto postsocialista. No se trata de decidir si los ciudadanos de los comunismos históricos fueron privados de imágenes de sí mismos en los medios de comunicación, sino del tipo de imágenes de sí mismos que se les ofrecía y de quién proveían. Igual que la mayoría de nosotros, también los cubanos del siglo XXI —o al menos un número creciente de ellos— pueden generar, obtener y compartir imágenes de sí mismos más allá de las que producen los medios estatales o la exótica mirada extranjera. En razón del enorme peso simbólico que le asignan a la Revolución cubana los múltiples agentes que se identifican con su legado —dentro y fuera de sus límites nacionales—, es particularmente relevante entender el modo en que los usuarios de los nuevos medios se vinculan con el controvertido archivo visual de esta en el proceso de representarse a sí mismos y a la nación. Con ese fin, este capítulo analiza imágenes contemporáneas de la «mujer de moda» cubana como una vía para entender los contextos sociales y mediáticos en los cuales se produce y experimenta el postsocialismo en tanto paisaje mediático.

El concepto de paisaje mediático o *mediascape*, acuñado por Arjun Appadurai, se refiere al espacio cultural multimedia y multiagente en que se elaboran y diseminan los sentidos, los valores y las cosmovisiones de la experiencia social cotidiana (1990:298). En el paisaje mediático del postsocialismo cubano, compiten distintas visiones del presente en las que el Estado-nación y los mercados transnacionales, el PCC y el sistema financiero global interactúan con economías híbridas e informales mediadas por las culturales digitales locales. Este paisaje mediático es «postsocialista» en varios sentidos: a pesar de que el país es todavía nominalmente socialista y sigue gobernado por un partido que se autodenomina comunista, la economía, la cultura y la sociedad cubanas navegan entre una gran variedad de modelos mixtos entre la vieja y burocrática economía dirigida y los mercados de inversión nacionales e internacionales; entre el antiguo horizonte de justicia social y las nuevas demandas diferenciadas de reconocimiento, al tiempo que las desigualdades socioeconómicas no han dejado de crecer. Si bien el acceso a la esfera pública sigue en disputa, ahora el monopolio estatal de los medios tradicionales tiene que enfrentar los desafíos constantes de la conectividad digital y de nuevos patrones de viaje y migración. La expansión de los mercados capitalistas transnacionales, la proliferación de medios digitales y la reorganización tanto del sector estatal como del no estatal de la economía dan forma a un paisaje mediático postsocialista en el que el consumo masivo es una novedad, pero donde el socialismo, como imaginario político y como memoria colectiva, «pasa, pero no muere» (Krasznahorkai, 2000).

Reflexionar sobre un sujeto icónico de este paisaje mediático, la «mujer de moda» postsocialista, supone una discusión crítica del modo en que los cubanos se ven a sí mismos, en que quieren ser vistos y en que imaginan el(los) mundo(s) que habitan. Los discursos dominantes sobre Cuba repiten las narrativas ya consagradas sobre el aislamiento y el provincialismo del paisaje mediático socialista, la exuberancia y la excepcionalidad de sus condiciones tropicales y políticas, o el temple imperturbable de su batalla alegórica contra el tiempo histórico. Comercian así con distintas versiones del (des)encantamiento con la Revolución cubana. La identidad de Cuba como destino turístico global sigue siendo de una isla «congelada en el tiempo», a pesar de los enormes cambios sociales, culturales y económicos de los últimos treinta años. Al mismo tiempo, se la presenta como si estuviera a las puertas de una transformación inminente y siempre postergada: desde el clásico «Nuestro día (ya viene llegando)» (1991) de Willy Chirino, estrella de la salsa en el exilio, a los últimos artículos del *New York Times*: «Nadie puede predecir qué ocurrirá en Cuba en los próximos años, por eso hay que ir ahora y rápido. Es decir, ya mismo» (Larsen, 2018). Esta expectativa de cambio inminente debe ser, por definición, infinitamente postergada y constantemente alimentada: El «quiero ir antes de que cambie» es un *leitmotiv* de los discursos que construyen la isla o la Revolución de 1959, a distancia, como un objeto de deseo internacional.[2]

Mientras tanto, el mercado global emerge a su vez como un objeto de deseo a nivel nacional, un deseo localizado que sus diversos públicos y agentes interesados codifican y administran de maneras diferentes, dentro y fuera de las fronteras cubanas. En la versión *online* de *Granma* se ofrece un enlace permanente a una guía general para inversores internacionales interesados en Cuba. Se detallan allí, en la lengua de sus principales socios comerciales (italiano, vietnamita, portugués, ruso y chino), los marcos legales de la zona de libre comercio inaugurada en el puerto de Mariel. Mientras el Gobierno corteja activamente la inversión extranjera, sus políticas internas intentan actualizar el modelo económico sin afectar el *status quo* político y sin dejar de promover las virtudes de la moral socialista.[3] El nuevo presidente, Miguel Díaz-Canel, que abrió una cuenta de Twitter el 10 de octubre de 2018, ha distribuido su presencia digital alrededor de dos temas centrales: la unidad de la identidad y la cultura cubanas (con el *hashtag* #SomosCuba) y la continuidad del proyecto revolucionario y socialista cubano en el siglo XXI, en este caso con #SomosContinuidad, que también promueven ampliamente el PCC y otros medios institucionales.[4]

---

[2] Coco Fusco, artista y ensayista cubano-estadounidense, afirma que existe una corriente argumentativa duradera que no distingue entre criticar la política exterior de Estados Unidos y hacer una defensa a ultranza del gobierno cubano. Esa corriente tampoco distingue, agregaría yo, entre las diferentes etapas de la Revolución. Al mantenerse en la lógica binaria de la Guerra Fría y confundir el discurso oficial del Estado con la variedad de opiniones y actitudes políticas que existen en el país, estos argumentos —comunes en el progresismo estadounidense— «les niegan agencia a los cubanos como sujetos pensantes» (2013). Después de la reactivación del turismo estadounidense a Cuba en 2014 —luego restringido en 2019—, los medios informaron en 2015 sobre un aumento del turismo canadiense y europeo que se agolpaba para ver Cuba «antes de que cambie», temeroso de las transformaciones que pudiera traer la cercanía de Estados Unidos (Wetherall, 2015; Zabludovsky, 2015; Hamre, 2016).

[3] Véanse las ediciones de los «Documentos del Séptimo Congreso del Partido Comunista» (I y II, 2017) y la «Cartera de oportunidades de inversión extranjera» (http://www.granma.cu/especiales/cartera-de-oportunidades-de-inversion-extranjera). Aunque el país continúa buscando inversiones de capital extranjero, las nuevas pautas de autoempleo de 2018 fueron percibidas en buena medida no solo como un esfuerzo por reafirmar un fuerte control centralizado sobre el creciente sector económico no estatal, sino también como medidas que no acertaban a dar con los principales problemas estructurales que obstaculizaban el crecimiento y la diversificación económica, sobre todo la soberanía alimentaria nacional (*Gaceta Oficial*…, 2018; Henken, 2018).

[4] La mayoría de los tuits de Díaz-Canel desde octubre de 2018 incluyen uno de estos *hashtags* o bien los dos (https://twitter.com/DiazCanelB/status/1145649310266249216).

Estas dos narrativas dominantes enfatizan, y desean, versiones diferentes de un cambio sin cambios. Si bien el contexto del postsocialismo cubano, como afirmo aquí, debe entenderse como la explosión de imágenes que registran las continuidades y las transformaciones de la vida cotidiana en la intersección entre culturas digitales y economías informales, ¿cómo y quiénes las producen, y en qué se diferencian de las imágenes preponderantes de la Cuba postsocialista? Tanto la estética de lo que llamo «postsocialismos portátiles» como los agentes mediáticos que los producen desafían concepciones persistentes de una Cuba que ya no reconocen como propia: el Apocalipsis sórdido y erotizado del Período Especial postsoviético (1990-1999), el canto de sirena de una región históricamente exótica y pletórica de oportunidades para la inversión emocional o comercial que promueve la mirada extranjera, y el papel de eterno estandarte del humanismo socialista que proyecta el discurso oficial.

Analizar las narrativas de transformación postsocialista en un conjunto amplio de prácticas mediáticas permite describir cambios en las preocupaciones sociales y en los sentidos culturales evitando caer en dicotomías simplificadoras. El corazón de estas historias se ha desplazado de la migración a la movilidad social, de las posibilidades comerciales de la sexualidad tropical al deseo de reconocimiento racial y de género, de la proyección de futuros épicos (irrealizados/irrealizables) al enfoque en el presente inmanente —siempre ya en vías de construcción—. La mujer de moda postsocialista, junto a los discursos vinculados con sus prácticas de consumo y embellecimiento, sintetizan y a la vez actualizan las angustias del fin del proyecto socialista nacional y sus dificultades con economías y paisajes mediáticos alterados. De esas imágenes me ocuparé en el resto del capítulo.

Estética de los postsocialismos portátiles y la mujer de moda

¿Quién aprendió a leer mirando (al pasar) los letreros de otros pueblos? (Reina María Rodríguez, 2016:58)

Estas transformaciones son sobre todo evidentes en la estética de las ofertas publicitarias y de entretenimiento que circulan principal y crecientemente a través aplicaciones *offline* para celulares, redes de Wi-Fi caseras y otras alternativas de distribución digital, las cuales permiten el acceso del público general a contenidos audiovisuales nacionales e internacionales fuera de los canales oficiales. Esta nueva ecología mediática se caracteriza por la portabilidad, la digitalización y la masificación de las redes analógicas y subterráneas para el intercambio de contenidos contrabandeados que existieron antes. La más famosa de estas, parcialmente monetizada, es conocida como «el paquete semanal».

Como se advierte en muchos de los ensayos de este libro, ninguna discusión sobre los medios digitales en Cuba puede soslayar el paquete. No es para menos: es la primera, y en 2019 también la única, plataforma de distribución mediática masiva no estatal en Cuba desde 1959. Es el mayor repositorio del sistema publicitario para comercios locales y para la circulación informal de noticias, entretenimiento, herramientas digitales y materiales textuales y audiovisuales, tanto nacionales como internacionales. El paquete *remedió*, centralizó y monetizó a sus predecesores en la economía cultural subterránea: los negocios de alquiler de videojuegos, películas y series, las antenas satelitales ilegales y las comunidades organizadas para copiar y compartir materiales de contrabando. Es la plataforma no oficial para el consumo de la industria cultural global, pero es también un vehículo para la expansión y la legitimación de las economías informales y emergentes locales, en tensión permanente con las compañías estatales y con el discurso oficial, con el capital transnacional y con sus imágenes de Cuba.

El paquete, sin embargo, no es una «Internet en un disco duro», la última fase en la lucha contra el Gran Hermano comunista o el heraldo de la McDonalización corruptora del consumo nacional de medios, como ha sido retratado en las coberturas mediáticas más extremas. La atención internacional que ha suscitado, no obstante, habla tanto de las presuposiciones proyectadas hacia Cuba desde el exterior, como el supuesto poder liberador de las tecnologías mediáticas, como del protagonismo del paquete a nivel local, a su vez novedad y herramienta socioeconómica.[5]

La «mujer de moda» postsocialista figura regularmente en estas páginas-vidriera donde se entrecruzan las economías híbridas y las culturas digitales. Su presencia en este paisaje mediático subraya la relevancia política y los desafíos tecnológicos de los agentes que producen imágenes de sí mismos en los nuevos medios y la medida en que la emergente cultura del consumo afecta a la imagen cambiante de la mujer cubana. Uno de los ejemplos más representativos de este fenómeno consiste en la intervención de la publicidad internacional con contenidos publicitarios locales. En la categoría «Revistas internacionales», por ejemplo, el paquete ofrece PDF intervenidos de revistas de moda y chismes como *Hola* o *Cosmopolitan*. Junto

[5] Para ampliar este tema, cfr. Jennifer Cearns (2021).

a los avisos originales —mayormente irrelevantes para los consumidores cubanos—, estas copias digitales incluyen publicidad de negocios y servicios locales relacionados —lo mismo ocurre con los programas de televisión copiados, que incluyen a menudo anuncios locales en la parte inferior—. En un PDF de la revista española *Cosmopolitan*, de mayo de 2015, entre la cubierta y la publicidad original —un perfume de Chloé y una loción de Clinique— se insertan avisos a página completa de tres estudios fotográficos, un salón de belleza y un servicio de organización de eventos, todos ellos locales. Al abrirlo, la seductora sonrisa de la actriz Paula Echevarría, delicadamente maquillada, y los mechones a propósito descuidados que enmarcan el rostro de Clémence Poésy en la publicidad de Chloé, comparten ahora el escenario con jóvenes cubanas anónimas que miran directo a cámara con vestidos provocativos, cabezas ladeadas, la boca entreabierta, maquillaje chillón, rulos de peluquería y teñidos extravagantes, uñas de acrílico decoradas con gemas y ostentando caderas y pelvis hacia adelante y hacia los lados.

Estos salones de belleza y estudios fotográficos ofrecen evidencia adornada y duradera de los quinces, las bodas y otros acontecimientos especiales. Sus formas de representación y sus prácticas mediáticas asociadas ilustran lo que George Yúdice (2016) describe como la aparición de «el pueblo feo» en la generación de contenido estético. Estas nuevas formas de autoría y de autorrepresentación, individuales y colectivas, ponen en evidencia saberes mediáticos vernáculos, definidos no solo por la actitud activa de los espectadores sino también por su participación en la producción cultural en términos más amplios. Al observador desprevenido, la cantidad de estudios fotográficos y salones de belleza que publicitan estas plataformas podría parecerle desproporcionada. La prominencia de avisos de casas de fotografía, por otra parte, parecería contradecir la tesis de que la productividad digital garantiza a los usuarios la autoría de sus propias imágenes. Pero ese sería un modo simplista de entender nuevas formas de autoría que, no obstante, se dan en un contexto de desigualdad en el acceso a la tecnología y al *know-how*, y en el cual los deseos y las posibilidades de autorrepresentación se organizan en un contexto social y una economía local específicos.

Con los teléfonos celulares y las tabletas, los filtros preseteados y los programas de edición de imagen, las redes y las plataformas de intercambio *online* y *offline*, los cubanos se han convertido en hábiles productores de imágenes de sí mismos. El rápido crecimiento del número de líneas de telefonía móvil que registra Etecsa, indica que Cuba ha seguido la lógica de la mayoría de los países latinoamericanos y de otras regiones en desarrollo, en las que los usuarios primerizos tienden a saltarse la computadora personal y acceder a Internet y a las redes sociales primera y —aún— exclusivamente a través de dispositivos portátiles. El acceso a Internet sigue siendo lento y caro, el tráfico está muy regulado y, por lo general, disponible solo en puntos específicos del país, pero aun así en 2017 y 2018 se presentaron sendos proyectos para expandir el acceso doméstico y móvil.

El equipamiento y el *know-how*, sin embargo, están distribuidos desigualmente y regulados de manera inconsistente: los módems solo se consiguen en el mercado negro, el precio de los celulares Huawei que se venden de manera legal es todavía prohibitivo y los dispositivos de GPS permanecen en teoría en la ilegalidad, aun cuando casi todo visitante llega con uno incorporado a su celular. El negocio de los celulares usados o desbloqueados ha alimentado el crecimiento de la telefonía móvil, un sector informal y transnacional de envergadura considerable que depende tanto de las históricas diásporas cubanas como de las nuevas formas de viaje ahora disponibles para sus ciudadanos.

El modelo de negocio del paquete está diseñado para las especificidades de este paisaje mediático: la diversidad de las destrezas individuales, la desigualdad de acceso al contenido web y a la infraestructura mediática y el monopolio estatal de los medios masivos.[6] Es por eso que las redes digitales alternativas de distribución son lucrativas a varios niveles: de copia y distribución de contenidos ya existentes, pero también, como ocurre con tantos grupos privados de medios digitales en otros lados, de la producción de material original y la venta directa de publicidad a comercios locales.

Esta red publicitaria emergente, y en particular la manipulación del formato PDF del que se sirve, son ejemplos del modo en que los textos digitales, en palabras de Lisa Gitelman, cuestionan la «fiabilidad intrínseca» y la inalterabilidad de los medios impresos, a la vez que establecen nuevos estándares para la publicación al redefinir qué cuenta como publicar (2014:117-118, 131). Estos usos del PDF ponen en evidencia la distancia que puede existir entre los propósitos originales de una tecnología y los usos efectivos que desarrollan los usuarios reales. También desplazan el énfasis de la tapa hacia el contenido: mientras que la importancia política del formato revista y del póster en la cultura literaria cubana infundió

[6] Los servidores públicos de Internet de Etecsa, por ejemplo, bloquean el puerto 80 y otros protocolos de transferencia de datos que en la versión estándar del protocolo de transferencia de hipertexto normalmente permite la descarga de contenidos o el intercambio de archivos entre una computadora cliente y un servidor.

enorme peso simbólico a las cubiertas, el archivo digital, con su función de búsqueda y la facilidad que ofrece para desplazarse en el texto, iguala el valor de las páginas para aquellos lectores más interesados en acceder rápidamente a información útil que en el carácter político de la cubierta. Al mismo tiempo, estos nuevos productores y consumidores actualizan así el deseo colectivo de participar en una lógica económica global, en la medida en que crean un terreno de competencia virtual donde los comercios locales y la emergente industria publicitaria deben buscar legitimación entre las marcas consagradas y sus imaginarios de consumo, contribuyendo así a su presencia nacional.

Estas prácticas señalan otros modos en los que el postsocialismo cubano se ha vuelto portátil: en las últimas décadas, el flujo renovado de los intercambios entre Miami y América Latina han dejado su marca en la transformación de las quinceañeras cubanas, así como en todos los aspectos de la cultura y la moda populares. La celebración cada vez más ostentosa y a la moda de las quinceañeras en Cuba es un caso clave de las mezclas entre costumbres nacionales, moda internacional, aspiraciones personales y culturas mediáticas que apuntala un sector creciente de la economía privada, marcando los ritos de la feminidad adulta como una iniciación a una cultura del consumo emergente. Se trata de una tradición «nacida de nuevo» bajo la marca de la inmigración, tal y como la documentó Julia Álvarez en *Había una vez una quinceañera* (2007) o como la presentaba humorísticamente la serie clásica *¿Qué pasa USA?* en su primer episodio (1977).

Sesiones de foto y video costosas y elaboradas, salones de alquiler, bandas contratadas para la ocasión, vestidos, peinados, todo ello refuerza un tropo largamente consagrado: la representación del éxito social a través del performance del consumo. Estos rituales actualizados de feminidad han sido materia de análisis en diversas series fotográficas (*Vestidos de ilusión*, Niurka Barroso, 1999; *15*, Frank Thiel, 2014; *Quince*, Diana Markosian, 2018) a la vez que objeto de críticas tenaces en la prensa nacional; por ejemplo, en al menos dos artículos de la revista *Bohemia*: «Vals de las apariencias» (2005) e «Historias detrás de un abanico» (2015). Este último consigna como última moda que las quinceañeras cambien sus peinados tradicionales por los de personajes de series como *Vikings* o *Game of Thrones*, posando luego en establecimientos comerciales con bolsas de marcas internacionales, como Victoria's Secret, que no tienen tiendas en Cuba. Otra de las revistas incluidas en el paquete, la reciente *Primavera*, promete en cambio equipar a las quinceañeras con los últimos instrumentos para sobrellevar la feminidad adulta, sin descuidar la logística que requiere su celebración.

En tanto agente clave de las políticas revolucionarias, si bien no siempre en sus propios términos, no sorprende que —la representación de— la mujer haya sido un sitio privilegiado de elaboración de las angustias vinculadas a un destino nacional incierto.[7] Después de todo, las mujeres constituyen uno de los grupos más afectados por la crisis económica de los años 90.

Esther Whitfield desde la literatura (2008), Nora Gámez Torres en la música popular (2012) y Velia Cecilia Bobes desde una perspectiva sociológica (2001) han analizado la agudización de los estereotipos de género durante el Período Especial, en particular el de la jinetera, sobre la base de una representación alegórica del socialismo en crisis y la angustia de una masculinidad incapaz de hacer frente a la competencia económica y sexual de un otro extranjero, rico y, por lo general, europeo. El desafío provenía además de nuevas formas de empoderamiento, reconocimiento y agencia sexual femeninas que acompañaron las posibilidades de independencia económica femenina de este período. Estas iban más allá de la exigencia doble que pesaba sobre la mujer socialista, reclutada en grandes números para el mercado laboral —sobre todo a través de la FMC— pero que mantenía sin embargo su rol primario en el hogar y en la atención de los niños, basado en las normas sociales tradicionales y reforzado por los estereotipos culturales. Cuando el gobierno cubano decidió apostar por el turismo y la dolarización para salir del colapso económico, la jinetera se volvió así en un blanco inmediato de crítica social, el personaje dramático más icónico en la representación alegórica de la crisis nacional y una figura testigo de la decadencia moral —o incluso del fracaso— del proyecto socialista. El efecto semántico de esta tendencia ha sido la actualización de estos prejuicios sexistas, de tal manera que resurgen en un sistema de significación donde el consumo, la mujer cubana y la (in)moralidad sexual aparecen ahora, en el texto social, con frecuencia en la misma cama. En estos imaginarios, la mujer postsocialista de moda aparece como una señal de peligro, como el chivo expiatorio del temor y la ansiedad generados por el consumismo extendido que caracteriza las transformaciones sociales en curso.

---

[7] La tendencia a una representación feminizada de la nación cubana tiene una larga tradición en la cultura literaria y visual. Sus orígenes se remontan a la historia de la representación del Nuevo Mundo y de Cuba como puerto clave de la América hispánica; desde entonces ha sido reforzada como «ficción fundacional» de la nación moderna (Sommer, 1991). Persiste en una tensión simbólica con su contraparte: el chauvinismo patriarcal y las masculinidades militantes que han sobrescrito los discursos nacionalistas de la Cuba moderna y la revolucionaria.

En la música popular, por ejemplo, los principales tropos sobre la mujer de moda no han variado demasiado desde los años 90, pero los pequeños cambios son significativos: el hit *La moda* de Los Van Van y su videoclip ponen en escena una combinación potente de estos elementos actualizados. La letra de *La moda* cuenta la historia de dos mujeres profesionales —«La China es doctora en ciencias y Dolores en economía»— que quieren arreglarse el cabello con extensiones y keratina. Dos son las alarmas que hace sonar la canción: que los tratamientos capilares pueden ser peligrosos si los aplican las manos equivocadas y que el precio de los tratamientos de belleza y la popularidad de las nuevas modas están absurdamente inflados y atentan contra los bolsillos de los hombres. La canción consigna un cambio sutil en los discursos sobre la mujer de moda del postsocialismo y su rol en la representación de ansiedades de consumo en la cultura popular cubana. Si antes una voluntad débil y un interés por lo material empujaban a la mujer cubana a los brazos de un forastero con dólares, ahora el peligro proviene de la cultura del consumo en tanto tal:

Es que los precios de hoy en día
No son los mismos de antes.
Como cuesta la keratina,
¡Y qué decir de las extensiones!
[...]
Ahora los hombres se quieren divorciar.

Así aparece sintetizado y actualizado el dilema de la figura que Roland Barthes llamó «la mujer de moda» (1990). Desplegando un vasto repertorio de trucos y productos en la búsqueda de un ideal —masivo— de belleza femenina, juventud y gracia, sus hábitos de consumo, frívolos o empoderados, ya movilizan la economía, ya vacían los bolsillos del hombre en el proceso de merecer su posesión y/o su mirada.

El videoclip, filmado en el salón de belleza Darocha —un negocio particular que se publicita en el paquete—, cuenta otra historia: la de una peluquera a la que vemos tomar el dinero de sus clientas —y el de los hombres que pagan por sus tratamientos— y les saca ganancia vendiéndoles productos para el cabello y extensiones de dudoso origen. Pasa así de tener un estudio en la sala de su casa a un lujoso local, mientras se muestra en el videoclip cómo el precio internacional de la keratina ha superado el del petróleo. Además de una crítica solapada al cuentapropismo y a las apuestas del mercado internacional en Cuba, la canción se hace eco de otros tropos comunes de las críticas a la nueva cultura del consumo. Estas críticas enfatizan los costos sociales y los retos de regulación que conlleva el modelo de trabajo independiente y denuncian la restauración de la sociedad de clases y la creciente desigualdad económica, pero soslayan las raíces estructurales e históricas de estos problemas, en ocasiones exacerbados por la misma gestión estatal revolucionaria.

Daría la impresión, a juzgar por estos ejemplos, de que los cubanos están obsesionados con el pelo. Al igual que el aseo, el pelo tiene una larga historia como marcador de raza, clase y género en el imaginario nacional y sigue siendo un significante cultural importante —el aseo cubano como virtud nacional, junto con las inevitables connotaciones de género que moviliza, es objeto de parodia en la tercera viñeta del corto *Gozar, comer y partir* (Arturo Infante, 2007) y en el blog cubano-estadounidense *My Big Fat Cuban Family*, por ejemplo—. Las imágenes del apocalipsis socialista y la sórdida supervivencia (auto)erotizada, predominantes en el realismo sucio de la producción cultural de los años 90 tuvieron su contraparte cotidiana en una preocupación colectiva que solo superaba la escasez de alimentos (falta de agua, de champú, de jabón, de desodorante, de compresas íntimas y de productos de limpieza). Como consignó Frank Delgado en *La Habana está de bala*, una canción de 1996: «La Habana está muy sucia // La Habana tiene piojos // La Habana tiene giardias». Por eso, el culto a los productos y tratamientos capilares y la popularidad de la peluquería son tanto un fenómeno histórico y sociocultural como el resultado de decisiones económicas concretas: las licencias para peluqueras y barberos estuvieron entre las primeras formas de trabajo independiente autorizado, lo que permitió canalizar la preocupación colectiva por el aseo y el arreglo personal que marcaron la crisis económica de los años 90. En tanto administradora del hogar, además, el aseo y los productos de belleza y limpieza siguieron siendo la preocupación central de la mujer (post)socialista.

Históricamente, la mujer ha sido el objeto-sujeto de consumo por excelencia. Ya sea para satisfacer el imaginario tradicional de la mirada masculina, para redefinir ese imaginario mediante el autoempoderamiento como mercancía, o para regular y codificar la experiencia común de la feminidad: la «mujer de moda» que reproducen incansablemente el sistema publicitario y la cultura en general que proyecta «lo que la lectora ya es y lo que sueña ser» (Barthes, 1990:261; McRobbie, 2000:69). Desde perspectivas muy diversas, la artista de trap-reguetón Señorita Dayana, el arte visual y los performances de la multidisciplinaria Susana Pilar Delahante Matienzo, la poesía de Reina María Rodríguez y la moda del sello Clandestina responden a los desafíos de navegar el paisaje mediático del postsocialismo cubano en la intersección entre nación, mercado y género, creando sus propias imágenes de la mujer de moda cubana.

Imágenes de sí mismas

En la Bienal de La Habana de 2015, Delahante Matienzo organizó un concurso de belleza titulado «Lo llevamos rizo», que llamó la atención sobre la relación entre, por un lado, los modos disciplinarios de una sociabilidad racializada y sus expectativas de belleza y, por otro, los tratamientos capilares que, como la keratina, intentan modificar el rizo natural del cabello afro. Su instalación, *Dominadora inmaterial* (2012-2013), por otra parte, documenta su actividad como Flor Elena Resident en el juego *online* Second Life durante una residencia artística en Alemania. Como Flor Elena, Delahante Matienzo se volvió la dominadora financiera de una veintena de esclavos virtuales que le pagaron dinero real, que cobró luego a través de la plataforma. Su avatar es una mujer morena, rizada y curvilínea; Flor se apropia así de una larga serie de representaciones estereotípicas —y alegóricas— de la mujer cubana como objeto de deseo en imaginarios tanto nacionales como internacionales, desde la novela fundacional *Cecilia Valdés* (1839) de Cirilo Villaverde al polémico video publicitario con que Iberia promovió en 2007 sus vuelos a Cuba. En tanto inversión extrema —y virtual y provisional— de la dinámica habitual del turismo sexual en Cuba, funcionó como una operación de recaudación de fondos para la obra no menos que como documento etnográfico sobre Internet y el capitalismo. También puso en primer plano las expectativas estéticas de lo nacional en el mercado artístico y el disfrute que puede ofrecer el castigo económico en una sociabilidad digital en la cual el capital puede ser resignificado y redistribuido en otras formas. Los trabajos de Delahante muestran la capacidad de una obra de arte situada para complejizar nuestras asunciones sobre los medios, el capital y la imagen, visibilizando las economías libidinales y las torsiones de género que sobredeterminan todo acto de compraventa.

La Srta. Dayana, por otra parte, es seguramente la cantante cubana de géneros urbanos más exitosa hasta hoy. Conocida como «la que no tiene ni perro ni gato», con esta firma y la popularidad de canciones como *Soltera*, *La mentira*, *Te choca* o *Tenemos el control*, logró visibilidad en una de las áreas de la cultura cubana donde la dominación masculina es más completa: la música bailable. En *La mentira*, sobre la necesidad de mentirle a los hombres

—utilizada con curioso tino en 2017 para el comercial de una clínica de cirugía estética de Miami—, convierte el estereotipo de manipulación y derroche adjudicado al sujeto femenino («No me digas que soy mala ni calculadora») en una estrategia de supervivencia en un mundo que se estructura de acuerdo a las expectativas del deseo masculino: «Las mentiras que te digo son las que a ti te enamoran». En el contexto de dinámicas de poder desiguales, donde el trabajo emocional consiste a menudo en pacificar y tranquilizar, ella ofrece:

> *Mucha mentira pa' que no te estreses,*
> *pa' que estés contento, no te me molestes*
> *pa' que te me sumes, pa' que no te restes,*
> *quieres doblegarme y a mí no me parece.*

Te choca, una canción sobre el éxito contra todo pronóstico —género obligado en el repertorio de todo músico urbano—, se aleja del tono otras versiones famosas sobre este tema. En el género abunda el elogio del propio talento natural, la jactancia de la popularidad con el público y la astucia callejera, declaraciones de ser el número uno o pionero en esto y lo otro: es el caso de *El animal* de Gente de Zona, *Único en mi peso* de El Micha, *Lo que tengo yo* de Los 4 con La Charanga Habanera y *Me imagino* de Yomil y Dany. *Te choca* también presenta un relato de trabajo duro coronado por el éxito, pero enfatizando el rol de seguidores y colaboradores; de tal modo que el sujeto es siempre plural, tanto el que disfruta de las mieles del éxito como el que sufre la hostilidad y la violencia verbal que le prodigan una industria musical despiadada y un género dominado por hombres. «Te choca», replica Srta. Dayana a la figura del detractor a la que se dirige toda la canción, «que tengas que copiarme hasta la ropa».

En una línea muy diferente, el sello de moda Clandestina se lanzó en 2014 como un proyecto de diseño comandado por mujeres bajo la dirección de la artista Idania del Río. Desde 2018, se promociona como la primera compañía de ropa y diseño «hecha en Cuba» que vende sus productos *online*. Sus diseños incluyen eslóganes irreverentes como «99% diseño cubano», «Actually, I'm in Havana» y «vintrashe» que ironizan y a la vez incorporan modas globales, referentes locales y materiales reciclados, desplegando los símbolos políticos con ambigüedad juguetona. Visualmente, la marca sintetiza un conjunto diverso de tradiciones históricas y políticas nacionales sin jerarquía, mezclando símbolos del modernismo republicano prerrevolucionario, la iconografía socialista y el tropicalismo ecologista. Se presenta como un proyecto social preocupado por la ecología, cuyo objetivo es la promoción de diseñadoras cubanas de alto nivel; y a la vez también como un sello de moda y a la moda y como una *startup* de indumentaria.

Clandestina aprovecha al máximo las especificidades de la representación y la creatividad en el contexto postsocialista, donde la combinación de proyecto cultural y emprendimiento comercial tiene una posibilidad de éxito estrecha pero real. Sus precios en divisa la ubican en el mismo estante que otras marcas globales, lo que significa que su trabajo es y debe ser evaluado a la par de cualquier otro diseñador internacional y debe proveer los medios de vida necesarios a sus creadores; significa también que son inaccesibles para la mayoría de los trabajadores cubanos. Lo que prueba este proyecto, además, es que ser independiente y alternativo ya no se traduce automáticamente en una posición antioficial y subterránea —merecedora instantánea de la represión estatal—, sino que la relación entre los productores cubanos (artesanos, emprendedores, cuentapropistas), los mercados globales y un Estado que solía adjudicarse un control total ha cambiado notablemente. Su colección 2018, titulada «Hecho en Cuba: país en construcción», la realizó en colaboración con Google y la presentó con un desfile en el Museo de Bellas Artes de La Habana —el principal museo de arte en Cuba. Clandestina ilustra las fronteras porosas entre el cuentapropismo, los proyectos artísticos y los actores económicos y sociales, así como las estrategias retóricas —y políticas— de que disponen para representarse a sí mismas, y a una Cuba de imagen renovada, en el paisaje mediático global.

El proyecto de Clandestina, sin embargo, eclipsa el lado oscuro de las modas populares «clandestinas» con que coexiste: un mercado informal de ropa barata y productos de limpieza y belleza, a escala verdaderamente masiva, donde la mayoría de los cubanos debe satisfacer sus necesidades. En la medida en que las tiendas estatales, que también venden ropa de segunda mano comprada al peso en el exterior, no llegan a satisfacer la demanda de productos de consumo básicos, está en auge un mercado paralelo de revendedores de ropa, viajeros y compradores al por mayor, o «mulas». Importan, sobre todo, productos chinos e imitaciones provenientes de México, Ecuador, Brasil, Miami, Rusia o Panamá. Esta economía sumergida apuntala la aspiración de los cubanos de a pie a estar y a mantenerse a la moda. En *El libro de las clientas* (Reina María Rodríguez, 2016), la ropa de segunda mano, confiscada y heredada, la barata que llega en contenedores, son otras tantas oportunidades para observar la manera en que la moda, al igual que la poesía, aspira a compensar el horror cotidiano. En este poemario, Rodríguez (re)escribe la indulgencia de la mujer de moda como una táctica, en la cual la búsqueda de la belleza puede llevar al autoconocimiento, a la supervivencia, a recuperar —o a perder— la cordura. «¿Quién puede traspasar la pasión de un vestido?», pregunta el poema «El vestido» (ibíd.:71). Pasión que regresa luego, como intransigencia vital, en el texto en prosa «La pacotillera»: «Déjenla mentir. Que crea en la negación del tiempo...» (ibíd.:115).

En el poema «¿Una cara de reina?—dices», la extrañeza corporal de usar ropa usada captura la resignación incómoda de una mujer en una tienda de segunda mano: «Hoy ha sido frívola y se ha comprado una blusa // para la premiación de lo que no le han dado // ni le darán» (ibíd.:83). Rodríguez, siguiendo a Barthes, presenta el vestir femenino en todas sus facetas: como mercancía artesanal, símbolo de estatus, mortaja de obligaciones de género y, finalmente, metáfora del efecto estético del poema en el cuerpo político de la nación. Las investigaciones de Rodríguez sobre las zonas en que las imágenes de la Cuba pública se entrecruzan con lo íntimo y con la representación de (sus) mujeres alcanzan un desarrollo mayor en *Variedades de Galiano*, que lleva el nombre de una tienda. Allí, las fotos y poemas de Rodríguez se cierran con un comentario sobre la obra reciente de las fotógrafas cubanas donde repite esta operación crítica de lectura que establece paralelos entre la imagen femenina y los avatares de lo nacional: «Así orinamos sujetas a la resaca [...] La nación es también hembra y pare, se disfraza y se camuflajea con los colores del atardecer, con el pasar de las nubes a través del sol y de la sangre» (2008:201).

Delahante Matienzo, Srta. Dayana, Clandestina y Rodríguez, cada una a su turno, investigan los roles que se esperan de la mujer cubana allí donde los imaginarios del consumo reorganizan el paisaje mediático del postsocialismo. Sus propuestas estéticas no dependen de la industria del (des)encanto revolucionario ni se resignan a la demonización de la mujer como sujeto-objeto paradigmático de la cultura del consumo y de la moda extranjera. Ya la elección de sus nombres y los títulos de sus obras (señorita, clandestina, dominadora, pacotillera) sugieren réplicas que reformulan sus imágenes públicas en sus propios términos, a la que vez que encarnan las contradicciones estructurales, mediáticas y sociales dentro de la cuales deben operar. Este recorrido somero a través de una variedad de formas culturales (una revista para adolescentes, una artista, una cantante de reguetón, un sello de moda, una poeta) confirma las propuestas que hemos hecho hasta ahora para leer el paisaje mediático cubano del postsocialismo. Arraigadas en la economía digital, simbólica e híbrida del contexto postsocialista, las imágenes que discutimos rechazan las dicotomías que achatan la realidad cubana, instrumentalizándola para otros fines políticos.

Antes de que se establecieran en Cuba las tiendas en divisa y los mercados minoritarios, no existían mercados de consumo fuera de la economía informal. Dentro del bloque socialista, de hecho, Cuba ocupaba una posición extrema en relación a los debates sobre el rol de los incentivos materiales durante el período de transición hacia el comunismo completo (Mesa-Lago, 1972:50-1). Para la mayor parte de la población, los productos básicos estaban subsidiados, racionados y distribuidos por unidad familiar; acceder a bienes de lujo (refrigerador, bicicleta, carro, televisión) dependía de incentivos vinculados al empleo estatal o al desempeño ideológico como «trabajador de vanguardia». Por eso, el consumo sigue siendo un aspecto problemático para la articulación de identidades postsocialistas, que sobrecarga de manera desproporcionada a las mujeres en tanto sujeto-objeto del consumo. Como ocurre con otros tipos sociales nuevos, la mujer de moda postsocialista hace gala de su desafío a las expectativas que pesaban sobre los hombres y mujeres revolucionarios: la modestia, el sacrificio, la constancia y el altruismo propios de la trabajadora-héroe y la trabajadora-madre como tipos ideales de la cultura de masa socialista.[8] En la Cuba revolucionaria, se dieron cita experimentos históricos que anunciaban una democratización mediática, cultural y política. Por tanto, más allá del legado actual de esos procesos, la producción de imágenes de Cuba y de los cubanos tiene lugar siempre bajo una mirada hipervigilante que tiende a presentar a esos sujetos mediáticos exclusivamente en términos del consumismo extranjero o de la política cultural estatal. Las imágenes autoproducidas y portátiles de la emergente cultura de consumo son a menudo blancos fáciles para la totalidad del espectro político, ya sea para denunciar la influencia económica y cultural extranjera que corrompe los valores socialistas y nacionales conquistados con tanto esfuerzo, ya sea para mostrar el fracaso del proyecto revolucionario cubano en transformar, de manera duradera, a las —vulgares y hedonistas— masas trabajadoras. Una ilustración reciente y devastadora de este fenómeno es el lenguaje que utiliza el Decreto-Ley 349 (2018) con la intención de expandir la jurisdicción oficial sobre las políticas culturales del sector privado. Son intentos de convertir esas imágenes en meros chivos expiatorios de argumentos políticos o de reducirlas a objetos de curiosidad sensacionalizados y chatos.

8 Las protagonistas de las películas *Retrato de Teresa* (1979) y *Una novia para David* (1985) son representaciones clásicas de estos valores revolucionarios femeninos.)

La figura de la mujer de moda refracta una serie de ansiedades y deseos nacionales en torno a la economía de consumo. En ese sentido, las críticas a la mujer de la moda postsocialista tienen su paralelo en las inquietudes que generan las transformaciones en Cuba; donde ya no se puede ir, como sugerí al principio, «antes de que cambie». Y es que esta noción de una Cuba congelada en el tiempo, fuera de la historia, es el sello de su atractivo: estar pasada de moda es lo que la ha convertido en un destino turístico en boga. Solo que ahora las imágenes preponderantes —y altamente comercializables— de Cuba y su Revolución como objetos internacionales de deseo político, a menudo feminizadas también, se enfrentan a las nuevas visiones de mundo y de sí mismos que producen sus ciudadanos, compitiendo con proyectos personales, políticos, sociales y culturales diferenciados que se articulan mediante la ecología mediática digital, portátil, de redes (Castells *et al.*, 2007:51).

Estas nuevas prácticas mediáticas, incompatibles con la idea de un Estado organizado alrededor de la ideología homogeneizadora de un partido, tampoco son reconocibles como pasos hacia una emancipación radical. Para los estudios culturales del postsocialismo, este es un desafío a la vez político y conceptual, como afirmó Enzensberger cuando teorizaba sobre los medios socialistas después de visitar Cuba:

> *[L]a fuerza de atracción del consumo masivo no está basada en el dictado de unas falsas necesidades, sino en la falsificación y explotación de unas necesidades completamente reales y legítimas, sin las cuales sería superfluo el proceso parasitario de la publicidad. [...] Los socialistas y gobiernos socialistas que redoblan la frustración de las masas, al declarar que las necesidades de estas son falsas, se convierten en cómplices de un sistema al que por principio deberían combatir (1984:38, 43).*

Tres décadas después, el análisis de Sparks y Reading sobre las transiciones mediáticas del postcomunismo impugna igualmente cualquier proyecto crítico que sea incapaz de abandonar la imagen del Estado como «un agente bondadoso, aunque lamentablemente burocrático, de regulación social» y que no investigue a fondo formas alternativas de «autoactividad y autoemancipación» (1998:191). Reconsiderar las premisas críticas del marco analítico Estado-mercado para dar cuenta de las necesidades legítimas y de los deseos de autodeterminación de ciertos colectivos es el dilema fundamental que los nuevos agentes culturales y políticos le presentan a cualquier teoría postsocialista de los medios, a través de sus demandas contemporáneas.

A la vez, la retórica y las políticas que le han dado forma al postsocialismo cubano, tanto como el rol concreto que el Estado cubano y su legado socialista han tenido en la llamada «marea rosa» latinoamericana, están en diálogo con lo que Verónica Gago ha llamado «el regreso del Estado» en América Latina: una alianza entre el intervencionismo desarrollista del Estado y la reestructuración de los intereses del capital transnacional. Este pacto se presenta como una fuerza progresista y sus representantes se declaran enemigos de la lógica neoliberal, al tiempo que la practican con éxito (2017:3). Cuba es habitualmente señalada como una excepción regional respecto del resto de América Latina, pero la transición desde la crisis hacia la abundancia selectiva, del colapso ideológico hacia los mitos del mesianismo estatal, ha seguido un recorrido paralelo e interdependiente respecto de las dinámicas que observa Gago (ibíd.:5). El paisaje mediático cubano registra, por tanto, su contexto postsocialista; pero al mismo tiempo ofrece una crítica doble tanto a la mistificación del Estado que hace frecuentemente la izquierda latinoamericana —y que monopoliza las definiciones del socialismo y las críticas al capitalismo—, como a la ofensiva publicitaria de capitulación frente a los mitos neoliberales de éxito capitalista que afirma que no hay otra alternativa. Proponiendo el concepto de «capitalismo cultural» para el contexto (post)socialista en términos similares, Dijana Jelača, Maša Kolanović y Danijela Lugarić-Vukas observan que solo el análisis crítico de la hibridez cultural como lógica de las economías postsocialistas puede dar cuenta tanto de la precarización de la vida bajo el pasado socialista como en el presente capitalista, a la vez que destaca las desilusiones con ambos (2017).

Sin ser un ícono de emancipación radical, la mujer de moda postsocialista invita a pensar más allá de las críticas binarias, según las cuales las imágenes cubanas de cambio y continuidad, consumismo y socialismo, se reducen a las estrategias hegemónicas neoliberales y/o nacionales —o nacionalistas— que canalizan deseos y necesidades legítimas hacia las esferas estrechas de la privatización y la gobernabilidad. No se trata de reducir la práctica ciudadana al consumo, pero ninguna crítica seria de la industria cultural y de la expansión de la cultura del consumo en Cuba puede olvidar que el Estado ha hecho su parte, y con éxito, en la mercantilización de la cultura cubana. Los que ven en el Estado cubano, en su forma actual, un aliado posible contra la cultura del consumo y la explotación capitalista, se basan en oposiciones binarias como socialismo *vs.* capitalismo o local *vs.* global que ya no son operativas. En Cuba, como en cualquier otra parte, funcionan estrategias y agencias que no son nunca unidimensionales y que son a la vez intervenciones marcadas por el contexto local y respuestas a un presente geopolítico y tecnológico común.

No hace falta fetichizar a Cuba como un espacio epistémico privilegiado o laboratorio ideal, ni como sujeto-objeto pasivo en la víspera eterna del despertar, como ha sucedido incontables veces. La pregunta mayor, por tanto, es si lo que corresponde repensar no son más bien las continuidades entre los socialismos y los capitalismos actualmente existentes, más que las diferencias. La explotación extractivista, la represión estatal, la intriga corporativa, la piratería mediática organizada, la cultura participativa y la emergencia de nuevas élites de la tecnología son cómplices en la segregación digital interna y externa de los usuarios; de hecho no son ni especificidades cubanas ni fenómenos ajenos a la historia reciente de América Latina. El desafío sigue siendo reconocer dinámicas sistémicas globales en sus expresiones particulares y construir la crítica a una escala correspondiente. Nuestra capacidad de leer y desplegar imágenes de nosotras mismas condiciona nuestra posibilidad de vincularnos críticamente con la multiplicidad de paisajes mediáticos que habitamos, con los valores sociales y con las economías políticas que moldean y, a la vez, (re)producen.

ACRÓNIMOS Y SIGLAS

ACN	Agencia Cubana de Noticias
ADSL	Línea de Abonado Digital Asimétrica (por sus siglas en inglés)
APC	Asociación de Periodistas de Cuba
APIC	Agencia Cubana de Prensa Independiente
CAME	Consejo de Ayuda Mutua Económica
CDR	Comité de Defensa de la Revolución
CEA	Centro de Estudio para las Américas
CENIAI	Centro de Intercambio Automatizado de Información
CIGB	Centro de Ingeniería Genética y Biotecnología
CPI	Centro de Prensa Internacional
DEU	Directorio Estudiantil Universitario
EPIC	Electronic Privacy Information Center
Etecsa	Empresa de Telecomunicaciones de Cuba, S.A.
FEU	Federación Estudiantil Universitaria
FMC	Federación de Mujeres Cubanas
FTTP	Fibra óptica hasta las instalaciones (por sus siglas en inglés)
ICAIC	Instituto Cubano de Arte e Industria Cinematográfico
IPS	Proveedor de Servicios de Internet (por sus siglas en inglés)
IDH	Índice de Desarrollo Humano
IDI	Índice de Desarrollo de las TIC (por sus siglas en inglés)
ITU	International Telecommunication Union
M-26-7	Movimiento 26 de Julio
MINCOM	Ministerio de las Comunicaciones
MINTUR	Ministerio del Turismo
NED	Fundación Nacional para la Democracia (por sus siglas en inglés)
OEA	Organización de Estados Americanos
PCC	Partido Comunista de Cuba
PCCh	Partido Comunista de China

PRC	Partido Revolucionario Cubano
PSP	Partido Socialista Popular
SNet	Street Network
TIC	Tecnologías de la Información y la Comunicación
UCI	Universidad de las Ciencias Informáticas
UJC	Unión de Jóvenes Comunistas
UPEC	Unión de Periodistas de Cuba
USAID	Agencia de los Estados Unidos para el Desarrollo de la Democracia (por sus siglas en inglés)
USP	Propuesta única de venta (por sus siglas en inglés)
VPN	Red Privada Virtual (por sus siglas en inglés)

BIBLIOGRAFÍA

ACANDA, JORGE (2002): *Sociedad civil y hegemonia*, Centro de Investigación y Desarrollo de la Cultura Cubana Juan Marinello, La Habana.
ADNCuba (2019): «10 mejores memes sobre la situación "coyuntural" en la Cuba de Díaz-Canel», en https://adncuba.com/noticias-de-cuba/entretenimiento/10-mejores-memes-sobre-la-situacion-coyuntural-en-la-cuba-de-diaz.
__________ (2020): «Órganos represivos cubanos multan con 3 000 pesos a la periodista Camila Acosta», 28 de marzo.
AGENCIA CUBANA DE NOTICIAS (ACN) (2018): «Discurso en la clausura del X Congreso de la UPEC», 15 de julio.
AGUIAR DÍAZ, JORGE A. (2003): «Preliminar», en *Cacharro(s)*, no. 1.
ALDRIDGE, MERYL Y JULIA EVETTS (2003): «Rethinking the Concept of Professionalism: The Case of Journalism», en *The British Journal of Sociology*, 54(4).
ALTSCHULL, J. (1984): *Agentes de Poder. La influencia de los medios informativos en los asuntos humanos*, Longman, México D. F.
ÁLVAREZ, CARLOS MANUEL (2019): «Tres años sin paracaídas», en *El Estornudo*, 14 de marzo.
ALVAREZ, MARCELINO J. (2016): «Cuba will fail at tourism, but it can win at creative technology», en *Medium*, 26 de mayo.
ÁLVAREZ, MARÍA EUGENIA (2018): «Director de *El Estornudo* quiere que la revista crezca por su periodismo y no por la censura», en *IJNET*, 12 de marzo.
AMARO, SILVIA (2018): «Estonia is unconcerned about a possible Russian cyberattack, president says», en *CNBC*, 14 de agosto.
AMORES, CHRISTIAN (2010): «El rol desempeñado por la emisora Radio Rebelde en el proceso revolucionario cubano y su transmisión para el resto de América Latina por la Cadena de la Libertad», tesis de grado, Universidad de Pinar del Río, Pinar del Río.
ANDERSON, JON LEE (2015): «Opening for Business», en *The New Yorker*, 20 de julio.

ANON, (s. a.): The Wind Collective Trips: Cuba, en https://www.thewindcollectivetrips.com/cuba. Consultado el 13 de diciembre de 2018.

ARCE, ALBERTO (2014): «U.S. secretly created 'Cuban Twitter' to stir unrest and undermine government», en https://www.apnews.com/904a9a6a1bcd-46cebfc14bea2ee30fdf.

AREGO, ALBERTO (2019): «Cuba ingresa más de 12.5 millones de CUC por la venta de paquetes 3G en el primer mes», en *CiberCuba*, 18 de enero.

ARENCIBIA LORENZO, JESÚS (2017): «Periodismo cubano: ¿un callejón sin salida?», en *Estudios Latinoamericanos*, no. 39, enero-junio.

ARJUN APPADURAI (1990): «Disjuncture and Difference in the Global Cultural Economy», en *Theory, Culture & Society* 7(2).

ARONCZYK, MELISSA (2013): *Branding the Nation: The Global Business of National Identity*, Oxford University Press, Oxford.

ARSÈNE, SÉVERINE (2011): *Internet et politique en Chine*, Karthala, Paris.

ARTICLE 19 (2022): «Democracia de papel. Informe Cuba 2021».

ASHBY, TIMOTHY (2001): «Silicon Island: Cuba's Digital Revolution», en *Harvard International Review*, 23(3).

Associated Press (AP) (2018): «Flying high: Cuban YouTubers dream big despite poor Internet access», 14 de marzo.

ÁVILA, MOISES (2019): «Cubans use new found social media heft to challenge leaders», en *AFP*, 19 de marzo.

BBC (2019): "*The Documentary: Cuba's Digital Revolution*", 12 de octubre.

BACA, CARLOS *et al.* (2018): «Community Networks in Latin America: Challenges, Regulations, and Solutions», en *Internet Society*, 13 de noviembre.

BARKER, CHRIS (2004): *The Sage Dictionary of Cultural Studies*, Sage, London.

BARTHES, ROLAND (1990): *The Fashion System*, University of California Press, Berkeley.

BAX, TRENT (2014): *Youth and Internet Addiction in China*, Routledge, New York.

BEAULIEU, SARAH (2013): «Política cultural y periodismo en Cuba: Trayectorias cruzadas de la prensa oficial y de los medios independientes (1956-2013)», tesis de doctorado, Departmento de Filosofía y Letras, Universidad de Granada.

BENATOUÏL, THOMAS (1999): «A Tale of Two Sociologies, The critical and the pragmatic stance in French Sociology», en *European Journal of Social Theory*, vol. 2, no. 3.

BECKETT, CHARLIE Y MARK DEUZE (2016): «On the Role of Emotion in the Future of Journalism», en *Social Media + Society*, 2(3):

Best, Michael y Keegan W. Wade (2005): «The Internet and Democracy: Global Catalyst or Democratic Dud?», Berkman Center for Internet and Democracy, Harvard University, 30 de septiembre.

Biggs, John (2017): «Meet Cuba's first internet entrepreneurs at Disrupt New York», en https://techcrunch.com/2017/05/11/meet-cubas-first-internet-entrepreneurs-at-disrupt-new-york/.

Blumer, Herbert (1954): «What is Wrong with Social Theory?», en *American Sociological Review*, 19(1).

Bobes, Velia Cecilia (2001): «Las mujeres cubanas ante el período especial: ajustes y cambios», en *Debate Feminista*, vol. 23.

__________ (2007): *La Nación Inconclusa. (Re)constituciones de la ciudadanía y la identidad nacional en Cuba*, FLACSO, México D. F.

Bolaño, Roberto (2006): *Los detectives salvajes*, Anagrama, Barcelona.

Boltanski, Luc y Laurent Thévenot (1999): «The sociology of critical capacity», en *European Journal of Social Theory*, vol. 2, no. 3.

Boullier, Dominique (2015): «Les sciences sociales face aux traces du big data», en *Revue Française de Science Politique*, vol. 65, no. 5.

__________ (2016): *Sociologie du numérique*, Armand Colin, Paris.

__________ (2018): «Post face», en Roland Canu *et al.* (eds.): *La critique du numérique*, l'Harmattan, Paris.

Boza Ibarra, Glenda (2019): «Funcionarios cubanos en Twitter: Entre bloqueos y torpeza», en *El Toque*, 5 de marzo.

Bradshaw, Samantha y Philip N. Howard (2019): «The Global Disinformation Order: 2019 Global Inventory of Organised Social Media Manipulation», documento de trabajo, Proyecto sobre propaganda computacional, Oxford.

Breed, Warren (1955): «Social Control in the Newsroom: A Functional Analysis», en *Social Forces* 33(4).

Bryman, Alan (2016): *Social research methods*, (5ta ed., Oxford University Press, Oxford.

Buckingham, David (2008): «Introducing Identity», en David Buckingham (ed.): *Youth, Identity, and Digital Media*, The MIT Press, Cambridge.

Buck-Morss, Susan (2000): *Dreamworld and Catastrophe: The Passing of Mass Utopia in East and West*, The MIT Press, Cambridge.

__________ (2008): «Theorizing Today: The Post-Soviet Condition», en *Log*, no. 11.

Butler, Judith (1997): *Excitable Speech: A Politics of the Performative*, Routledge, New York.

Cadavid, Amparo (2007): «OURMedia/NUESTROSMedios. Una red global desde lo local», VI Conferencia de OURMedia/NUESTROS-Medios, Sidney, 9-14 de abril.

Cain, Geoffrey (2019): «Ukraine's War on Russian Disinformation Is a Lesson for America», en *The New Republic*, 29 de marzo.

Calhoun, Craig (2010): «The Public Sphere in the Field of Power», en *Social Science History*, 34(3).

Calvo, Patricia (2014): «La Sierra Maestra en las rotativas. El papel de la dimensión pública en la etapa insurreccional cubana, 1953-1958», tesis doctoral, Universidad de Santiago de Compostela, Santiago de Compostela.

Calvo Peña, Beatriz (2008): «La creación de blogs desde Cuba: el nacimiento de una "diáspora digital"», trabajo presentado en la IV International Conference on Creation and Exile: «Con Cuba en la distancia», Fundación Bancaja, Valencia, España, 17-21 de noviembre.

Camacho, Armando (2017): «Cuentapropismo tecnológico en Cuba?», en *Internet in Cuba*, 11 de mayo.

Camps y Feliú, Francisco (1890): *Españoles e insurrectos; recuerdos de la guerra de Cuba*, A. Álvarez, Habana.

Capote, Raúl A. (2016): «La nueva prensa», en *Granma*, 22 de septiembre.

Cardon, Dominique y Fabien Granjon (2010): *Médiactivistes*, Presses de Sciences Po, Paris.

Carlin, John P. y Garrett M. Graff (2018): *Dawn of the Code War: America's Battle Against Russia, China, and The Rising Global Cyber Threat*, Public Affairs, New York.

Carlson, Matt y Nikki Usher (2015): «News Startups as Agents of Innovation», en *Digital Journalism*, 4 (5).

Carpentier, Alejo (1933): «Homenaje a nuestros amigos de París», en *Carteles*, no. 37, 24 de diciembre.

Carpentier, Nico (2017): *The Discursive-Material Knot: Cyprus in Conflict and Community Media Participation*, Peter Lang Publishing Group, Bern.

Carty, Victoria (2009): «Capitalist Measures within a Socialist Model: A Commodity Chains Analysis of the Emerging Cuban Tourism Industry», en *Canadian Journal of Latin American and Caribbean Studies*, 34 (67).

Casasús, Juan (1953): *La emigración cubana y la independencia de la patria*, Lex, La Habana.

Castells, Manuel (2008): «The New Public Sphere: Global Civil Society, Communication Networks, and Global Governance», en *The Annals of the American Academy of Political and Social Science*, 616(1).

__________ (2009): *Communication Power*, Oxford University Press, Oxford.
__________ (2011): «A Network Theory of Power», en International Journal of Communication, no. 5.
__________ (2015): *Redes de indignación y esperanza: los movimientos sociales en la era de Internet*, Alianza, Madrid.
__________ (2016): «A Sociology of Power: My Intellectual Journey», en *The Annual Review of Sociology*, 42(1).
__________ *et al.* (2007): *Mobile Communication and Society A Global Perspective*, The MIT Press, Cambridge.
Castro, Fidel (1961a): «Palabras a los Intelectuales», Ediciones del Consejo Nacional de Cultura, La Habana.
__________ (1961b): «Words to the Intellectuals», en http://www.cuba.cu/gobierno/discursos/1961/esp/f300661e.html.
__________ (1961c): «Discurso pronunciado por el comandante Fidel Castro Ruz, Primer Ministro del Gobierno Revolucionario y Secretario del PURSC, como conclusion de las reuniones con los intelectuales cubanos, efectuadas en la Biblioteca Nacional el 16, 23 y 30 de junio de 1961», en www.cuba.cu/gobierno/discursos/1961/esp/f300661e.html.
14ymedio (2014): «Quienes somos?», en https://www.14ymedio.com/quienes-somos.html.
__________ (2017a): «*14ymedio* invita a los lectores a afiliarse», 14 de noviembre.
__________ (2017b): «Police Accuse Journalist Henry Constantin of "Usurpation of Legal Capacity"», 18 de marzo.
__________ (2019a): «¿Dónde estamos y hacia dónde vamos?», 26 de agosto.
__________ (2019b): «Cientos de clientes se quejan de Etecsa por fallas en datos móviles», 26 de agosto.
__________ (2019c): «El reportero Ricardo Fernández está detenido en La Habana, según la Seguridad del Estado», 14 de julio.
__________ (2019d): «Etecsa cobra pero bloquea los mensajes por el 'No' y la abstención en el referendo», 7 de enero.
__________ (2020a): «Iliana Hernández, víctima del Decreto 370», 10 de febrero.
__________ (2020b): «Periodistas y miembros del Grupo 27N bajo asedio policial», en https://www.14ymedio.com/cuba/Periodistas-miembros-Grupo-asedio-policial_0_2997300253.html.
__________ (2020c): «El Gobierno organiza un acto de repudio contra la reportera Iliana Hernández», en https://www.14ymedio.com/cuba/Gobierno-organiza-reportera-Iliana-Hernandez_0_2999700009.html.

__________ (2021): "La agresión del ministro de Cultura contra los artistas suscita condenas internacionales", en https://www.14ymedio.com/cuba/27N-Movimiento_San_Isidro-Jose_Marti_0_3029697007.html.

Cave, Damien (2013): «Yoani Sánchez, Cuban Dissident Blogger, Gets Passport», en *The New York Times*, 31 de enero.

Cazadores de fake news (2021): «#SOSCuba: radiografía de una protesta digital impulsada por humanos», en https://www.cazadoresdefakenews.info/soscuba-radiografia-protesta-digital-humanos/.

Cearns, Jennifer (2020a): «Connecting (to) Cuba: Transnational Digital Flows between Havana and the Cuban Diaspora», en *Cuban Studies*, vol. 50.

__________ (2020b): «Packaging Cuban Media: Communities of Digital Sharing in Cuba and Its Diaspora», en *Cuban Studies*, vol. 50.

Cellular Telecommunications and Internet Association (CTIA) (2018): «What is a Small Cell? A Brief Explainer», en *CTIA*, 27 de marzo.

Chaguaceda, Armando (2015): «The Promise Besieged: Participation and Autonomy in Cuba», en Philip Brenner *et al.* (eds.): *A Contemporary Cuba Reader: The Revolution under Raúl Castro*, Rowman and Littlefield Publishers, Lanham, MD.

__________ y Alexei Padilla (2016): «Frente al Gran Hermano: emergencias y disputas en el universo mediático cubano», en *Puente Democrático*, año 14, no. 60.

__________ y Marie Laure Geoffray (2015): «Cuba: dimensiones y transformaciones político-institucionales de un modelo en transición», en V. C. Bobes (ed.): *Cuba ¿ajuste o transición? Impacto de la reforma en el contexto de restablecimiento de las relaciones con Estados Unidos*, FLACSO, México.

Chan, J. Man y Linchuan Qui (2002): «China: Media Liberalization Under Authoritarianism», en Monroe E. Price, Beata Rozumilowicz y Stefaan G. Verhulst (eds.): *Media Reform: Democratizing the Media, Democratizing the State*, Routledge, London.

Chase, Simons (2017): «Cuba Is Headed for a Tech Revolution», en *Tech-Co*, 13 de enero.

Christensen, Christian (2013): «@Sweden: Curating a Nation on Twitter», en *Popular Communication*, 11(1).

CiberCuba (2018): «Cuba distribuirá por 10 pesos Mi Mochila, el Paquete Semanal oficialista», 5 de abril.

Clarke, Matthew (2012): «Talkin' 'Bout a Revolution: The Social, Political, and Fantasmatic Logics of Education Policy», en *Journal of Education Policy*, 27(2).

Cloudfare (2021): https://radar.cloudflare.com/cu.
Coca García, César (1988): *Lenin y la prensa*, Editorial País Vasco, Bilbao.
Código Penal (1987), Asamblea Nacional del Poder Popular, La Habana.
Cohen, Colleen Ballerino (2010): *Take Me to My Paradise: Tourism and Nationalism in the British Virgin Islands*, Piscataway, Rutgers University Press, New Jersey.
Cohen, Eric (2003): «Backpacking: Diversity and change», en *Journal of Tourism and Cultural Change*, 1(2).
Cohen, Roger (2008): «Paris-Cuba», en *The New York Times*, 7 de diciembre.
Comaroff, Jean y John L. Comaroff (2001): «Millennial Capitalism: First Thoughts on a Second Coming», en *Millennial Capitalism and the Culture of Neoliberalism*, Duke University Press, Durham.
Committee to Protect Journalists (CPJ) (2016): «Conectar a Cuba: Más espacio para la crítica, pero restricciones frenan avance de libertad de prensa», 28 de septiembre.
__________ (2019): «Critical news websites blocked during Cuba referendum vote», 25 de febrero, New York.
__________ (2020): «Cuban authorities harass journalists, block social media amid protests», en https://cpj.org/2020/11/cuban-authorities-harass-journalists-block-social-media-amid-protests/.
__________ (2021): «Cuban Internet access cut amid free expression protest; journalist harassed», en https://cpj.org/2021/01/cuban-Internet-access-cut-amid-free-expression-protest-journalist-harassed/.
«Como saben nuestros amigos y suscriptores…» (2004), en *Cacharros(s)*, no. 6/7.
Conger, Kate (2018): «Google Removes 'Don't Be Evil' Clause From Its Code of Conduct», en https://gizmodo.com/google-removes-nearly-all-mentions-of-dont-be-evil-from-1826153393.
Conran, Mary (2011): «"They Really Love Me!" Intimacy in Volunteer Tourism», en *Annals of Tourism Research*, 38(4).
Constitución de la República de Cuba (2010), Editora Política, La Habana.
«Constitución de la República» (2019), en https://www.granma.cu/file/pdf/gaceta/Nueva%20Constituci%C3%B3n%20240%20KB-1.pdf.
Contrera, Nelio (1989): *Alma Mater, la revista de Mella*, Editorial de Ciencias Sociales, La Habana.
Contu, Alessia y Hugh Willmott (2006): «Studying Practice», en *Organization Studies*, 27(12).
Couldry, Nick y James Curran (eds.) (2003): *Contesting Media Power*, Rowman and Littlefield, Lanham, MD.

«Cómo se hacía *Denuncia* en su etapa clandestina» (1934), en *Denuncia*, 17 de junio.

Crahan, Margaret (2013): «Los medios religiosos en Cuba». Ponencia presentad en el VII Encuentro Internacional de Estudios Sociorreligiosos, Hotel Nacional de Cuba, La Habana.

Crepin-Leblond, Oliver M. J. (1996): «International E-mail accessibility list», en *OpenNET*, 28 de noviembre.

Cuba (1987): «Ley 62 Código Penal, de 27 de diciembre», en https://www.gacetaoficial.gob.cu/es/ley-no-62-codigo-penal.

__________ (2019): «Constitución de la República», en https://www.granma.cu/file/pdf/gaceta/Nueva%20Constituci%C3%B3n%20240%20KB-1.pdf.

__________ (2021): «Decreto-Ley 35/2021. De las Telecomunicaciones, las Tecnologías de la Información y la Comunicación y el uso del Espectro Radioeléctrico», en https://www.gacetaoficial.gob.cu/sites/default/files/goc-2021-o92.pdf.

Cuba Internet Task Force (2019): «Final Report», en https://www.state.gov/cuba-Internet-task-force-final-report/.

Cuba Posible (2019): «Comunicación de la directiva de *Cuba Posible*», 20 de mayo.

Cubadebate (2011): «Texto íntegro del Informe al VI Congreso del Partido Comunista de Cuba», 16 de abril.

__________ (2019): «¿Qué política se plantean el Estado y el Gobierno para la comunicación social?», 17 de julio.

Curran, James y Myung Jin-Park (2000): *De-Westernizing Media Studies*, Routledge, New York.

Daigle, Megam (2015): *From Cuba with Love: Sex and Money in the Twenty-First Century*, University of California Press, Berkeley.

De Smaele, Hedwig (1999): «The Applicability of Western Media Models on the Russian Media System», en *European Journal of Communication*, 14(2).

«Decreto 209/1996. Acceso desde la República de Cuba a redes informáticas de alcance global», en *Gaceta Oficial de la República de Cuba.*

«Decreto-Ley no. 370. Sobre la informatización de la sociedad en Cuba», en https://www.gacetaoficial.gob.cu/pdf/GOC-2019-O45):pdf.

Deibert, Ronald (2003): «Black Code: Censorship, Surveillance, and Militarization of Cyberspace», en *Millennium: Journal of International Studies*, vol. 32, no. 3.

__________ y Rafal Rohozinski (2010): «Liberation vs. Control in Cyberspace», en *Journal of Democracy*, 21(4).

Delgado, Frank (1996): «La Habana está de bala», en *Trova-Tur*, Mutis.
DePalma, Anthony (2006): *The Man Who Invented Fidel: Castro, Cuba, and Herbert L. Matthews of The New York Times*, Public Affairs, New York.
Deuze, Mark (2005): «What is Journalism? Professional Identity and Ideology of Journalists Reconsidered», en *Journalism*, 6(4).
Diamond, Larry (2010): «Liberation Technology», en *Journal of Democracy*, 21(3).
Diario de Cuba (*DDC*) (2016): «Carta de protesta del Comité de Base de la UJC del diario *Vanguardia*», 1 de julio.
__________ (2021): «Homofobia, difamaciones y mensajes de odio: así responde el régimen a *Patria y Vida*», en https://diariodecuba.com/cuba/1613780742_28969):html.
Díaz, Elaine (2014): «Derechos sexuales en Cuba: del silencio a la red», tesis de maestría, Facultad de Comunicación, Universidad de La Habana, La Habana.
__________ (2015): «Un sui géneris ecosistema de consumo e intercambio de información», en *Cuba Posible*, 4 de febrero.
__________ (2018): «Medios emergentes en Cuba: desafíos, amenazas y oportunidades», en *Sembra Media*, 11 de enero.
__________ (2019): «Cuba aprueba ley que multa a ciudadanos por alojar sitios web en servidores extranjeros», en *El Toque*, 5 de julio.
Díaz-Canel, Miguel (2013a): «Discurso en la clausura del IX Congreso de la UPEC», en *Cubadebate*, 7 de agosto.
__________ (2013b): «Se necesita mucho de la prensa cubana para construir un socialismo próspero y sostenible», en *Enfoque*, agosto, UPEC, La Habana.
__________ (2018): «Discurso de Díaz-Canel en la clausura del X Congreso de la UPEC», en *Granma*, 15 de julio.
__________ (2021): https://twitter.com/DiazCanelB/status/1362739826282422272.
Dilla, Haroldo y Philip Oxhorn (2002): «The Virtues and Misfortunes of Civil Society in Cuba», en *Latin American Perspectives*, vol. 29, no. 4.
Dinnie, Keith (2015): *Nation Branding: Concepts, Issues, Practice*, Routledge, London.
DominicanDays (2010): https://www.youtube.com/watch?v=tORVMM7y3Wk.
Domínguez, Eduardo L. (2016): «Google + Kcho.Mor = navegación, arte y estudio», en http://www.cubadebate.cu/noticias/2016/03/29/google-kcho-mor-navegacion-arte-y-estudio-video/#.
Donsbach, Wolfgang (2012): «Journalists' Role Perception», en *The International Encyclopedia of Communication*, Blackwell, London.

Dopico, Ana María (2002): «Picturing Havana: History, Vision, and the Scramble for Cuba», en *Nepantla: Views from South*, 3(3).

Dorta, Walfrido (2015a): «Conversa en Benefit Street (sobre literatura cubana reciente)», en *Diario de Cuba*, 14 de marzo.

__________ (2015b): «Políticas de la distancia y del agrupamiento. Narrativa cubana de las dos últimas dos décadas», en *Istor. Revista de Historia Internacional*, vol. 63.

__________ (2016): «Materia pobre para la intensidad: Diáspora(s) en el Período Especial», en *La Noria*, vol. 11.

«download 33» (2007), en *33 y 1/tercio*, no. 8.

Downing, John D. (1996): *Internationalizing Media Theory: Transition, Power, Culture*, Sage, London.

__________ (2001): *Radical Media: Rebellious Communication and Social Movements*, Sage, London.

Du Graf, Lauren y Rose Marie Cromwell (s. a.): «Cuban Revolutions», en https://www.topic.com/cuban-revolutions.

Duckitt, John (1989): «Authoritarianism and group identification: A new view of an old construct», en *Political Psychology*, 10(1).

Dukalski, Alexander (2017): *The Authoritarian Public Sphere: Legitimation and Autocratic Power in North Korea, Burma, and China*, Routledge, New York.

Dunn, Kris (2014): «Authoritarianism and Intolerance Under Autocratic and Democratic Regimes», en *Journal of Social and Political Psychology*, 2(1).

Duong, Paloma (2013): «Bloggers Unplugged: Amateur Citizens, Cultural Discourse, and Public Sphere in Cuba», en *Journal of Latin American Cultural Studies*, 22(4).

__________ (2014): «Amateur Citizens: Culture and Democracy in Contemporary Cuba», tesis de doctorado, Columbia University.

Dye, Michaelanne *et al.* (2018): «El Paquete Semanal: The Week's Internet in Havana», en *Proceedings of ACM CHI 2018*, abril.

Eaton, Tracey (2013): «Cuban Dissident Blogger Yoani Sánchez Tours the United States», en *Florida Center for Investigative Reporting*, 20 de marzo.

Eckstein, Susan (2010): «Remittances and Their Unintended Consequences in Cuba», en *World Development*, 38(7).

Edensor, Timothy (2006): «Sensing Tourist Spaces», en Claudio Minca y Tim Oakes (eds.): *Travels in Paradox: Remapping Tourism*, Rowman and Littlefield, Lanham.

El Estornudo (2016): «Breve carta de presentación», 14 de marzo.

———— (2018): «Nota al Censor: ¿Por qué no puede leerse *El Estornudo* en Cuba?», 26 de febrero.

———— (2019): «Declaración de medios independientes cubanos», en https://revistaelestornudo.medium.com/declaraci%C3%B3n-de-medios-independientes-cubanos-d49f3eedccde

El País (2011): «El régimen cubano retira la acreditación al corresponsal de *El País* en La Habana», 4 de septiembre.

El Toque (2019): «Etecsa: Bajen Los Precios Del Internet», 9 de junio.

———— (2021): «¿Qué pasó el 27 de enero frente al Ministerio de Cultura?», en https://eltoque.com/que-paso-el-27-de-enero-frente-al-ministerio-de-cultura-cuba/?fbclid=IwAR0W7gpjSoGAsDnAZuJkH7qLk2ZoB5TqJZmOyRySGPJi5FLAgAbbH5KvwOM.

Elizabeth, Jane; Kelley, Lori y Julie M. Elman (2017): «Improving accountability reporting: How to make the best of journalism better for audiences», American Press Institute, 8 de agosto.

Elizalde, Rosa Miriam (2013): «El consenso de lo posible», tesis de doctorado, Facultad de Comunicación, Universidad de La Habana, La Habana.

Enzensberger, Hans Magnus (1982): «Constituents of a Theory of the Media», en *Critical Essays*, Continuum, New York.

Ernesto, Miguel (2019): «Sube, the Cuban Uber Created by Three Entrepreneurs who Dreamed of Map», en *Panamerican World*, 14 de enero.

Escobar, Luz (2017): «El "paketito", un rival clandestino para el "paquete"», en *14ymedio*, 5 de mayo.

———— (2019): «"Regulada" por romper el muro de la mentira oficial», en *14ymedio*, 23 de mayo.

————(2021a):https://twitter.com/Luz_Cuba/status/1354441839982632971.

———— (2021b): «Para mí fue un "shock" ver a un ministro y viceministros repartir golpes», en *14ymedio*, 28 de enero.

Escobar, Reinaldo (2007): «La polémica intelectual cubana de 2007», en *Iberoamericana*, año VII, no. 28.

Espino, Mayra D. (2000): «Cuban Tourism during the Special Period», en *Cuba in Transition*, vol. 10.

Esser, Frank y Barbara Pfetsch (2004): *Comparing Political Communication: Theories, Cases, and Challenges*, Cambridge University Press, Cambridge.

Estado de Sats (2017): «Respuesta a Miguel Díaz-Canel, parte 2», en https://goo.gl/C7rKcm.

Etecsa (2019a): «Salas de navegación», en http://www.etecsa.cu/Internet_conectividad/salas_de_navegacion/.

__________ (2019b): «Espacios públicos de conexión inalámbrica (WIFI)», en http://www.etecsa.cu/Internet_conectividad/areas_wifi/.
__________ (2019c): «Conectividad», en http://www.etecsa.cu/Internet_conectividad/conectividad/.
Etling, Bruce *et al.* (2009): «Mapping the Arabic Blogosphere: Politics, Culture and Dissent». Berkman Center for Internet and Democracy, Harvard University, 17 de junio.
Faiola, Anthony (2019): «Cubans are using social media to air their grievances – and the government is responding, sometimes», en *The Washington Post*, 7 de julio.
Fehimović, Dunja y Rebecca Ogden (eds.) (2018): *Branding Latin America: Strategies, Aims, Resistance*, Lexington Books, Lanham.
Fenton, William (2016): «Black Markets and Secret Thumb Drives: How Cubans Get Online», en *PC Magazine*, 21 de marzo.
Fernandes, Sujatha (2006): *Cuba Represent! Cuban Arts, State Power, and the Making of New Revolutionary Cultures*, Duke University Press, Durham.
Fernández, Damián J. (2000): *Cuba and the Politics of Passion*, University of Texas Press, Austin.
__________ (2003): «La disidencia en Cuba: entre la seducción y la normalización», en *Foro Internacional*, vol. 43, no. 3.
Fernández, Maité (2015): «Cómo 14ymedio aspira a convertirse en la principal fuente independiente de noticias de Cuba», en *IJNET*, 27 de mayo.
Fernández, Patricio *et al.* (2017): «Existe nuevo periodismo en Cuba», en https://www.youtube.com/watch?v=737YNIUW1io&feature=share.
Fernández, Waldo (2016): *La imposición del silencio. Cómo se clausuró la libertad de prensa en Cuba 1959-1960*, Hypermedia, Madrid.
Ferrari, Guillermina de (2007): «Cuba: A Curated Culture», en *Journal of Latin American Cultural Studies*, vol. 16, no. 2.
Figueredo Reinaldo, Oscar; Domínguez, L. Eduardo y Edilberto Carmona Tamayo (2018): «ETECSA: Internet en el móvil a partir del seis de diciembre», en *Cubadebate*, 4 de diciembre.
Finn, John (2009): «Contesting culture: a case study of commodification in Cuban music», en *GeoJournal*, 74(3).
Fleming, Peter y Andre Spicer (2003): «Working at a Cynical Distance: Implications for Power, Subjectivity and Resistance», en *Organization*, 10(1).
Flint, Grover (1898): *Marching with Gomez: A war correspondent's field note-book kept during four months with the Cuban Army*, Lamson-Wolffe, Boston-New York-London.

Flores, Eugenio (1895): *La guerra de Cuba (Apuntes para su historia)*, Hijos de M. G. Hernández, Madrid.

Forero, Juan (2013): «Yoani Sánchez dissident Cuban blogger behind Generation Y goes on tour», en *The Washington Post*, 11 de marzo.

Fornet, Ambrosio (2014): *El libro en Cuba. Siglos xviii y xix*, Letras Cubanas, La Habana.

Franco Senén, Armando. (2016): «Entre la espada y la pared. ¿Cómo se dirige la prensa en Cuba?», tesis de licenciatura, Universidad de La Habana.

Frank, Marc (2019): «Communist Cuba seeks improved governance», en *Reuters*, 17 de enero.

Franks, Jeff (2013): «Cuban dissident blogger Yoani Sánchez gets passport, will travel», en *Reuters*, 30 de enero.

Freedom House (2017): «Freedom on the Net, Cuba 2017», en https://freedomhouse.org/report/freedom-net/2017/cuba.

__________ (2018a): «Freedom on the Net», octubre.

__________ (2018b): «Freedom on the Net, Cuba 2018», en https://freedomhouse.org/report/freedom-net/2018/cuba.

__________ (2021): «Freedom on the Net 2021, Cuba».

Fusco, Coco (2013): «Who's Afraid of Yoani Sánchez?», en *Huffington Post*, 27 de marzo.

__________ (2021): «Cuban Musicians and Artists Collaborate on Viral, Political Music Video», en https://hyperallergic.com/624060/patria-y-vida-music-video-cuban-artists/.

Gaceta Oficial de la República de Cuba (2018), edición extraordinaria, no. 35, 10 de julio.

Gago, Verónica (2017): *Neoliberalism from below: Popular Pragmatics and Baroque Economies*, Duke University Press, Durham.

Gallego, José (2017): «La brecha entre medios y públicos en Cuba. Pautas para un diálogo necesario desde la agenda setting», en *Alcance Revista Cubana de Información y Comunicación*, vol. 6, no. 13, mayo-agosto.

__________ (2019): «Apagones en Cuba: Gobierno calla, los ciudadanos hablan», en *El Toque*, 16 de julio.

Galloway, Scott (2017): *The Four: The hidden DNA of Amazon, Apple, Facebook, and Google*, Portfolio, New York.

Gámez Torres, Nora (2012): «Hearing the Change: Reggaetón and Emergent Values in Contemporary Cuba», en *Latin American Music Review*, vol. 33 no. 2.

__________ (2021): «*Patria y Vida*: ¿Por qué una canción ha generado temor en el gobierno de Cuba?"», en https://www.elnuevoherald.com/noticias/mundo/america-latina/cuba-es/article249430055):html.

Garcés Corra, Raúl (2013a): «Siete tesis sobre la prensa cubana», en *Cubadebate*, 14 de julio.

__________ (2013b): «La prensa cubana, en la encrucijada», en *Cubahora*, 15 de marzo.

__________ (2016): *El desafío de la construcción de nuevos consensos. Controversias y concurrencias latinoamericanas*, Associación Latinoamericana de Sociología.

__________ (2017): «Cómo se dirige la prensa cubana? Un acercamiento a la gestión de medios desde la perspectiva de sus periodistas y directivos», en *Alcance: Revista Cubana de Información y Comunicación*, vol. 6, no. 12.

García Elizalde, Alejandra (2016): «¿Dónde están los jóvenes periodistas?», tesis de diploma, Universidad de La Habana.

García, Anne-Marie (2013): «Cuban dissident blogger starts world tour», en *Associated Press*, 17 de febrero.

García, Iván (2019): «Abraham Jiménez: "Los medios independientes en Cuba no confunden activismo político con periodismo"», *Diario Las Américas*, 21 de octubre.

García Luis, Julio (2013a): «La regulación de la prensa en Cuba: referentes morales y deontológicos», en *Temas*, no. 74.

__________ (2013b): *Revolución, socialismo, periodismo. La prensa y los periodistas cubanos ante el siglo* xxi, Editorial Pablo de la Torriente, La Habana.

García Martínez, Antonio (2017): «Inside Cuba's D.I.Y. Internet Revolution», en *Wired*, 26 de julio.

Garcia Santamaria, Sara (2018a): «The Historical Articulation of 'The People' in Revolutionary Cuba. Media Discourses of Unity in Times of National Debate (1990-2012)», tesis de doctorado, Departamento de Estudios Periodísticos, Universidad de Sheffield.

__________ (2018b): «The Sovietization of Cuban Journalism. The impact of Foreign Economy Dependency on Media Structures in a Post-Soviet Era», en *Journal of Latin American Communication Research*, 6(1-2).

__________ (2018c): «Digital Media and the Promotion of Deliberative Debate in Cuba», Internet Policy Observatory, Annenberg School of Communications, University of Pennsylvania.

__________ (2019a): «La Construcción Histórica del Pueblo Cubano en Momentos de Debate Nacional», en Martín Oller Alonso (ed.): *En*

Cuba, Periodismo es Más (+): Transposición, Redundancia y Dinamismo Profesional, Cuadernos Artesanos de Comunicación, La Habana.

__________ (2019b): «Periodismo alternativo cubano: Un acercamiento a la violencia indirecta en perspectiva comparada», en *Persona & Sociedad*, vol. 33, no. 2.

García, Vicente (1869): *Cuba contra España. Apuntes de un año para la historia de la rebelión de la isla de Cuba*, Universal, Madrid.

Gardner, Andrew (2004): *Agency Uncovered: Archaeological Perspectives on Social Agency, Power and Being Human*, Routledge, London.

Gaventa, John (1980): *Power and Powerlessness: Quiescence and Rebellion in an Appalachian Valley*, Clarendon Press, Oxford.

Gaviña, Susana (2021): «El ministro de Cultura de Cuba y sus viceministros agreden a un grupo de artistas y periodistas», en https://www.abc.es/internacional/abci-ministro-cultura-cuba-y-viceministros-agreden-grupo-artistas-y-periodistas-202101272248_noticia.html?ref=https:%2F%2Fcpj.org%2F.

Gennep, Arnold van (1977): *The Rites of Passage*, Routledge, London.

Geoffray, Marie Laure (2013): «Internet, Public Space and Contention in Cuba. Bridging Asymmetries of Access to Public Space through Transnational Dynamics of Contention», en *Working Paper Series*, no. 42.

__________ (2015): «Transnational dynamics of contention in contemporary Cuba», en *Journal of Latin American Studies*, vol. 47, no. 2.

Geoffray, Marie Laure y Armando Chaguaceda (2014): «Medios de comunicación y cambios en la política de información en Cuba desde 1959», en *Temas de Comunicación*, no. 29, julio-diciembre.

Gibbs, Patricia y James Hamilton (2001): «Introduction», en *Media History* 7, no. 2.

Gitelman, Lisa (2014): *Paper Knowledge: Toward a Media History of Documents*, Duke University Press, Durham.

Giuliano, Maurizio (1998): *El caso CEA: Intelectuales e inquisidores en Cuba. ¿Perestroika en la isla?*, Ediciones Universal, Miami.

Gladwell, Malcolm (2010): «Small Change: Why the Revolution Will Not Be Tweeted», en *The New Yorker*, 4 de octubre.

Glenn III, John K. (2001): *Framing Democracy. Civil Society and Civic Movements in Eastern Europe*, Stanford University Press, Standford.

Glenza, Jessica (2015): «Netflix launches $7.99 service for Cuba despite average wage of $17 a month», en *The Guardian*, 9 de febrero.

Glynos, Jason (2008): «Ideological Fantasy at Work», en *Journal of Political Ideologies*, 13(3).

__________ y David Howarth (2007): *Logics of Critical Explanation in Social and Political Theory*, Routledge, New York.

__________ (2008): «Structure, Agency and Power in Political Analysis: Beyond Contextualised Self-Interpretations», en *Political Studies Review*, 6(2).

Gómez Carrillo, Paula (2018): «Covert Nation Branding and the Neoliberal Subject: The Case of "It's Colombia, NOT Columbia"», en Dunja Fehimović y Rebecca Ogden (eds.): *Branding Latin America: Strategies, Aims, Resistance*, Lexington Lanham.

González, Ladislao (1974): *El Ala Izquierda Estudiantil y su* época, Editorial de Ciencias Sociales, La Habana.

Gonźalez, Orlando (2019): «Estas fueron las 3 aplicaciones "*made in* Cuba" más populares de 2018», en *CubaNet*, 3 de enero.

Gramsci, Antonio (1997): *Gramsci y la filosofía de la praxis*, Editorial de Ciencias Sociales, La Habana.

Grandinetti, Justin y Marie Elizabeth Eszenyi (2018): «La Revolución Digital: Mobile Media Use in Contemporary Cuba», en *Information, Communication and Society*, 21(6).

Granma (2014): «La informatización de la sociedad, una prioridad para Cuba», 12 de diciembre.

__________ (2018): «Discurso de Díaz-Canel en la clausura del X Congreso de la UPEC»; 15 de julio.

Gray, Alexander I. y Antoni Kapcia (2008): *The Changing Dynamic of Cuban Civil Society*, University of Florida Press, Gainesville.

Grogg, Patricia (2019): «Último desastre natural deja rastro de solidaridad ciudadana en Cuba», en https://www.ipscuba.net/economia/ultimo-desastre-natural-deja-rastro-de-solidaridad-ciudadana-en-cuba/.

Gross, Peter y Karol Jakubowicz (2013): *Media Transformations in the Post-Communist World: Eastern Europe's Tortured Path to Change*, Lexington Books, London.

Grupo 27N (2020): «Memoria escrita de la reunión sostenida el 27 de noviembre de 2020 entre funcionarios del ministerio de Cultura y artistas e intelectuales cubanos», en https://www.facebook.com/107312641227528/posts/107780187847440/.

__________ (2021): «Cronología del "posible" recomienzo de un diálogo», en https://www.facebook.com/permalink.php?story_fbid=131608298797962&id=107312641227528.

Guerra, Ernesto (2016): «El caso Etecsa. Problema de privacidad», en *Postdata*, 22 de septiembre.

Guevara, Yurisander (2019): «Una nueva etapa en la informatización cubana», en *Juventud Rebelde*, 18 de enero.
«Guillén es el Poeta Nacional» (2004), en *Cacharro(s)*, no. 4.
Giuliano, Maurizio (1998): *El caso CEA: Intelectuales e inquisidores en Cuba. ¿Perestroika en la isla?*, Ediciones Universal, Miami.
Gumucio, Alfonso (2012): «El derecho a la comunicación: articulador de los derechos humanos», en *Razón y Palabra*, no. 80.
Gunn, Gillian (1995): «Cuba's NGOs: Government Puppets or Seeds of Civil Society?», en *Cuba Briefing Paper Series*, no. 7, Georgetown University Caribbean Project, febrero.
Habermas, Jürgen (1989): *The Structural Transformation of the Public Sphere: An Inquiry into a Category of Bourgeois Society*, MIT Press, Cambridge.
__________ (2008): «Comunicação política nasociedade mediática: o impacto da teoria normativa na pesquisa empírica», en *Líbero*, año XI, no. 21, São Paulo.
Hallin, Daniel y Paolo Mancini (2008): *Sistemas Mediáticos Comparados*, Hacer Publishers, Barcelona.
__________ (2012): *Comparing Media Systems beyond the Western World*, Cambridge University Press, Cambridge.
Hamre, Jaime (2016): «Surge of Americans Tests Limits of Cuba's Tourism Industry», en *Reuters*, 26 de enero.
Hanitzsch, Thomas (2011): «Populist Disseminators, Detached Watchdogs, Critical Change Agents and Opportunist Facilitators: Professional Milieus, the Journalistic Field and Autonomy in 18 Countries», en *The International Communication Gazette*, 73(6).
__________ *et al.* (2011): «Mapping Journalism Cultures Across Nations: A Comparative Study of 18 Countries», en *Journalism Studies*, 12(3).
Hansen, Magnus Paulsen (2016): «Non Normative Critique. Foucault and pragmatic sociology as tactical re-politization», en *European Journal of Social Theory*, vol. 19, no. 1.
Harris, Johnny (2015): «Castro hates the Internet, so Cubans created their own», en *VOX Magazine*, 12 de octubre.
Havana Times (2019): «El Enjambre "se revuelve" con tres tristes tramas», 30 de octubre.
Haven, Paul y Peter Orsi (2013): «Cuban blogger returns home to unknown future», en *Associated Press*, 29 de mayo.
Haverty, Jack (2019): «Internet History - Commercialization», en http://mailman.postel.org/pipermail/Internet-history/2019-February/004979):html.

HELFT, MIGUEL (2015): «No Internet? No Problem. Inside Cuba's Tech Revolution», en *Forbes*, 1 de julio.

HENKEN, TED A. (2011a): «A Bloggers Polemic: Debating Independent Cuban Blogger Projects in a Polarized Political Context», en *Cuba in Transition*, vol. 21.

__________ (2011b): «Una cartografía de la blogósfera cubana: Entre "oficialistas" y "mercenarios"», en *Nueva Sociedad*, septiembre-octubre.

__________ (2013): «Quotable (+video): Díaz-Canel on "the impossible chimera" of information control», en https://elyuma.blogspot.com/2013/05/quotable-diaz-canel-on-impossible.html.

__________ (2014a): «Is Cuba 'Open for Business'?», en *Cuba Counterpoints*.

__________ (2014b): «The Internet and emergent blogosphere in Cuba: Downloading democracy, booting up development or planting the virus of dissidence and destabilization», en *Cuba in Transition*, vol. 24.

__________ (2017): «Cuba's Digital Millennials: Independent Digital Media and Civil Society on the Island the Disconnected», en *Social Research: An International Quarterly*, vol. 84, no. 2.

__________ (2018): «"The Revenge of the Jealous Bureaucrat": A Critical Analysis of Cuba's New Rules for Cuentapropistas», en *Cuba in Transition*, vol. 28.

__________ (2019): «Book Review: *Voices of Change in Cuba from the Nonstate Sector*», en *The Inter-American Dialogue*, 22 de abril.

__________ (2020): «The Opium of the *Paquete*: State Censorship, Private Self-Censorship, and the Content Distribution Strategies of Cuba's Emergent, Independent Digital Media Startups», en *Cuban Studies*, vol. 50.

__________ Y SJAMME VAN DE VOORT (2015): «From Cyberspace to Public Space?: The Emergent Blogosphere and Cuban Civil Society», en Philip Brenner *et al.* (eds.): *A Contemporary Cuba Reader: The Revolution Under Raúl Castro*, Rowman & Littlefield, Lanham.

__________ Y MARY JO PORTER (2016): «Translating Solidarity», en *NACLA Report on the Americas*, vol. 48, no. 1, mayo.

HERNÁNDEZ BUSTO, ERNESTO (2010): «Los límites de la ciberdisidencia: una polémica», en *Penúltimos Días*, 3 de abril.

__________ (2019): «Cuba y los derechos informáticos», en *El País*, 13 de agosto.

HERNÁNDEZ-REGUANT, ARIANA (2009): *Cuba in the Special Period: Culture and Ideology in the 1990s*, Palgrave Macmillan, New York.

Higgins, Emma (2017): «10 Breathtakingly Beautiful Places that are Perfect for a Digital Detox», en *Wanderlust*, 9 de enero.

Higuera, Silvia (2016): «ISOJ 2016: Yoani Sánchez explica cómo la tecnología ha hecho más libres a los cubanos», en *Periodismo en Las Américas*, 16 de abril.

Hindman, Matthew (2009): *The Myth of Digital Democracy*, Princeton University Press, Princeton.

Hoffmann, Bert (2004): *The Politics of the Internet in Third World Development: Challenges in Contrasting Regimes with Case Studies of Costa Rica and Cuba*, Routledge, New York.

__________ (2011): «Civil Society 2.0?: How the Internet Changes State-Society Relations in Authoritarian Regimes: The Case of Cuba», en *GIGA Working Papers*, no. 156, enero.

__________ (2012): «Civil society in the digital age: how the Internet changes state-society relations in authoritarian regimes. The case of Cuba», *en* Francesco Cavatorta (ed.): *Civil Society Activism under Authoritarian Rule. A comparative perspective*, Routledge, New York.

Holbraad, Martin (2014): «Revolución o Muerte: Self-Sacrifice and the Ontology of Cuban Revolution», en *Ethnos*, 79(3).

Hollinshead, Keith (1999): «Surveillance of the Worlds of Tourism: Foucault and the Eye-of-power», en *Tourism Management*, 20(1).

__________ (2004): «Tourism and the New Sense», en M. Hall y H. Tucker (eds.): *Tourism and Postcolonialism: Contested Discourses, Identities and Representations*, Routledge, London.

__________ (2007): «"Worldmaking" and the Transformation of Place and Culture: The Enlargement of Meethan's Analysis of Place and Change», en I. Ateljevic, A. Pritchard y N. Morgan (eds.): *The Critical Turn in Tourism Studies: Innovative Research Methods*, Elsevier, Oxford.

__________; Ateljevic, Irena y Nazia Ali (2009): «Worldmaking Agency–Worldmaking Authority: The Sovereign Constitutive Role of Tourism», en *Tourism Geographies: An International Journal of Tourism Place, Space and the Environment*, 11(4).

Horne, Donald (1992): *The Great Museum: The Re-presentation of History*, Pluto, London.

https://www.thewindcollectivetrips.com/cuba:

https://www.ecured.cu/Revista_Juventud_T%C3%A9cnica.

Hughes, Sallie (2003): «From the Inside Out: How Institutional Entrepreneurs Transformed Mexican Journalism», en *International Journal of Press/Politics*, 8(3).

Huish, Robert (2011): «Punching above its Weight: Cuba's Use of Sport for South–South Co-operation», en *Third World Quarterly*, 32(3).

__________ y John M. Kirk (2007): «Cuban Medical Internationalism and the Development of the Latin American School of Medicine», en *Latin American Perspectives*, 34(6).

Human Rights Watch (2021): «Cuba: Decreto de telecomunicaciones cercena la libertad de expresión», en https://www.hrw.org/es/news/2021/08/25/cuba-decreto-de-telecomunicaciones-cercena-la-libertad-de-expresion.

Humphreys, Laura-Zoë (2019): *Fidel Between the Lines: Paranoia and Ambivalence in Late Socialist Cuban Cinema*, Duke University Press, Durham-London.

Hunnigan, Clemar *et al.* (2018): *Authentic Travels Ep01 Cuba: Mi Cuba Querida*, en https://www.youtube.com/watch?v=PEeBCildXTc&t=5s&index=4&list=WL.

IESLEC (2018): «Informe Especial sobre la Libertad de Expresión en Cuba», Inter-American Commission of Human Rights, The Organization of American States.

Instituto Cubano del Arte y la Industria Cinematográficos (ICAIC) (2021): «Nota aclaratoria de la Presidencia del ICAIC», en http://www.cubacine.cult.cu/es/articulo/nota-aclaratoria-de-la-presidencia-del-icaic/.

Inventario (2019): https://twitter.com/invntario/status/1141693759698157568.

__________ (2021a): «Protestas y represión tras la manifestación en MINCULT», en https://proyectoinventario.org/mapa-protestas-y-represión-tras-la-manifestación-en-el-MINCULT/.

__________ (2021b) «Manifestaciones en Cuba, domingo 11 de julio 2021», en https://proyectoinventario.org/mapa-manifestaciones-cuba-11j/.

Inter-Press Service (IPS) (2019): «Superó la 3G disponibilidad tecnológica de Etecsa», 6 de marzo.

Israel, Esteban (2007): «Cubans go to unusual lengths to post blogs», en *Reuters*, 9 de octubre.

__________ (2009): «Cuba launches own Linux variant to counter U.S.», en *Reuters*, 11 de febrero.

International Telecommunication Union (ITU) (2017a): «ICT Regulatory Tracker - Overview», en https://www.itu.int/net4/itu-d/irt/#/about-tracker.

__________ (2017b): «ICT Regulatory Tracker: Cuba», en https://www.itu.int/net4/itu-d/irt/#/country-card/CUB.

__________ (2017c): «Measuring the Information Society Report 2017, volumen 1», en https://www.itu.int/en/ITU-D/Statistics/Documents/publications/misr2017/MISR2017_Volume1.pdf.

__________ (2018a): «ICT Development Index, 201», en https://www.itu.int/en/ITU-D/Statistics/Pages/publications/mis2017/methodology.aspx.

__________ (2018b): «ITU Measuring Information Society Report – Cuba page», en https://www.itu.int/net4/itu-d/irt/#/country-card/CUB.

__________ (2019): «The ICT Development Index (IDI): Conceptual framework and methodology», en https://www.itu.int/en/ITU-D/Statistics/Pages/publications/mis/methodology.aspx.

__________ (2020): «Global ICT Regulatory Outlook 2020: Pointing the way forward to collaborative regulation», en http://handle.itu.int/11.1002/pub/81510992-en.

Jelača, Dijana; Kolanović, Maša y Danijela Lugarić-Vukas (2017): *The Cultural Life of Capitalism in Yugoslavia: (Post)Socialism and Its Other*, Palgrave, London.

Jeppesen, Sandra (2016): «Understanding Alternative Media Power», en *Democratic Communiqué*, no. 27.

Jiménez Enoa, Abraham (2017): «How Cuba's Government Fights Negative News», en *Havana Times*, 27 de agosto.

__________ (2019): «Young People Are Fleeing Cuba. But I'm Staying», en *The New York Times*, 3 de julio.

__________ (2021a): https://twitter.com/JimenezEnoa/status/1354526143454576640.

__________ (2021b): «La Cuba del porvenir es la de *Patria y Vida*», en *The Washington Post*, 28 de febrero.

Josephi, Beate (2010): «Conclusions». en Josephi Beate (ed.): *Journalism Education in Countries with Limited Media Freedom*, vol. 1, Peter Lang, New York.

Juris, Jeffrey S. (2012): «Reflections on #Occupy Everywhere: Social Media, Public Space, and Emerging Logics of Aggregation», en *American Ethnologist*, 39(2).

Juventud Rebelde (2019): «En Pedagogía, como en la Revolución Cubana, no hay ruptura, hay continuidad», 9 de febrero.

Kalathil, Shanti y Taylor Boas (2003): *Open Networks, Closed Regimes: The Impact of the Internet on Authoritarian Rule*, Carnegie Endowment for International Peace, Washington, D. C.

Keen, Andrew (2007): *The Cult of the Amateur: How Today's Internet is Killing Our Culture and Assaulting Our Economy*, Doubleday, New York.

Kelly, John y Bruce Etling (2008): «Mapping Iran's Online Public: Politics and Culture in the Persian Blogosphere», Berkman Center for Internet and Democracy, Harvard University, 6 de abril.

Kemp, Simon (2022): «Digital 2022: Cuba», en https://datareportal.com/reports/digital-2022-cuba.

Kent, James (2019): *Aesthetics and the Revolutionary City: Real and Imagined Havana*, Palgrave Macmillan, Basingstoke.

Kessler, Sarah (2015): «In Cuba, An Underground Network Armed with USB Drives Does the Work of Google and YouTube», en *Fast Company*, 7 de julio.

Killingsworth, Matt (2012): *Civil Society in Communist Eastern Europe: Opposition and Dissent in Totalitarian Regimes*, EPCR Press, London.

Kirshenblatt-Gimblett, Barbara (1998): *Destination Culture: Tourism, Museums, and Heritage*, University of California Press, Berkeley.

Kitroeff, Natalie (2013): «Interview with Cuban Blogger Yoani Sánchez», en *The New York Times*, 22 de marzo.

Kitzberger, Phillip (2009): «La relación prensa-gobierno y el giro político en América Latina», en *Revista PostData*, no. 14.

Kovach, Bill y Tom Rosenstiel (2001): *The Elements of Journalism*, Crown Publishers, New York.

Krasznahorkai, László (2000): *The Melancholy of Resistance*, New Directions, New York.

Kraus, Chris (2015): *Torpor*, MIT Press, Cambridge.

Kutzinski, Vera M. (1993): *Sugar's Secrets: Race and the Erotics of Cuban Nationalism*, University Press of Virginia, Charlottesville-London.

Labrada, Eduardo (2018): «Tinta y plomo de la prensa mambisa en campaña», en *Adelante*, 30 de octubre.

Lacan, Jacques (1999): *The Seminar of Jacques Lacan. Book XX, On Feminine Sexuality: The Limits of Love and Knowledge*, W. W. Norton & Company, New York.

Laclau, Ernesto (1990): *New Reflections on the Revolution of Our Time*, Verso, New York.

__________ (2005): *On Populist Reason*, Verso, London.

__________ y Chantal Mouffe (1985): *Hegemony and Socialist Strategy: Towards a Radical Democratic Politics*, Verso, London.

Laguna, Albert Sergio (2017): *Diversión: Play and Popular Culture in Cuban America*, New York University Press, New York.

Lai, Eric (2009): «Software libre! Cuba develops own free Linux called "Nova"», en *Computer World*, 12 de febrero.

Larsen, Reif (2018): «Havana's Symphony of Sound», en *The New York Times*, 12 de marzo.

Laughlin, Kirk (2017): «Stubborn and Paranoid: Cuba's Determined Effort to Never Emerge as a Nearshore Hub», en *Nearshore Americas*, 29 de agosto.

Lauk, Epp (2009): «Reflections on Changing Patterns of Journalism in the New EU Countries», en *Journalism Studies*, 10(1).

__________ y Tiiu Kreegipuu (2010): «Was it all pure propaganda? Journalistic practices of "silent resistance" in Soviet Estonian journalism», en *Acta Historica Tallinnensia*, vol. 15.

Lawlor, Mary *et al.* (2021): «Mandatos de la Relatora Especial sobre la situación de los defensores de derechos humanos; del Grupo de Trabajo sobre la Detención Arbitraria; de la Relatora Especial sobre la promoción y protección del derecho a la libertad de opinión y de expresión y del Relator Especial sobre los derechos a la libertad de reunión pacífica y de asociación», en https://mcusercontent.com/92a02330088b38b34d642c70e/files/69b7c386-ae92-73c5-7991-a7ad2670d9dc/ALCUB42021.pdf.

Lecomte, Romain (2013): «Expression politique et activisme en ligne en contexte autoritaire. Une analyse du cas tunisien», en *Réseaux*, vol. 5, no. 181.

Levine, Yasha (2018): *Surveillance Valley: The Secret Military History of the Internet*, Public Affairs, New York.

«Ley 88. Protección de la Independencia Nacional y la Economía de Cuba» (1999).

Leyva Novo, Reynier (2021): «Testimonio de los sucesos del 27 de enero», en https://rialta.org/testimonio-de-los-sucesos-del-27-de-enero/.

Liebling, A. J. (1960): «The Wayward Press: Do You Belong in Journalism?», en *The New Yorker*, 14 de mayo.

Lima Sarmiento, Edel (2014): *La prensa cubana y el machadato*, Editorial de Ciencias Sociales, La Habana.

Linz, Juan J. y Alfred Stepan (1996): *Problems of Democratic Transition and Consolidation: Southern Europe, South America, and Post-Communist Europe*, The Johns Hopkins University Press, Baltimore-London.

«Los periodistas en la Revolución» (1938), en *El periodismo en Cuba*, La Habana.

Loss, Jacqueline (2021): «Socialism with Bling: Aspiration, Decency, and Exclusivity in Contemporary Cuba», en *Journal of Latin American Cultural Studies*, 30(2).

Lugo, Gizelle (2013): «Yoani Sanchez: Dissident Cuban blogger hopeful of digital change», en *The Guardian*, 16 de marzo.

Lugo-Ocando, Jairo y Sara Garcia Santamaria (2015): «Media, Hegemony, and Polarization in Latin America», en Jan Zielonka (ed.): *Media and Politics in New Democracies: Europe in a Comparative Perspective*, Oxford University Press, New York.

Lukes, Steven (2005): *Power: A Radical View* (second edition), Palgrave Macmillan, New York.

Luxemburgo, Rosa (2006): *Obras Escogidas*, Ediciones Digitales Izquierda Revolucionaria.

Llaverías, Joaquín (1932): «Contribuciones a la historia de la prensa en Cuba», en Tomás González (ed.): *La prensa en Cuba 1902-1932*, Lapido-Iglesia, La Habana.

MacCannell, Dean (1973): «Staged Authenticity: Arrangements of Social Space in Tourist Settings», en *The American Journal of Sociology*, 79(3).

__________ (1999): *The Tourist: A New Theory of the Leisure Class*, University of California Press, Berkeley-Los Angeles.

Machado, Mabel (2017): «Mi paladar no está en el Paquete. Comunicación en emprendimientos cubanos», en Rayza Portal Moreno, Raúl Garcés y Willy Pedroso Aguiar (coords.): *Información, comunicación y cambio de mentalidad. Nuevas agendas para un nuevo desarrollo*, Editorial de Ciencias Sociales, La Habana.

MacKinnon, Rebecca (2012): *The Consent of the Networked: The Worldwide Struggle for Internet Freedom*, Basic Books, New York.

Madory, Doug (2013): «Mystery Cable Activated in Cuba», en *Oracle/Dyn*, 20 de enero.

__________ (2014): «What's Next for Cuba?», en *Oracle/Dyn*, 18 de diciembre.

__________ (2021): https://twitter.com/DougMadory/status/1414356912410353665.

Mandiberg, Michael (ed.) (2012): *The Social Media Reader*, New York University Press, New York.

Marcuse, Herbert (1975): *El marxismo soviético*, Alianza, Madrid.

Márquez-Ramírez, Mireya *et al.* (2020): «Detached or Interventionist? Comparing the Performance of Watchdog Journalism in Transitional, Advanced, and Non-Democratic Countries», en *International Journal of Press Politics*, 25(1).

Marreiro, Flávia (2014): *Continuity and Change in the Cuban Media Under Raúl Castro*, Reuters Institute for the Study of Journalism, Universidad de Oxford.

Marsh, Sarah (2018): «U.S. State Department Creates Cuba Internet Task Force», en *Reuters*, 23 de enero.

———— (2019): «Google, Cuba agree to work toward improving island's connectivity», en *Reuters*, 28 de marzo.

Martí Noticias (2018): «Cuba bloquea *El Estornudo*, periodista insta a no "naturalizar" la censura», 27 de febrero.

Martin, Olivier y Dagiral Eric (2016): *L'ordinaire d'Internet. Le web dans nos pratiques et relations sociales*, Armand Colin, Paris.

Matienzo, María (2020): «Boris González Arenas: "Me vinieron a buscar muy decididos a llevarme"», en *Cubanet*, 7 de febrero.

Matos, Eliseo (2016): «Censura en el Paquete Semanal», en *CubaNet*, 3 de octubre.

Mazzarella, Sharon R. (2005): *Girl Wide Web: Girls, the Internet, and the Negotiation of Identity*, Peter Lang, New York.

McKinley, James C. Jr (2008): «Cyber-Rebels in Cuba Defy State's Limits», en *The New York Times*, 6 de marzo.

McNair, Brian (1991): *Glasnost, Perestroika, and the Soviet Media*, Routledge, London.

———— (2006): *Glasnost, Perestroika and Soviet Media*, Routledge, London-New York.

McNamee, Roger (2019): *Zucked: Waking Up to the Facebook Catastrophe*, Penguin, New York.

McRobbie, Angela (2000): *Feminism and Youth Culture*, Routledge, New York.

Melucci, Alberto (1999): *Acción colectiva, vida cotidiana y democracia*, El Colegio de México, México D. F.

Mellado, Claudia *et al.* (2017): «Journalistic performance in Latin America: A comparative study of professional roles in news content», en *Journalism*, 18(9).

Mellor, Noah (2009): «Strategies for Autonomy», en *Journalism Studies*, 10(3).

Mendieta, Raquel (2000): «Exotic Exports: The Myth of the Mulatta», en Coco Fusco (ed.): *Corpus Delecti: Performance Art of the Americas*, Routledge, New York-London.

Meng, Bingchun y Terhi Rantanen (2015): «A Change of Lens: A Call to Compare the Media in China and Russia», en *Critical Studies in Media Communication*, vol. 32, no. 1.

Mesa, Leopoldo (Reinier Pérez-Hernández) (2010): «Postrevolution suave, cordial, amable, divertido», en *Upsalón*, vol. 8.

Mesa-Lago, Carmelo (1972): «Ideological, Political, and Economic Factors in the Cuban Controversy on Material Versus Moral Incentives», en *Journal of Interamerican Studies and World Affairs*, vol. 14, no. 1.

Mesher, Gene M. *et al.* (1992): «Cuba, Communism, and Computing», en *Communications of the ACM*, vol. 35, no. 11, noviembre.

Messin, Audrey (2007): «La culture ordinaire de l'écran : l'usage social d'Internet par les jeunes adultes», disertación para tesis de doctorado, Panthéon-Assas University, Paris.

Mexidor, Deisy F.; Menéndez, Marina y Jean G. Allard (2011): «Operación surf», en *Granma*, 8 de marzo.

Michaelsen, Marcus (2018): «Authoritarian Practices in the Digital Age - Transforming Threats to Power: The International Politics of Authoritarian Internet Control in Iran», en *International Journal of Communication*, vol. 12.

Miller, Daniel *et al.* (2016): *How the World Changed Social Media*, UCL Press, London.

Miller, Mark M.; Henthorne, Tony L. y Babu P. George (2008): «The Competitiveness of the Cuban Tourism Industry in the Twenty-First Century: A Strategic Re-Evaluation», en *Journal of Travel Research*, 46(3).

Miller, Nicola (2008): «A Revolutionary Modernity: The Cultural Policy of the Cuban Revolution», en *Journal of Latin American Studies*, vol. 40.

Ministerio de Comunicaciones (2021): «Resolución 105/2021. Reglamento sobre el Modelo de Actuación Nacional para la Respuesta a Incidentes de Ciberseguridad», en https://www.gacetaoficial.gob.cu/sites/default/files/goc-2021-o92.pdf.

Ministry of Communications (2015), en http://www.ventanapolitica.cu/sites/default/files/estrategia-nacional-de-la-banda-ancha-en-cuba.pdf. Consultado el 8 de julio de 2017.

Ministerio de Trabajo y Seguridad Social (2021): «Actividades donde no se permite el ejercicio del trabajo por cuenta propia», en https://www.mtss.gob.cu/noticias/actividades-donde-no-se-permite-el-ejercicio-del-trabajo-por-cuenta-propia.

Miroff, Nick (2012): «How the U.S. keeps Cuba offline», en *Global Post*, 27 de junio.

Mitchell, W. J. T. (2005): *What Do Pictures Want?: The Lives and Loves of Images*, University of Chicago Press, Chicago.

Molz, Jennie Germann (2012): *Travel Connections: Tourism, Technology and Togetherness in a Mobile World*, Routledge, London.

Morán, Raphael (2019): «Internet en Cuba: una nueva herramienta de expression», en *RFI*, 25 de abril.

Moreno, Chelsea (2017): «Cuba's *14ymedio* seeks greater independence and engagement with new membership model», Knight Center for Journalism in the Americas, 20 de diciembre.

Morgan, Nigel *et al.* (2007): *Destination Branding*, Routledge, London.

Morozov, Evgeny (2011): *The Net Delusion: The Dark Side of Internet Freedom*, Public Affairs, New York.

Mouffe, Chantal (2000): *The Democratic Paradox*, Verso, London.

Mozur, Paul (2018): «A Genocide Incited on Facebook, With Posts from Myanmar's Military», en *The New York Times*, 15 de octubre.

Nalvarte, Paola (2016): «Data journalism reaches Cuba», Knight Center for Journalism in the Americas, 14 de octubre.

Natvig, Anne (2018): «Cuban Journalism Students: Between Ideals and State Ideology», en *Journalism Education* 7(1).

Navarro, Desiderio (2008): *La política cultural del período revolucionario: Memoria y reflexión*, Centro Teórico-Cultural y Colección Criterios, La Habana.

Nelson, Jennifer (2016): «New membership model gives Cuban news site financial, editorial independence», en *Reynolds Journalism Institute*, 17 de noviembre.

Nieves Cárdenas, José Jasán (2018): «Crear un medio digital en Cuba implica ser consciente de los riesgos», en *La Babel Digital*, 23 de octubre.

Novak, Matt (2016): «Silicon Valley Has Officially Invaded Cuba», en *Gizmodo*, 22 de marzo.

Oag, Caron (2018): «5 Essential Travel Apps to Download for a Trip to Cuba», en *Caledonia Worldwide*, 19 de abril.

Observatorio Crítico (2016): «Proyecto Arcoíris contra la censura en la plataforma Cubava.cu», 16 de febrero.

Oficina Nacional de Estadística e Información (ONEI) (2018): «Tecnología de la información y las comunicaciones. Indicadores seleccionados», La Habana.

Ogden, Rebecca (2017): «Living the Brand: Authenticity and Affective Capital in Contemporary Cuban Tourism», en Dunja Fehimovic y Rebecca Ogden (eds.): *Branding Latin America: Strategies, Aims, Resistance*, Lexington Books, Lanham.

Olivera, Dasniel y Leydi Torres (2017): «Análisis del periodismo en Cuba: el predominio del rol profesional leal-facilitador de los periodistas en el contenido de las noticias de prensa», en M. Oller (ed.): *Cultura(s) periodística(s) iberoamericana(s). La diversidad de un periodismo propio*, Sociedad Latina de Comunicación Social, Tenerife.

Oller Alonso, Martín y Dasniel Olivera Pérez (eds.) (2016): *Ideology and Professional Culture of Journalists in Cuba: Confidences, Dialogues and Senses of a Profession*, Editorial Académica Española, Riga.

__________ *et al.* (2017): «La cultura periodística pre-profesional en el triángulo de las Bermudas del periodismo latinoamericano: Cuba, Ecuador y Venezuela», en M. Oller Alonso (ed.): *Cultura(s) periodística(s) iberoamericana(s). La diversidad de un periodismo propio*, Sociedad Latina de Comunicación Social, Tenerife.

OnCuba (2019): «"Bajen los precios de Internet", exigen los cubanos en Twitter», 2 de junio.

Open Observatory of Network Interference (OONI) (2019): «Cuba blocks independent media amid 2019 constitutional referendum», 26 de febrero.

__________ (2021): https://explorer.ooni.org/measurement/20210712T024146Z_signal_CU_27725_n1_lOjCcghOpthTWXtG.

«Opening for Business» (2015), en *The New Yorker*, 20 de julio.

Oppmann, Patrick (2014): «Google executives promote Internet freedoms on Cuba visit», en *CNN*, 30 de junio.

Örnebring, H. (2018): «Journalism and Change», en T. P. Vos (ed.): *Journalism*, De Gruyter.

O'Reilly, Tim (2012): «What Is Web 2):0? Design Patterns and Business Models for the Next Generation of Software», en Michael Mandiberg (ed.): *The Social Media Reader*, New York University Press, New York.

Ortiz, Fernando (1940): «Los factores humanos de la cubanidad», en *Revista Bimestre Cubana*, vol. XIX, no. 2, marzo-abril.

Padgett, Tim (2019): «Snarled SNET: Seizure of Cuba's Underground Network May Signal Cyber-Crackdown», en *WLRN*, 26 de agosto.

Padilla Alexei (2016): «A mídia religiosa na esfera pública em Cuba: o papel desempenhado pela revista *Espacio Laical*», tesis de maestría. Facultad de Filosofía y Ciencias Humanas, Universidad Federal de Minas Gerais.

__________ (2017): «Internet e a dinamização da esfera pública em Cuba». en *Revista Extraprensa*, vol. 10, no. 2.

__________ y Caio D. Santos (2018): «A revolução dos millennials: o confronto simbólico entre a mídia alternativa e o monopólio midiático-estatal Cubano», en http://portalintercom.org.br/anais/nacional2018/resumos/R13-0799-1):pdf.

__________ y David Corcho (2018): «Entre el Partido y la Ley: normas que rigen el sistema comunicativo en Cuba», en Marlene Azor (ed.): *Derechos humanos: realidades y desafíos en Cuba*, El Barco Ebrio, Madrid.

Pan, Bing y John C. Crotts (2012): «Theoretical Models of Social Media, Marketing Implications, and Future Research Directions», en Marianna Sigala, Evangelous Christou y Ulrike Gretzel (eds.): *Social Media in Travel, Tourism and Hospitality: Theory, Practice and Cases*, Ashgate, Farnham.

Pardo Lazo, Orlando Luis (2014): «Preface», en *Cuba in Splinters. Eleven Stories from the New Cuba*, OR Books, New York-London.

Parish, Nick (2018): «Inside *El Paquete*, Cuba's Social Network», en *With Internet*, 8 de marzo.

Parker, Emily (2014): *Now I Know Who My Comrades Are: Voices from the Internet Underground*, Sarah Crichton Books, New York.

Parodi, Emmanuel y Eric Sautedé (1995): «Internet en Chine, une modernité qui tolère mal le contrôle», en *Perspectives chinoises*, vol. 29, no. 29.

Partido Comunista de Cuba (PCC) (1976): «Tesis y Resoluciones», I Congreso del Partido Comunista de Cuba, La Habana.

__________ (2010): «Proyecto de Lineamientos de la Política Económica y Social», VI Congreso del Partido Comunista de Cuba, La Habana.

__________ (2018): «Política de Comunicación Social del Estado y el Gobierno cubanos», en https://www.periodismodebarrio.org/2018/12/que-dice-la-nueva-politica-de-comunicacion-cubana/.

Pentón, Mario J. (2016): «"No es porque escribas, es por lo que escribes", le dicen a profesor despedido en Cuba», en *El Nuevo Herald*, 26 de octubre.

__________ (2018): «Ravsberg: "Tengo que callarme porque soy extranjero, pero eso no va a pasar con los jóvenes cubanos"», en *El Nuevo Herald*, 13 de julio.

__________ (2019): «Cuban officials invite dialogue on Twitter — but only with citizens who don't criticize», en *Miami Herald*, 8 de marzo.

Pérez Cuello, Raidel (2016): «Cuba- EE.UU.: Estrechando vínculos desde Internet y las comunicaciones», panel en Latin American Studies Association, New York, mayo.

Pérez Díaz, Marita (2019): «SNet, the Cuban street network, resists disappearing», en *OnCuba*, 12 de agosto.

Pérez-Firmat, Gustavo (1997): «A Willingness of the Heart: Cubanidad, Cubaneo, Cubanía», Cuban Studies Association Occasional Papers, 2(7).

Pérez-Stable, Marifeli (1998): «El Caso CEA», en *Encuentro de la cultura cubana*, no. 10, otoño.

Pérez, Yusleidy (2013): «Mañach, el ABC y el proceso revolucionario en Cuba», en *Perfiles de la Cultura Cubana*, no. 10.

Periodismo de Barrio (2015): «Código de ética», en https://periodismodebarrio.org/codigo-de-etica/.

__________ (2016): «Las contradicciones del periodismo cubano», 14 de julio.

__________ (2018): «¿Qué dice la nueva política de comunicación cubana?», en https://www.periodismodebarrio.org//2018/12/que-dice-la-nueva-politica-de-comunicacion-cubana/.

Peters, Phil (2007): «Good Reading», *The Cuban Triangle*, 21 de agosto.

Pham, Tiffany (2014): «How She Did It: Yoani Sánchez Launches Cuban News Outlet *14ymedio*», en *Forbes*, 30 de noviembre.

Pitman, Thea y Claire Taylor (2013): *Latin American Identity in Online Cultural Production*, Routledge, London.

Planas, Roque (2013): «Yoani Sanchez, Cuban Blogger, Plans Independent Newspaper Online», en *Huffington Post*, 15 de marzo.

«play» (2005), en *33 y 1/tercio*, no. 1.

PNUD (2018a): «Human Development Indices and Indicators 2018 statistical update».

__________ (2018b): «Human Development Report, Cuba».

Ponte, Francisco (1957): *El Cubano Libre; una conferencia universitaria y un estudio adicional*, Modas Magazine, La Habana.

«Portada» (2003), en *Cacharro(s)*, no. 1.

«Portada» (2004b), en *Cacharro(s)*, no. 6/7.

Prensa Latina (2019): «Aboga presidente de Cuba por desarrollar soberanía tecnológica», 13 de junio.

Presidencia de Cuba (2019): https://twitter.com/PresidenciaCuba/status/1093999677811380226.

«Presidente ejecutivo de Google visita Cuba» (2014), en *14ymedio*, 28 de junio.

Press, Larry (1996a): «Cuban Telecommunications, Computer Networking, and U.S. Policy Implications», RAND Corp., Santa Monica, California, julio.

__________ (1996b): «Cuban Computer Networks and Their Impact», en *Cuba in Transition*, vol. 6.

__________ (1996c): «Seeding networks: the federal role», en *Communications of the ACM*, vol. 39, no. 10, octubre.

__________ (1996d): «Cuban Telecommunication Infrastructure and investment», en *Cuba in Transition*, vol. 6, noviembre.

__________ (1997): «Internet Diffusion Summary, Cuba», en http://som.csudh.edu/fac/lpress/devnat/nations/cuba/cubadim.htm.

__________ (1998a): «Cuban Computer Networks and their Determinants», RAND Corp., Santa Monica, CA, febrero.
__________ (1998b): «We Shape our Tools and they Shape Us (A Cuban Example)», en *OnTheInternet*, vol. 4, no. 2, marzo/abril.
__________ (2011a): «Cuba's first Internet connection», en *Internet in Cuba*, 27 de febrero.
__________ (2011b): «The Dictator's Dilemma», en *Internet in Cuba*, 12 de febrero.
__________ (2013a): «Fidel likes the Internet, but does that matter?», en *Internet in Cuba*, 18 de agosto.
__________ (2013b): «A Cuban approach to achieving Internet connectivity», en *Internet in Cuba*, 26 de diciembre.
__________ (2013c): «Eliécer Ávila and Operation Truth -- who is on the payroll?», en *Internet in Cuba*, 1 de noviembre.
__________ (2014a): «Who owns ETECSA and who runs the show?», en *Internet in Cubag*, 22 de diciembre.
__________ (2014b): «The Cuban Internet in context», en *Internet in Cuba*, 13 de diciembre.
__________ (2014c): «Stockholm: 19 years of municipal broadband success», en *CIS 471*, 26 de junio.
__________ (2014d): «Is the Internet a priority for Cuba? The ball is in their court», en *Internet in Cuba*, 19 de diciembre.
__________ (2015a): «US-Cuba talks on telecommunication and the Internet», en *Internet in Cuba*, 2 de abril.
__________ (2015b): «Cuban infrastructure investment -- China won the first round», en *Internet in Cuba*, 28 de septiembre.
__________ (2015c): «List of jobs that are eligible for self-employment in Cuba», en *Internet in Cuba*, 25 de febrero.
__________ (2015d): «El paquete update – Cuba's largest private employer?» *Internet in Cuba* blog, 14 de septiembre.
__________ (2015e): «The Cuban Internet -- a look back and looking forward», en *Internet in Cuba*, 6 de agosto.
__________ (2015f): «Will the nascent Cuban startup community thrive?» *Internet in Cuba* blog, 21 de mayo.
__________ (2015g): «A high-level U.S. delegation is in Havana to discuss telecommunication and the Internet», en *Internet in Cuba*, 25 de marzo.
__________ (2015h): «Guantánamo is in the news, but not the undersea cable to Guantánamo», en *Internet in Cuba*, 6 de febrero.

__________ (2016a): «What stopped the Cuban Internet in 1996 and what is stopping it today?» *Internet in Cuba* blog, 26 de abril.

__________ (2016b): «Cuban telecommunication regulation in context», en *Internet in Cuba,* 30 de junio.

__________ (2016c): «Disappointment after President Obama's trip to Cuba», en *Internet in Cuba,* 28 de junio.

__________ (2016d): «Internet-related announcements around President Obama's trip to Cuba», en *Internet in Cuba,* 25 de marzo.

__________ (2016e): «A second high-level US delegation to Havana to discuss telecommunication and the Internet», en *Internet in Cuba,* 25 de enero.

__________ (2016f): «Opening of the Google+Kcho tech center -- much ado about not much (again)», en *Internet in Cuba,* 30 de marzo.

__________ (2016g): «Google Global Cache coming to Cuba», en *Internet in Cuba,* 9 de diciembre.

__________ (2016h): «Wishful thinking -- Google Fiber in Havana», en *Internet in Cuba,* 2 de diciembre.

__________ (2016i): «Might Cuba's street net, SNET, become legitimate?», en *Internet in Cuba* blog, 2 de marzo.

__________ (2016j): «Teaching material for Cuba -- El Paquete Educativo?» , en *Internet in Cuba* blog, 16 de marzo.

__________ (2017a): «Cuba's self-employed computer programmers», en *Internet in Cuba,* 15 de abril.

__________ (2017b): «Data on SNET and a Few Suggestions for ETECSA», en *Internet in Cuba*, 10 de noviembre.

__________ (2017c): «Cuban satellite connectivity -- today and (maybe?) tomorrow», en *Internet in Cuba,* 14 de diciembre.

__________ (2017d): «Telesat, a Fourth Satellite Internet Competitor», en *CircleID*, 13 de noviembre.

__________ (2017e): «OneWeb Satellite Internet Project Status Update», en *CircleID*, 24 de agosto.

__________ (2017f): «SpaceX Satellite Internet Project Status Update», en *CircleID*, 15 de agosto.

__________ (2017g): «Could SNET become Cuba's Guifi.net?», en *Internet in Cuba*, 21 de noviembre.

__________ (2017h): «Cuban tech entrepreneurs -- new values?», en *Internet in Cuba* blog, 5 de junio.

__________ (2017i): «Crooked media interviews on Cuba», en *Internet in Cuba,* 25 de mayo.

__________ (2017j): «What does Trump's Cuba policy memorandum say about the Internet?», en *Internet in Cuba* blog, 1 de julio.
__________ (2017k): «Data on SNET and a few suggestions for ETECSA», en *Internet in Cuba,* 9 de noviembre.
__________ (2017l): «Satellite links for interim Internet access in rural Cuba», en *Internet in Cuba,* 15 de mayo.
__________ (2017m): «TechCrunch panel -- three Cuban software companies», en *Internet in Cuba,* 30 de mayo.
__________ (2017n): «Trying to predict Miguel Díaz-Canel's Internet policy», en *Internet in Cuba,* 9 de mayo.
__________ (2017ñ): «Trump's Cuba policy and its impact on the Cuban Internet», en *Internet in Cuba,* 20 de junio.
__________ (2018a): «Important Developments on Low-Earth Orbit Satellite Internet Service (2017 Review)», en https://circleid.com/posts/20180102_important_developments_on_low_earth_orbit_satellite_internet.
__________ (2018b): «O3b satellite Internet -- today and tomorrow», en *CIS 471,* 15 de marzo.
__________ (2018c): «Cuba's mobile-Internet strategy?», en *Internet in Cuba* blog, 19 de marzo.
__________ (2018d): «The case for making 3G mobile Internet access free in Cuba», en *Internet in Cuba,* 11 de diciembre.
__________ (2018e): «How about opening a YouTube video production space in Havana?», en *Internet in Cuba,* 7 de junio.
__________ (2018f): «Cuba rolls out 3G mobile access», en *Internet in Cuba,* 5 de diciembre.
__________ (2018g): «The Cuba Internet Task Force -- a win for Trump, Castro and Putin», en *Internet in Cuba,* 28 de enero.
__________ (2018h): «Cuban 'technological sovereignty' -- a walled garden strategy?», en *Internet in Cuba,* 2 de julio.
__________ (2018i): «Suggestions for the Cuba Internet Task Force», en *Internet in Cuba,* 11 de febrero.
__________ (2018j): «A 5G, community network strategy for Cuba (and other developing nations)», en *Internet in Cuba,* 2 de abril.
__________ (2018k): «Cuban president Miguel Díaz-Canel's meeting with tech company executives», en *Internet in Cuba,* 4 de octubre.
__________ (2019a): «Low-Earth Orbit (LEO) Satellite Internet Service Developments for 2018», en *CircleID,* 2 de enero.
__________ (2019b): «Cuba censors SMS messages ... for now», en *Internet in Cuba,* 10 de enero.

__________ (2019c): «The first month of Cuban 3G mobile Internet service», en *Internet in Cuba,* 29 de enero.

__________ (2019d): «Hongyun Project – China's Low-Earth Orbit Broadband Internet Project», en *CircleID*, 4 de junio.

__________ (2019e): «Does China's Digital Silk Road to Latin America and the Caribbean run through Cuba?», en *Internet in Cuba*, 3 de junio.

__________ (2019f): «Havana can have 5G before Miami», en *Internet in Cuba,* 20 de junio.

__________ (2019g): «Cuba's new WiFi regulations -- a step forward, backward or sideways?», en *Internet in Cuba*, 13 de junio.

__________ (2019h): «Cuba Claims New Regulations Expand Internet Access to Homes and Businesses, but There's the Downside», en *Internet in Cuba,* 30 de julio.

__________ (2019i): «SNet: Inicio o Final?», en *Internet in Cuba,* 19 de agosto.

__________ (2019j): «Questions Raised by the Takeover of SNET, Havana's Community Network», en *Internet in Cuba,* 21 de agosto.

__________ (2020): «Mass-produced Propaganda -- a Cuban Example», en *Internet in Cuba,* 24 de febrero.

__________ (2021): «The long-run effect of Cuba's recent Internet-augmented protests», en http://www.laredcubana.blogspot.com/2021/09/the-long-run-effect-of-cubas-recent.html.

__________ y Carlos Armas (1996): «Cuban Network Update», en *OnTheInternet*, vol. 2, no. 1, enero/febrero.

__________ *et al.* (1998): «An Internet Diffusion Framework», en *Communications of the ACM*, vol. 41, no. 10, octubre.

__________ *et al.* (2003): «The Internet in India and China», en *The Journal of Information Technologies and International Development*, vol. 1, no. 1, otoño.

__________ y Joel M. Snyder (1992): «A Look at Cuban Networks», en *Matrix News*, 2(6), junio.

Price, Monroe E.; Rozumilowicz, Beata y Stefaan Verhulst (2002): *Media Reform: Democratizing the Media, Democratizing the State*, Routledge, London.

Przeworski, Adam (1994): «Algunos problemas en el estudio de la transición hacia la democracia», en Guillermo O'Donnell y Phillip Schmitter, *Transiciones desde un gobierno autoritario. Perspectivas Comparadas*, Paidós, Barcelona.

Psiphon (2021): https://twitter.com/PsiphonInc/status/1416069807301185537.

Puig, Yaima (2017): «Consejo de Ministros aprueba políticas para la informatización de la sociedad y para otros importantes sectores», en *Cubadebate*, 3 de marzo.

Pujol, Eduardo P. *et al.* (2017): «Initial Measurements of the Cuban Street Network», Proceedings of the Internet Measurement Conference, 1-3 de noviembre.

«push» (2008), en *33 y 1/tercio*, no. 11.

Quiroga, José (2005): *Cuban Palimpsests*, University of Minnesota Press, Minneapolis.

Rafuls, Gretel (2015): «Participación política en red: La blogosfera y la toma de decisiones de la esfera pública en Cuba: cuatro casos de estudio entre 2010-2015», tesis de maestría, Facultad de Comunicación, Universidad Autónoma de Barcelona.

Rajewsky, Irina O (2005): «Intermediality, Intertextuality, and Remediation: A Literary Perspective on Intermediality», en *Intermédialités*, vol. 6.

Rancière, Jacques (2006): *The Politics of Aesthetics*, Continuum, New York-London.

Randall, Vicky (1993): «The Media and Democratization in the Third World», en *Third World Quarterly*, vol. 14, no. 3.

Recio, Milena (2014): «La hora de los desconectados», en *Crítica y emancipación*, no. 11.

Reflejos (2013): «Condiciones de uso», en https://cubava.cu/condiciones-de-uso/.

Reich, Zvi y Thomas Hanitzsch (2013): «Determinants of journalists' professional autonomy: Individual and national level factors matter more than organizational ones», en *Mass Communication and Society*, 16(1).

Reina, Luis Hernán (1996): «Línea dura del PC cubano critica reformas económicas», en *El Tiempo*, 29 de marzo.

Repnikova, Maria (2017a): *Media Politics in China: Improvising Power under Authoritarianism*, Cambridge University Press, Cambridge.

__________ (2017b): «Media Openings and Political Transitions. Glasnost *versus* Yulun Jiandu», en *Problems of Post-Communism*, vol. 64, nos. 3-4.

__________ y Kecheng Fang (2018): «Authoritarian Participatory Persuasion 2.0: Netizens as Thought Work Collaborators in China», en *Journal of Contemporary China*, vol. 27.

Reporters Without Borders (2007): «Two Havana-based foreign correspondents ordered to leave», 23 de febrero.

Responsible Travel (2017): «Responsible Travel Presents: Cuba», en https://www.youtube.com/watch?v=nfdJKU-iinU&t=24s&index=6&list=WL.
«Resolución 179. Proveedores de servicios de acceso a Internet al público» (2008), en *Gaceta Oficial de la República de Cuba*, 7 de octubre.
«Resolución 98. Reglamento para el empleo de redes de telecomunicaciones inalámbricas de alta velocidad en las bandas de frecuencias de 4 Ghz y 5 Ghz» (2019), en *Gaceta Oficial de la República de Cuba*, 29 de mayo.
«Resolución 99. Reglamento para las redes privadas de datos» (2019), en *Gaceta Oficial de la República de Cuba*, 29 de mayo.
Révész, László (1977): *Ley y arbitrariedad en la prensa soviética*, Ediciones Universidad de Navarra, Pamplona.
Rittersporn, Gabor T.; Rolf, Malte y Jan C. Behrends (eds.): (2003): *Sphären von Öffentlichkeit in GesellschaftensowjetischenTyps/Public Spheres in Soviet-Type Societies*, Peter Lang, Francfort-sur-le-Main.
Ritzer, George (1998): *The McDonaldization Thesis: Explorations and Extensions*, SAGE, London.
Rivero, Yeidy M. (2015): *Broadcasting Modernity: Cuban Commercial Television, 1950-1960*), Duke University Press, Durhma.
Rød, Espen Geelmuyden y Nils B. Weidmann (2015): «Empowering Activists or Autocrats? The Internet in Authoritarian Regimes», en *Journal of Peace Research*, 52(3).
Rodríguez, Andrea (2018a): «Cuba loosens grip on media, allows for more independent reporting», en *The Christian Science Monitor*, 21 de junio.
__________ (2018b): «Cuba slightly loosens controls on state media», en *Associated Press*, 21 de junio.
__________ (2021): «Following protests, Cuba lays out laws on social media use», en https://apnews.com/article/technology-joe-biden-business-caribbean-social-media-ba1c45c6bb2bf67c2723748aa7b2620e.
Rodríguez, Clemencia (2001): *Fissures in the Mediascape. An International Study of Citizen's Media*, Hampton Press, Cresskill.
Rodríguez, Jorge Enrique (2017): «Kcho Estudio Romerillo, cerrado sin explicaciones y por tiempo indefinido», en *Diario de Cuba*, 10 de febrero.
Rodríguez, Reina María (2008): *Variedades de Galiano*, Letras Cubanas, La Habana.
__________ (2016): *El libro de las clientas*, Amargord, Madrid.
Rodríguez, Yusimi (2013): «Cuba: Interview with Reinaldo Escobar, an Independent Citizen», en *Havana Times*, 27 de febrero. Rodríguez Martínez, Carlos Alejandro (2021): «27E: Un manotazo a la internet en Cuba», en *Inventario*, 23 de febrero.

ROHTER, LARRY (1996): «Cuban Communists Take Harder Line», en *The New York Times*, 31 de marzo.
ROIG-FRANZIA, MANUEL (2014): «USAID effort to undermine Cuban government with fake "Twitter" another anti-Castro failure», en *The Washington Post*, 3 de abril.
ROJAS, RAFAEL (2006a): «Ideología, cultura y memoria. Dilemas simbólicos de la transición», en Marifeli Pérez-Stable (ed.): *Cuba en el siglo XXI. Ensayos sobre la transición*, Colibrí, Madrid.
__________ (2006b): *Tumbas sin sosiego Revolución, disidencia y exilio del intelectual cubano*, Anagrama, Barcelona.
__________ (2009): *El estante vacío, Literatura y política en Cuba*, Anagrama, Barcelona.
__________ (2015): *Historia mínima de la revolución cubana*, Fondo de Cultura Económica, México D. F.
ROMANO, VICENTE (1987): «Introducción». en Carlos Marx y Federico Engels: *Sobre prensa, periodismo y comunicación*, Taurus, Madrid.
ROMERO, CIRA (2012): «Prensa mambisa: artillería de la Revolución cubana contra España», en *Cubainformación*, 26 de septiembre.
ROSAL, ANTONIO DEL (1874): *Los mambises. Memorias de un prisionero*, Pedro Abienzo, Madrid.
ROSEN, JAY (2012): «The People Formerly Known as The Audience», en Michael Mandiberg (ed.): *The Social Media Reader*, New York University Press, New York.
ROSENDAHL, MONA (1997): *Inside the Revolution: Everyday Life in Socialist Cuba*, Cornell University Press, Ithaca y Londres.
ROHTER, LARRY (1996): «Cuban Communists Take Herder Line», en *The New York Times*, 13 de marzo.
ROUDAKOVA, NATALIA (2008): «Media-Political Clientelism: Lessons from Anthropology», en *Media, Culture & Society*, vol. 30, no. 1.
__________ (2012): «Comparing Processes: Media, "Transitions", and Historical Change», en Daniel Hallin y Paolo Mancini (eds.): *Comparing Media Systems beyond the Western World*, Cambridge University Press, Cambridge.
__________ (2017): *Losing Pravda: Ethics and the Press in Post-Truth Russia*, Cambridge University Press, Cambridge.
RUIZ, FERNANDO J. (2003): *Otra grieta en la pared. Informe y testimonio de la nueva prensa cubana*, Cadal, Buenos Aires.
__________ (2005): «Medios de comunicación alternativa y dictaduras en transición: Cuba en perspectiva comparada», en Rafael Rojas (ed.):

Cuba hoy y mañana. Actores e instituciones de una política en transición, Planeta, México D. F.

Saffon, María (2007): «El derecho a la comunicación: un derecho emergente», Centro de Competencia en Comunicación para América Latina. ANDI, Brasilia.

Salzer, Jerome; Reed, David y David Clark (1984): «End-to-End Arguments in System Design», en *ACM Transactions on Computer Systems*, 2(4).

Sánchez Serra, Oscar (2016): «Matthew: humanismo, transparencia y manipulación», en *Granma*, 13 de octubre.

Sánchez, Isabel (2010): «Cuba's Neighborhood Watches: 50 Years of Eyes, Ears», en *AFP*, 27 de septiembre.

Sánchez, Miralys (1998): *La prensa norteamericana llama a la guerra (1898)*, Editorial de Ciencias Sociales, La Habana.

Sánchez, Peter M. y Kathleen M. Adams (2008): «The Janus-faced Character of Tourism in Cuba», en *Annals of Tourism Research*, 35(1).

Sánchez, Yoani (2007): «Pavón, Serguera o la política cultural revolucionaria», en *Portafolio polémica intelectual*, enero-febrero.

__________ (2011): «Cuba. Dame cable!», en http://www.hacer.org/latam/cuba-%C2%A1dame-cable-por-yoani-sanchez/.

__________ (2013): «Disconnected Dissent», en https://youtu.be/iMeNMUWEc44.

__________ (2015): «En la patria de la solidaridad no hay extranjeros», en *14ymedio*, 12 de octubre.

__________ (2017): «Eliécer Ávila, el "hombre nuevo" que se volvió opositor», en *14ymedio*, 8 de abril.

__________ y Reinaldo Escobar (2016): «Cubacel censura los SMS con las palabras "democracia" o "huelga de hambre"», en *14ymedio*, 3 de septiembre.

Saney, Issac (2004): *A Revolution in Motion*, Zed Books, New York.

Santi, Enrico Mario (1991): «A Cheap Glasnost: Writing and Journalism in Cuba Today», en J. S. Tulchin y Rafael Hernández (eds.): *Cuba and the United States: Will the Cold War in the Caribbean End?*, Lynne Rienner Publishers, Boulder.

Schedler, Andreas (2016): *La política de la incertidumbre en los regímenes electorales autoritarios*, FCE-CIDE, México D. F.

Schmidt-Häuer, Christian (2008): «Insel der blinden Passagiere», en *Die Zeit*, 24 de enero.

Seargeant, Philip y Caroline Tagg (2014): *The Language of Social Media: Identity and Community on the Internet*, Palgrave Macmillan, London.

Sedgwick, Eve Kosofsky y Adam Frank (2003): *Touching Feeling: Affect, Pedagogy, Performativity*, Duke University Press, Durham.

Shahbaz, Adrian y Allie Funk (2019): «Freedom on the Net 2019: The Crisis of Social Media», Freedom House, Washington, D. C.
Sheller, Mimi (2003): *Consuming the Caribbean: From Arawaks to Zombies*, Routledge, New York.
__________ (2004): «Demobilizing and Remobilizing Caribbean Paradise», en Mimi Sheller y John Urry (eds.): *Tourism Mobilities: Places to Play, Places in Play*, Routledge, New York.
Shirky, Clay (2008): *Here Comes Everybody*, Penguin, New York.
__________ (2010): *Cognitive Surplus: How Technology Makes Consumers into Collaborators*, Penguin, New York.
Siebert, Fred S.; Peterson, Theodore y Wilbur Schramm (1963): *Four Theories of The Press*, University of Illinois Press, Urbana-Chicago.
Silver, Ira (1993): «Marketing Authenticity in Third World Countries», en *Annals of Tourism Research*, 20(2).
Simon, Leslie David; Corrales, Javier y Donald Wolfensberger (2002): *Democracy and the Internet: Allies or Adversaries*, Woodrow Wilson Center Press, Washington D. C.
Simons, Greg y Dmitry Strovsky (2006): «Censorship in Contemporary Russia Journalism in the Age of the War Against Terrorism: A Historical Perspective», en *European Journal of Communication* 21(2).
Singer, Jane. B. (2007): «Contested Autonomy», en *Journalism Studies*, 8(1).
Smyrnaios, Nikos (2018): *Internet Oligopoly. The Corporate Takeover of Our Digital World*, Emerald Publishing, Bingley.
SNET (2016): «Código de sanciones SNET», en http://fontanar1):cubadebate.cu/wp-content/uploads/2016/09/Reglas-Generales-y-Código-de-Sanciones-de-snet.pdf.
__________ (2019a): «Fin de Snet», Facebook, 10 de agosto.
__________ (2019b): «Comunicado Oficial Equipo Administración SNET - Intercambio con MINCOM».
Sommer, Doris (1991): *Foundational Fictions: The National Romances of Latin America*, University of California Press, Berkeley.
Song, Steve (2018): «Fibre Feudalism», en *Many Possibilities*, 3 de octubre.
__________ (2019): «Rethinking Affordable Access», en *Many Possibilities*, 1 de febrero.
Sosa Barceló, Sayli (2017): «AlaMesa: Todo cubierto y servido en un click», en *Invasor*, 10 de junio.
Soto, Jesús (1965): *Bibliografía prensa clandestina revolucionaria (1952-1958)*, Biblioteca Nacional José Martí, La Habana.

SOTO, LIONEL (1977): *La Revolución del 33,* vol. II, Editorial de Ciencias Sociales, La Habana.

SPARKS, COLIN (2008): «Media Systems in Transition: Poland, Russia, China», en *Chinese Journal of Communication,* 1(1).

__________ Y ANNA READING (1998): *Communism, Capitalism, and the Mass Media*, Sage, London.

STAVRAKAKIS, YANNIS (2005): «Religion and Populism in Contemporary Greece», en F. Panizza (ed.): *Populism and the Mirror of Democracy,* Verso, London.

SUSEN, SIMON (2016): «Towards a Critical Sociology of Dominant Ideologies»: An Unexpected Reunion between Pierre Bourdieu and Luc Boltanski», en *Cultural Sociology*, vol. 10, no. 2.

TANG, WENFANG Y SHANTO IYENGAR (2011): «The Emerging Media System in China: Implications for Regime Change», en *Political Communication*, 28(3).

TARROW, SIDNEY (1997): *El poder en movimiento. Los movimientos sociales, la acción colectiva y la política*, Alianza Editorial, Madrid.

The Economist (2019): «Cuba's leaders adopt social media, not democracy», 21 de febrero.

The Guardian (2014): «US Secretly Created "Cuban Twitter" to Stir Unrest and Undermine Government», 3 de abril.

The New York Times (2016): «Cuba on the Edge of Change», 19 de marzo.

__________ (2014): «Nuevas dinámicas para los disidentes en Cuba», 28 de diciembre.

The Revolution Evening Post (2006): «Hemos sido cordialmente invitados…», no. 5.

THOMPSON, JOHN B. (2005): «The New Visibility», en *Theory, Culture & Society*, 22(6).

TIMMER, NANNE (2013): «La Habana virtual: Internet y la transformación espacial de la ciudad letrada», en *CiberLetras: revista de crítica literaria y de cultura*, vol. 30.

TONG, JINGRONG (2009): «Press self-censorship in China: A case study in the transformation of discourse», en *Discourse & Society*, 20(5).

__________ Y COLIN SPARKS (2009): «Investigative Journalism in China Today», en *Journalism Studies*, vol. 10, no. 3.

TORRIENTE, LOLÓ DE LA (1964): «La prensa en la manigua cubana», en *Bohemia*, no. 50, 11 de diciembre.

TRIANA, ALEXIS (2018): «El 349, Un Decreto En Torno a La Circulación Del Arte», en *Granma*, 29 de noviembre.

TRUMP, DONALD (2017): «Remarks by President Trump on the Policy of the United States Towards Cuba», 16 de junio.

TUCKER, DUNCAN (2015): «Cuba Presents a Unique Value Proposition Within the Nearshore IT Market», Nearshore Americas, 30 de julio.

TUFEKCI, ZEYNEP (2017): *Twitter and Tear Gas: The Power and Fragility of Networked Protest*, Yale University Press, New Haven.

TURNER, VICTOR (1969): *The Forest of Symbols: Aspects of Ndembu Ritual*, Cornell University Press, Ithaca.

U.S. CONGRESS, H.R.927 (1996): «Cuban Liberty and Democratic Solidarity (LIBERTAD) Act of 1996».

UNIÓN DE PERIODISTAS DE CUBA (UPEC) (2018): «Directorio de Blogs de periodistas cubanos», en http://www.cubaperiodistas.cu/index.php/directorio/directorio-de-blogs-de-periodistas-cubanos/.

URIELY, N.; YONAY, Y. Y D. SIMCHAI, (2002): «Backpacking experiences: A type and form analysis», en *Annals of Tourism Research*, 29(2).

URRY, JOHN (1990): *The Tourist Gaze: Leisure and Travel in Contemporaries Societies*, Sage, London.

__________ Y JONAS LARSEN (2011): *The Tourist Gaze 3.0*, Sage, London.

VAIDHYANATHAN, SIVA (2012): *The Googlization of Everything (And Why We Should Worry)*, University of California Press, Berkeley.

__________ (2018): *Antisocial Media: How Facebook Disconnects Us and Undermines Democracy*, Oxford University Press, Oxford.

VALDÉS, NELSON P. Y MARIO A. RIVERA (1999): «The Political Economy of the Internet in Cuba», en *Cuba in Transition*, vol. 9.

VALDÉS. JUAN (2009): *El espacio y el límite. Estudios sobre el sistema político cubano*, Instituto Cubano de Investigaciones Culturales Juan Marinello-Ruth Casa Editorial, La Habana.

VALLE, AMIR (2014): «*14ymedio*, grieta en el muro del monopolio periodístico en Cuba», en *Deutsche Welle*, 21 de mayo.

VARTANOVA, ELENA (2012): «The Russian Media Model in the Context of Post-Soviet Dynamics», en D. Hallin y P. Mancini: *Comparing Media Systems beyond the Western World*, Cambridge University Press, Cambridge.

VÁZQUEZ, ADELINA *et al.* (2008): *Apuntes de la prensa clandestina y guerrillera (1952-1958)*, Editorial Pablo de la Torriente-Editorial Universitaria Félix Varela, La Habana.

VELA, HAZTEL (2019): «Young Cubans develop app to help with island's transportation woes», en *Local10*, 25 de enero.

__________ Y ANDREA TORRES (2015): «Smugglers of the "*paquetes*" make a living in Havana», en *Local 10*, 4 de diciembre.

Veltfort, Anna (2017): *Adiós mi Habana. Las memorias de una gringa y su tiempo en los años revolucionarios de la década de los 60)*, Editorial Verbum, Madrid.

Venegas, Cristina (2010): *Digital Dilemmas: The State, the Individual, and Digital Media in Cuba*, Rutgers University Press, Piscataway.

Vertovec, John (2021): «"No Trabajaré Pa' Ellos": Entrepreneurship as a Form of State Resistance in Havana, Cuba», en *Economic Anthropology*, 8(1).

Vicari, Stefania (2014): «Blogging politics in Cuba: The framing of political discourse in the Cuban blogosphere», en *Media, Culture, and Society*, vol. 36, no. 7.

__________ (2015): «Exploring the Cuban blogosphere: Discourse networks y informal politics», en *New Media & Society*, 17(9).

Vicent, Mauricio (2008): «La vida no está en otra parte, está en otra Cuba», en *El País*, 3 de enero.

Villaescusa, Ivette (2015): *Desafíos en la prensa cubana 1959-1960)*, Editora Historia, La Habana.

Visit Jamaica (2014): «Jamaica: The Home of All Right», en https://www.youtube.com/watch?v=59s9DRB9BuQ.

Volcic, Zala y Mark Andrejevic (2011): «Nation Branding in the Era of Commercial Nationalism», en *International Journal of Communication Systems*, 5(0).

Voltmer, Katrin (2006): *Mass Media and Political Communication in New Democracies*, Routledge, New York.

__________ (2013): *The Media in Transitional Democracies*, Polity Press, Cambridge.

__________ y Herman Wasserman (2014): «Journalistic norms between universality and domestication: Journalists' interpretations of press freedom in six new democracies», en *Global Media and Communication*, 10(2).

Wagemans, Andrea; Witschge, Tamara y Mark Deuze (2016): «Ideology as Resource in Entrepreneurial Journalism», en *Journalism Practice*, 10(2).

Waisbord, Silvio (2013): *Reinventing Professionalism: Journalism and News in Global Perspective*, Polity Press, Cambridge.

Wall Street Journal (WSJ) (2007): «Cuban Revolution: Yoani Sánchez fights tropical totalitarianism, one blog post at a time», 22 de diciembre.

Wamsley, Laurel (2017): «Google Spins Up Its First Servers In Cuba», en *NPR*, 27 de abril.

WANG, NINA (1999): «Rethinking authenticity in tourism experience», en *Annals of Tourism Research*, 26(2).

WEINREB, AMELIA (2009): *Cuba in the Shadow of Change: Daily Life in the Twilight of the Revolution*, University Press of Florida, Gainesville.

WEISSENSTEIN, MICHAEL (2014): «Cuban blogger launching independent newspaper», en *Associated Press*, 20 de mayo.

WELLMANN, BARRY Y CAROLINE HAYTHORNTHWAITE (2002): *The Internet in Everyday Life*, Blackell Publishers, Malden.

WENDERS, WIM (1998): *The Buena Vista Social Club*, Artisan Entertainment.

WETHERALL, TYLER (2015): «Cuba sees record bookings as tourists rush to see it before it changes», en *The Guardian*, 30 de octubre.

WHITFIELD, ESTHER KATHERYN (2008): *Cuban Currency: The Dollar and «Special Period» Fiction*, University of Minnesota Press, Minneapolis-London.

WIKILEAKS (2009): «Reversing the Cut-Off of U.S. Internet Messaging Services in Cuba».

«Usenet», en https://es.m.wikipedia.org/wiki/Usenet.

WINFIELD, BETTY H. Y ZENGJUN PENG (2005): «Market or Party Controls: Chinese Media in Transition», en *The International Journal for Communication Studies*, vol. 67(3).

WJS (2012): «Worlds of Journalism Study. Master questionnaire 2012-14», en http://www.worldsofjournalism.org/research/2012-2016-study/methodological-framework/.

WOLCOTT, PETER *et al.* (2001): «A Framework for Assessing the Global Diffusion of the Internet», en *Journal of the Association for Information Systems*, vol. 2, no. 1.

WRIGHT, FREDERICK A. (2001): «From Zines to *Ezines*: Electronic Publishing and the Literary Underground», tesis de doctorado, Kent State University.

WU, TIM (2010): *The Master Switch: The Rise and Fall of Information Empires*, Knopf, New York.

__________ (2016): *The Attention Merchants: The Epic Struggle to Get Inside Our Heads*, Knopf, New York.

XYNOU, MARIA; FILASTÒ, ARTURO Y SIMONE BASSO (2017): «Measuring Internet Censorship in Cuba's Park Nets», en *OONI*, 28 de agosto.

YÚDICE, GEORGE (2016): «Músicas plebeyas», en Graciela Maglia y Leonor Arlen Hernández Fox (eds.): *Memorias, saberes y redes de las culturas populares en América Latina*, Pontificia Universidad Javeriana-Universidad Externado de Colombia-Institut français d'études andines.

YURCHAK, ALEXEI (2003): «The Soviet Hegemony of Form: Everything was Forever, Until It was No More», en *Comparative Studies in History*, 45(3).

__________ (2006): *Everything was Forever, Until It was No More: The Last Soviet Generation*, Princeton University Press, Princeton.

ZABLUDOVSKY, KARLA (2015): «Americans Are Heading to Cuba, but the Europeans Don't Like It», en *BuzzFeed News*, 13 de julio.

ZALDÍVAR, LIZ ÉRIKA (2019): «Camilo Condis, el emprendedor cubano que usa Twitter», en *ADNCuba*, 24 de junio.

ZHAO, YUEZHI (2012): «Understanding China's Media System in a World Historical Context», en Daniel Hallin y Paolo Mancini (eds.): *Comparing Media Systems beyond the Western World*, Cambridge University Press, Cambridge.

ZHONG, RAYMOND (2018): «How China Walled Off the Internet», en *The New York Times*, 18 de noviembre.

ZICMAN DE BARROS, THOMAS (2020): «Desire and Collective Identities: Decomposing Ernesto Laclau's Notion of Demand», en *Constellations*.

ZIELONKA, JAN (2015): *Media and Politics in New Democracies: Europe in a Comparative Perspective*, Oxford University Press, New York.

ŽIŽEK, SLAVOJ (2014): *Event: A Philosophical Journey Through a Concept*, Melville House, New York.

ÍNDICE